Über dieses Buch Victor Hugo (1802–1885), der mit seinen Werken ›Notre Dame de Paris‹, ›Die Elenden‹ u. a. Weltruhm erlangte, war nicht nur der führende Vertreter der französischen Romantik, sondern nahm auch regen Anteil am politischen Leben seiner Zeit. Unter dem Bürgerkönig Louis Philippe Pair von Frankreich, später republikanischer Abgeordneter, lebte er nach dem Staatsstreich Napoleons III. 19 Jahre als Verbannter auf den Kanalinseln Jersey und Guernsey. Sein Eintreten für die Abschaffung der Todesstrafe und sein zunehmendes politisches Engagement für die Verbesserung der sozialen Lage des Volkes ließen ihn zu einer Symbolfigur für die demokratischen Kräfte Frankreichs werden.
Theodor Lücke entwirft auf der Grundlage eines kaum noch überschaubaren Materials von zum Teil widerstreitenden Fakten, Dokumenten, Briefen und Tagebuchaufzeichnungen ein Lebensbild dieses Schriftstellers und gibt einen Überblick über seine wichtigsten Werke.

Der Autor Theodor Lücke, 1901–1973, Studium der Romanistik, war Dozent für Romanische Literatur an der Berliner Bibliothekarschule.

Theodor Lücke

Victor Hugo

Roman seines Lebens

Fischer Taschenbuch Verlag

Versübertragung von Martin Remané

Die Prosatexte Victor Hugos wurden,
soweit nicht besonders vermerkt,
von Theodor Lücke übersetzt.
Das Manuskript wurde nach dem Tode des Autors,
im Jahre 1973,
mit seinem grundsätzlichen Einverständnis
vom Verlag redaktionell überarbeitet.

Mit einem Nachwort von Horst Heintze

Zeittafel und Auswahl des Bildmaterials von
Ingeborg Harnisch und Bruno Brandl

Ungekürzte Ausgabe
Veröffentlicht im Fischer Taschenbuch Verlag GmbH,
Frankfurt am Main, Juli 1985

Lizenzausgabe mit freundlicher Genehmigung des
Verlags der Nation, Berlin

Umschlaggestaltung: Jan Buchholz/Reni Hinsch
Umschlagabbildung: Bildarchiv Preußischer Kulturbesitz, Berlin
Druck und Bindung: Clausen & Bosse, Leck
Printed in Germany
1680-ISBN-3-596-25644-5

Victor Hugo um 1841

Adèle Foucher um 1825

Juliette Drouet um 1832

Der chinesische Salon in der Pariser Wohnung Victor Hugos

Léopoldine und François-Victor Hugo,
die Kinder des Dichters

Charles Hugo, Sohn des Dichters

1

Genesis eines romantischen Genies

Die Vorgeschichte der Geburt Victor Hugos stand im Zeichen der weltbewegenden Französischen Revolution. Sein Vater, Joseph Léopold-Sigisbert Hugo, war im Alter von fünfzehn Jahren als Freiwilliger in die Revolutionsarmee eingetreten und hatte sich in den Kriegen der Französischen Republik durch unerschrockenen Mut ausgezeichnet. Im Laufe einer militärischen Expedition gegen die aufständischen Bauern und Fischer der konterrevolutionären Vendée hatte er im Jahre 1793 in der Gegend von Châteaubriant eine merkwürdige Begegnung. Er traf dort eine junge bretonische Amazone auf einer braunen Stute, ein hochgewachsenes stolzes Mädchen von verführerischem Reiz. Auf seine Frage, wie sie heiße und wo sie wohne, antwortete sie, ihr Name sei Sophie Trébuchet. Sie habe hier einige Tage auf dem Gut La Renaudière verbracht. Da runzelte der junge Hauptmann die Stirn und bemerkte unwirsch: «An dieses Gut knüpft sich für uns eine schlimme Erinnerung. Die Chouans haben dort vor kurzem Hunderte unserer Soldaten niedergemacht.» Sophie Trébuchet erklärte, sie sei damals bei ihrem Großvater, Monsieur Le-Normand, in Nantes gewesen. Argwöhnisch verlangte der Hauptmann ihren Bürgerpaß, den sie aber nicht bei sich hatte, und so beschloß er, seinen Marsch zu unterbrechen und ihr nach La Renaudière zu folgen, um sich auf Grund ihres dort zurückgelassenen Passes zu vergewissern, daß sie keine Feindin der Französischen Republik war.

Als er ihr seinen Namen – Brutus Hugo – nannte (er hatte sich während der Französischen Revolution den Namen des römischen Republikaners zugelegt), schien sie Vertrauen zu ihm zu fassen; denn ihr war bekannt, daß er vielen bretonischen Greisen, Witwen und jungen Frauen, die auf Befehl des gefürchteten Revolutionsgenerals Humbert erschossen werden sollten, das Leben gerettet hatte. So erzählte sie ihm unterwegs, sie wäre die Tochter des Kapitäns François Trébuchet zu Nantes, der vor einigen Jahren gestorben sei, und vor kurzem habe sie auch ihre Mutter verloren. Ihre Familie sei durchaus patriotisch gesinnt: ihr Großvater

LeNormand sei Vorsitzender des Revolutionstribunals von Nantes; ihre Tante, Madame Robin, bei der sie jetzt lebe, liebe Voltaire und die einige und unteilbare Republik; ihre Kusine, Sisie de la Chénelière, habe in Paris am Tage des Festes der Vernunft mitgewirkt.

«Donnerwetter!» rief der Hauptmann. «Das sind allerdings zuverlässige Bürgschaften. Übrigens bewundere ich Sie, Bürgerin, weil Sie ganz allein in einem Lande leben, wo so viele Patrioten den heimtückischen Schlägen der Briganten zum Opfer fallen. Neulich pflückten sieben meiner Leute bei Petit-Auverney friedlich Kirschen, doch wurden sie alle von der Bande des Chouans Lion de Cœur umgebracht.»

Nun, beteuerte Sophie Trébuchet, sie sei gut zu allen Menschen, und das sei wohl der Grund, warum das Höchste Wesen sie beschütze. Der Hauptmann zog aus seiner Satteltasche ein kleines Buch und überreichte es ihr mit den Worten: «Sehen Sie sich das an. Neuer republikanischer Katechismus für Sansculotten und deren Kinder. Staunen Sie vor allem über diese Frage und diese Antwort: Was ist die Religion der Republikaner? – Bete zu Gott, sei gerecht und diene deinem Vaterland!»

Mit Dank nahm sie den republikanischen Katechismus entgegen und versicherte ihm, sie werde ihn mit Interesse lesen. Der Besuch in La Renaudière zerstreute die letzten Bedenken des Hauptmanns: Der Paß Sophies war in Ordnung; die Atmosphäre in dem Gutshof zeugte von republikanischer Gesinnung; in der Bibliothek sah er sämtliche Werke Voltaires stehen, und bei einem kurzen Rundgang durch den Park zitierte seine Begleiterin eine Stelle aus Rousseaus *Neuer Héloise.*

Die Wahrheit sollte er erst nach vielen Jahren erfahren. Der Vater Sophie Trébuchets war wohl Kapitän gewesen, hatte sich sein Vermögen aber als Korsar und Sklavenhändler verschafft. Sie selbst war eine fanatische Royalistin, zumal seit jenem Tag, an dem sie auf dem Marktplatz von Nantes das Blut der Königstreuen in Strömen fließen sah. So schloß sie sich dann während des Vendéeaufstandes den

Chouans an und wurde wieder Augenzeugin von Schrekkensszenen aller Art: Die republikanischen Soldaten versenkten Schiffsladungen von gefangengenommenen Konterrevolutionären in der Loire, während die aufständischen bretonischen Bauern die in ihre Gewalt geratenen Revolutionssoldaten an den Bäumen aufhängten oder sie an Heuschobern kreuzigten. Sophie spielte in diesem erbitterten Bürgerkrieg die Rolle einer royalistischen Agentin, die republikanische Kolonnen in die Hinterhalte der im Dickicht verborgenen Chouans zu locken suchte, und am Tage ihrer Begegnung mit Brutus Hugo hatte sie bretonische Priester, die den Aufstand schürten, vor der Entdeckung und Festnahme durch seine Leute bewahrt. Kurz, sie war eine echte Tochter der rückständigen Bretagne, einerseits bigott, andererseits abenteuerlustig, und eine geschworene Feindin der Revolution.

Doch die unergründlichen schwarzen Augen Sophies hatten es dem jungen Revolutionsoffizier angetan. Er versäumte es nicht, sie bei ihrer Tante Robin in Châteaubriant oder bei ihrem Großvater LeNormand zu Nantes zu besuchen, wenn er Urlaub hatte, und warb um sie, obgleich sie zunächst seine Zuneigung nicht zu erwidern schien. Übrigens war ihr Großvater anfangs gegen ihre Heirat mit dem Hauptmann, der auf Grund seiner Herkunft aus einer lothringischen Bauern- und Handwerkerfamilie ein überzeugter Republikaner war und mit Stolz berichtete, daß von seinen sieben Brüdern fünf in den Verteidigungskriegen der Französischen Republik gefallen waren. Doch gab er schließlich, da Sophie immerhin schon in ihr vierundzwanzigstes Lebensjahr ging, seinen Segen zu der «Vernunftehe» mit Brutus Hugo, zumal dieser Aussicht auf eine glänzende militärische Karriere hatte. Er hatte an der unteren Loire erfolgreich die Banden Charettes, eines Führers der Chouans, bekämpft, war in der Vendée zweimal verwundet worden und hatte im Donaufeldzug weitere Lorbeeren geerntet. Zu seinen Freunden gehörten so berühmte Männer wie Moreau, der Sieger von Hohenlinden, und

Lahorie, der Generalstabschef der Rheinarmee. Außerdem war er von Haus aus wohlhabend, denn sein Vater, Tischlermeister von Beruf, hatte sich im Treibholzhandel ein ansehnliches Vermögen erworben. So wurde Sophie Trébuchet, die man in konterrevolutionären Kreisen nur die «Brigantin» nannte, am 25. Brumaire des Jahres VI in Paris mit dem republikanischen Hauptmann Brutus Hugo vermählt. Ihre Ehe stand also von Anfang an unter dem ungünstigen Vorzeichen der sich widersprechenden politischen Anschauungen der beiden.

Sophie schenkte ihm kurz hintereinander zwei Söhne: Abel und Eugène. Als drittes Kind wünschten sie sich ein Töchterchen, das auf den Namen Victorine getauft werden sollte. Brutus Hugo, jetzt Major bei der zwanzigsten Halbbrigade in Lunéville, bereitete dieses freudige Ereignis in einer geradezu romantischen Art und Weise vor; als Anhänger Rousseaus neigte er zur Naturschwärmerei. Im Mai des Jahres 1801 fuhr er mit seiner Gattin von Lunéville in die Vogesen, wo er mit ihr in einem Gasthaus am Abhang des Donon seinen Urlaub verbringen wollte. Auf diesem Berggipfel, mit einer herrlichen Aussicht auf den dunklen Wasgenwald und die blühende elsässische Ebene, wurde unter einem strahlend blauen Himmel das nächste Kind Brutus' und Sophies gezeugt. Der Vater schrieb später einmal an seinen Sohn: «Geschaffen nicht auf dem Pindos, sondern auf einem der höchsten Gipfel der Vogesen, scheinst Du Deinen luftigen Ursprung immer zu verspüren und ist Deine Muse stets erhaben.»

Statt der erwarteten Victorine kam in der Nacht vom 26. zum 27. Februar 1802, einer sehr stürmischen Nacht, in der alten Garnisonstadt Besançon, wo der Major nun stationiert war, ein Bübchen zur Welt, das nach seinem Paten, dem General Lahorie, den Vornamen Victor erhielt. Es erhob sich aber sogleich die bange Frage, ob der Kleine am Leben bleiben würde. Er war äußerst gebrechlich. «Ach», klagte die Mutter mit einem bekümmerten Blick auf den winzigen Säugling, der die Augen geschlossen hielt und keinen Laut von sich gab, «er ist nicht länger als ein Brotmesser!» Seine Brüder, beide kerngesund, staunten das sonderbare Bündel an. «Uh, wie häßlich er ist!» rief Abel. Eugène aber pflegte ihn nur «Tierchen« zu nennen. Dank der aufopfernden Pflege der Mutter blieb er jedoch am Leben.

Da wurde der Major im April des Jahres 1802 mit seiner Halbbrigade von Besançon nach Marseille strafversetzt. Er hatte Anzeige gegen seinen Kommandeur erstattet, einen gewissen Guastard, der sich von den Reformierten in seinem Regiment den Sonderurlaub, den er ihnen an kirchlichen Feiertagen freiwillig hätte gewähren müssen, hatte bezahlen lassen. Auf Befehl des Ministers Carnot wurden der Kläger und der Angeklagte vor das Militärgericht von Marseille geladen. Oberst Guastard wies die von Hugo erhobene Anklage als Verleumdung zurück und rief als Zeugen den Generalinspekteur Collaud und General Lecourbe auf, die gegen den Major aussagten. Seitdem stand er in dem Verdacht, ein Intrigant zu sein, und gedachte deshalb seine Versetzung zu einem anderen Truppenteil zu beantragen. Er bat seine Gattin, nach Paris zu fahren, um seine Freunde, die Generale Clarke und Lahorie, sowie Joseph Bonaparte, dessen Gunst sie während der Friedensverhandlungen in Lunéville gewonnen hatten, zu bewegen, ihn öffentlich zu rehabilitieren und für seine Versetzung Sorge zu tragen.

Die Kinder, besonders der kleine Victor, vermißten die Mutter sehr. So schrieb der Major am 10. Dezember an seine Gattin: «In diesem Augenblick kommt Dein Victor herein, ich umarme ihn an Deiner Stelle und lasse ihn diese Briefstelle küssen, damit Du in der Ferne wenigstens etwas von ihm empfängst. Ich füge meinerseits den leidenschaftlichsten Kuß hinzu. Soeben habe ich ihm Bonbons gegeben, die ich immer in meiner Schublade habe, und an ihnen lutschend, entfernt er sich nun. Ich konnte kaum die Tränen zurückhalten, als Victor, den Claudine zu mir gebracht, seine Blicke auf Deinen Platz richtete und sie dann unruhig zu allen Ecken des Zimmers schweifen ließ. Das liebe Kind sucht Dich unaufhörlich und läßt sich weder durch die

Neckereien seiner Brüder noch durch meine Zärtlichkeiten von seinen Gedanken ablenken.»

Alles, was Sophie während ihres Aufenthaltes in Paris – dank der Protektion Joseph Bonapartes und der guten Beziehungen Lahories zum Kriegsministerium – für ihren Mann erreichen konnte, war schließlich, daß er weder entlassen noch nach Santo Domingo verbannt, sondern im Februar 1803 an der Spitze eines neugebildeten Bataillons nach Korsika entsandt wurde. Seine drei Söhne begleiteten ihn auf dieser Expedition.

Staunend sahen sie die zauberhafte Insel aus dem tiefblauen Meer wie eine schimmernde Perlmuschel aufsteigen. Die Hauptstadt Bastia mit ihren Alleen von Eukalyptusbäumen und Palmen, ihren Zitronen- und Orangenhainen, ihren dunklen Schenken, wo nachts, wie man sich erzählte, Banditen zusammenkamen, machte einen unvergeßlichen Eindruck auf Abel und Eugène. Victor aber schien sich noch immer nach seiner Mutter zu sehnen.

Unerklärlich war für den Major, warum seine Gattin so lange in Paris weilte. Wie konnte er auch ahnen, daß sie sich inzwischen leidenschaftlich in ihren Jugendfreund, den General Lahorie, verliebt hatte und, ihrem abenteuerlichen Naturell entsprechend, dessen bewegtes Schicksal teilte. Der siebenunddreißigjährige General war wegen seiner Anhänglichkeit an Moreau, den Rivalen Bonapartes, vom Ersten Konsul seines Postens als Generalstabschef der Rheinarmee enthoben worden und bereitete seitdem in Paris heimlich den Sturz des Korsen vor. Eine solche Konspiration war für die ehemalige «Brigantin» eine recht willkommene Aufgabe. Sie schien ihre Familie zu vergessen, sie dachte nur noch daran, wie sie die Verschwörung Moreaus und Lahories fördern, den Untergang Bonapartes, der die Freiheit nach und nach erdrosselte, beschleunigen und die Rehabilitierung ihres Geliebten herbeiführen könnte. Zusammen mit der Gattin Moreaus und seiner Schwiegermutter organisierte sie in der Wohnung Lahories geheime Zusammenkünfte mit den Sendboten Pichegrus und des Grafen von Artois.

Unterdessen war der Major mit der zwanzigsten Halbbrigade nach der Insel Elba entsandt worden, die er von Banditen säubern sollte. Ärgerlich über den langen Aufenthalt Sophies in Paris, schrieb er ihr im Juli 1803 aus Portoferraio: «Alle Welt wundert sich, daß Du nicht zurückkommst und daß ich allein die Kinder auf dem Hals habe. Das führt zu allerlei Klatsch.»

Sophie hatte indes schon Abschied von Lahorie genommen, allerdings in der Hoffnung, ihn bald wiederzusehen, da sie sich unter irgendeinem Vorwand endgültig von dem Major zu trennen gedachte. Sie war mit der Postkutsche nach Marseille gefahren und schiffte sich dort nach Livorno ein, wo ihr Gatte, ihre drei Söhne und Claudine, die treue Kinderfrau, sie erwarteten. Vergeblich suchte Léopold-Sigisbert dann in Elba, wohin sie ihm mit den Kindern folgte, die anscheinend in ihrem Herzen erloschene Liebe wieder zu entflammen. Zwar wußte Sophie noch nichts von seiner Liaison mit der Korsin Catherine Thomas, der Tochter eines Angestellten des Militärhospitals zu Portoferraio, aber ihre Zuneigung gehörte ohnedies nicht mehr ihm, sondern ausschließlich Lahorie. Da der Krieg zwischen Frankreich und England wieder auszubrechen drohte, erklärte sie ihm, ihr Platz und der ihrer Söhne sei nicht auf dieser Insel, die von heute auf morgen von den Rotröcken, die das Meer beherrschten, angegriffen und erobert werden könnte; sie werde also mit Abel, Eugène und Victor nach Paris zurückkehren. Umsonst waren alle Vorhaltungen des Majors gegenüber ihrem unbeugsamen Charakter.

«Sie entzog mir nicht nur jede eheliche Gemeinschaft», beklagte er sich später, «sie trennte mich auch von meinen Kindern, die sie nach Paris mitnahm – ein Unterfangen, das um so gefährlicher war, als die Engländer den Seeweg versperrten.»

Es war in der Tat eine gefahrvolle und ereignisschwere Reise. Nachdem Sophie mit ihren drei Söhnen und der Kinderfrau unter dem Schutz des Herbstnebels, der das französische Passagierschiff den britischen Kreuzern verbarg, glücklich Marseille erreicht hatte, mußte sie dort einen Teil ihrer Habe verkaufen, weil ihr Mann sein ganzes väterliches Erbe für Galauniformen und (ohne ihr Wissen) für Toiletten seiner korsischen Mätresse ausgegeben und sie mit einem allzu knappen Reisefonds versehen hatte. So konnte sie erst Anfang 1804 mit ihren Söhnen in die Postkutsche nach Paris steigen.

Am Rand der Hauptstadt kam es zu weiteren Schwierigkeiten. Ein Heer von Polizisten umringte die Kutsche, visitierte die Pässe und führte die Reisenden, die nicht mit entsprechenden Papieren versehen waren, zur Polizeiwache ab. In Paris schien der Belagerungszustand zu herrschen. Schließlich verstaute Sophie ihr Gepäck in einer Droschke und fuhr mit ihrer Familie zur Rue Neuve-des-Petits-Champs Nummer 76, wo Lahorie für sie ein möbliertes Appartement gemietet hatte. Zu ihrem Erstaunen hatte er sie im Postkutschenhof nicht erwartet.

Voll Unruhe eilte sie, während Claudine sich der Kinder annahm, zur Rue Gaillon, wo Lahorie wohnte. An den Pfosten des Eingangs seines Palais waren zwei große Plakate angeschlagen. Das linke, ein von Murat, dem Stadtkommandanten von Paris, unterzeichneter Tagesbefehl, besagte: «Fünfzig royalistische Briganten, die der Bürgerkrieg verschont hat, sind unter der Führung von Pichegru und George Cadoudal in Paris eingedrungen, um den Ersten Konsul zu ermorden. Ihr Vorhaben wurde durch den ehemaligen General Moreau gefördert, der inzwischen der Justiz übergeben worden ist.» Das rechte war eine vom Polizeipräfekten unterzeichnete Liste der Verschwörer, jener «Ungeheuer, denen die ganze Welt jegliche Zufluchtstätte verweigern sollte», und unter diesen Proskribierten befand sich der Sophie so teure Name: Victor Fanneau de Lahorie, Brigadegeneral.

Damit begann für Sophie eine kummervolle Zeit. Wie bangte sie um das Leben des Mannes, den sie liebte, nach dem die bonapartistische Polizei überall fahndete! Im September 1804 erschien er unversehens in ihrer Wohnung in der Rue de Clichy, wo sie ihn, der sich bei einem Sturz vom Pferd den Fuß verstaucht hatte, vor den Häschern Bonapartes verbarg. Doch er wollte sie nicht in Gefahr bringen. So setzte er schon nach vier Tagen sein unstetes Leben fort, bald in der Bretagne, bald an den Ufern des Rheins bei Freunden Zuflucht suchend, und kehrte nur hin und wieder zu Sophie in Paris zurück, die an seiner Verschwörerexistenz leidenschaftlichen Anteil nahm.

Auf ihre Söhne, besonders auf den kleinen Victor, machten die Besuche dieses geheimnisvollen Fremden mit dem markanten Profil und den blitzenden Augen einen tiefen Eindruck. Sophie dachte trotz der eindringlichen Mahnungen ihres Gatten nicht an eine Rückkehr nach der Insel Elba. Sie unterrichtete ihn nur zuweilen über das Befinden ihrer Söhne und insbesondere über die Streiche des kleinen Victor. Tagsüber weilte dieser gewöhnlich bei Mademoiselle Rose, der Tochter eines Lehrers an der Schule in der Rue Mont-Blanc. Morgens, wenn er zu ihr gebracht wurde, lag sie meistens noch im Bett. Er nahm an ihrer Seite Platz, sah zu, wie sie ihre Strümpfe anzog, und bewunderte das schön geschwungene Bein des jungen Mädchens – ein Anblick, der unvergeßlich im Gedächtnis des kleinen Schlingels haftenblieb.

Im Jahre 1807 wurde Sophie endgültig von Lahorie getrennt, der vor der napoleonischen Polizei zu Freunden in der Normandie fliehen mußte, um von dort aus, wenn möglich, nach Amerika auszuwandern. Sie sah sich nicht nur ihres treuen Freundes beraubt, sondern auch ihres Beschützers, der bisher für ihren Unterhalt und den ihrer Kinder gesorgt hatte. Ihr Gatte, dessen Sold durch die luxuriösen Ansprüche der Catherine Thomas schwer belastet war, hatte ihr jährlich nur etwa 1 200 Francs zukommen lassen. Er war unterdessen von Joseph Bonaparte, dem König von Neapel, nach Italien berufen worden und hatte den Auftrag erhalten, den italienischen Aufrührer Fra Diavolo, der mit seinen Freischärlern die Straßen Kalabriens unsicher machte, zur Strecke zu bringen. Aus Neapel schrieb er ihr, daß sie mit Rücksicht auf die prekäre Situation in Italien bis zur Unterzeichnung eines allgemeinen Friedens in Paris bleiben sollte. Trotzdem brach sie im Dezember 1807 mit ihren Söhnen nach Neapel auf.

So nahm der kleine Victor, jetzt fünf Jahre alt, in sein erstaunlich frühentwickeltes Gedächtnis sonderbare Eindrücke von fremden Ländern und von den eigentümlichen Bräuchen und Sitten ihrer Bewohner auf. Da war die Schlittenfahrt über den Mont Cenis, um dessen vereiste Felsen er die Raubvögel kreisen sah und die Lawinen in die Tiefe donnern hörte, und dann in den Apenninen die unvergeßliche Rast in der verräucherten Hütte eines Ziegenhirten, der ihm und seinen Brüdern als Mittagsmahl die gebratenen Keulen eines Adlers vorsetzte, den er selbst erlegt hatte. Unheimlich wirkte auf den Knaben während der Weiterfahrt der Anblick einer Reihe von schwarzen Masken, die an Pfählen zu beiden Seiten der Landstraße hingen. Es waren, wie man ihnen berichtete, die abgeschlagenen und in der Sonne verdorrten Köpfe von Banditen, die man dort als abschreckendes Beispiel aufgespießt hatte.

An der Küste der silbrig schimmernden Adria entlang fuhren sie nun nach Rom. Von dort aus benachrichtigte Sophie ihren Gatten, der inzwischen den gefürchteten Bandenführer Fra Diavolo gefangengenommen hatte und in Anerkennung seiner Verdienste von Joseph Bonaparte zum Obersten des königlich-korsischen Infanterieregiments befördert und zum Gouverneur der Provinz Avellino ernannt worden war, von ihrer baldigen Ankunft in Neapel und ihrer Absicht, ihm nach Avellino zu folgen.

Der Oberst Hugo war darüber sehr ungehalten, denn er wollte nicht, daß seine Frau jene Stadt beträte, in der er mehr oder weniger offiziell mit seiner Geliebten Catherine Thomas zusammenlebte. Er ritt sogleich nach Neapel, um dort seine Familie zu empfangen, und versuchte Sophie den Gedanken, ihn nach Avellino zu begleiten, unter dem Vorwand auszureden, daß sein dortiges Quartier einer verwöhnten Pariserin nicht würdig wäre. Wegen ihres Verhältnisses zu Lahorie fühlte sie sich nicht berechtigt, eifersüchtig zu sein, obgleich sie jetzt über die Existenz ihrer Rivalin, der «korsischen Amazone», die immer Männerkleidung trug, unterrichtet war. Sie fand sich damit ab, daß er sie recht komfortabel in einem Palazzo zu Neapel unterbrachte, wo ihr der galante König Joseph den Hof machte. Übrigens traf sie dort auch ihre Freunde wieder, den Proviantmeister Foucher und seine Gattin mit ihrem Töchterchen Adèle.

Für Victor begann damit eine ergötzliche Zeit. Im Garten des am Abhang des Elmoberges gelegenen Kasinos, der Residenz Fouchers, veranstalteten die kleine Adèle und er mit Orangen manches übermütige Ballspiel. Abends unternahm seine Mutter mit ihm und seinen beiden Brüdern in einer altmodischen Kalesche Spazierfahrten am Golf von Neapel, wo er den Sonnenuntergang bewunderte. Überhaupt behielt er eine zauberhafte Erinnerung an die immergrüne Stadt und den in der Ferne düster zum Himmel emporragenden Vesuv, der ihm wie ein grimmiger Krieger vorkam, der mit blutigem Helmbusch der Stadt der Blüten drohte.

Schließlich entschloß sich Oberst Hugo doch dazu, seine Gattin und seine Söhne nach seinem Gouverneursitz in Avellino kommen zu lassen; denn obgleich er angesichts der Kühle, die Sophie ihm gegenüber zeigte, ein verdrossener Gatte wurde, blieb er doch ein vortrefflicher Vater. Großartig war der Empfang, den er zu Avellino in seiner mit Orden geschmückten Galauniform seinen drei Söhnen bereitete, und noch großartiger erschien dem kleinen Victor der verfallene Marmorpalast, in dessen Mauerspalten der großen Säle phantastische Blumen wuchsen und Eidechsen über die Fliesen huschten. So unerfreulich die Gattin des Obersten den Aufenthalt in dem verwahrlosten, von Erdbeben halb zerstörten Palazzo fand, so sehr gefiel ihren Söhnen das ungebundene Leben in der zerklüfteten Gebirgslandschaft; unbeschwert von allen Bürden der Schule genossen sie ihre volle Freiheit. Tagsüber trieben sie am Rande einer tiefen

Vater Victor Hugos

Schlucht ihre kriegerischen Spiele oder plünderten die knorrigen Walnußbäume, wobei Victor – im Gegensatz zu seinen Brüdern völlig schwindelfrei – sich ein Vergnügen daraus machte, kühn bis zu den weit über den Abgrund hängenden Wipfeln zu klettern; abends lauschten sie atemlos den Erzählungen des Vaters von seinen Feldzügen unter der Republik und seinen Kämpfen gegen die Banden des Fra Diavolo, jenes Freiheitshelden, dem das Volk den abenteuerlichen Namen «Bruder Teufel» gegeben hatte.

Aber da wurde der Oberst Hugo im Jahre 1808 von seinem Protektor Joseph Bonaparte, der inzwischen von Napoleon als König in Spanien eingesetzt worden war, nach Madrid berufen. Es erschien ihm nicht ratsam, seine Familie nach der Pyrenäenhalbinsel mitzunehmen, wo damals ein erbitterter Guerillakrieg im Gange war, und so kehrte Madame Hugo, die des Zusammenlebens mit ihrem Mann ohnehin überdrüssig war, mit ihren drei Söhnen nach Paris zurück. Diesmal wurde sie im Postkutschenhof von einem Mann empfangen, dessen bleiches Gesicht unter dem kurzgeschnittenen Haar Victor und seinen Brüdern bekannt vorkam.

«Nun, meine Lieben», fragte die Mutter sie, «erkennt ihr denn nicht Monsieur de Courlandais?»

Unter diesem Pseudonym verbarg sich Lahorie. Ja, sie erinnerten sich: Es war jener Fremde, der vor zwei Jahren so oft ihre Mutter in der Rue de Clichy besucht hatte.

Die Familie Hugo bezog nun eine Wohnung in dem alten, seit der Revolution leerstehenden Feuillantinerinnenkloster. Wieder umgab dort, inmitten des lärmenden Getriebes von Paris, eine geheimnisvolle Welt den sensiblen, für alles Neuartige und Wunderbare so empfänglichen Knaben; denn das ausgestorbene Kloster war durch hohe Mauern von der Außenwelt abgeschlossen, und der verwilderte alte Park regte die Einbildungskraft des sechsjährigen Victor zu den seltsamsten Vorstellungen an. So glaubte er, aus dem tiefen Brunnen, der in der Mitte des Parks unter dichtbelaubten Bäumen stand, zuweilen ein schreckliches Ungeheuer auftauchen zu sehen, ein Fabelwesen mit schuppigem Leib, wie er später erzählte, teils einer Kröte, teils einer Echse gleichend, klebrig und schwarzbehaart, mit großen Pusteln auf dem Rücken. Er nannte das Phantasiegebilde den «Tauben», weil es nie einen Laut von sich gab, sondern ihn aus der Finsternis schweigend und mit glühenden Augen anzustarren schien. Zu solchen grusligen Visionen trugen auch die Märchen und Sagen bei, die ihm die alte Kinderfrau, eine Deutsche, abends erzählte. Über seinem Bett hing ein Stich vom Mäuseturm bei Bingen, der sie veranlaßte, ihm die Legende von dem bösen Erzbischof Hatto zu erzählen, der die Armen, die ihn während einer Hungersnot um eine milde Gabe baten, in einer Scheune einsperren und verbrennen ließ und der zur Strafe für solche Grausamkeit in jenem düsteren Turm, in den er sich zurückgezogen, bei lebendigem Leibe von den Mäusen und Ratten aufgefressen wurde.

Das großartigste Kindheitserlebnis aber hatte er eines Tages im Jahre 1809; es war der so heiß ersehnte Anblick des Kaisers Napoleon. Es war ihm gelungen, die Wachsamkeit seiner Mutter zu überlisten und den Einzug des ruhmgekrönten Kriegshelden in das Pantheon mitzuerleben. Wie schlug ihm das Herz, als der Kaiser unter Fanfarenklängen an ihm vorüberritt, ernst und stumm, gleich einem Gott aus Erz!

Aber die enthusiastische Napoleonverehrung des kleinen Victor sollte schon bald gedämpft werden. Seine Mutter hatte im Feuillantinerinnenkloster als Gast jenen Monsieur de Courlandais aufgenommen und ihn in der verfallenen Klosterkapelle im Hintergrund des Parks untergebracht. Sie stellte ihn ihren Kindern als Paten Victors vor, verschwieg ihnen seinen wahren Namen und nannte ihn nur den «General». Er schlief in der Kapelle auf einem Feldbett hinter dem Altar, neben sich seine Pistolen, und dies sogar im Winter, wenn Regen und Schnee durch die zerbrochenen Fensterscheiben wehten. Er verließ sein Versteck nur, um im Kreis der Familie Hugo zu Mittag zu speisen, und war ein überaus schweigsamer, in sich gekehrter Mann.

In den Augen des kleinen Victor umgab ein undurchdringliches Mysterium diesen Unbekannten, zumal die Mutter ihnen allen eingeschärft hatte, über seinen Aufenthalt in jener Kapelle unbedingt zu schweigen. Den Nachbarn gegenüber gab man ihn für einen entfernten Verwandten aus der Provinz aus, einen «Bären vom Lande», der aus unbegreiflichen Gründen nach Paris gekommen war. Victor befreundete sich indes schnell mit seinem Paten, der den dürftigen Unterricht, den ihm ein ehemaliger Priester des Oratorianerordens erteilte, durch wertvolle Lehren ergänzte. Er hatte damals, wie er später erzählte, fünf Erzieher: den alten Priester, seine Mutter, seinen Paten, den großen Park und die Bibel. Ohne seinen Paten hätte er zweifellos nicht so frühzeitig Tacitus und Sallust lesen gelernt. Vor allem versuchte ihm dieser ungewöhnliche Erzieher die Liebe zur Freiheit einzuflößen. So sagte er einmal, als er ihm bei der Tacituslektüre das Wesen der Römischen Republik erklärte, in fast beschwörendem Ton zu ihm: «Über alles, mein Junge, geht die Freiheit!»

Auf dem Speicher des Feuillantinerinnenklosters entdeckte Victor eines Morgens auf einem hohen Schrank ein für ihn unerreichbares, in schwarzes Leder gebundenes Buch, das er mit Hilfe seiner Brüder herunterholte. Es war eine alte lateinische Bibel, in die er sich sogleich vertiefte, um mit glühenden Wangen die Legenden von Joseph, von Boas und Ruth, vom guten Samariter und andere zu lesen. So wurde die Bibel zu seinem fünften Erzieher, der einen starken Einfluß auf seine poetische Entwicklung ausüben sollte.

Da wurde im Jahre 1810 das glückliche Leben im Feuillantinerinnenkloster durch ein unvorhergesehenes Ereignis getrübt. Am 30. Dezember, während Madame Hugo mit ihren Söhnen und Monsieur de Courlandais bei Tisch saß, trat die Haushälterin ein und meldete aufgeregt, daß zwei verdächtig aussehende Männer am Tor Einlaß begehrten. Der Pate Victors stand auf, um nachzusehen, worum es sich handelte. Als er das Tor aufschloß, fragte einer der beiden Männer, ob er Lahorie sei. Er bestätigte es und wurde verhaftet. Die zwei Geheimpolizisten führten den General ab, und niemand wußte wohin. In seiner Vertrauensseligkeit war er in eine Falle der napoleonischen Polizei gegangen. Ohne Wissen Sophies hatte er den neuen Polizeiminister Savary, einen ehemaligen Waffengefährten, aufgesucht, ihm versichert, daß er niemals in die Verschwörung Moreaus und Pichegrus gegen Napoleon verwickelt gewesen sei, und ihn gebeten, den Kaiser um seine Begnadigung zu ersuchen. «Du kannst getrost gehen», hatte Savary geantwortet, «der Kaiser wird entscheiden.» Das war ein sehr unüberlegter Schritt gewesen. Savary, seit jeher ein

Mutter Victor Hugos

gefügiges Werkzeug Bonapartes, war es, der im Auftrage des Ersten Konsuls im Jahre 1804 den Herzog von Enghien hatte erschießen lassen. Ebenso lieferte er nun auf Befehl des Kaisers den General Lahorie, der ihm seinen Zufluchtsort verraten hatte, den Häschern aus.

Im März des Jahres 1811 entschloß sich Madame Hugo, nachdem alle ihre Bemühungen, die Freilassung Lahories zu erwirken, ergebnislos waren, zur Reise nach Spanien. Es geschah auf Veranlassung des Königs Joseph, den es verdroß, den inzwischen zum General avancierten Joseph-Léopold-Sigisbert Hugo, er hatte ihn zum Grafen von Siguenza geadelt und zu seinem Haushofmeister ernannt, in den Netzen einer solchen Abenteuerin wie Catherine Thomas, der angeblichen Gräfin von Salcano, zu sehen. So hatte er den Marquis de Saillant nach Paris entsandt, um die Generalin zu bewegen, mit ihren Söhnen nach Madrid zu kommen. Nach einigem Zögern erblickte sie darin schließlich ihre Pflicht als Mutter. Und während sie alle Anstalten zum Aufbruch traf, begann Victor mit seinen Brüdern Spanisch zu «büffeln».

Eine beschwerliche Reise führte Madame Hugo, ihre drei Söhne und ihre zwei Diener von Paris zunächst nach Bayonne, der französischen Grenzfestung. Bei der nächtlichen Überfahrt über die Dordogne scheuten die Pferde und drohten die plumpe Kutsche umzuwerfen. Für diesen Schreck, so schien es dem kleinen Victor, wurden sie am nächsten Morgen in Bordeaux entschädigt. Dort boten zwei schöne junge Mädchen den Reisenden ungewöhnlich große Sardinen und Brötchen an, die knuspriger waren als Windbeutel.

In Bayonne erwies sich ein Aufschub der Reise als notwendig. Die Generalin mußte dort fast einen Monat auf die Ankunft der Eskorte warten, die sie sicher nach Madrid geleiten sollte. Zur größten Freude ihrer Söhne mietete sie für die Dauer ihres Aufenthaltes eine Loge im Theater, wo sie abends die *Ruinen von Babylon*, ein Stück nach Motiven aus *Tausend und eine Nacht*, zu sehen bekamen und die Darsteller des Kalifen Harun-al-Raschid und des Eunuchen Dschafar bewunderten. Da waren ferner die kleinen Basken, die auf der Straße buntgefiederte Vögel feilboten, die Segelschiffe auf der Adour und die alten Festungswälle, wo man sich große Schlachten lieferte. An Regentagen, wenn man zu Hause bleiben mußte, holte Victor seine Aquarellfarben hervor und kolorierte die Illustrationen seines Lieblingsbuches *Märchen aus Tausend und einer Nacht*, das ihm sein Pate geschenkt, nach den Szenen und Kostümen, die er im Theater bei der Aufführung der *Ruinen von Babylon* gesehen hatte.

In Bayonne fand er bald auch eine Freundin in der Tochter der Hauswirtin, einer vierzehnjährigen Baskin, blond, schlank, mit bräunlichem Teint und einem großen Haarknoten, in den nach baskischem Brauch ein orangefarbenes Seidentuch geflochten war. Während die beiden «Großen» – Abel und Eugène – zu den Festungswällen marschierten, um die Soldaten der Garnison exerzieren zu sehen, blieb Victor lieber bei seiner Freundin.

«Komm», sagte sie zu ihm, «ich will dir etwas vorlesen.» Sie gingen zur Tür, das Mädchen nahm auf einer der drei Vorstufen Platz, und er lehnte sich gegen einen Türpfosten. Aber er achtete nicht auf ihre Worte, er vernahm nur den weichen Klang ihrer Stimme. Zuweilen streifte sein Blick ihr Brusttuch. Da schlug sie plötzlich ihre großen blauen Augen auf und sagte: «Nun, Victor, hörst du mir nicht zu?»

Als sie bemerkte, was seine Aufmerksamkeit ablenkte, errötete sie. Da er aber noch immer schwieg, sah sie ihn erstaunt an und forderte ihn auf: «Umarme mich doch!»

Das war sein erstes zartes Liebeserlebnis – im Alter von neun Jahren.

In einer riesigen Kutsche mit kugelsicheren Wänden fuhren sie dann auf holprigen Landstraßen zur spanischen Grenze. Ein langer Zug von tausend Infanteristen und Kanonieren begleitete sie, der die zwölf Millionen Francs, die König Joseph alle drei Monate überbracht wurden, gegen Überfälle spanischer Freischärler zu schützen hatte. Wie aufregend war für den kleinen Victor der Gedanke, daß sich die Kutsche, in der sie saßen, in einem Engpaß der Pyrenäen, unversehens von Räubern umzingelt und beschossen, in eine Art Festung verwandeln könnte! Vor einem Vierteljahr war der Geleitzug bei Salinas tatsächlich von Guerillakämpfern überfallen und ausgeplündert worden. Und die Gefangenen? Man hatte sie in jeder erdenklichen Weise zu Tode gefoltert, hatte sie aufgehängt, gepfählt, ihnen den Bauch aufgeschlitzt, sie mit siedendem Öl übergossen und gekreuzigt. So grausam waren damals die Vergeltungsaktionen der spanischen Insurgenten gegen die französischen Bedrükker!

Aber die Generalin hatte trotz des Protestes der Marquésa

de Monte-Hermosa, einer hochfahrenden Kastilierin, durchgesetzt, daß ihre Kutsche an der Spitze der dreihundert Wagen fuhr, die dem Staatsschatz folgten, und so unter dem unmittelbaren Schutz der tausend Mann starken Eskorte stand. Unterdessen zog die Pyrenäenlandschaft die Reisenden in ihren Bann. Myrten, Zistrosen und Rosmarinsträucher verbreiteten eine Duftwolke, die die Kinder und jungen Frauen berauschte.

Zum ersten Mal machten sie auf spanischem Boden in einem kleinen Marktflecken inmitten der Berge halt. Abel, Eugène und Victor schlenderten die Calle Mayor entlang, eine breite Straße, bestreut mit glitzerndem Kies, so daß man auf Goldplättchen zu gehen glaubte. Auch an den bescheidensten Häuserfassaden prangten unter schmiedeeisernen Balkonen imposante Wappen. In Spanien, so fiel ihnen auf, hatte alles etwas Großartiges – sogar die Armut. Die Strahlen der untergehenden Sonne tauchten die alte Stadt, deren Haustore den Franzosen verschlossen waren, in dunkles Purpurrot. In der Ferne sangen Maultiertreiber ein arabisches Lied. Tief beeindruckt kehrten die drei Brüder zu dem wappengeschmückten großen Haus zurück, in dem die Mutter sie ungeduldig erwartete.

«Wie heißt dieser Ort?» fragte Victor.

«Ernani», antwortete der Marquis de Saillant. Dieser klangvolle Name prägte sich dem Knaben tief ein, um später in französierter Form als *«Hernani»* in der Titelfigur seines Dramas wieder aufzutauchen.

In mühseliger Fahrt ging es dann unter dem Knallen der Peitschen und den Flüchen der Maultiertreiber weiter über die schier endlosen Ebenen Kastiliens. Nirgends ein Baum oder Strauch, nur hin und wieder rötliche, von der Sonne versengte Grasnarben und einige Gehöfte, deren schmale Fenster aussahen wie Schießscharten; dazu reglose Bauerngestalten, die an den Türen lehnten, kurze Pfeifen im Mund, und die französische Eskorte keines Blickes würdigten. Auch in den Marktflecken, wo sie übernachteten, herrschte eine eisige Atmosphäre des Franzosenhasses.

Welche Anstrengung kostete es gewöhnlich abends, Unterkunft in einem jener düsteren Steinkästen zu finden, die mit ihren vergitterten Fensteröffnungen und ihren verriegelten Toren mittelalterlichen Zwingburgen glichen! Man klopfte; niemand antwortete. Man klopfte wieder; nichts rührte sich. Endlich, nachdem man den Türklopfer fünf- oder sechsmal betätigt hatte, erschien hinter dem Guckloch des Tores das finstere Gesicht einer alten Magd, die mürrisch fragte, was man zu so später Stunde wünschte, lautlos verschwand und nach einiger Zeit zurückkam, um die schwere Tür aus Eichenbohlen einen Spaltbreit zu öffnen. Man wurde in ein dürftig eingerichtetes Zimmer geführt, in dem die kahlen Wände, die armseligen Pritschen, ja alles den französischen Eindringlingen zuzurufen schien: Verschwindet! Die Magd zeigte ihnen noch die Küche, wo Nahrungsmittel für sie bereitgestellt waren, und empfahl sich mit einem haßerfüllten Blick.

Der Besitzer des Hauses hatte sich beim ersten Schlag des Türklopfers mit seiner Frau und seinen Kindern in das entlegenste Zimmer zurückgezogen und dort eingeschlossen, um erst nach der Abreise der Fremden wieder zum Vorschein zu kommen. Kein Schritt, kein Laut; das Gebäude schien ausgestorben.

«Es gibt nichts Unheimlicheres», pflegte Victor Hugo später hierzu zu bemerken, «als solch einen Selbstmord eines Hauses.»

Manchmal begegnete ihnen unterwegs ein Zug von zerlumpten und abgehärmten Gestalten. Es waren Invaliden, die in ihre Heimat zurückkehrten: Kavalleristen, die ihre Pferde verloren hatten und sich nun, mit einer Verwundung am Schenkel oder am Bein, mühsam die staubige Landstraße entlangschleppten; Infanteristen, die auf einem schwerfälligen Ackergaul oder einem bockigen Esel saßen; Lahme, die Blinde führten – allesamt Opfer der Guerillakämpfe in Portugal und Spanien. Das war die traurige Kehrseite des Krieges, der in den Erzählungen des Vaters immer so abenteuerlichen Reiz besaß; aber dafür fehlte dem kleinen

Victor noch das Verständnis. Ihm kamen diese bärtigen Männer in ihren zerschlissenen bunten Uniformen – einige trugen auf der Schulter einen Papagei oder ein Äffchen – eher lustig vor, wie Gaukler auf einem Jahrmarkt. Übrigens waren sie alle froh, daß sie den Krieg jetzt hinter sich hatten.

Wohlweislich ließ die Generalin Hugo jeden Abend die zwanzig Rationen Brot, Fleisch und Wein, die ihr zustanden, unter die holländischen Grenadiere verteilen, die ihre Kutsche schützten; denn sie übernachtete mit ihren Söhnen meistens im Haus des Alkalden, wo sie selbstverständlich ihr Abendessen vorgesetzt bekamen. Die freundliche Geste sollte sich lohnen. Hinter Mondragón drohte die zu schwer beladene Kutsche in einen Abgrund zu stürzen; die Insassen schwebten einen Augenblick zwischen Leben und Tod, aber schon eilten die holländischen Grenadiere herbei, klammerten sich an der Deichsel fest und brachten alles wieder ins Lot. Zum ersten Mal hatten Victor und seine Brüder Angst gezeigt; doch ihre Mutter, die die Unerschrockenheit einer Vendéerin besaß, hatte sie gezwungen, sich ruhig zu verhalten, und erklärt: «Man darf niemals Angst haben!»

Unterwegs wurde die rege Phantasie des kleinen Victor vor allem durch den Anblick der Sehenswürdigkeiten Spaniens, die düstere Pracht seiner mittelalterlichen Paläste und die wunderbaren Ornamente seiner Kirchen angeregt. In Burgos sah er staunend zu den Türmen der Kathedrale empor, deren durchbrochene Spitzen wie die Ähren einer Garbe aussahen. Bei einem Rundgang durch das Kirchenschiff wurde er nicht müde, die Märtyrer- und Heiligenfiguren an den Pfeilern und die lieblichen Madonnen in den Nischen zu betrachten. Doch wie erschrak er, als unversehens in einer Seitenmauer eine Tür aufsprang, ein absonderlich gekleideter Zwerg hervortrat, sich bekreuzigte, mit einem kleinen Hammer dreimal auf ein Messingbecken schlug und wieder verschwand.

«Senorito mio», erklärte der Meßner, der ihnen die Kathedrale zeigte, «es papamosca»; und der französische

Dolmetscher übersetzte: «Junger Herr, das ist der Fliegenfänger.»

So hieß im Volksmund die in der Mauer verborgene und mit dem Uhrwerk in der Turmstube verbundene Gliederpuppe, die mit den Schlägen ihres Hammers die Stunden anzeigte.

In Celadon, der eingeäscherten Stadt, rastete man inmitten der von der glühenden Sonne weißgebrannten Ebene. Die Kinder verwandelten die Ruinen in eine Festung und teilten sich in zwei Scharen, Belagerer und Belagerte. Victor und seine Brüder gehörten zu den Angreifern. Nach der Erstürmung der Festungswälle verbrüderten sich Sieger und Besiegte und zählten ihre Leute; Victor fehlte beim Appell. Nach langer Suche fand man ihn endlich im Keller eines zerstörten Hauses. Während er eine Mauer entlanggelaufen war, war er ausgeglitten und in einen tiefen Keller gestürzt. Er gab kein Lebenszeichen von sich. Man trug den Bewußtlosen zu der Generalin, aber sie blieb ruhig, da sie sah, daß der Junge unmerklich atmete. Ein Arzt verband die Kopfwunde, die schnell heilte, aber eine Narbe hinterließ.

Höchst aufregend verlief die Nacht in Valverde. Der Herzog von Cotadilla, der Leiter des Konvois, warnte die Generalin vor dem Alkalden, einem berüchtigten Franzosenfeind, der ihr und ihren Söhnen nur widerwillig Unterkunft gewährte. Mitten in der Nacht schreckten sie aus dem Schlaf auf, da draußen der Ruf erscholl: «Zu den Waffen!»

Es klopfte an der Tür. Oberst Montfort, der Adjutant des Herzogs von Cotadilla, teilte der Generalin mit, daß es sich um einen Überfall handelte. Sophie und ihre Söhne verschanzten sich also in ihrem Zimmer. Sie vernahmen entferntes Gewehrgeknatter. Nachdem es verstummt war, klopfte jemand an den Fensterladen, und unter schallendem Gelächter berichtete der Herzog von Cotadilla: Ein Pferd, das ein spanischer Bauer heimlich entführen wollte, hätte sich von dem Dieb losgerissen und wäre zu den Vorposten zurückgaloppiert, die in der Annahme eines Angriffs aufs Geratewohl ins Dunkel schossen.

Auf der Weiterfahrt blieb die Aufmerksamkeit des kleinen Victor, der bereits ein erstaunliches Feingefühl für Architektur besaß, den Wundern der spanisch-maurischen Baukunst zugewandt. In Segovia wurden seine Blicke gefesselt durch die alten Häuser, von deren maurischer Architektonik die mittelalterlichen Pechnasen und die Ecktürmchen im gotischen Stil sonderbar abstachen, und durch die gleißende Marmorfassade des auf einem Hügel in den dunkelblauen Himmel ragenden Alkazar. In Salinas beeindruckten ihn die geisterhaften, vom Mondlicht überfluteten Ruinen der niedergebrannten Stadt. Am Rand von Madrid regten die Silhouette des Escorial und der steinerne Löwe Karls des Fünften seine Einbildungskraft zu bizarren Vorstellungen von den sagenumwobenen Zeiten des Mittelalters an.

Bei der Ankunft in der spanischen Hauptstadt, die sie nach drei Monaten, völlig erschöpft von den Strapazen der Reise, erreichten, trafen sie den General Hugo nicht an. Er war vor kurzem nach der Provinz Guadalajara aufgebrochen und führte dort einen verlustreichen Guerillakrieg gegen die Aufständischen unter Juán Martin Diaz el Empecinado. Auch König Joseph weilte nicht in Madrid; er war Anfang Mai nach Paris zur Taufe des Königs von Rom gefahren. Zum Glück bot ihr Schwager Louis Hugo der Generalin seine Dienste an und brachte sie und ihre Söhne in dem Palazzo Masserano unter.

Der Haushofmeister des Fürsten Masserano, schwarzgekleidet, mit dem Degen an der Seite, führte sie sehr gravitätisch über die Freitreppe zu ihren Gemächern im ersten Stock: einem riesigen Vorzimmer, dem mit Originalen von Raffael und Giulio Romano geschmückten Speisesaal, dem mit rotem Damast ausgeschlagenen Salon, dem hellblauen Boudoir mit einem Kamin und einer großen Terrasse zum Garten und dem mit blauem Damast bespannten Schlafzimmer. Wahrhaftig, ein fürstliches Domizil! Überall Vergoldungen, schöne Skulpturen, venezianische Spiegel, kostbare Vasen aus China und Japan. Aber auch in diesen

Prunkgemächern schlug der Familie Hugo jene Welle des Franzosenhasses entgegen.

Für den kleinen Victor begann nun eine Zeit der seltsamen und fesselnden Entdeckungen in den geheimnisvollen Räumen des Palazzo Masserano und dessen Umgebung. Im Gegensatz zu seinen Brüdern war er ein stiller und nachdenklicher Knabe, der gern seiner Wege ging und seinen Träumen nachhing. Es zog ihn vor allem immer wieder zur Ahnengalerie des altspanischen Adelsgeschlechtes. Stundenlang saß er dort allein in einer Ecke und betrachtete die Porträts all jener stolzen Granden, in denen die gestorbenen Jahrhunderte fortzuleben schienen. Für ihn hatte dieses Schauspiel zugleich etwas Feierlich-Erhabenes und Gespenstisches. So erschien ihm die Welt schon jetzt in einem eigenartigen, romantischen Kolorit.

Nach der Rückkehr des Vaters wurde die Erziehung Victors und Eugènes den Priestern in der Adelsschule zu Madrid anvertraut, während Abel, der älteste, in das Pagenkorps des Königs aufgenommen wurde. Wieder stürmte eine Fülle befremdlicher, wie aus dem Mittelalter auftauchender Erscheinungen auf den empfänglichen Geist des Knaben ein. Da war zunächst Don Bazile, der Vorsteher der Schule, ein hagerer Mönch mit bleichem Gesicht, scharfer Habichtsnase und tiefliegenden Augen, der in seinem langen roten Gewand, der weißen Halskrause, dem in die Stirn gezogenen Sombrero und der steifen Haltung einer Elfenbeinstatue glich. Er weihte die Generalin in die Gepflogenheiten und das Unterrichtsprogramm des Internats ein und wies dann Victor einen Platz in dem großen Schlafsaal an. Jetzt war es mit der Freiheit aus.

Am anderen Tag wurde er um fünf Uhr morgens durch ein Klopfzeichen an der Kante seines Bettes geweckt. Aber was war das? Er glaubte zu träumen! Vor ihm stand ein buckliger Zwerg in phantastischer Kleidung, einem roten Wams, einer blauseidenen Kniehose, gelben Strümpfen und Schnabelschuhen aus Ziegenleder. Es war das Faktotum der Schule, das allen Zöglingen als Zielscheibe ihres Spottes diente. Je nach ihrer Laune nannten sie den Zwerg manchmal Corcova (Buckel) und ein andermal etwas gnädiger Corcovita (Buckelchen). Anfangs stimmte Victor mit seinem Bruder in das Gelächter der anderen über den Unglücklichen ein, doch schämte er sich bald solcher Gefühllosigkeit und behielt die verwachsene Gestalt des Corcova unvergeßlich in Erinnerung. Zum erstenmal begriff er damals die Tragik des mißgestalten Menschen.

Besonderen Gefallen fanden Victor und sein Bruder an dem großen Waschraum neben dem Schlafsaal, wo sie in den Marmorbecken mit fließendem Wasser nach Herzenslust plantschen und einander naßspritzen konnten. Danach begann der Ernst des Tages mit der Frühmesse. Aber gegen diese Regel erhob die Generalin Hugo sogleich Einspruch. So konservativ ihre Anschauungsweise auch im allgemeinen war, so wünschte sie als Voltairianerin doch, daß ihre Kinder in einer freieren Konfession, einer Art vernünftigem Gottesglauben, erzogen werden sollten. Als ihr Don Bazile entgegenhielt, daß die Teilnahme an der Messe und der Chorknabendienst strenge Vorschrift für alle katholischen Zöglinge seines Institutes wären, fiel sie ihm ins Wort und behauptete, ihre Söhne wären Kalvinisten. Übrigens konnte sich Don Bazile nicht schlüssig werden, in welche Klasse er die beiden Franzosen aufnehmen sollte. Don Manuel, ein anderer Mönch, wohlbeleibt und gutmütig, war der Ansicht, daß es am zweckmäßigsten wäre, sie zusammen mit den älteren Schülern zu unterrichten; aber der pedantische Vorsteher meinte, man dürfe die verschiedenen Alter nicht vermischen, und so führte Don Manuel die beiden Brüder schließlich zu einer Zelle, in der vier oder fünf spanische Eleven unter seiner Fuchtel das Abc des Lateins erlernten. Außerdem erhielten sie Unterricht in Musik und Zeichnen. Aus dem Psalmodieren von Chorälen machte sich Victor wenig, doch zeichnete er sehr gut. Im übrigen kam es während dieses Jahres in dem Madrider Internat häufig zu Kämpfen mit den spanischen Zöglingen, welche die zwei jungen Franzosen haßten und sie alle Augenblicke zu

Duellen herausforderten. Ihr unversöhnlichster Feind war Frasco, der Sohn des Grafen von Belverano, der fünf Jahre älter als Eugène war. Eines Tages, er hatte seinen Degen nicht zur Hand, ergriff er eine Schere und bohrte sie Eugène in die Wange.

Später berichtete Victor Hugo stolz von diesen «Jugendkämpfen für den großen Kaiser», gab aber zugleich zu: «Sie hatten recht, diese jungen Söhne Spaniens, sie verteidigten ja ihr Vaterland ... Aber dafür haben Kinder kein Verständnis.»

In letzter Zeit wurden Victor und Eugène zu ihrem Kummer sonntags nicht mehr zu Spazierfahrten auf dem Prado oder in die Umgebung Madrids abgeholt. Sie ahnten den Grund dafür nicht. Dem General war schließlich zu Ohren gekommen, daß Sophie ihn in Paris jahrelang mit Lahorie betrogen und dessen Konspiration gegen Napoleon unterstützt hatte. Das sah ihr ähnlich, dieser rückständigen Bretonin, dieser «Brigantin», die ihm vor und nach der Heirat ihre dunkle Vergangenheit verschwiegen hatte. Ungeachtet seines Verhältnisses mit Catherine Thomas machte er ihr eine heftige Szene, drohte ihr mit der Scheidung und verbot ihr, Eugène und Victor in der Adelsschule zu besuchen. Beim König beklagte er sich bitter über ihren Fehltritt, den er um so verwerflicher fand, als Lahorie auf den Sturz des Kaisers hingearbeitet hatte. Aber Joseph, an dessen Hof sich viele Widersacher Napoleons trafen, zuckte nur die Achseln.

Zu Beginn des Jahres 1812 spitzte sich die militärische Situation in Spanien, das von dem britischen Expeditionskorps unter Wellington bedroht wurde, dermaßen zu, daß der General Hugo es für angebracht hielt, seine Gattin und seine zwei jüngsten Söhne nach Frankreich zurückzuschikken. Abel, der älteste, blieb bei seinem Vater in Madrid. Die Rückreise ging unter der Eskorte des Herzogs von Belluno in aller Eile vor sich und brachte der Familie Hugo manches furchtbare Erlebnis. So wurden sie in Burgos Augenzeugen einer Schreckensszene. An der Herberge, in der sie eingekehrt waren, strömte eine aufgeregte Menge vorbei. Sie folgten ihr bis zum Marktplatz, wo sie sahen, was die Schaulustigen anzog: ein Holzgerüst, auf dem ein spanischer Insurgent hingerichtet werden sollte. Beim Verlassen des Marktplatzes begegneten sie einem langen Zug von schwarz und grau gekleideten Barfüßermönchen, die graue und schwarze Stöcke trugen, an deren äußerstem Ende Laternen brannten; ihre herabgelassenen Kapuzen zeigten an Stelle der Augen zwei schmale Schlitze, hinter denen die Pupillen funkelten. Diese vermummten Gestalten führten einen Esel mit sich, auf dem der zum Tode Verurteilte festgebunden war, mit dem Rücken zum Kopf des Tieres. Er war wie gelähmt vor Entsetzen. Zwei der Mönche reichten ihm schweigend das Kruzifix, das er inbrünstig küßte, ohne aufzublicken. Das war Victor Hugos erste Begegnung mit dem Schafott – ein Eindruck, der wohl den Keim zu seiner lebenslangen Kampagne gegen die Todesstrafe legte.

Wenige Tage darauf rollte am Rande der Stadt Vitoria ihre Kutsche an einem großen Holzkreuz vorbei, an das die blutigen Körperteile eines zerstückelten jungen Mannes genagelt waren. Es war die Leiche eines von den Franzosen gefangengenommenen und bestialisch umgebrachten Bruders des Guerillakämpfers Mina. Da verstand die Generalin Hugo die Berechtigung des Spruches, den ihr in Burgos ein Offizier der Eskorte in einem kastilischen Katechismus gezeigt hatte:

«Wer ist unser Nächster? – Jeder Mensch, mit Ausnahme der Franzosen. – Darf man die Franzosen töten? – Man darf es nicht nur, man muß es sogar.»

Die Grausamkeit der Repressalien, die von den französischen Besatzungstruppen an den aufständischen Spaniern verübt wurden, erklärte die ständig wachsende Erbitterung des Widerstandskampfes in der Provinz Biskaya. So sah sich Madame Hugo gezwungen, in Vitoria auf die Ankunft eines zur Verstärkung ihrer Eskorte bestimmten Truppenteils zu warten, der sie und ihre beiden Söhne wohlbehalten nach Frankreich zurückbringen sollte.

Der Hut
Der Hut allhier ein Haupt bedeckt.
Alle sollten werden darunter gesteckt.
Für alle war er eine schwere Last.
Drum weg mit ihm, weil er keinem paßt!

Aus der Rückreise wurde immer mehr eine wilde Flucht. Eingekeilt in einer Kolonne von Bagagewagen, strebte die Kutsche, so gut es eben ging, der französischen Grenze zu. Man nahm auf Frauen und Kinder keine Rücksicht mehr; es herrschte ein streng militärischer Ton; man hielt nur selten, man aß schlecht, man schlief kaum, man jagte nur noch dem rettenden Ziel entgegen: Bayonne.

So endeten die unruhevollen, unter dem Unstern der Napoleonischen Eroberungszüge stehenden Kindheitsjahre Victor Hugos.

In Paris stand ihnen ein besonders trauriges Erlebnis bevor. Als Victor am Abend des 30. Dezembers 1812 mit seiner Mutter an der Kirche Saint-Jacques-du-Haut-Pas vorbeikam, fiel ihnen an einer Säule des Kirchenportals ein großer weißer Anschlag auf, eine öffentliche Bekanntmachung, die von den Passanten mit scheuen Blicken gestreift wurde. Die Mutter, der der Inhalt dieses Bulletins aus den schmerzlichen Ereignissen der letzten Tage bekannt war, blieb stehen und forderte Victor auf, es zu lesen:

«Französisches Kaiserreich.

Auf Grund des Urteilsspruchs des Obersten Kriegsrates wurden in der Ebene von Grenelle wegen Hochverrats gegen das Kaiserreich und den Kaiser die drei ehemaligen Generale Malet, Guidal und Lahorie standrechtlich erschossen.»

«Lahorie», sagte die Mutter nach einer Weile traurig, «merke dir diesen Namen.» Dann fügte sie hinzu: «Das ist dein Pate.»

Das Mysterium um die sonderbare Gestalt des Monsieur de Courlandais entschleierte sich für Victor erst an diesem Dezemberabend, an dem ihm seine Mutter erzählte, welches tragische Ende sein Pate genommen hatte. Der General war im Jahre 1810 wegen angeblicher Beteiligung an der Verschwörung Malets gegen den Kaiser in die Festung Vincennes und dann in das Gefängnis La Force gebracht worden. Nach ihrer Rückkehr aus Spanien hatte die Generalin Hugo heimlich die Verbindung zu General Malet aufgenommen, der auf Grund eines Nervenleidens im Sanatorium des Doktors Dubuisson interniert war. In ihrer Wohnung im Feuillantinerinnenkloster kamen jene Verschworenen zusammen, die durch einen kühnen Handstreich Lahorie und Malet zu befreien und die kaiserliche Regierung zu stürzen gedachten. Am 26. Oktober war es soweit. Da verbreitete sich nachts, während die Trommeln überall Alarm schlugen, in Paris die Nachricht, daß Napoleon während des Feldzuges in Rußland gestorben sei und daß die Generale Malet und Lahorie die Regierung gestürzt hätten. Lahorie war nach seiner Befreiung sogleich an der Spitze eines Bataillons zum Polizeiministerium marschiert, hatte den Polizeiminister Savary im Schlaf überrascht und diesen Schurken, der ihn an Napoleon verraten, in einer Kutsche zum Gefängnis La Force bringen lassen. Am anderen Tage aber stellte sich heraus, daß die Kunde vom Tod des Kaisers nur ein Gerücht war; die Pariser Garnison verweigerte also Malet den Gehorsam, und der Generaladjutant Laborde nahm ihn und Lahorie fest. Drei Wochen später standen beide unter der Anklage des Hochverrats im großen Saal des Obersten Kriegsrates vor dem Militärtribunal. Sie zeichneten sich auch hier durch Unerschrockenheit aus. So legte Lahorie dem Ankläger, der bestritt, daß man an einem Staatsstreich teilnehmen könnte, ohne es zu wollen und zu wissen, die ironische Frage vor: «War es nicht so am 18. Brumaire?» Malet aber antwortete dem Vorsitzenden des Gerichtshofes, der ihn fragte, wer seine Komplizen gewesen seien, unverblümt: «Ganz Frankreich und Sie, Monsieur, wenn ich Erfolg gehabt hätte.» Dennoch wurden beide zum Tode verurteilt. Sophie hatte es sich nicht nehmen lassen, der Exekution in der Ebene von Grenelle beizuwohnen, und war so Augenzeugin des Todes ihres geliebten Lahorie geworden.

Mit welchem Jubel begrüßte die Generalin die Kunde von der Verbannung Napoleons nach Elba und der Rückkehr der Bourbonen nach Frankreich! An jenem Maimorgen des Jahres 1814, da Ludwig XVIII. an der Spitze eines Festzuges zum Tedeum in die Kirche von Notre-Dame fuhr, brach sie in aller Frühe mit ihren drei Söhnen zur Wohnung ihres Freundes Foucher auf, um von dort aus dem endlich zurückgekehrten König zuzujubeln. Ihr Gesicht, das seit dem Tode Lahories vom Gram gezeichnet war, erschien seltsam verjüngt. Mit Stolz betrachtete sie den Lilienorden an der Brust ihrer Söhne, den ihnen der Graf von Artois, der Bruder des Königs, hatte überreichen lassen in Anerkennung der Loyalität ihrer Mutter, dieser Seele der Konspiration gegen

Einzug Ludwigs XVIII. in Paris am 4. Mai 1814

Bonaparte. Auch Victor strahlte an diesem Morgen, denn er trug den Lilienorden und hatte an seinem Arm eine «Dame», die kleine Adèle Foucher. Monsieur Foucher und seine Gattin aber staunten, als sie die Generalin in ihrem großen Florentinerhut und weißen Musselinkleid erblickten, von dem die grünen Samtschuhe sonderbar abstachen. Welcher Einfall! Grün war die Farbe des Kaiserreichs, und dieses Grün trat sie jetzt in den Staub.

Im Juni 1814 fuhr Sophie mit ihrem ältesten Sohn nach Thionville, um eine Versöhnung mit ihrem Gatten herbeizuführen; aber vergeblich, er lebte auch hier mit seiner «Amazone», der Korsin Catherine Thomas, zusammen. Bald darauf erhielt sie aus Paris von Pierre Foucher die Nachricht, daß die Witwe Martin-Chopine, die Schwester des Generals, Eugène und Victor aus seinem Haus «entführt» habe – wohin, wußte er nicht.

Zwar konnte Sophie, die sofort nach Paris zurückkehrte, durchsetzen, daß man ihr ihre Söhne zurückgab, aber nur für kurze Zeit. Der General hatte nämlich in der Rue Sainte-Marguerite ein Internat ausfindig gemacht, die Pension Cordier, wo er Eugène und Victor unterbrachte. Das war für die beiden, die sehr an ihrer Mutter hingen, eine wahre Strafe. Aus war es jetzt mit den Streifzügen durch Paris, mit der Lektüre abenteuerlicher Bücher wie der *Reisen des Kapitäns Cook* und dem Marionettentheater, das ein Stück von Victor aufführen sollte. Aber dieser wußte Rat: Seine Mitschüler in der Pension Cordier konnten doch an Stelle von Marionetten die Rollen in seinem Stück spielen; der große Klassenraum sollte als Zuschauerraum, das Podium als Bühne dienen. Was sein Studium in der Pension betraf, so machte er gute Fortschritte, besonders im Zeichnen; er pflegte seine lateinischen Aufsätze, wie die Geschichte des Manlius oder die von einem Seegefecht zwischen Karthagern und Römern, recht wirkungsvoll zu illustrieren.

Doch der General wollte aus seinen Söhnen Polytechniker machen, und so studierten sie seit Oktober 1816 im Collège Louis-le-Grand, dem von Jesuiten geleiteten Erziehungsinstitut, Mathematik und Philosophie. Mit Bewunderung sah Victor dort zu dem Mathematiklehrer Fourcy auf, der mit Zahlen jonglierte und sie wie Bälle verschwinden ließ. Dagegen verschanzte er sich in den langweiligen Unterrichtsstunden des Professors Laran hinter seinen Schulbüchern und las im *Geist des Christentums.* Laran, ein höchst orthodoxer Mann, erwischte ihn eines Tages dabei und war entsetzt. Wie konnte man bloß ein so ketzerisches Buch lesen wie das von Chateaubriand! Hätten die anderen Lehrer nicht ein gutes Wort für den jüngsten Sohn des Generals eingelegt, so hätte man ihn wohl ohne zu zögern vor die Tür gesetzt.

Victors Lieblingsfach war Physik. Da gab es doch wenigstens etwas zu sehen. Der Physiklehrer Thillaye forderte ihn auf, sich an dem allgemeinen Wettbewerb, der die Theorie des Taus zum Gegenstand hatte, zu beteiligen. Der Tau war ein Thema, an dem ein werdender Dichter sich begeistern konnte, und so errang er den fünften Preis. Auch der Philosophielehrer Maugras merkte ihn für den allgemeinen Wettbewerb in seinem Fach vor, aber diesmal wurde sein Name bei der Preisverteilung nicht genannt.

Dafür erhielt er von Maugras, einem Verehrer Senecas und Montaignes, wertvolle Lehren in stoischer Philosophie.

Das Verhältnis zwischen dem General und Sophie hatte sich dermaßen zugespitzt, daß dieser seinen Söhnen verbot, ihre Mutter zu besuchen. Und als sie am Neujahrstag die beiden in der Schule aufsuchte, ohrfeigte der Vorsteher Decotte Victor, weil er sie umarmte – diese «Teufelin», wie der General sich auszudrücken beliebte.

Unterdessen hatte Victor eine wunderbare Entdeckung gemacht – Vergil, der ihm die wahre Poesie offenbarte. Allerdings brachte ihm der römische Klassiker beinahe Unglück. Der Vorsteher Decotte, der gern spionierte, brach seine Schreibtischschublade auf und fand darin ein Dutzend Hefte mit der Aufschrift *Gedichte* und zwei unvollendete Tragödien: *Irtamenes* und *Athalie oder die Wikinger.* Noch mehr brachte den Schulmeister eine Übersetzung der ersten Ekloge Vergils auf. Decotte hatte nämlich kürzlich versucht, diese bezaubernde Ekloge in Alexandriner zu bringen, und seine klägliche Übersetzung den Schülern vorgelesen. Jetzt aber wagte dieser Knirps mit ihm zu wetteifern. Unerhört! Hinaus mit dem unverschämten Burschen! Aber die Fürsprache Cordiers und eines anderen Lehrers namens Biscarrat, der auch Verse schmiedete, aber den poetischen Versuchen Victors den Vorzug gab, verhütete den Ausschluß.

Im Jahre 1818 wurde auf Sophies Antrag ihre Ehe mit dem General Hugo geschieden. Da das Urteil des Scheidungsgerichtes ihr die Erziehung Eugènes und Victors anvertraute, befreite sie die beiden aus ihrer Gefangenschaft in der Pension Cordier und nahm sie wieder zu sich. Victor dachte jetzt nicht mehr an das künftige Studium am Polytechnikum, sondern nur noch an seine literarische Karriere. Die Mutter, die viel auf sein Talent gab, unterstützte ihn darin, zumal die Französische Akademie anläßlich des von ihm eingereichten Essays *Wie glücklich das Studium macht* seinen Namen lobend erwähnt hatte.

Da beschloß im Jahre 1819 die Akademie der Blumen-

Victor Hugo im Alter von 17 Jahren

spiele zu Toulouse, dem Verfasser der besten Ode auf die Wiedererrichtung des Standbildes Heinrichs IV. die Goldene Lilie zuzuerkennen. Dieses Thema war ganz nach Victors Sinn. Er hatte inzwischen seine Dichterlaufbahn mit feierlich-erhabenen Oden auf die Restauration, diese zu Unrecht so sehr gepriesene Wiederherstellung der Rechte von Thron und Altar, fortgesetzt. Die legitimistische Tendenz seiner Jugendwerke ist auf verschiedene Ursachen zurückzuführen: einmal auf die Hoffnungen, die damals ein großer Teil der französischen Jugend in die Bourbonen setzte, die Frankreich endlich den heißersehnten Frieden zu schenken versprachen, zum andern auf den Einfluß seiner Mutter, die seit ihrer Jugend eine fanatische Royalistin war, und schließlich auf seinen Groll gegen Napoleon, dem er die Schuld am Tod seines verehrten Paten Lahorie zuschrieb.

Mit seiner Ode auf das Denkmal Heinrichs IV. errang Victor tatsächlich den Ehrenpreis der Akademie der Blumenspiele, die Goldene Lilie. Überhaupt überschüttete ihn Toulouse damals mit Zeichen der Anerkennung. Für die *Jungfrauen von Verdun* erhielt er das Goldene Tausendschönchen, für den *Moses auf dem Nil* ein weiteres, und war so mit achtzehn Jahren Meister der Blumenspiele. Die Mutter war stolz auf diese Erfolge ihres Jüngsten, aber dem Vater bereitete die Entwicklung, die seine Söhne unter der Obhut ihrer royalistischen Mutter nahmen, ernste Sorgen, mußte er doch zu seinem Schmerz feststellen, daß Victor das republikanische Ideal, für das er ihn einst zu begeistern versucht hatte, nur allzuschnell gegen das monarchistische vertauscht hatte. Doch vertraute er auf den unaufhörlichen Fortschritt der Geschichte, dem sich auch seine Söhne wohl nicht entziehen würden. So hatte er nach einer seiner letzten Aussprachen mit Victor weitblickend gesagt: «Lassen wir die Zeit wirken. Jetzt teilt der Knabe noch die Ansichten seiner Mutter, aber als Mann wird er sich den Ansichten seines Vaters anschließen.»

Diese Voraussage schien sich in gewisser Hinsicht schon im Jahre 1822 zu erfüllen. Da erfuhr Victor Hugo, daß sein Studienfreund Edouard Delon in eine republikanische Verschwörung gegen die Bourbonen verwickelt gewesen sei und daß das Oberste Gericht den Entflohenen zum Tode verurteilt habe. Sogleich schrieb er – ohne Wissen seiner Mutter – an Madame Delon, daß er bereit sei, ihren Sohn bei sich aufzunehmen, wo ihn die Polizei gewiß nicht vermutete, da ihre politischen Anschauungen ja einander entgegengesetzt seien. Dieser hochherzige Entschluß, einen für vogelfrei Erklärten in seinem Zimmer vor den Häschern der Bourbonen zu verbergen, machte dem jungen Hugo Ehre. Nur stand eine solche Geste doch in einem merkwürdigen Gegensatz zu seinem damaligen Bekenntnis zu Thron und Altar, mit dem es ihm gewiß ernst war, obwohl seine legitimistische Gesinnung vielleicht doch mehr von gewissen ästhetischen Reizen als von einem festen politischen Standpunkt bestimmt war.

Madame Hugo, die von ihrem ehemaligen Gatten, der wegen seiner Kaisertreue aus der Armee entlassen und auf Halbsold gesetzt worden war, nur eine dürftige Unterstützung erhielt, war indessen mehr denn je auf die Huld der Bourbonen angewiesen. Mit Dank nahm sie deren Gunst in Form von Stipendien entgegen, die es ihren Söhnen ermöglichten, weiterhin das Collège Louis-le-Grand zu besuchen.

Was ihn aber in seinem romantischen Geschichtsbild noch bestärkte, war die faszinierende Wirkung Chateaubriands, des Begründers der konservativ-religiösen Romantik, der es so trefflich verstand, mit seinen Dichtungen einen beträchtlichen Teil der jungen Generation in den Schoß der alleinseligmachenden Kirche zurückzulocken und zur Verehrung des rechtmäßigen Herrscherhauses anzuhalten. Vergessen waren die großen Aufklärer Voltaire, Diderot und Rousseau über den exotischen Reizen der Erzählung *Atala* und dem weltschmerzlichen Gehalt ihres Gegenstücks, des *René*, vor allem aber über dem Hauptwerk des katholischen Romantikers, dem *Geist des Christentums*, in dem der Zauber der christlichen Poesie in verführerisch schillernden Farben erweckt wurde. Daher ging der Ehrgeiz des jungen Hugo, wie er einmal in einem seiner Kolleghefte vermerkte, ausschließlich dahin, ein Chateaubriand zu werden oder gar nichts.

Wie stolz war er, als ihn der verehrte Meister im Verlauf einer persönlichen Aussprache, die der Abgeordnete Agier herbeigeführt hatte, zu seinen loyalen, von echter Bourbonentreue erfüllten Gedichten beglückwünschte und erklärte: «Monsieur Hugo, ich bin entzückt, Sie kennenzulernen. Ich habe Ihre Verse gelesen, sowohl die über die Vendée als auch die über den Tod des Herzogs von Berry. Es stehen darin Dinge, die kein anderer Dichter unserer Zeit hätte schreiben können. Mein Alter und meine Erfahrung geben mir das Recht, freimütig zu sein, und so gestehe ich Ihnen ganz offen, daß es bei Ihnen auch Stellen gibt, die ich weniger liebe; aber was in Ihren Oden schön erscheint, ist sehr schön.»

Die Einschränkung, die Chateaubriand gemacht hatte, kränkte Victor Hugo ein wenig. Er fand den Vicomte ziemlich hochmütig und sein Urteil allzu streng. Bei einem anderen Besuch aber zeigte sich Chateaubriand von seiner liebenswürdigsten Seite. Er las ihm aus seinem Fragment des *Moses* vor, plauderte recht angeregt mit ihm, während er sich entkleidete und sein englisches Bad nahm, und fragte ihn beiläufig, ob er ihm nicht als Attaché auf seinem Gesandtenposten in Berlin folgen wolle. Sehr erfreut über soviel Herablassung, widmete ihm Victor Hugo nun seine *Ode an das Genie.*

Worin der junge Dichter das Wesen der Restaurationspoesie erblickte, legte er in seinem Vorwort zu den im Jahre 1824 veröffentlichten *Odes et Ballades (Oden und Balladen)* dar. Er ging von einer Betrachtung der französischen Literatur des 18. Jahrhunderts aus und stellte mit Bedauern fest: «Unsere Nationaldichter waren damals fast alle heidnische Dichter, und unsere Literatur war vielmehr der Ausdruck einer ketzerisch-demokratischen Gesellschaft als einer christlich-monarchischen.» Daher müßten seiner Ansicht nach die Poeten der Restauration vor allem das Unheil, das jene «Sophisten» angerichtet, wiedergutmachen. «Der Dichter muß den Völkern vorangehen wie ein Licht und ihnen den Weg weisen. Er muß sie zu allen großen Prinzipien der Ordnung, der Moral und der Ehre zurückführen, und wenn ihnen seine Macht erfreulich erscheinen soll, müssen unter seinen Fingern alle Fasern des menschlichen Herzens vibrieren wie die Saiten einer Harfe...»

Unterdessen hatte Abel Hugo, der sich der Publizistik

zuwandte, die Zeitschrift «Conservateur littéraire» gegründet. Sie wurde schnell zu einem Sammelpunkt der jungen französischen Romantiker. Zu den Mitarbeitern dieser Zeitschrift gehörten Gaspard de Pons, Emile Deschamps, Jules Lefèvre, Alfred de Vigny, vor allem aber Victor Hugo, der in ihr außer eigenen Balladen und Oden Rezensionen von Gedichten, Romanen und Theaterstücken veröffentlichte und auf solche Weise mannigfache Beziehungen zu den hoffnungsvollsten Poeten seiner Epoche anknüpfte. Nach und nach begann er sich nun der konservativen Strömung der Romantik zu entziehen. Wesentlich trug dazu ein im «Conservateur littéraire» erschienener Essay bei, den Alfred de Vigny, dessen überragendes Genie er sehr schätzte, über die damals viel Aufsehen erregenden Werke Byrons geschrieben hatte. Die Persönlichkeit des großen englischen Romantikers, der so kühn gegen die sozialen Mißstände in Großbritannien und die reaktionäre Politik der Toryregierung aufbegehrte, zog Hugo in ihren Bann und fesselte ihn bald mehr als die weihrauchumwölkte Gestalt Chateaubriands, des Hohenpriesters der Restauration. In einem Artikel über Byron drückte er seine Bewunderung für dessen Dichtungen aus, obwohl er gewisse Vorbehalte gegen seinen «Satanismus» geltend machte, und sagte, seine Werke seien durch die Trauer seines Genies, die Stärke seines Charakters, die Stürme seines Lebens gekennzeichnet und fesselten durch reizvolle Phantasie.

Übrigens zeichneten sich alle Artikel des jungen Hugo durch Scharfsinn und Originalität aus. Als Kunstkritiker entdeckte er vor allen anderen den Einfluß der chinesischen Malerei auf Dominique Ingres und kündigte durch sein Lob Champmartins gewissermaßen schon die romantische Periode Delacroix' an. Als Literaturkritiker erwies er einem bis dahin fast unbekannten Dichter, der im Jahre 1820 mit seinen *Meditationen* hervorgetreten war, Alphonse de Lamartine, die gebührende Ehre. Als Theaterkritiker rief er zum Kampf gegen die Klassizisten auf, indem er schrieb: «In den Werken jener Jugend, die jetzt zu den Bühnen drängt, fällt uns etwas auf: Sie geben sich noch zu leicht mit sich selbst zufrieden; sie verlieren beim Sammeln von Lorbeerkränzen die Zeit, die sie kühnen Überlegungen widmen sollten; sie haben zwar Erfolg, aber ihre Rivalen profitieren aus solchen Triumphen. Achtung, Ihr jungen Leute! Sammelt Eure Kräfte, Ihr werdet sie brauchen am Tage der Schlacht. Schwache Vögel steigen plötzlich auf, Adler schreiten langsam voran, ehe sie sich zum Himmel aufschwingen.»

Überhaupt war in den Anschauungen Victor Hugos seit dem Tod seiner Mutter im Jahre 1821, die ihn zu seinem Nachteil, wie er einzusehen begann, allzusehr für den Royalismus eingenommen hatte, eine allmähliche Neuorientierung auf den Liberalismus festzustellen.

Zwar wohnte er im Jahre 1825 noch der Krönung Karls X. in Reims bei, zu der er höchst offiziell eingeladen worden war, zusammen mit solchen Koryphäen wie Chateaubriand und Lamartine; aber er brachte dem gotischen Wunderwerk der Kathedrale von Reims mehr Interesse entgegen als dem umständlichen Zeremoniell der Salbung Karls X. zum König von Frankreich. Er widmete den Krönungsfeierlichkeiten wohl eine Ode, doch hatte sie mehr einen beschreibenden Charakter als einen erhebenden. Es war seine letzte, noch von royalistischen Illusionen erfüllte, aber schon wesentlich gedämpfter klingende Huldigung an die Bourbonendynastie.

Übrigens knüpfte sich an diese Tage in Reims eine denkwürdigere Erinnerung: seine Bekanntschaft mit dem Werk Shakespeares. Charles Nodier, Leiter der Königlichen Bibliothek, sein Begleiter auf der Reise nach Reims, hatte unterwegs in Soissons bei einem Antiquar zwei Bücher von historischem Wert gekauft: das spanische Original des *Romancero* und eine der ersten englischen Ausgaben der Meisterdramen Shakespeares. Abends gingen sie in Reims nicht zu dem großen Ball, den Lord Northumberland zu Ehren des Königs Karl X. gab, denn sie waren beide schlechte Tänzer. Sie beschlossen vielmehr, sich in ihrem

Hotelzimmer in die Lektüre der beiden Funde zu vertiefen, die Nodier in Soissons gemacht hatte. Aus dem Stegreif übersetzte einer Gedichte aus dem *Romancero*, der andere Szenen aus Shakespeares *König Johann*. Abwechselnd begeisterten sie sich an den Schönheiten der altspanischen Romanzen und an der hinreißenden Dramatik des englischen Dichters. Zum Schluß bemerkte Nodier mit einem Kopfschütteln: «Bei uns kennt man den *Romancero* überhaupt nicht», worauf Hugo erwiderte: «Und über Shakespeare macht man sich in Frankreich lustig!»

An diesem Abend legte er sein Vorurteil gegen den genialen englischen Dramatiker, das ihm die konventionelle Kunstauffassung der französischen Klassizisten gewissermaßen eingeimpft hatte, für immer ab und nahm sich vor, die bisher versäumte Lektüre der Werke Shakespeares nachzuholen.

Seine Loslösung von den Prinzipien der Restaurationspoesie trat zum erstenmal deutlich in der Erzählung *Bug-Jargal (Die schwarze Fahne)* zutage, die er im Alter von siebzehn Jahren entworfen hatte und in einer gründlich umgearbeiteten Fassung im Jahre 1826 veröffentlichte. Hatte Byron Rebellen wie den Korsar, den Giaur, den Kosakenhetman Mazeppa zu Protagonisten seiner Dichtungen gemacht, so wählte Victor Hugo einen entflohenen Negersklaven zum Helden seines Werkes, das während des Aufstandes von 1792 auf der Insel Haiti spielte. Wenn Bug-Jargal, der von der Plantage seines Herrn, eines französischen Kolonisten, entflohen ist, in den Bergen die schwarze Fahne des Aufstandes erhoben hat und in contumaciam von der französischen Militärjustiz zum Tode verurteilt worden ist, dennoch die Tochter seines ehemaligen Herrn vor den Nachstellungen des dunkelhäutigen Ungeheuers Habibrah schützt – wenn er Marie, obwohl er sie heimlich liebt, unversehrt ihrem Verlobten, dem französischen Offizier d'Auverney, zurückgibt und wenn er schließlich, ungeachtet seiner Aufopferung, von den Weißen erschossen wird, so erhellt aus alledem, daß er, «der Neger mit der unbefleckten

Seele», wie ihn der Dichter nennt, tatsächlich den europäischen Eindringlingen an Menschlichkeit überlegen ist. Dabei ergeben sich interessante Vergleiche mit der fünfzehn Jahre zuvor entstandenen Novelle *Die Verlobung in St. Domingo* von Heinrich von Kleist. Victor Hugo wies nicht nur – unbeabsichtigt – die Berechtigung des Negeraufstandes gegen die europäischen Pflanzer nach, sondern manifestierte auch seine Anteilnahme am Schicksal der unterdrückten farbigen Bevölkerung, für deren Menschenrechte er eintrat. In Frankreich, das in einem jahrelangen blutigen Kolonialkrieg nicht nur seine westindische Kolonie, sondern zum erstenmal auch den Nimbus der Unbesiegbarkeit der napoleonischen Armee verlor, mußte ein solches Thema besondere Brisanz besitzen. *Bug-Jargal* ließ auch die fortschrittlichen literarischen Kreise zu Paris aufhorchen, trotz gewisser romantischer Exzentritäten, vor allem in der Gestalt des häßlichen verwachsenen Zwerges Habibrah, der zuletzt von d'Auverney in einen Abgrund gestürzt wird.

Daß Hugo dadurch unweigerlich in Opposition zu den Bourbonen geraten mußte, wurde deutlich, als er im Jahre 1827 seine *Ode an die Vendôme--Säule* veröffentlichte. Den Anlaß dazu gab ein peinlicher Zwischenfall auf einer Abendgesellschaft im Palais des österreichischen Gesandten Apponyi zu Paris. Auf dem Wiener Kongreß waren den Marschällen, die Napoleon in den Adelsstand erhoben hatte, ihre Adelsprädikate aberkannt worden; doch jene Klausel des Friedensvertrages, die verbot, sie in der Öffentlichkeit als Grafen oder Herzöge zu titulieren, war bisher noch nie angewendet worden. Auf der Soiree im Palais des österreichischen Gesandten stellte nun aber der Haushofmeister den Herzog von Dalmatien, den Herzog von Treviso, den Herzog von Ragusa, als sie den Saal betraten, kurz und schlicht als Marschall Soult, Marschall Mortier, Marschall Marmont vor. Welcher Affront! Welche Beleidigung der französischen Armee! Die Marschälle machten auf der Stelle kehrt und verließen entrüstet den Saal. Als Victor Hugo am anderen Tag in den Zeitungen las, welchen Schimpf man im Palais

Apponyi seiner Nation angetan hatte, erinnerte er sich seines Vaters und der Taten der napoleonischen Armee, revidierte in diesem Zusammenhang sein Bild von Napoleon, in dem er viele Jahre lang nur den Despoten gesehen hatte, und schrieb, um die Beleidigung zu ahnden, die man dessen Marschällen zugefügt, die *Ode an die Vendôme-Säule*, eine enthusiastische Hymne auf das Siegesdenkmal, den Überrest des stolzen Kaiserreichs, und zugleich ein Aufschrei der Empörung gegen Österreich, das den Ruhm des Kaisers zu verdunkeln und die Taten seiner Heerführer in den Staub zu treten suchte.

Das bedeutete den Bruch Victor Hugos mit der ehrlosen Politik der Bourbonen und seine Stellungnahme gegen die Heilige Allianz, den Schutz- und Trutzbund der europäischen Despoten. Vollzogen war damit zugleich sein Übergang von der konservativen zur liberalen Richtung der Romantik.

Sein Interesse wandte sich nunmehr fast ausschließlich dem Theater zu. Vor allem zwei Gründe veranlaßten ihn dazu: einmal das Gastspiel einer englischen Schauspielergesellschaft, die im Théâtre-Français drei Meisterwerke Shakespeares – *Hamlet, Othello* und *Romeo und Julia* – aufgeführt hatte, und zum anderen der auf die Diktatur der Klassizisten zurückzuführende Tiefstand der dramatischen Kunst in Frankreich. Die von den englischen Schauspielern dargebotenen Theaterstücke Shakespeares hatten unter den jungen Romantikern solche Begeisterungsstürme ausgelöst und die Klassizisten, in deren Augen der berühmte englische Dramatiker ein «Barbar» war, dermaßen vor den Kopf gestoßen, daß sich der Kampf zwischen den beiden feindlichen Literaturparteien zuspitzte. So ließ der Maler Delacroix damals seinem Freund Hugo die ironische Warnung zukommen: «Hamlet erhebt sein abscheuliches Haupt, Othello wetzt seinen mörderischen Dolch – was jede wohlanständige Bühnenpolitik zunichte macht. Wer weiß, vielleicht wird sich auch noch König Lear die Augen vor einem französischen Publikum ausreißen! Es entspräche durchaus der Würde unserer Akademie, jeden derartigen Import für unvereinbar mit der öffentlichen Moral zu erklären. Aus wäre es sonst mit dem guten Geschmack! Legen Sie auf jeden Fall unter Ihrem Anzug einen guten Panzer an, fürchten Sie die Dolche der Klassizisten!»

Als Taylor, der königliche Intendant der Comédie-Française, eines Tages Hugo fragte, warum er nicht einmal etwas für das Theater schriebe, vertraute er ihm an, daß er an einem Drama um die historische Persönlichkeit Cromwells arbeitete. Um der Comédie-Française dieses Stück zu sichern, führte Taylor eine Zusammenkunft zwischen dem Dichter und dem berühmten Schauspieler Talma herbei, der sich über die Schattenseiten seines Berufes bitter beklagte: «Der Schauspieler ist nichts ohne die Rolle, ich aber habe niemals eine wahre Rolle gespielt und auch niemals ein Stück gefunden, das zu mir paßte. Die Tragödie – nun ja, das ist schön, das ist edel, das ist großartig! Ich habe zwar immer Wert auf ebensoviel Größe gelegt, aber mit mehr Realität, auf eine Persönlichkeit, die alle Bewegtheit und Mannigfaltigkeit des Lebens hatte, die nicht aus einem Guß war, wohl tragisch, zugleich aber vertraut, auf einen König, der zugleich Mensch war ... Sie, Monsieur Hugo, sind jung und kühn, Sie sollten eine Rolle für mich schreiben. Taylor hat mir erzählt, daß Sie an einem Cromwell arbeiten. Wie ist Ihr Stück? Sicher gleicht es nicht den Machwerken der anderen.»

«Ich glaube, daß ich genau das schreibe, wovon Sie träumen», antwortete Hugo.

Dann legte er Talma kurz seine neuartigen Ideen dar: Keine Tragödien mehr, sondern Dramen; keine Heroen mehr, sondern Menschen; Realität statt der Konvention; Vermischung aller Genres, des epischen, lyrischen, satirischen, seriösen und komischen; und vor allem Schluß mit den hochtrabenden Tiraden und effektvollen Versen.

«Richtig!» rief Talma begeistert aus. «Das sage ich den anderen immer wieder: Keine schön gedrechselten Verse!»

Er war sicher, daß Hugo die eine oder andere Szene seines

Victor Hugo, 1829

Dramas im Gedächtnis hatte, und bat ihn, so freundlich zu sein, ihm eine vorzutragen. Der Dichter wählte die Szene, in der Milton seinen Freund Cromwell beschwört, dem ehrgeizigen Plan, König von England zu werden, für immer zu entsagen.

Talma staunte. Keine Spur mehr vom überlebten Flitter der klassizistischen Tragödie! Nein, das war pulsierendes Leben, das war unverhüllte Wahrheit, und Cromwell war die Rolle, die er sich seit langem wünschte. Sehr erbaut von der realistischen Szene und der Echtheit des historischen Kolorits, rief der gefeierte Tragöde: «Ausgezeichnet! So muß es sein! So muß man sprechen!»

Zum Schluß drückte er dem Dichter herzlich die Hand und ermahnte ihn: «Vollenden Sie Ihr Drama schnell, ich brenne darauf, den Cromwell zu spielen.»

Aber an dem Abend, da Victor Hugo im Kreise seiner Freunde mehrere Szenen aus dem vollendeten *Cromwell* vorlas, fehlte Talma; er war unterdessen gestorben. An diesem denkwürdigen Abend machte der Dichter mit seiner äußeren Erscheinung, der monumentalen Stirn, dem gelockten brünetten Haar, dem bleichen Gesicht auf seine Zuhörer einen ebenso starken Eindruck wie durch die Szenen seines originellen Dramas, die er mit kräftiger Stimme und wirkungsvollem Gebärdenspiel vortrug. Wahrhaftig, es schien so zu sein, wie er nach seinem Vortrag sagte: «Ich bin der Schöpfer einer neuen Epoche und werde in der Literatur einen achtzehnten Brumaire herbeiführen.»

Gespannt warteten seine Jünger nun auf den von ihm angekündigten «Staatsstreich», den er mit der Uraufführung seines *Cromwell* auf der Bühne der Comédie-Française ins Werk zu setzen gedachte, aber welche Enttäuschung: Sein *Cromwell* war nach Ansicht aller Theaterdirektoren unaufführbar! Denn die Grundkonzeption dieses historischen Dramas war kolossal – etwa sechzig Hauptdarsteller, von den Nebenpersonen ganz zu schweigen; dazu die ungeheuren Dimensionen der fünf Akte, von denen jeder beinahe so lang war wie eine normale klassizistische Tragödie.

Aber die Klassizisten hatten zu früh über die Niederlage ihrer Gegner frohlockt. Gegen Ende des Jahres 1827, als die Buchausgabe des Dramas erschien, wurde die von Hugo prophezeite Umwälzung in der Literatur durch sein Vorwort zum *Cromwell* ausgelöst. In ihm entwickelte er die eigenartige Theorie, daß die Poesie drei Zeitalter habe, von denen jedes einer bestimmten Epoche der Gesellschaft entspreche: das Zeitalter der Ode, welche die Ewigkeit besinge, das des Epos, welches die Geschichte verherrliche, und das des Dramas, welches das Leben darstelle. Selbstverständlich verwarf Hugo in seinem Cromwell-Vorwort die drei Einheiten des Aristoteles, auf die alle Klassizisten schworen: «Man würde einen Schuhmacher auslachen, wenn er allen Füßen ein und denselben Schuh anpassen wollte.»

Er betonte auch das politische Moment dieser neuen ästhetischen Theorie: «Es wäre sonderbar, wenn in unserer Epoche die Freiheit alles durchdränge, nur nicht das, was in der Welt auf natürlichste Weise frei ist: das Reich des Denkens. Legen wir den Hammer an die alten Theorien, Systeme und Poetiken! Reißen wir den alten Stuck herunter, der das Antlitz der Kunst verhüllt!»

In ihrem Kern war diese romantisch verkleidete Theorie durchaus wirklichkeitsverbunden, so sagte Hugo: «Das Theater ist ein Brennpunkt. Alles, was in der Welt, in der Geschichte, im Leben, im Menschen existiert, kann und muß sich darin widerspiegeln, allerdings nur unter dem Zauberstab der Kunst.»

Was den Stil des modernen Dramas betraf, so lehrte er: «Wir verlangen einen echten, aufrichtigen, freimütigen Vers, der alles ohne Prüderie zu sagen, alles ohne Künstelei auszudrücken wagt, der in natürlicher Weise von der Tragödie zur Komödie und vom Erhabenen zum Grotesken übergeht, der bald prosaisch, bald poetisch ist, zugleich künstlerisch und inspiriert, tief und schwungvoll, großartig und wahr.»

Der moderne Dichter dürfe sich nicht nur mit dem Schönen, er müsse sich auch mit dem Alltäglichen befassen: «Wenn der Poet zwischen den Dingen wählen muß (und das muß er), so soll er sich nicht für das Schöne, sondern für das Charakteristische entscheiden!»

Das Cromwell-Vorwort, in dem die Prinzipien eines modernen Realismus aufgestellt wurden, rief eine der leidenschaftlichsten Auseinandersetzungen zwischen den zwei feindlichen Literaturparteien hervor. Wie entrüsteten sich die vierzig «Unsterblichen» der Akademie über die Unbotmäßigkeit des Monsieur Hugo! In ihrem Organ, der «Gazette de France», war zu lesen: «Was uns schon in den ersten Zeilen dieses Vorwortes auffällt, ist der hochmütige und geringschätzige Ton, mit dem ein junger Schriftsteller, dessen Ruf noch nicht über die Grenzen einiger ihm befreundeter Kreise hinausgedrungen ist, über alles herzieht, was den Ideen widerspricht, zu denen er sich bekennt. Sein Ziel ist, wie er selbst gesteht, ‹die Zerstörung jener Spinnweben, mit denen die Heerscharen von Liliput das Drama im Schlaf zu fesseln versuchen›, das heißt die Freimachung von den drei Einheiten. Wir könnten den Verfasser dieses Satzes darauf hinweisen, daß es unter den Heerscharen von Liliput einige Zwerge gibt, die nicht zu verachten sind, so unter anderen alle jene Männer, die vom *Cid* bis zum *Cromwell* für die Bühne geschrieben haben; aber was sind diese Männer für ihn, der Shakespeare den ‹Gott der Bühne› nennt? Solche Verrücktheiten, die im Grunde nichts Ernsthaftes an sich haben, weisen sogar eine komische Seite auf, an der man sich ergötzen könnte, wenn sie mit einigem Talent dargeboten würde. Man muß nämlich über einiges Talent verfügen, wenn man sich auf Riesen stürzen will. Und sucht man Schriftsteller zu entthronen, die zu bewundern alle Generationen übereingekommen sind, so muß man sie, wenn nicht mit gleichen Waffen, doch zumindest in einem Stil angreifen, der geschliffen und rein genug ist, um zu beweisen, daß man sie versteht und daß man nicht bloß im Gefühl der eigenen Unfähigkeit über sie herfällt. Aber welchen Abbruch kann man ihnen tun, wenn man so schreibt wie der Verfasser des Vorwortes, von dem wir sprechen?»

Die liberalen Romantiker scharten sich indes wie eine

Phalanx um ihren Meister, der mit seinem Cromwell-Vorwort der ganzen modernen Schule ein so vortreffliches Programm gegeben hatte. Sie nahmen unerschrocken den Kampf gegen die «Hydra des Perückentums» auf – allen voran der siebzehnjährige Théophile Gautier, der verkündete:

«Das Cromwell-Vorwort leuchtet uns vor Augen wie die Gesetzestafeln auf dem Sinai, und seine Argumente erscheinen uns unwiderlegbar. Die Schmähungen der kleinlichen klassizistischen Blätter gegen den Meister, den wir für den größten Dichter Frankreichs halten, versetzen uns in wilden Zorn.»

So wurde immer klarer, daß die romantische Bewegung in der Form, die ihr Victor Hugo gegeben, nicht zuletzt eine politische Bewegung war. Dies erforderte übrigens, in Abgrenzung gegen die konservativ-religiöse Romantik eines Chateaubriand und eines Lamartine, eine neue Bezeichnung – Romantizismus. Hugo erklärte wiederholt in der Öffentlichkeit: «Der Romantizismus ist der Liberalismus in der Literatur.»

Auch *Les Orientales (Die Orientalen)*, die im Jahre 1829 erschienen waren, bedeuteten eine Kampfansage im Sinne des Liberalismus. Zwei Jahre vorher hatten der Aufstand der Griechen gegen das türkische Joch und die Teilnahme Byrons an diesem nationalen Befreiungskampf die jungen Romantiker zu begeisterten Kundgebungen für die Sache der Hellenen entflammt. So hatte Delacroix damals in seinem Gemälde *Das Massaker von Chios* die Türkengreuel angeprangert. Ebenso bekannte sich Victor Hugo in einigen Gedichten zu dem heroischen Kampf, den Griechenland gegen die türkische Übermacht führte, und begrüßte in jauchzenden Versen das Bündnis, das Frankreich mit ihm gegen die Hohe Pforte geschlossen hatte. Am liebsten wäre er wie Byron dem Griechenvolk zu Hilfe geeilt, und in überschwenglichem Enthusiasmus rief er aus:

Lebt wohl, lebt wohl! Vorwärts zum Kampf für
die Hellenen!
In Strömen fließt ihr Blut, helft Hellas'
Heldensöhnen!
Zeit ist's, daß man vergießt der Henker ekles
Blut!

Zwar kam in den *Orientalen* ein gewisser pathetischer Grundzug noch zum Ausdruck in der Art und Weise, wie Hugo die Seeschlacht von Navarino schilderte, wie er mit kühnen Wortbildern prunkte, mit schwungvollen Versen den Leser mitzureißen suchte und mit frenetischem Jubel die Vernichtung der ägyptisch-türkischen Flotte begrüßte. Doch schlug er in einigen seiner philhellenischen Gedichte auch schon schlichtere, wirklich ergreifende Töne an, vor allem in der Elegie: «Der griechische Knabe». In ihr gibt er eine objektive Darstellung der Verwüstung der Insel Chíos durch die türkischen Horden, verleiht seinem Mitgefühl mit dem verwaisten Griechenkind einen bis zu gewissem Grade sentimental-romantischen Ausdruck, tritt aber dann in der Schlußstrophe für die Idee des nationalen Befreiungskampfes ein.

Der griechische Knabe

Die Türken ritten davon, zurück blieb nur Elend
und Leid.
Chíos, dies Weineiland: Ruinen nur weit und breit,
nichts als Verzweiflung und Schweigen!
Wie lieblich spiegelten sich die Haine,
die Rebenhügel,
die stolzen Paläste einst im tiefblauen
Meeresspiegel
und tanzender Mädchen Reigen! ...

Alles Leben erstarrt ... Doch nein! An der
rauchschwarzen Wand,
da hockt ein verlassenes Kind, den Kopf gestützt
in die Hand,
ein blonder, blauäugiger Knabe.
Als letzte Zuflucht ist ihm nur ein blühender
Weißdorn geblieben,
sein einziger Trost! Denn tot sind die Eltern
und all seine Lieben,
geraubt, verbrannt ihre Habe.

Der Arme, zerfetzt ist sein Hemd, die Füße wund,
unbeschuht.
Er weint vor Kummer und Zorn! ... Was kann ich tun,
um die Flut
seiner heißen Tränen zu stillen? ...
«Sag, was ich tun kann, damit du das Unglück,
das dich befallen,
vergißt und, wie früher im Spiel, deine Augen froh
wieder strahlen?
Welchen Wunsch könnt ich dir erfüllen?

Eine Flöte gäb ich dir gern, einen Vogel auch,
dessen Gesang
lieblicher, fröhlicher klingt als Hoboen – und
Zimbelklang!
Aber weine, weine nicht mehr!
Ich gäb, um dich lächeln zu sehn, dir jede
erdenkliche Gabe!»
Er schüttelte nur den Kopf. – Doch plötzlich
erhob sich der Knabe
und rief: «Ich will ein Gewehr!»

Im Orient erschien dem Dichter in den Wüsten Syriens auch die Gestalt Bonapartes, dem er in dem Gedicht «Er» ein Denkmal setzte.

Diese Verse fanden einen Bewunderer vor allem in Hector

Berlioz, der seine ersten Erfolge als Musiker in der napoleonischen Ära erlebt hatte und noch immer in Bonaparte den Träger der Ideen der Französischen Revolution erblickte. Er kannte dieses Gedicht auswendig und trug es häufig im Freundeskreis vor, sehr zum Verdruß der Mitglieder der Akademie, deren Mißfallen diese Huldigung an Bonaparte erregt hatte. Überhaupt fanden die *Orientalen* starken Anklang in den romantischen Dichter- und Künstlerkreisen.

In demselben Jahr vollendete Victor Hugo sein Versdrama *Marion de Lorme*. Er und seine Freunde, schien es, eiferten um die Wette, um die Klassizisten vom Parnaß zu verdrängen. So schrieb damals Alfred de Vigny an ihn: «Morgen werden wir in Ihrer Wohnung zum erstenmal *Marion de Lorme* hören, und acht Tage später werde ich Ihnen mein neues Stück – *Der Mohr von Venedig* – vorlesen.»

In seiner Antwort dankte ihm Victor Hugo mit den enthusiastischen Worten: «Welche Freude bereiten Sie mir, mein lieber Alfred der Große! Sie geben mir für einige Sous Gold ... Othello, Alfred und Shakespeare, das ist wahrhaftig eine Trinität mächtiger Genies!»

Am Abend des 10. Juli versammelte sich in der Rue Notre-Dame-des-Champs das junge Frankreich im roten Salon um seinen Meister. Vigny erschien wie gewöhnlich, seinem Stande gemäß, in sehr eleganter Aufmachung, Frack und weißer Weste, und mit ihm ein melancholischer Jüngling in enganliegender blaugrüner Hose und schwarzem Rock mit breitem Samtkragen, sein Schützling Alfred de Musset. Neben Adèle Hugo, die im Kerzenschein auf dem Sofa saß und alle durch ihre exotische Schönheit bezauberte, stand in kornblumenblauem Rock und schwarzer Weste Honoré de Balzac, der Verfasser der *Chouans*. Zugegen waren ferner Delacroix, der mit seinem olivfarbenen Teint und seinen funkelnden Augen aussah wie ein junger indischer Gott, sein Freund Prosper Mérimée, um dessen Mund wie zumeist ein spöttisches Lächeln spielte, und Alexandre Dumas, der vor kurzem mit seinem historischen Drama *Heinrich III. et sa cour*

(Heinrich III. und sein Hof) einen sensationellen Erfolg erzielt hatte, eine faszinierende Erscheinung mit seinem braunen Kreolengesicht und dem krausen schwarzen Haar.

Bläulicher Mondschein und Rosenduft drangen aus dem Garten durch die offenen Fenster in den Salon. In dieser romantischen Stimmung begann Hugo *Marion de Lorme* vorzutragen. An dem Charakter der Kurtisane und ihrer tiefen Liebe zu dem jungen Dichter Didier, dem Bastard ohne Familie, ohne Vermögen und ohne Stellung, zeigte er, wie echtes Gefühl eine scheinbar rettungslos verdorbene Frau zu läutern vermag. An den Charakteren ihrer Gegenspieler, des Grafen Saverny, eines früheren Galans der Kurtisane, der mit höhnischer Freude Didier ihre dunkle Vergangenheit aufdeckt und sich ihretwegen mit ihm duelliert, und des Kardinals Richelieu, der den von seinen Schergen festgenommenen Dichter aufs Schafott schickt, enthüllte er, wie der Zynismus eines Aristokraten und die grausame Doktrin eines Kirchenfürsten das so schwer erkämpfte Glück der Liebenden zerstören.

Immer wieder wurde der Vortrag des Dichters durch Applaus unterbrochen. «Wunderbar! Ganz wunderbar!» rief Alexandre Dumas. Zum Schluß hob der athletische Kreole den Meister auf seinen Armen empor und verkündete: «Hugo, wir werden Sie dem Ruhm entgegentragen!»

Aber soviel Beifall sein Stück auch an diesem Abend bei den Verehrern seiner Kunst fand und so sehr die Intendanten der führenden Pariser Bühnen sich um das Uraufführungsrecht bemühten, so stieß sich doch die königliche Zensur an seinem Inhalt. Es vereinbarte sich nicht mit der katholischen Moral, die Aufführung eines Dramas zu gestatten, in dem die Rehabilitierung einer berüchtigten Kurtisane im Brennpunkt der Ereignisse stand und ein so hervorragender Kardinal wie Richelieu einer scharfen Kritik unterzogen wurde. Der Vertrag mit der Comédie-Française war schon unterzeichnet und der Beginn der Proben festgelegt, als der Innenminister Martignac auf Grund des abfälligen Urteils der Zensoren die Aufführung des *Marion de Lorme* verbot.

Sogleich eilte Hugo zum Innenministerium, um Einspruch gegen das Aufführungsverbot zu erheben; aber Martignac empfing ihn mit eisiger Miene, zuckte die Schultern und erklärte, die Zensoren hätten sich einmütig gegen den vierten Akt ausgesprochen, in dem Ludwig XIII., ein Ahne des jetzigen Königs, als ein schwacher und scheinheiliger Monarch hingestellt werde, der sich von einem Priester, dem roten Kardinal, gängeln lasse; alle Welt könnte darin eine unliebsame Anspielung auf Karl X. erblicken. Hugo ersuchte nun um eine Audienz beim König, der ihn in Saint-Cloud recht gnädig empfing und die Maßnahme seines Innenministers zu mißbilligen schien, sich aber Bedenkzeit ausbat, weil er selbst das Stück lesen wollte, vor allem den anstößigen vierten Akt. Am anderen Tag war Martignac zum Erstaunen des Dichters nicht mehr Innenminister. Bald darauf erhielt er die Aufforderung, bei dem neuen Innenminister, Monsieur de La Bourdonnais, vorzusprechen, der ihm mitteilte, Seine Majestät hätte das Stück gelesen und könne aus Rücksicht auf die öffentliche Moral dessen Aufführung nicht genehmigen; doch wolle der König – sozusagen zur Entschädigung – seine jährliche Pension auf viertausend Francs erhöhen. Dieses «Schmerzensgeld» wies Hugo stolz zurück, was ihm in der Öffentlichkeit den Ruf der Unbestechlichkeit einbrachte, zumal der «Constitutionnel» hierzu bemerkt hatte: «Unsere Jugend läßt sich nicht so leicht bestechen, wie es die Minister erhoffen.»

Der Intendant der Comédie-Française war verzweifelt über diese schlimme Wendung; aber Hugo tröstete ihn mit der Erklärung: «Wir haben jetzt August. Sie wollten doch mit den Proben von *Marion de Lorme* nicht vor Oktober beginnen. Nun, ich werde sehen, was sich machen läßt. Suchen Sie mich am ersten Oktober auf.»

Und an diesem Tag übergab der Dichter dem freudestrahlenden Intendanten sein neues Manuskript: *Hernani.*

So rückte er denn immer näher, der große Tag, der über das Schicksal der romantizistischen Schule – ihren Sieg oder ihre Niederlage – entscheiden sollte. Anfangs schienen die Aussichten auf eine erfolgreiche Premiere des *Hernani* allerdings nicht günstig. Wieder erhob die Zensur ihre Einwände, obwohl sie nach der ersten Lektüre des Manuskriptes die Aufführung gebilligt hatte. Innenminister La Bourdonnais nahm Anstoß an einigen ihm bedenklich erscheinenden Stellen, besonders an dem herausfordernden Ausspruch des Rebellen Hernani: Wie, du glaubst, mir seien Könige heilig? Und noch mehr an der den Hof so sehr verletzenden Strophe:

Seht diesen Hühnerhof, wo unser König im Kreise
seiner Schranzen,
Die ihrer Ämter wegen untertänigst nach seiner
Pfeife tanzen,
Gar huldvoll Würden spendet – Brosamen seiner
stolzen Größe!

Zwar sah der Innenminister, nachdem der Dichter sich zur Streichung der beanstandeten Passagen entschlossen hatte, von einem Aufführungsverbot ab; aber bald darauf überreichten sieben Mitglieder der Akademie, die um ihre Positionen bangten, Karl X. eine Petition, in der unter anderem darum ersucht wurde, daß die französische Bühne den Machwerken der modernen Schule verschlossen werde, daß sie ausschließlich den Schriftstellern vorbehalten bleibe, die etwas vom wahrhaft Schönen verstünden, und daß vor allem die Aufführung des *Hernani* untersagt werde. Doch der König, ärgerlich über diese Einmischung in Fragen der königlichen Zensur, antwortete den Bittstellern spöttisch: «Meine Herren, in Dingen der Literatur habe ich – wie jeder von Ihnen – nur meinen Platz im Parterre.»

Jetzt versuchten die Klassizisten das Stück, ehe es in Szene ging, auf andere Weise zu Fall zu bringen. In den Zeitungen erschienen parodistisch verzerrte Verse aus dem Drama, die von anonymen Sudlern stammten und es der Lächerlichkeit preisgaben. Auch in den aristokratischen Salons gab man solche Parodien auf *Hernani* zum besten und mokierte sich über die Verrücktheiten seines Verfassers. Woher rührten diese Machenschaften? Wer hatte den Gegnern den Text des Dramas verraten? Ein Manuskript war dem Sekretär der Comédie-Française zu treuen Händen übergeben worden, und er hielt es unter Verschluß; das zweite Manuskript lag der Zensur vor. Vom Theater, von den Dramaturgen oder den Schauspielern, die gewiß kein Interesse am Durchfall des Stückes hatten, konnten die Indiskretionen nicht kommen. Also mußte einer der Zensoren die ganze Sache angezettelt haben. Daher legte Victor Hugo in einem Schreiben an den Innenminister den Sachverhalt dar, wie er ihn sah, und protestierte energisch gegen die Verletzung des Zensurgeheimnisses.

Bei den Proben in der Comédie-Française zeigten sich die Schauspieler zum Teil widerspenstig. Mademoiselle Mars, die Darstellerin der Doña Sol, war eine Verehrerin des klassizistischen Theaters, in dem sie ihre größten Triumphe gefeiert hatte; sie hatte die Rolle der Doña Sol nur übernommen, um sie nicht einer ihrer jüngeren Rivalinnen zu überlassen und mäkelte beständig am Aufbau und am Stil des Stückes. Michelot, der Darsteller des Don Carlos, brachte seiner Rolle wenig Verständnis entgegen. Firmin, der den Hernani darzustellen hatte, verhielt sich bestenfalls neutral. Nur Joanny, der den Don Ruy Gomez de Silva spielen sollte, ein alter Soldat, der in einer Schlacht unter dem General Hugo zwei Finger verloren hatte, war ein entschiedener Parteigänger des romantizistischen Theaters und drückte dem Dichter seine Bewunderung aus, zeigte ihm seine verstümmelte Hand und rief pathetisch: «Es soll mir zum Ruhme gereichen, daß ich als Jüngling unter dem Vater und als Greis unter dem Sohn gedient habe.»

Was Victor Hugo angesichts solcher Schwierigkeiten immer wieder in seiner Zuversicht bestärkte, war die Treue, mit der seine Anhänger zur Fahne hielten. Seine stille Wohnung in der Rue Notre-Dame-des-Champs hatte sich in ein lärmendes Hauptquartier verwandelt, wo jeden Tag schon in den frühen Nachmittagsstunden, während er noch auf der Probe weilte, seine Freunde sich versammelten, um Kriegsrat zu halten. Zuerst erschien gewöhnlich Sainte-Beuve, der gefürchtete Kritiker, der seit langem mit dem Meister befreundet war und als erster in seinen Rezensionen im «Globe» eine Lanze für Hugos unkonventionelle Kunst gebrochen hatte. Der seltsame Mann mit dem zu großen Kopf, der hohen Stirn, den buschigen Brauen, unter denen die Augen meistens spöttisch blitzten, und dem roten Haar unter dem schwarzen Samtkäppchen, das er nie abzunehmen pflegte, hütete seine Freundschaft mit Hugo wie ein Privileg. Er war verstimmt, wenn Adèle, die von ihm so sehr verehrte Gattin des Dichters, ihm seinen Platz in einer Ecke des Salons anwies und, ohne eine Weile mit ihm zu plaudern, hinauseilte, um Erfrischungen für die Gäste vorzubereiten. Nach und nach trafen auch die anderen Getreuen ein: Alfred de Musset, berühmt durch seine *Ballade an den Mond*, in der er die niedrige Auffassung, die der Bourgeois von der Liebe hat, in unnachahmlicher Weise verspottet; der düster-schweigsame Alfred de Vigny, Verfasser des historischen Romans *Cinq-Mars*; Gérard de Nerval, bekannt als Übersetzer von Goethes *Faust*; Charles Nodier, Bibliothekar am Arsenal, der so viele Phantasiestücke deutscher und englischer Romantiker ins Französische übertrug; Prosper Mérimée, der mit den volkstümlichen Liedern des *Guzla* seinen Beitrag zur neuen Bewegung leistete; Eugène Delacroix, das anerkannte Oberhaupt der romantizistischen Malerschule, der mit seinen orgiastischen Gemälden, besonders mit dem *Tod des Sardanapal*, das Entsetzen der klassizistischen Philister erregte; die Brüder Devéria, Achille, der als erster das Porträt Victor Hugos malte, und Eugène, dessen Gemälde *Die Geburt Heinrichs IV.* durch seine großartige Komposition und sein originelles Kolorit soviel Aufsehen hervorrief; Hector Berlioz, der mit seiner *Phantastischen Sinfonie* dem neuen Genre in der Musik zum Durchbruch verhalf, und die Schar der weniger bekannten, aber ebenso treuen Jünger Hugos.

Schnell entbrannte die Diskussion über die Aussichten des *Hernani*, wurden strategische Erwägungen hinsichtlich der «Schlacht» angestellt, zu der es bei der Premiere sicher kommen würde. Da kam Théophile Gautier hereingestürzt, der in den Künstlerateliers weitere Verbündete geworben hatte, und verkündete jubelnd: «Sie machen alle mit, sie sind zum Äußersten entschlossen! Ja, wir werden uns schlagen müssen. Das Cromwell-Vorwort verzeihen uns die anderen nie, das bedeutet Krieg!»

Auch Gérard de Nerval wies eine Liste vor, auf der so bedeutende Namen standen wie Balzac und Delphine Gay.

Als Hugo von der Probe zurückkehrte, waren alle Räume seiner Wohnung überfüllt. Lauter Jubel begrüßte den Meister, dessen Stirn umwölkt war, und er wurde mit Fragen überschüttet. Er berichtete von einem Zusammenstoß mit Mademoiselle Mars, der anspruchsvollen Primadonna, während der Probe.

Mitten in der letzten Szene des fünften Aktes, der Liebesszene zwischen Doña Sol und Hernani, hielt sie plötzlich inne, sagte zu ihrem Kollegen Firmin: «Entschuldigen Sie, ich muß dem Autor etwas sagen», trat an die Rampe, tat so, als suche sie den Autor, obgleich sie sehr wohl wußte, auf welchem Orchestersitz er saß, und rief in den Saal: «Monsieur Hugo! Ist Monsieur Hugo hier?»

«Ja, Mademoiselle», antwortete er, sich erhebend.

«Ah, sehr gut, danke ... Sagen Sie, Monsieur Hugo ...»

«Bitte, Mademoiselle.»

«Ich soll einen solchen Vers sprechen: Wie stolz, wie großmütig bist du, mein Löwe!?»

«Ja, Mademoiselle, Hernani sagt zu Ihnen:

‹Ich bin ein arger Tor, verzeih mir, sieh,
Ich möchte lieben und versteh es nicht;
Und mit so tiefer Liebe lieb ich doch!
Oh, weine nicht, ich will ja lieber sterben.
Warum besitz ich keine Welt, ich gäbe sie dir so gern.›

Und Sie antworten:

‹Du bist mein stolzer prächtiger Löwe, ich liebe dich!›»

«Und das gefällt Ihnen, Monsieur Hugo?»

«Was denn?»

«Mein Löwe ...»

«Ich habe es geschrieben und geglaubt, es wäre gut.»

«Sie legen also Wert auf Ihren Löwen?»

«Finden Sie etwas Besseres, und ich werde es statt dessen einfügen.»

«Das ist nicht meine Aufgabe, ich bin doch nicht der Autor ... Aber es kommt mir wahrhaftig komisch vor, Monsieur Firmin ‹meinen Löwen› zu nennen.»

«Aber nur deshalb, weil Sie in der Rolle der Doña Sol Mademoiselle Mars bleiben wollen. Wenn Sie wirklich das Mündel des Don Ruy Gomel de Silva wären, das heißt eine edle Kastilierin des 16. Jahrhunderts, so würden Sie in Hernani nicht Monsieur Firmin sehen, sondern den schrecklichen Bandenführer, der Karl V. in seiner Hauptstadt zittern läßt, und dann würden Sie begreifen, daß eine solche Frau in einem solchen Mann sehr wohl ihren Löwen erblikken kann, und es käme Ihnen weniger komisch vor.»

«Nun gut», erwiderte die Tragödin trocken, «da Sie Wert auf Ihren Löwen legen, wollen wir darüber nicht mehr streiten. Ich habe zu sagen, was geschrieben steht; im Manuskript steht ‹mein Löwe›, also sage ich ‹mein Löwe›. Mein Gott, mir ist das doch ganz egal ... Fahren wir fort, Firmin.»

Die Freunde nahmen Hugos Bericht über seinen Wortwechsel mit der störrischen Primadonna, den er – ein vortrefflicher Erzähler – so lebendig wiedergegeben hatte, zur Kenntnis: die einen mit Empörung über soviel Impertinenz, die anderen mit Heiterkeit. Er schloß jede Diskussion über den ärgerlichen Zwischenfall durch eine gebieterische Geste ab.

Nun erhob sich aus ihrem Kreis die Frage, wie es um die Claque bei der kurz bevorstehenden Premiere bestellt sei. Er erklärte ihnen, wie bereits zuvor dem Intendanten Taylor, daß er keine Claque wünsche; denn ihm sei bezahlter Applaus zuwider. Außerdem würden die Claqueure Delavignes und Scribes, gewöhnt an die alte Schablone, seinem neuartigen Genre nur ungern applaudieren; er verlange ein freies Parterre, wie er eine freie Kunst verlange, und so lade er zur Uraufführung nur die ihm wohlgesinnten Dichter, Bildhauer, Maler, Musiker und Journalisten ein. Nach einigen Protestversuchen beugte man sich seinem Willen. Dann zeigte er auf einem Grundriß der Comédie-Française seinen Freunden, wie sie sich im Zuschauerraum teils im Parterre, teils auf den Rängen verteilen sollten, um voraussichtlichen Störungsmanövern der Gegner wirksam begegnen zu können. Schließlich holte er aus seiner Brusttasche einen großen Umschlag und übergab ihnen die Billette, rote Kärtchen, auf die in schwarzen Lettern ein ominöses Wort gedruckt war: Hierro – Dolch!

2

Stürmische Premiere

Vor dem Haupteingang der Comédie-Française hatte sich im Schneegestöber am 25. Februar 1830 schon um die Mittagszeit eine befremdlich anmutende Menge versammelt. Die dort auf Einlaß wartenden Gestalten in malerischen Mänteln und Pelerinen in allen Farben – Dunkelgrün, Kupferrot, Aquamarin, Taubengrau – und mit den unwahrscheinlichsten Kopfbedeckungen, Kalabresern, Sombreros sowie Baretten aller Art, sahen aus, als hätten sie sich in einem Maskenverleihinstitut für die Premiere der Historie aus dem spanischen Mittelalter ausstaffiert. Es waren die Scharen Victor Hugos, die auf seine Anordnung hin so früh herbeigeeilt waren, um ihre Plätze oder, besser gesagt, ihre Posten im Zuschauerraum einzunehmen, ehe die Kreaturen ihrer Gegner, die Claqueure, sich dort an den Brennpunkten des bevorstehenden Kampfes einnisten konnten. Vorübergehende wohlanständige Bürger musterten sie mit scheuen Blicken. Was in ihren Augen den sonst so jugendlichen Physiognomien der Romantizisten etwas Barbarisches verlieh, waren die langen, bis auf die Schultern herabhängenden Mähnen und die absonderlichen Barttrachten, Spitz- und Vollbärte, Backen- und Schnurrbärte, alle schön gekräuselt oder keck gezwirbelt. Diese Bartmode hatten zum Entsetzen der Philister die Brüder Devéria aufgebracht. Sie ließen als erste um 1825, wie sie stolz verkündeten, die «Fahne des Aufruhrs» auf Kinn und Wangen wachsen.

Trotz des kalten und stürmischen Wetters harrten die Anhänger Hugos vor den noch verschlossenen Türen des Theaters aus, allerdings mit Ausrufen des Unwillens, da sie nach einer Vereinbarung des Meisters mit dem Intendanten um ein Uhr eingelassen werden sollten. Da hagelte es über ihren Köpfen plötzlich Kohlstrünke und Pferdeäpfel. «Kreuzhimmeldonnerwetter!» fluchte Berlioz, der seine Locken gerade noch zur rechten Zeit zu schützen vermochte. Der Feind hatte seine Plänkler vorgeschickt, um einen Krawall herbeizuführen, der vielleicht in letzter Minute noch zu einem Verbot des *Hernani* Anlaß geben konnte. Ein wohlgezieltes Wurfgeschoß, ein verfaulter Weißkohl, traf Balzac mitten ins Gesicht und übergoß es mit einer gelblichgrünen Brühe. Aber die Heerscharen Hugos ließen sich nicht zu einer Prügelei auf der Straße provozieren, damit die Polizei nicht einschreiten und sie als öffentliche Ruhestörer festnehmen konnte. Sie schützten sich mit ihren Mänteln, so gut sie konnten, und geruhten die Spottreden der Schaulustigen in ihrer Umgebung zu überhören.

«Ha, seht doch den da mit dem spitzen Räuberhut!»

«Herrgott, sind die komisch!»

«Und die Bohnenstange mit dem spanischen Umhang dort!»

«Einer aus dem Atelier Devérias!»

«Welcher Haarwald!»

«Ja, man sieht, daß sie nicht mit einer Perücke geboren sind.»

«Und diese gräßlichen Bärte! Meine Liebe, ich möchte ihnen nicht in einem finsteren Wald begegnen.»

«Na, wer weiß, schließlich sind sie doch jung und hübsch!»

Endlich – um zwei Uhr – öffneten sich die Türen des Theaters, und die vierhundert Mann eilten in den Zuschauerraum, wo nur die Notbeleuchtung brannte. Nichts wirkt so seltsam wie ein Theatersaal bei Tage. Man glaubte sich im riesigen Mittelschiff einer Kathedrale zu befinden. Alles war in ungewisses Halbdunkel gehüllt, in das aus den Logen bläuliche Reflexe fielen, die sich mit den rötlichen Strahlen der Notlampen mischten und ein phantastisches Dämmerlicht bildeten. Als die Augen der vierhundert sich an die Dunkelheit gewöhnt hatten, tasteten sie sich zu jenen Ecken, in denen die Mietlinge der klassizistischen Partei, vorsorglich mit Hausschlüsseln und Trillerpfeifen bewaffnet, sich versteckt halten konnten.

«Postiert euch im Rang auf den hintersten Bänken!» rief Victor Pavie seinen neunundzwanzig Getreuen zu, während Gérard de Nerval seine Leute beauftragte: «Ihr nehmt im Parterre auf den Orchestersitzen Platz! Beim geringsten

Zeichen der Feindseligkeit verprügeln wir die Philister!» Théophile Gautier aber stieß den Kriegsruf aus: «Wohlan denn bei dem Totenschädel, aus dem Byron in der Abtei von Newstead trank!» Dann wendete er sich seinen Kameraden zu und fragte: «Einverstanden?»

Ihm antwortete der einstimmige Ausruf: «Hierro! Tod den Perücken!»

Man bereitete sich auf eine Wartezeit von sechs Stunden vor, denn der Vorhang würde sich erst um acht Uhr abends heben.

Alle staunten das wunderliche Kostüm an, das Gautier zu Ehren der Premiere trug: eine hellgrüne Hose mit schwarzen Samtbiesen, einen schwarzen Rock mit breiten Aufschlägen und als Haupteffekt eine grell leuchtende kirschrote Weste. Zum Vergnügen der anderen gab er nun die Geschichte der Entstehung dieser Phantasieweste zum besten: «Als ich sie bei meinem Schneider bestellte und ihm schilderte, daß sie eine Art Mittelding zwischen einem Mailänder und einem Valoiser Wams darstellen sollte, schüttelte der gute Mann den Kopf und erhob den Einwand: ‹Aber, Monsieur, das ist doch nicht Mode!› Darauf erwiderte ich: ‹Nun, das wird Mode, wenn wir es tragen; wir genießen nämlich ein Ansehen, das eines Brummell, eines Comte d'Orsay oder einer anderen Koryphäe des Stutzertums würdig ist.› ... So wurde die Weste trotz des verständlichen Widerstrebens des wackeren Schneiders vorschriftsmäßig angefertigt, mit Verschluß auf dem Rücken und sonstigem Zubehör. Seht selbst, Freunde, meine Aufmachung ist ganz dazu angetan, Anstoß bei den klassizistischen Pedanten zu erregen.»

Diese Bemerkung Gautiers lenkte die Diskussion wieder auf das große Tagesereignis, die Uraufführung des *Hernani.* Man fragte sich, ob der Meister nicht besser daran getan hätte, den ursprünglichen Titel des Dramas – *Drei um eine* – beizubehalten, und erörterte, ob der Untertitel – *Die kastilianische Ehre* – nicht vielsagender wäre als *Hernani.* Einige deklamierten besonders wirkungsvolle Verse aus dem

Stück, die sie auswendig gelernt hatten, und ernteten damit Applaus. Man ging dazu über, Spottverse auf die «Perücken» zu improvisieren, und erzählte sich zünftige Künstleranekdoten.

Allmählich meldeten sich Hunger und Durst. Als einige hinausgehen wollten, um auswärts einen kleinen Imbiß einzunehmen, merkten sie erst, daß man sie im Theatersaal eingeschlossen hatte. Aber die Weitblickenden unter ihnen hatten sich reichlich verproviantiert – mit Schinken, Knoblauchwürsten, Weißbrot und mehreren Flaschen Wein. Ungeniert ließ man sich zwischen den Stuhlreihen im Parkett nieder und veranstaltete ein romantisches Picknick in dem noch immer dunklen Saal. Man schmauste und zechte um die Wette.

«Warten macht den Magen leer», meinte Nodier. «Gib mir noch ein Stück Knoblauchwurst.»

«Auch einen Schluck Rotwein?»

«Ja, einen gehörigen.»

«Wer will noch ein hartgekochtes Ei?»

«Lemercier, der Vater Lustig! Peng! dem alten Scheusal mitten auf die Glatze!»

So wurde die Stimmung immer angeregter; die sarkastischen Hiebe auf die Klassizisten wollten kein Ende nehmen, und revolutionäre Lieder brausten zum Plafond empor.

Endlich senkte sich der Kronleuchter; die Kerzen flammten auf; die Türen öffneten sich, und herein strömten die vornehmen Herrschaften. Manche hielten sich die Nase zu, da ihnen im geheiligten Musentempel ordinärer Knoblauchgeruch und Weindunst entgegenschlugen. Und welcher Anblick! Haarsträubend! Die jungen Leute in den Gängen dort, die anscheinend ein Gelage gefeiert hatten und erst jetzt aufzuräumen begannen, sahen aus wie bunt herausgeputzte Marionetten. Anstatt Chemisette und Frack anzulegen, wie es einem wohlerzogenen Pariser geziemte, hatten sie sich höchst sonderbar kostümiert, wie für einen Künstlerball. Sie trugen die bizarrsten Gewänder aus Samt und Seide, besetzt mit Gold- und Silberborten oder mit Pelzwerk; dazu unmögliche Westen, sogar Marat- und Robespierrewesten. Welcher Affront! Die Maler wie Delacroix und die beiden Devéria bevorzugten schwere Brokat- und Velourstoffe und wirkten mit ihren Baretten, die sie noch nicht abgenommen hatten, wie historische Figuren aus Gemälden van Dycks und Rembrandts. Aber die größte Sensation des Abends bildete, wie vorauszusehen war, Gautier mit seiner kirschroten Weste, die eine geradezu magische Wirkung ausübte. Während die Lorgnons der würdigen Klassizisten und ihrer Damen auf ihn gerichtet waren, erzählte er einigen seiner Freunde, warum Rot seine Lieblingsfarbe sei: es bedeute Blut, Leben, Licht, Wärme, so sehr Rot jetzt – nach der Liquidierung der Revolution – von der feinen Gesellschaft verpönt werde. Und mit einer bezeichnenden Geste auf die Elite im Saal fügte er hinzu: «Ja, die Ochsen sollen heute Rot sehen und Verse von Victor Hugo hören!»

Übrigens waren die jungen Romantizisten nicht so unmanierlich, wie die anderen meinten; denn jedesmal, wenn sich in einer Loge eine hübsche Frau zeigte, jubelten sie ihr zu. Den größten Applaus erntete Delphine Gay, berühmt durch ihre Liebesromane; sie entzückte alle durch ihr klassisches Profil, ihr hellblondes Haar und ihr schlichtes weißes Musselinkleid, dessen Linie durch eine blaue Schärpe betont wurde. Freudig begrüßte man auch Alexandre Dumas, der seinen krausen Haarschopf so herausfordernd trug, als wäre es ein Helmbusch. Verhältnismäßig spät erschien in Begleitung einer Schar von Jünglingen Sainte-Beuve, was Stendhal zu der ironischen Bemerkung veranlaßte: «Seht an, man muß wohl annehmen, daß ihm sein Beichtvater erlaubt hat, der heutigen Vorstellung beizuwohnen.»

Schon war das Parterre, wie die übermütige Jugend feststellte, «mit Glatzköpfen gepflastert» oder auch mit Perükken der Mitglieder der Akademie, die sich über die unschickliche Aufmachung und die wallenden Locken der Jünger Hugos besonders ereiferten. Kurz, es herrschte im Zuschauerraum bereits eine höchst explosive Atmosphäre, ehe sich der Vorhang hob.

Als Victor Hugo die Comédie-Française betrat, empfing ihn Intendant Taylor mit bestürztem Gesicht.

«Was gibt es?» fragte er ihn.

«Ihr Drama ist tot, und es sind Ihre Freunde, die es umgebracht haben!»

Der Dichter war ärgerlich über die Narrenpossen seiner Anhänger, über ihre extravagante Tracht und ihre alberne Bartmode. Er war nicht nur ein Gegner der Bartmode, sondern überhaupt ein Feind aller genialischen Posen und künstlichen Attitüden. Sein Gesicht war immer glattrasiert, sein Haar wohlgepflegt, seine Kleidung einfach und geschmackvoll.

Der Dichter wendete sich zu den Kulissen. Schauspieler, Dramaturgen, Regisseure – alle zeigten ihm eine eisige Miene. Besonders pikiert war Mademoiselle Mars. «Ich habe schon vor so manchem Publikum gespielt», sagte sie von oben herab, «doch Ihnen habe ich es zu verdanken, daß ich heute vor einer solchen Sippschaft auftreten muß.»

Nur Joanny, prachtvoll im altspanischen Kostüm des Don Ruy Gomez, kam lächelnd auf ihn zu und sagte: «Haben Sie Vertrauen. Ich habe mich noch nie so sehr auf der Höhe gefühlt wie heute abend.»

Hugo warf einen Blick durch das Guckloch des Vorhangs. Der Saal schimmerte von Seide, Juwelen, Blumen und tiefdekolletierten Frauenschultern; doch fielen in all dem Glanz bunte Kleckse auf – seine «Bataillone».

Da ertönte das dreimalige Klingelzeichen. Der Vorhang ging auf. Die kurze Szene zwischen Doña Josefa und Don Carlos, dem König von Spanien, verläuft ohne weitere Zwischenfälle. Als aber nun Doña Sol auftritt, versäumt es die romantizistische Partei, die von der Erscheinung der immerhin schon fünfzig Jahre alten Hippolyte Mars nicht sonderlich angetan ist, sie mit der üblichen Ovation zu begrüßen. Sie ist fassungslos. Firmin, der Darsteller des Hernani, des geächteten Rebellen, der seit dem Tod seines

Vaters in den Bergen Kataloniens sein Brigantenleben führt, fesselt dagegen von Anfang an das Interesse des Publikums. Wie großartig spricht er die Verse, mit denen Hernani den greisen Don Ruy Gomez, der sein Mündel Doña Sol zu heiraten gedenkt, anklagt:

> Der alte Tor, der noch ein Weib bedarf,
> Das ihn, der schon gebeugten Hauptes
> Auf seinem Lebenspfade wankend schleicht,
> Zum Ziele führt; ein schlotterndes Gespenst,
> Wählt er ein junges Mädel sich zur Braut!
> Der alte Tor, er hält mit einer Hand
> Sich an der Euren fest, und an der andern
> Zerrt höhnend ihn der Tod! Und dennoch wirft
> Er ungescheut sich zwischen unsre Liebe!
> Geh, Alter, lieber hin zum Totengräber
> Und lasse Maß für deinen Leichnam nehmen.

Erster Applaus im Orchester und im ersten Rang, aber kein Echo im übrigen Saal. Immerhin, die weiteren Szenen verliefen ohne Widerspruch aus dem Zuschauerraum; das Spiel der Darsteller wurde gelöster, alles schien gut zu gehen. Als gegen Ende des ersten Aktes Hernani Don Carlos, der Doña Sol nachstellte, seinen tödlichen Haß entgegenschleuderte

> ... Ja zu deinem
> Gefolge, König, werd ich jetzt gehören!
> Ich werde Tag und Nacht und Schritt für Schritt
> Dir allenthalben folgen, in der Hand
> Den Dolch, das Auge fest auf deine Fährte
> Gerichtet!

da glaubte die klassizistische Partei, der Augenblick sei gekommen, um Hugos melodramatisches Stück ein für allemal zu begraben. Pfiffe gellten durch den Saal, und Schmähungen wurden laut, worauf aus den Reihen der Romantizisten zornige Rufe erschallten: «Nieder mit den

Alten! Auf die Guillotine mit den Glatzköpfen!» Selbst die Weiblichkeit blieb vor Attacken nicht verschont. Während die Hernani-Enthusiasten fanden, daß ihr Meister in seinem Stück all das bot, was er schon im Cromwell-Vorwort versprochen hatte: eine neue, freiheitliche Auffassung der Romantik und eine moderne Dramatik voll von pulsierendem Leben, waren die Hernani-Gegner der Ansicht, daß Hugo nur eine historische Scheinwelt darböte, in der die Affekthandlungen der Hauptpersonen ebenso unwahrscheinlich seien wie die psychologischen Motive dieser Handlungen. Der Kampf war also nach dem ersten Akt unentschieden.

Im zweiten Akt, während Don Carlos mit seinen Vasallen in dunkler Nacht vor dem Schloß des Herzogs von Silva wartete, um die Entführung der Doña Sol durch Hernani zu verhindern und ihn seinen Schergen zu übergeben, steigerte sich zusehends die Spannung im Zuschauerraum, während auf der Bühne der Bandenführer und der König ihre Kräfte maßen.

Jetzt fielen auch die Logen in den Beifall ein. Aber noch war die große Klippe nicht überwunden, die Szene in der Ahnengalerie, die durch die vorher in Zeitungen erschienenen Parodien bereits dem Gelächter der Öffentlichkeit ausgesetzt worden war. Der dritte Akt fing jedoch recht hoffnungsvoll an, da Joanny, der Darsteller des Don Ruy Gomez, echtes Gefühl in die große Klage legte, weil Doña Sol seine Zuneigung nicht erwiderte. Zu Tränen gerührt durch die unglückliche Liebe des greisen Herzogs von Silva zu seinem Mündel, unterbrachen die Frauen die gefühlvolle Deklamation Joannys durch lang anhaltenden Beifall. Als er sich gelegt hatte, sprang in seiner Loge der Fürst von Sachsen-Coburg, ein Bewunderer Hugos, auf und rief: «Ein Hoch auf die Frauen!» Auch diese Huldigung wurde dargebracht. Besonders erbaut war man von der Großmut des spanischen Granden, der dem von den Häschern des Königs verfolgten Hernani eine Freistatt in seinem Schloß gewährte und seinen Schützling nicht an Don Carlos auslieferte, obgleich er wußte, daß Doña Sol Hernani liebte. Nun aber kam die gefürchtete Klippe, die Szene in der Ahnengalerie. Stolz erhobenen Hauptes schritt Don Ruy Gomez mit Don Carlos an den Porträts seiner Vorfahren vorbei und wies ihn auf deren unvergängliche Verdienste hin, während der König immer wieder rief: «Liefere ihn aus, den Verräter!» Einigen Zuschauern erschien dieser Rundgang durch die Ahnengalerie zu lang; sie begannen zu murren. Aber da war Don Ruy vor seinem eigenen Porträt angelangt und sprach die bedeutungsvollen Worte:

> ... Dieses Porträt ist
> Das meine. – König Carlos, großen Dank!
> Ihr wollt, daß jeder, der dieses Porträt einst
> Betrachtet, sage: «Dieser letzte hier,
> Ein würd'ger Sohn so hohen Stammes, war
> Ein Schurke, weil er seines Gastes Haupt
> Verkaufte!»

Hier brandete auf den Rängen stürmischer Applaus auf. Er schwoll zum Orkan an, als Don Ruy, nachdem der König die Ahnengalerie verlassen hatte, zum Zweikampf mit Hernani antreten wollte, um so zu entscheiden, wem Doña Sol gehören solle, Hernani aber das Duell mit dem Greis, der ihm das Leben gerettet hatte, ablehnte. Feierlich gelobte er, die Ehre des Granden an Don Carlos zu rächen, überreichte schließlich seinem Rivalen sein Hifthorn und erklärte:

> ... Höre, nimm
> Dies Horn, und möge kommen, was da wolle,
> Wann du es wünschest, Herr, an welchem Ort.
> Zu welcher Stund es sein mag, wenn es dir
> So scheint, daß Zeit es sei zu meinem Tode.
> So stoß in dieses Horn und kümmre dich
> Um weiter nichts, denn alles soll geschehen.

Karikatur zur Aufführung von «Hernani»

Inmitten der Beifallsstürme, die das Ende des dritten Aktes begleiteten, teilte ein Logenschließer dem Autor mit, daß jemand ihn zu sprechen wünsche. Er ging hinaus und sah sich einem wohlbeleibten kleinen Mann gegenüber, der mit einer Verbeugung erklärte: «Ich heiße Mame und bin der Kompagnon des Verlegers Baudouin. Aber hier verhandelt es sich schlecht. Würden Sie so freundlich sein, mir auf die Straße zu folgen?»

Hugo kam dieser Bitte nach.

«Also», fuhr der Verleger auf der Straße fort, «wir beide, Baudouin und ich, sind im Theater und haben Lust, *Hernani* als Buch zu veröffentlichen. Wollen Sie uns das Manuskript überlassen?»

«Gegen welches Honorar?»

«Sechstausend Francs.»

«Wir werden nach der Vorstellung darauf zurückkommen.»

«Verzeihung, aber ich lege Wert darauf, sogleich Vertrag zu schließen.»

«Warum? Sie wissen ja noch nicht, was Sie kaufen. Der Erfolg kann sinken.»

«Ja, aber er kann auch steigen. Beim ersten Akt gedachte ich Ihnen zweitausend Francs zu bieten, beim zweiten dreitausend, beim dritten viertausend. Vor dem vierten biete ich Ihnen jetzt sechstausend Francs, denn ich fürchte, ich müßte Ihnen nach dem fünften zehntausend bieten.»

«Abgemacht!» sagte Hugo lachend. «Da Sie diese Befürchtung haben, gebe ich Ihnen mein Drama. Kommen Sie morgen früh zu mir, und wir werden den Vertrag unterzeichnen.»

«Wenn es Ihnen nichts ausmacht, möchte ich ihn lieber sofort unterzeichnen. Ich habe die sechstausend Francs bei mir.»

«Gern, aber wie? Wir stehen hier auf der Straße.»

«An der Ecke dort ist ein Tabakladen.»

Der Verleger betrat mit dem Dichter den Laden, kaufte zwei Bogen Stempelpapier, bat um Feder und Tinte, der Vertrag wurde ausgestellt und unterzeichnet, das Honorar ausbezahlt – sehr zur Freude Victor Hugos, der nur noch über zwanzig Francs verfügte.

Als der Dichter nach diesem unvorhergesehenen Intermezzo in das Theater zurückkehrte, schallte ihm schon auf der Treppe ein Höllenlärm aus dem Zuschauerraum entgegen. Das Publikum war außer Rand und Band. Die Zischlaute der Klassizisten, das Johlen der Claqueure, das Gellen der Trillerpfeifen mischten sich mit dem empörten Geschrei seiner Anhänger. Die Auseinandersetzung drohte zum Handgemenge auszuarten; schon gerieten sich hier und dort Klassizisten und Romantizisten in die Haare.

Was war geschehen? Man unterrichtete den Dichter kurz: Der Tumult wurde durch die vorletzte Szene des vierten Aktes entfesselt – jene Szene, in der Don Carlos schwört, einige Hochverräter, unter ihnen Hernani und der Herzog von Silva, die ihn angeblich vor seiner Wahl zum Kaiser ermorden wollen, aufs Schafott zu schicken, dann aber bei der Kunde, daß er zum Kaiser von Deutschland gewählt worden ist, nicht nur seiner Leidenschaft für Doña Sol entsagt und sie Hernani zuerkennt, sondern auch den gefürchteten Bandenführer begnadigt, ihn wieder zum Herzog von Aragonien ernennt, ihn zum Ritter schlägt und ihm das Goldene Vlies umhängt. Darin ist eine leicht durchschaubare politische Anspielung enthalten. Was die bornierten Zensoren nicht bemerkt hatten, begriff das Publikum sofort: nämlich die aktuelle Bedeutung dieser überraschenden Wandlung des Don Carlos. Der König – ein grausamer Despot, der Kaiser – ein Vorbild von Einsicht und Großmut! Der Vergleich mit König Karl X. und Kaiser Napoleon lag nahe und gab den Anstoß zum Ausbruch der «Schlacht» in der Comédie-Française. Das war der achtzehnte Brumaire, den der Dichter schon mit dem *Cromwell* durchführen wollte.

Noch klarer wurde dies dem Publikum, als Don Carlos, jetzt Kaiser Karl V., vor der Gruft Karls des Großen in Aachen gestand, wieviel Blut und Elend seine Willkürherrschaft über die Völker gebracht hatte, und schließlich die große Frage aufwarf:

> Und alles will auf einmal jetzt getan sein:
> Ich fragte dich: «Womit soll ich beginnen?»
> Und du erwidertest: «Mein Sohn, mit Milde!»

Darin lag die Botschaft des Dichters an das französische Volk, sein Aufruf zum Kampf gegen die Willkürherrschaft der Bourbonen, für die Freiheit unter einem toleranteren Regime. Daher der Entrüstungssturm der royalistischen Partei gegen Ende des vierten Aktes, daher auch der erbitterte Widerstand der liberalen Partei; denn durch diesen Akt hatte der Streit um Hugos Drama einen höchst politischen Akzent erhalten.

In der Pause suchte der Dichter Mademoiselle Mars in ihrer Garderobe auf. Die Primadonna war noch immer verstimmt, weil das Publikum bisher mehr Hernani und Don Ruy Gomez zugejubelt hatte als ihr, der großen Tragödin, die in der Vergangenheit rauschende Erfolge gefeiert hatte.

«Das weiße Kleid – das weiße, habe ich gesagt!» herrschte sie ihre Garderobiere an. «Mein Gott, ich soll wohl mit dem Umkleiden überhaupt nicht fertig werden!»

Hugo bat sie, sich zu beruhigen, und sagte ihr zum Trost: «Jetzt kommt doch erst der große Akt für Sie.»

«Ja, ich fange an, wenn das Stück zu Ende geht. Sagen Sie – ich habe hoffentlich Ihre Freunde nicht zu sehr gelangweilt? Verstehen Sie, es ist das erstemal, daß ich bei meinem ersten Auftritt nicht mit Applaus empfangen worden bin.»

«Um so mehr wird man Sie bei Ihrem letzten feiern.»

«Nun ja», antwortete sie resigniert, «als ich die Rolle übernahm, ahnte ich schon, worauf ich mich gefaßt machen mußte.»

Doch als sie nun im weißen Atlaskleid, Rosen im schwarzen Haar, noch so grazil wie im Alter von achtzehn Jahren, dem Dichter gegenüberstand, sah sie wirklich schön und erstaunlich jung aus.

Als der Vorhang die Bühne wieder freigab, bezauberte schon die Szenerie die Zuschauer: eine Terrasse vor dem Schloß des Herzogs von Aragonien, der Hernani nun wieder war; ein Park, in dem Springbrunnen rauschten; in der Ferne leise Tanzmusik und buntes Maskentreiben. Dann, als die letzten Hochzeitsgäste fortgegangen waren, intonierte Mademoiselle Mars in der Rolle der Doña Sol mit wohlklingender Altstimme die große Liebesszene:

Oh, sieh! Kein Licht, kein Lärm mehr; alles schweigt.
Der Mond stieg eben auf am Himmel, während
Du sprachst – sein zitternd Licht und deine Stimme,
Sie drangen beide mir so süß ins Herz.

Ich fühlte mich so ruhig und so froh,
Mein teurer Gemahl, und wäre gern
In diesem schönen Augenblick gestorben.

Da ertönte in der Ferne zum erstenmal der verhängnisvolle Ruf des Hifthornes. Nach dem zweiten Ruf erschien im schwarzen Domino, eine Maske vo. dem Gesicht, der unerbittliche Don Ruy Gomez, um Hernani an seinen Schwur zu erinnern und ihm die Phiole mit dem Gift zu reichen. Jetzt steigerte Doña Sol ihr Pathos von Vers zu Vers, während sie mit ihrem Vormund um das Leben des Geliebten kämpfte und ihm entgegenhielt:

Eher könntet
Dem Tiger seine Jungen Ihr entreißen,
Als meinen Gatten, den geliebten, mir.
Lernt diese Doña Sol erst besser kennen!

Als zum Schluß Doña Sol den Tod aus der Phiole trank, Hernani, auch nach dem Gift greifend, neben ihr zusammenbrach und der Herzog von Silva erschüttert ausrief: Auch sie tot! – So bin ich verdammt!, da brach im Saal frenetischer Beifall los.

Gewonnen war die große Schlacht um *Hernani.* Immer wieder mußte sich der Autor jetzt im Halbkreis des freudestrahlenden Ensembles, von Blumen überschüttet, vor seinen Bewunderern verbeugen. Er machte der Primadonna die Komplimente, die sie verdiente, und sie, die nach ihrem Triumph im letzten Akt sein Stück für ein Meisterwerk und ihre Rolle für eine Glanzrolle hielt, fragte ihn, ob er nicht seine Doña Sol umarmen wolle und reichte ihm ihre Wange zum Kuß. Die letzte Ovation galt der Gattin des Dichters, die ihn bei der Gestaltung der schönen Doña Sol inspiriert haben sollte; alle Blicke wandten sich der Loge zu, in der sie, sehr bleich nach den aufregenden Stunden dieses Theaterabends, für die Glückwünsche und die ihr zufliegenden Blumensträuße dankte.

Vor dem Ausgang der Comédie-Française wurde Victor Hugo von der Schar seiner besten Freunde erwartet, die es sich nicht nehmen ließen, ihn unter lautem Jubel nach Hause zu begleiten.

Enthusiastische Journalisten erklärten ihn für den «Shakespeare der französischen Bühne», während kritischer denkende Köpfe, unter ihnen Balzac, in der Hernani-Premiere weniger ein hervorragendes künstlerisches Ereignis sahen als einen unumstrittenen Sieg des Liberalismus über den Legitimismus. Darauf kam es Victor Hugo aber in erster Linie an.

In seiner Wohnung, wo Adèle ihres Amtes als Gastgeberin waltete und die Freunde die Champagnerkorken knallen ließen, wurde der gigantische Erfolg noch lange gefeiert. Trinkspruch folgte auf Trinkspruch. Zum Abschied, als die letzten Gäste die Wohnung verließen, beglückwünschte der Maler Achille Devéria noch einmal den Dichter zu seinem Sieg und versicherte, daß er in dieser Nacht kein Auge zumachen, sondern eine Skizze vom Schlußbild des Dramas entwerfen werde zum Andenken an dieses größte Theaterereignis des Jahrhunderts. Eine solche literarische und politische Entscheidungsschlacht – das steht fest – hatte Paris seit der Uraufführung von Beaumarchais' Komödie *Der tolle Tag* nicht mehr erlebt.

Am anderen Morgen sehr früh erhielt Victor Hugo folgendes Briefchen: «Ich habe die erste Vorstellung von *Hernani* gesehen. Sie kennen meine Bewunderung für Sie. Meine Eitelkeit hängt sich an Ihre Lyra, Sie wissen warum. Ich gehe, Sie kommen – ich empfehle mich der Erinnerung Ihrer Muse. Ein ehrerbietiger Ruhm sollte für die Toten bitten.

29. Februar 1830. Chateaubriand»

3

Politik und Poesie

In den frühen Morgenstunden des 28. Juli 1830 wurde die Familie Hugo in ihrer neuen Wohnung am Rande von Paris durch das Läuten der Sturmglocken und fernen Kanonendonner aus dem Schlaf aufgeschreckt. Bei einem Blick aus dem Fenster bot sich dem Dichter ein überraschender Anblick: Die Champs-Élysées, damals noch eine weite sumpfige Ebene, glichen einem Feldlager. Überall kampierten kleine Trupps von Soldaten; Munitionswagen ratterten die Heerstraße entlang; Schüsse knallten; Kugeln pfiffen durch den Garten vor dem Haus. Man war darin eingeschlossen wie in einer Festung. Keine Zeitungen, keine Post, keine Nachrichten. So war denn, wie es scheint, das eingetreten, was der Dichter im vierten Akt des *Hernani* gewissermaßen Karl X. prophezeit hatte: die Erhebung der freiheitlich gesinnten jungen Generation gegen die Gewaltherrschaft der Bourbonen. Am Tag vorher hatten im Stadtzentrum bereits Massenkundgebungen von Arbeitern und Studenten gegen die Ordonnanzen des Ministers Polignac stattgefunden, jene verhaßten Verordnungen, die die Pressefreiheit aufhoben und das Wahlrecht noch mehr einschränkten. Jetzt aber war es endgültig soweit: Paris stand auf, Paris bestieg die Barrikaden, Paris schritt zur Revolution.

An ein Verlassen des einsamen Hauses in der Rue Jean-Goujon war vorerst nicht zu denken, denn in seiner Umgebung kam es zu Kampfhandlungen zwischen den Aufständischen und dem Militär. General Cavaignac, ein Nachbar Hugos, war der Ansicht, daß Soldaten das Haus, einen massiven Steinbau, besetzen würden, wenn der Schwerpunkt des Kampfes sich in diese Gegend verlagern sollte. Später, als das Gewehrgeknatter verstummt war, klopften Infanteristen an das Tor und baten um einen Schluck Wasser. Bei der brütenden Hitze – zweiunddreißig Grad im Schatten – rann ihnen der Schweiß in Strömen von der Stirn; einer von ihnen brach vor Erschöpfung zusammen, als man ihm den Becher reichte. Gleich darauf stürzten die Kinder in heller Aufregung in das Arbeitszimmer Hugos und berichteten hastig, daß in dem Kartoffelfeld unter ihrem Zimmer ein Blusenmann, ein junger Arbeiter, regungslos auf dem Boden liege. Der Vater sah nach und fand ihre Worte bestätigt. Offenbar war es ein Insurgent, der dort unten zwischen den verdorrten Kartoffelstauden in der Sonnenglut lag, ohne sich zu rühren. War er tot? Blutspuren waren weder an seiner Bluse noch an seiner Hose zu sehen. Vielleicht hatte er sich dort nur versteckt und erwartete den Einbruch der Dunkelheit, um sich in Sicherheit zu bringen. Die Kinder hatten Mitleid mit dem armen Mann, der sicher Hunger hatte, und fragten ihre Mutter, ob sie ihm ein Stück Brot geben dürften. Obgleich es um die Vorräte im Haus schlecht bestellt war und Einkäufe angesichts der kritischen Situation nicht möglich waren, stimmte die Mutter zu. Die kleine Léopoldine schnitt von einem vierpfündigen Brotlaib, dem einzigen, der in der Speisekammer vorhanden war, ein großes Stück ab und warf es dem Mann zu. Sie und ihr Bruder, der kleine Charles, warteten gespannt, was er nun tun würde. Aber er griff nicht nach dem Brot.

Am anderen Morgen waren der Fremde und das Brot verschwunden. Noch immer konnte man das Haus nicht verlassen. Da machte sich Hugo mit einem anderen Mieter, Monsieur de Montmart, auf den Weg, um Erkundigungen einzuziehen. Am Eingang der Avenue des Champs-Élysées stießen sie auf eine Batterie und durften erst nach umständlichen Verhandlungen passieren. Der Aufmarsch der Truppen war noch immer im Gange; überall sägten Soldaten Bäume ab und zimmerten Verhaue.

In der Nähe des Marigny-Platzes sahen sie einen totenbleichen Jungen von vierzehn oder fünfzehn Jahren an einen Baum gefesselt, und Montmart fragte, warum der Junge dort festgebunden sei.

«Damit er nicht entwischt, bevor er erschossen wird», antwortete ein Soldat.

«Erschossen!» rief Hugo bestürzt. «Das ist doch ein Kind!»

«Ja, ein Kind, das einen Menschen getötet hat. Er hat

unseren Hauptmann niedergeknallt, aber er wird es büßen.»

In diesem Augenblick kam eine Kavallerieabteilung angaloppiert. In dem Offizier, der sie befehligte, erkannte Hugo den ihm befreundeten General Girardin.

«Was zum Teufel treiben Sie hier?»

«Ich wohne hier.»

«Nun, ich rate Ihnen, schleunigst umzuziehen. Ich komme aus Saint-Cloud. Man wird das Insurgentenpack niederkartätschen.»

Der Dichter überhörte den ernstgemeinten Rat. Er zeigte auf den an den Baum gefesselten Jungen, legte ein gutes Wort für ihn ein, worauf Girardin, der kein Unmensch war, ihn losbinden und zur nächsten Wache bringen ließ. Hugo war glücklich über den guten Ausgang der Sache. Schließlich hatte dieser Arbeiterjunge für den Sieg des Volkes kämpfen wollen und den verhängnisvollen Schuß auf den Hauptmann in der Überzeugung abgefeuert, in ihm einen Feind der Revolution zu töten.

Am Morgen des 30. Juli lagen die Champs-Élysées, nachts von den Truppen geräumt, wieder still und friedlich vor den Blicken der Familie Hugo. Die Revolution hatte in schweren Barrikadenkämpfen, vor allem in der Arbeitervorstadt Saint-Antoine, gesiegt; Karl X. sollte mit seiner Familie nach England entflohen sein; seine Minister saßen im Untersuchungsgefängnis.

Unter dem Eindruck des Erlebten schrieb Hugo seine Ode *An das junge Frankreich*, in der er als demokratischer Bürger den Sieg des Volkes begrüßte. Vierzehn Tage später erschien sie im «Globe», der republikanischen Zeitung der Saint-Simonisten, mit einem kurzen Kommentar von Sainte-Beuve, der feststellte, daß Victor Hugo lebhafte Sympathie für eine Jugend bekunde, zu deren glänzendsten Führern er gehöre. Zum Schluß stellte er einen recht sinnreichen Vergleich zwischen den Oberhäuptern der konservativen und der liberalen Romantik an: «Während Chateaubriand als Greis großmütig der öffentlichen Laufbahn entsagt und die

ihm noch verbleibende Zeit nun der Harmonie eines schönen Lebens widmet, ist es erfreulich zu sehen, daß der Jüngling, der unter seiner Fahne angefangen hat, trotz gewisser Erinnerungen immer weiter vorwärts schreitet und unablässig in sich aufnimmt, was die Zeit und sein Land ihn lehren. So tut ein jeder, was er tun muß, und Frankreich, das die Entsagung des einen ehrt, heißt die Tätigkeit des anderen willkommen.»

Wider Erwarten führte die Julirevolution jedoch nicht zur Ausrufung der Republik, sondern zur Inthronisation des Herzogs von Orléans. Von einem Kreis rechtsstehender Liberaler in der bisherigen Kammer, an ihrer Spitze Thiers, Quizot, Barrot, aus seinem Versteck geholt, wo er die Revolutionstage verbracht hatte, wurde er ins Stadthaus geführt und von dem greisen Veteran der Revolution von 1789, La Fayette, als konstitutioneller Monarch vorgeschlagen. Die enttäuschten Deputierten, die die Ausrufung der Republik erwartet hatten, wurden von La Fayette mit dem Satz beschwichtigt: «Der Herzog von Orléans ist die beste Republik.» Schließlich ließ sich Louis-Philippe die Krone geradezu aufdrängen; am 9. August leistete der König der Bourgeoisie den Eid auf die Verfassung.

Hugo hielt diese politische Wendung, mit der das Volk nicht gerechnet hatte, für eine notwendige Übergangslösung. Wie er über die Zukunft dachte, eröffnete er dem Abbé Lamennais, der eine heiß umstrittene Persönlichkeit im öffentlichen Leben war, seit er sich vom Katholizismus losgesagt und zu einer Art christlich-sozialen Utopismus bekannt hatte.

Als Lamennais den Dichter eines Tages besuchte, reichte ihm dieser ein Blatt Papier, an dem er gerade arbeitete:

«Die Republik, die noch nicht reif ist, aber in hundert Jahren ganz Europa für sich haben wird, ist die höchste aller Gesellschaftsformen. Sie schützt sich durch die Nationalgarde; sie urteilt durch das Schwurgericht; sie verwaltet sich als Kommune; sie regiert durch einen Wahlkörper. Die vier Glieder der Monarchie – Armee, Gerichtsbarkeit, Verwaltung und Pairskammer – sind für die Republik nur störende Auswüchse, die bald verkümmern und eingehen werden.»

«So ist es!» bekräftigte Lamennais. «Ich war immer fest davon überzeugt, daß ein Geist wie Sie nicht Royalist bleiben konnte. Hier steht nur ein Wort zuviel: ‹Die Republik ist noch nicht reif.› Sie sehen sie in der Zukunft, ich sehe sie bereits in der Gegenwart.»

Nicht alle seine Freunde brachten seiner politischen Wandlung solches Verständnis entgegen; einige von ihnen, namentlich der streng konservative Alfred de Vigny, verübelten ihm sein Bekenntnis zum Fortschritt. Hugo verteidigte sich mit dem Hinweis, es sei ein schlechtes Lob, wenn man von einem Mann sage, seine politische Anschauung habe sich in zwanzig Jahren nicht verändert. Das heiße ein stillstehendes Gewässer oder einen abgestorbenen Baum loben; das heiße die Auster dem Adler vorziehen.

Es war also nicht die Poesie, sondern die Politik, die nach der Julirevolution vornehmlich den ruhelosen Geist des Dichters beschäftigte. Er selbst gestand seinem Freund

Lamartine am Stadthaus

Lamartine: «Es ist jetzt unmöglich, drei Gedanken zu fassen, und es gibt kein Mittel, sich den äußeren Eindrücken zu verschließen. Die Ansteckung liegt in der Luft; sie überwältigt uns unwillkürlich. In einem solchen Augenblick gibt es keine Kunst, kein Theater, keine Poesie mehr ... Man treibt Politik, wie man atmet.»

In einem langwierigen Prozeß der Selbstverständigung bemühte sich Hugo um die Klärung seines Verhältnisses zur Monarchie und zeichnete seine neuen Erkenntnisse in einem Geheimtagebuch auf. In einer dieser Aufzeichnungen rechnete er mit seiner politischen Vergangenheit ab und erklärte im Hinblick darauf unwiderruflich: «Meine royalistisch-katholische Überzeugung von 1820 ist in zehn Jahren mit der Zeit und der wachsenden Erfahrung nach und nach zusammengebrochen.»

In einer anderen Tagebuchnotiz setzte er sich mit der internationalen Lage in Europa auseinander und stellte zu seinem Kummer fest: «In der gegenwärtigen Verfassung Europas hat jedes Land sein Geschwür und schleppt jeder Staat eine Schleifkugel hinter sich her. Die Türkei hat Griechenland, Rußland hat Polen, Preußen hat Posen, Österreich hat die Lombardei, Sardinien hat Piemont, England hat Irland, Frankreich hat Korsika, Holland hat Belgien. Neben jedem herrschenden Volk also ein versklavtes Volk; neben jeder Nation im natürlichen Zustand eine Nation im widernatürlichen Zustand. Ein schlechtes Gebäude: halb aus Marmor, halb aus Gips.»

Auch von der katholischen Kirche wandte er sich immer bewußter ab, da ihr starres Dogma doch der menschlichen Vernunft widersprach, und prophezeite: «Wenn der Klerus sich nicht vorsieht und seinen Lebenswandel nicht ändert, wird man in Frankreich bald an keine andere Dreieinigkeit mehr glauben als an die Trikolore.»

Wie er auf der Bühne als erster das Banner der Freiheit erhoben hatte, so erblickte er in ihr jetzt das Wahrzeichen der wünschenswerten Gesellschaft der Zukunft und erklärte sich für deren Vorkämpfer, indem er ausrief:

Wehe dem Dichter, der fern von den Menschen sich
hält,
Der sich nicht sorgt um das Neue und abseits sich
stellt!
Nutzlos verklingt, was er singt im Wirrsal der Welt.

Da erinnerte ihn sein Verleger Gosselin an die große Aufgabe, die ihm als Dichter oblag und die er über der Politik sowie über agitatorischen Gedichten, darunter der *Ode an die Gefallenen der Julirevolution*, vernachlässigt hatte, an den Roman *Notre-Dame de Paris (Der Glöckner von Notre-Dame)*, dessen Manuskript er vertragsgemäß schon im Juli 1830 hätte abliefern sollen. Zwar war die Vorarbeit, das umfangreiche Quellenstudium für diesen historischen Roman, bereits abgeschlossen, aber nur ein geringer Teil des Textes wurde bisher zu Papier gebracht. Der Dichter entschuldigte sich bei seinem Verleger mit dem Hinweis darauf, daß bei der Unterbringung seiner Manuskripte in der Wohnung seines Schwagers, wozu er sich in den unruhigen Tagen der Julirevolution bemüßigt gefühlt habe, ein Heft mit wertvollen Aufzeichnungen, deren er als Grundlage für seinen Roman unbedingt bedürfe, verlorengegangen wäre. Der Verleger zeigte Einsicht und verlängerte die Frist bis zum 1. Februar 1831, so daß dem Autor noch etwa sechs Monate für die Vollendung seines Werkes zur Verfügung standen. Zu diesem Zweck erlegte er sich einen geradezu drakonischen Zwang auf. Er kaufte eine große Flasche Tinte und ein Ries Papier sowie einen aus grauer Wolle gestrickten Hausrock, hüllte sich zu Hause von Kopf bis Fuß in ihn ein, verschloß seine Anzüge im Kleiderschrank, damit er nicht in Versuchung käme, auszugehen, und stürzte sich in die Arbeit. Er verließ seinen Schreibtisch nur, um zu essen und zu schlafen, und gönnte sich um die Mittagszeit höchstens eine Plauderstunde mit seiner Gattin oder mit einem seiner Freunde, die sich sorgten, weil er für sie so plötzlich verschollen war.

Allerdings konnte er es sich im Dezember 1830 nicht

versagen, dem Prozeß gegen die Minister Karls X. beizuwohnen, zu dem ihn die Regierung des Bürgerkönigs eingeladen hatte, und er erschien in der Uniform der Nationalgarde im großen Sitzungssaal der Pairskammer. Der Prozeß nahm einen sehr stürmischen Verlauf. Gegen vier Uhr nachmittags, nach der dreistündigen Rede von Crémieux, des Verteidigers der angeklagten Minister, erhob sich auf der Straße ein gewaltiger Tumult. Eine Volksmenge, die zurückzudrängen der Nationalgarde nicht gelungen war, stürzte gleich darauf in den Saal mit den Rufen: «Nieder mit Polignac! Nieder mit Peyronnet! Tod den Ministern!»

Die Verhandlung mußte unterbrochen werden. Hugo eilte auf die Straße und sah sich einem höchst aufregenden Schauspiel gegenüber: Die Nationalgarde konnte sich des tobenden Volkes kaum noch erwehren; sie wurde an die Mauer gedrückt, während zerlumpte Gestalten zu den Fenstern im Erdgeschoß der Pairskammer emporkletterten. Der General La Fayette wollte durch eine Ansprache die erregten Gemüter beruhigen, aber das Volk hatte ihn und seine schönen Reden satt. Schon hatten mehrere Straßenjungen ihn an den Beinen gepackt, hoben ihn hoch und riefen höhnisch: «Hier ist der General La Fayette! Wer will ihn haben?»

Endlich rückte Militär an und befreite La Fayette aus der Gewalt der Demonstranten. Als die Straße wieder frei war, begleitete ihn Victor Hugo mit einigen Nationalgardisten bis zu seinem Palais, und unterwegs sagte der General immer wieder mit einem Kopfschütteln: «Ich erkenne mein Pariser Volk nicht wieder ...»

Vielleicht ist es umgekehrt, dachte der Dichter, vielleicht erkannte das Pariser Volk in dem Renegaten der Revolution seinen La Fayette nicht wieder. – Dann kehrte er in die Rue Jean-Goujon zurück, hüllte sich in seinen grauwollenen Hausrock und versenkte sich wieder in die Welt des Mittelalters.

Er arbeitete auch jetzt, mitten im Dezember, bei offenem Fenster, denn er glühte vor Schöpferdrang, während vor seinen Augen die Türme von Notre-Dame, das bunt dahinwirbelnde Leben in den Straßen des mittelalterlichen Paris und zugleich die Hauptpersonen seines Werkes auftauchten: Quasimodo, der verwachsene Glöckner der Kathedrale, der düster blickende Erzdechant Frollo, der Dichter und Bänkelsänger Gringoire, der fröhlich in den Tag hineinlebende Hauptmann Chateaupers und die Zigeunerin Esmeralda, deren Geschick mit den Lebenswegen der anderen eng verwoben ist.

Zu dem Roman hatte ihn schon vor einigen Jahren ein Rundgang angeregt, den er unter Führung des Abbé Oegger durch die Kathedrale machte. Dort hatte ihn der gelehrte Priester in die symbolische Bedeutung der Figuren und Ornamente eingeweiht und ihm in einem der beiden Türme eine in die Mauer geritzte Inschrift gezeigt: *Ananke.* Diesem geheimnisvollen Wort, dem Namen der griechischen Schicksalsgöttin, ordnete er die ganze Handlung seines Romans unter. Der verhängnisvollen Ananke gehorchen, ohne es zu wollen, Quasimodo, der Glöckner und Hüter von Notre-Dame, der leichtsinnige Scholar Jean Frollo und sein Bruder, der grüblerische Claude Frollo, der darbende Dichter Gringoire, das «Kuttensäckchen», wie das Volk wegen ihrer Kleidung jene geistesgestörte arme Alte nennt, die in einem Loch auf dem Grève-Platz haust, seit Zigeuner ihr Kind, ihre Esmeralda, geraubt haben, und Esmeralda, der Inbegriff der Jugend und Schönheit, die schlanke Zigeunerin, die fröhlich, ohne zu ahnen, wer ihre Mutter ist, in ihrem bunten Röckchen und ihrem goldenen Mieder im Kreis der Bettler auf dem Platz vor der Kirche tanzt.

Aber je tiefer der Dichter in den schwer zu bewältigenden Stoff dieses historischen Romans eindrang, desto klarer wurde ihm, daß das, was ihn am meisten fesselte, nicht die Geschichte der unglücklichen Liebe des häßlichen, von der Natur zu einem Ungeheuer entstellten Glöckners zu Esmeralda war und auch nicht die Zwiespältigkeit des Erzdechanten Frollo, der die junge Zigeunerin heimlich begehrte und der sie durch elende Ränke an den Galgen brachte, weil er sie dem anderen, dem glücklichen Hauptmann der königlichen Leibgarde, nicht gönnte. Was ihn immer stärker bannte, war die eigenartige Atmosphäre des mittelalterlichen Paris, über das als Wahrzeichen die Türme der gotischen Kathedrale ragten, der Anblick des Gewimmels von Edelleuten, Bürgern und Bürgerinnen, Landsknechten, Mönchen, Gauklern und Aussätzigen. Seinem Verleger Gosselin, der ihn eines Tages aufsuchte, um sich zu erkundigen, wie weit das Werk gediehen war, und der ihn dabei fragte, worauf es ihm darin vor allem ankomme, gestand er: «Es ist ein Gemälde von Paris im fünfzehnten Jahrhundert, teilweise auch im sechzehnten. König Ludwig XI. tritt darin auf; er führt die Lösung herbei. Das Buch erhebt keine historischen Ansprüche, es sei denn insofern, als es mit einiger Kenntnis und Gewissenhaftigkeit, aber nur in großen Zügen, den Zustand der Sitten, der Anschauungen, der Künste, kurz, der Kultur des fünfzehnten Jahrhunderts schildern will. Wenn es ein Verdienst hat, so besteht es darin, daß es ein Werk der Einbildungskraft, der schöpferischen Phantasie ist.»

Der Dichter wuchs mit der gewaltigen Aufgabe, die er sich gestellt hatte, mit dem thematisch und künstlerisch gleich schwierigen Unternehmen, das eine so umfassende Kenntnis der Geschichte voraussetzte und soviel Einfühlungsvermögen, tiefes Verständnis für die Empfindungs- und Denkweise der Menschen des Mittelalters verlangte. Er wollte die Physiognomie eines ganzen Jahrhunderts nicht nur wahrheitsgetreu nachzeichnen, sondern sie auch in großartigen und furchtbaren Bildern wiederaufleben lassen. Jetzt lohnte sich die Sorgfalt, mit der er die Quellen studiert und ausgewertet hatte, der Eifer, mit dem er die Wunder der gotischen Baukunst betrachtete, die tiefe Liebe, mit der er die Kathedrale von Notre-Dame bis in ihre verborgensten Winkel, Nischen und Kammern erforschte. Von ihren Türmen hatte er bei strahlendem Sonnenschein und in Mondnächten über das Dächermeer von Paris geblickt und dem Geläute ihrer Glocken die feinsten Schwingungen und erhebendsten Töne abgelauscht. Mit der Akribie eines Archäologen und der Phantasie eines Künstlers ließ er das grandiose Bauwerk, das im 12. Jahrhundert die fleißigen und geschickten Hände unzähliger Steinmetzen unter der Leitung eines deutschen Baumeisters errichtet hatten, in unverfälschter Schönheit wieder entstehen. Denn eines seiner Hauptanliegen war, die Leser zu veranlassen, die Zerstörung der herrlichen Kirchen des Mittelalters durch moderne Vandalen zu verhüten: die Übertünchung ihrer Wände und deren Verunstaltung durch Stuckgebilde. Er gab der Kathedrale gewissermaßen eine Seele durch Quasimodo, der ihre Schönheit, ihre erhabene Gestalt, die Harmonie, die sie ausströmt, inbrünstig liebt und der abends, wenn er jauchzend auf der Hauptglocke, der Riesin aus Erz, reitet und sie durch den Druck seines Körpers zu immer kühneren Schwingungen antreibt, die große Glockensinfonie über Paris erklingen läßt.

Aber Victor Hugo idealisierte die Welt des Mittelalters nicht, wie es so viele Romantiker taten, besonders in Deutschland. Wohl verherrlichte er alles, was ihm an ihrer Kultur, vor allem ihrer Baukunst, unvergänglich erschien; doch zeigte er zugleich ihre schrecklichen, ja grausigen Seiten.

Mit welcher Vorstellungskraft und mit wieviel Mitgefühl stellte er die Leiden Quasimodos am Pranger dar: wie ihn die rohen Büttel entkleiden, wie die Menge in ein Gelächter ausbricht, als sie seinen Buckel, seine Hühnerbrust, seine behaarten schwieligen Schultern entblößt sieht, wie man ihn auf das Rad fesselt, wie er auf dem sich unaufhörlich drehenden Rad von der langen dünnen Peitsche, deren Riemen mit Nägeln beschlagen sind, eine Stunde lang grausam gezüchtigt wird, wie der Pöbel den blutüberströmten Krüppel verhöhnt, als er um einen Trunk Wasser bittet, wie man ihn «Teufelsfratze» und «Besenstielreiter» schmäht, bis die Zigeunerin sich ihm schweigend nähert und eine Flasche an seine ausgedörrten Lippen hält!

Welche Empörung gegen die barbarische mittelalterliche

Gerichtsbarkeit spricht aus dem Kapitel, in dem er schildert, wie die unschuldige Esmeralda, vom Ankläger der Teilnahme an Hexensabbaten bezichtigt, im finsteren Verlies von den Folterknechten gepeinigt wird, wie sie ihr den spanischen Stiefel anziehen und mit der Winde die eisenbeschlagenen Wände dieses Folterwerkzeuges immer enger um ihr Bein pressen, bis sie vor Qualen ohnmächtig wird! Und mit welcher Eindringlichkeit gestaltet er die widerspruchsvollen Empfindungen des «Kuttensäckchens», der alten Einsiedlerin und unglücklichen Mutter, ihren Freudenausbruch, als sie nach fünfzehn Jahren in Esmeralda ihr Kind wiederfindet, ihren Kampf mit den Schergen, die ihr die wiedergefundene Tochter entreißen wollen, ihre unsagbare Verzweiflung, als die brutalen Henkersknechte Esmeralda, über die sie sich schützend geworfen hat, ihren Händen entwinden und sie zum Galgen schleppen!

Aber Victor Hugo gab seinem historischen Roman auch eine aktuelle Bedeutung. In gewisser Weise scheint es, als hätte er eigene Eindrücke von dem zu seiner Zeit in Paris herrschenden Massenelend, das er auf Exkursionen in die Arbeitervorstädte und Armenviertel und bei Besuchen von Arbeitshäusern und Gefängnissen beobachtet hatte, in jene Szenen einfließen lassen, in denen er das rotwelsche Reich des Gaunerkönigs Trouillefou vor Augen führt. So bei der Szene, in der aus Häusern, Seitengassen und Kellerlöchern Krüppel, Blinde, Lahme, Einarmige, Einäugige, wundenbedeckte Aussätzige hervorbrechen, das stinkende, kläffende, heulende, brüllende Gewimmel dem Licht zustrebt und sich durch den knietiefen Schlamm zum Mirakelhof, der Residenz Trouillefous, schleppt. Ähnlich bei der Szene auf dem Kirmesplatz für Diebe und Mörder, wo Trouillefou, der Gaunerkönig, und Spicali, der Zigeunerherzog, den in ihre Gewalt geratenen Dichter Gringoire zum Tod am Galgen verurteilen, ihn aber großmütig begnadigen, als er gelobt, vogelfreier Bürger des rotwelschen Reiches zu werden. Den Höhepunkt erreicht die Kunst Victor Hugos, der wie kein anderer die Massen in Aktion zu zeigen versteht, in jenen Kapiteln, wo er schildert, wie die Heerscharen Trouillefous unter ihrem Banner, einer Mistgabel, an der ein Stück blutiges Aas hängt, in dunkler Nacht gegen Notre-Dame vorrücken, um Esmeralda aus den Händen Quasimodos zu befreien, den sie für ein Werkzeug des verhaßten Erzdechanten halten. Ergreifend, wie der Glöckner ihren Angriff auf das Kirchenportal zurückschlägt, indem er einen riesigen Balken, Steine, Gipssäcke, ja alles, was ihm in die Hände kommt, auf die Köpfe der Angreifer schleudert, wie er dann bleierne Dachrinnen in einem auf der Plattform des Turms angezündeten Feuer schmilzt, das siedende Blei den unentwegt Anstürmenden ins Gesicht zischen läßt und schließlich bei ihrem erneuten Versuch, auf einer Leiter die Turmgalerie zu erklettern, die an den Sprossen emporklimmenden Gauner samt der Leiter in die Tiefe stürzt.

Mit dem Farbenreichtum eines Renaissancemalers verbindet der Dichter die aufrüttelnde Absicht eines großen Moralisten. Er klagt in König Ludwig XI., unter dessen eisernem Zepter die Galgen knarren, die Blutgerüste triefen, die Gefängnisse wie überfüllte Bäuche bersten, gewissermaßen den Despoten aller Zeiten an. Ebenso schonungslos entlarvt er in dem Erzdechanten Frollo, der die Scharen der Gläubigen zu den widersinnigsten Kasteiungen anhält, selbst aber ein Ungläubiger ist und sich in glühender Leidenschaft für die schöne Zigeunerin verzehrt, die Scheinheiligkeit der Kirche und die Widernatürlichkeit des Zölibats.

Die eigentliche Heldin des Romans bleibt indes bis zum Schluß die Kathedrale von Notre-Dame. Hugo bekämpft den finsteren, unmenschlichen Geist, der sich dort eingenistet hat in der Person des grausamen Erzdechanten, und konfrontiert ihn mit dem Geist wahrer Menschlichkeit, der dem mißgestalten Körper des Glöckners innewohnt. Quasimodo ist es, der in dem Augenblick, da man auf dem Grève-Platz der Zigeunerin die Schlinge um den Hals legt, furchtbare Vergeltung an dem Erzdechanten übt. Er

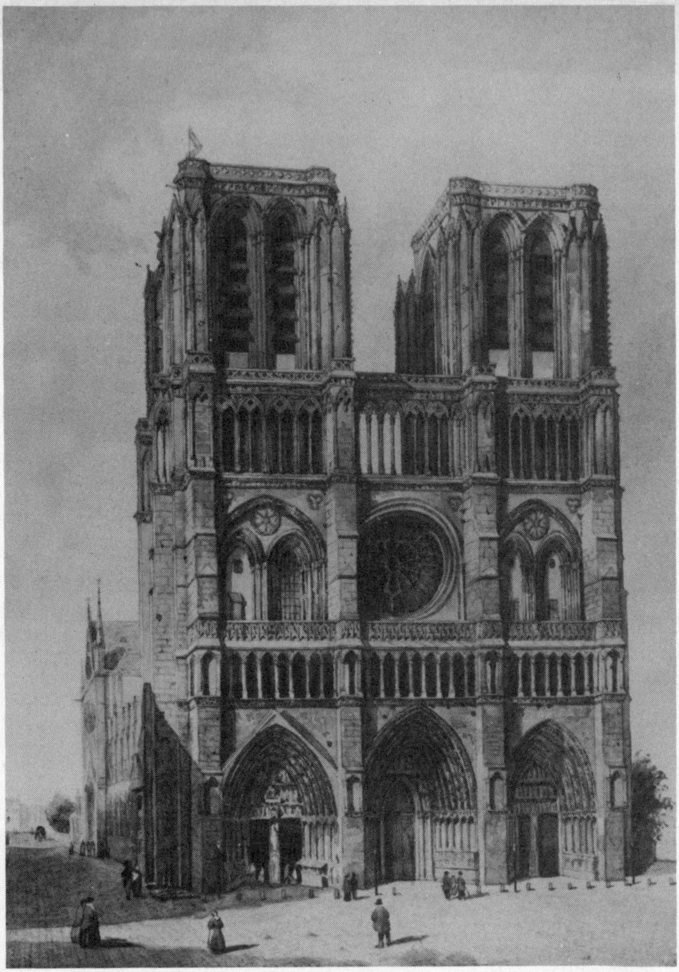

Notre-Dame

schleudert ihn nach einem erbitterten Ringen an der Brüstung der Galerie in den gähnenden Abgrund. Schweigend, wie die Kathedrale am Anfang des Romans auf den fröhlichen Tanz der Zigeunerin zu ihren Füßen herabgeblickt hat, schaut sie an seinem Ende auf den verlassenen Grève-Platz herab, wo unter Esmeraldas Leiche am Galgen der verhungerte Glöckner liegt. Unerbittlich hat der Wille der Ananke sich erfüllt, unaufhaltsam das Verhängnis sich vollzogen.

Endlich konnte der Dichter zu Beginn des Jahres 1831 die Klausur, zu der er sich im Interesse der schnellen Vollendung seines Romanes gezwungen hatte, aufheben. In der erstaunlich kurzen Zeit von fünf Monaten hatte er das monumentale Werk geschaffen. Mit Schmerz, fast wie ein Vater von seinem Kind, trennte er sich von dem Manuskript, das ihn soviel Anstrengung und manche schlaflose Nacht gekostet hatte, und übergab es seinem Verleger. Gosselin ließ es von seiner Frau, der Übersetzerin der Romane von Walter Scott, lesen; aber sie war enttäuscht. Da sie den abenteuerlichen Gehalt der Werke Scotts über alles liebte, fand sie Hugos Roman langweilig. Ihr fehlte jedes Verständnis für die humanistische Absicht, die er in seinem Buch verfolgte, und auch die Einsicht, daß er eine ganz andere Auffassung vom historischen Roman hatte als der schottische Romancier. So sehr er dessen Kunst schätzte und obwohl er ihn bis zu einem gewissen Grade als seinen Vorgänger anerkannte, hatte er doch schon vor Jahren erklärt: «Nach dem pittoresken und poetischen Roman Walter Scotts ist noch ein anderer Roman zu schaffen, der unserer Ansicht nach schöner und vollkommener ist: nämlich jener, der zugleich Epos und Drama ist, pittoresk und poetisch, real und ideal, wahr und großartig, und der Walter Scott gleichsam in Shakespeare einschließt.»

Der *Glöckner von Notre-Dame* erschien am 13. Februar 1831, ausgerechnet an dem Tag, da das Palais des Erzbischofs von Paris von einer ausgehungerten Menge erstürmt und geplündert wurde. Ein schlechtes Vorzeichen?

Gespannt sah der Dichter den ersten Rezensionen entgegen. Die meisten Kritiker, noch an das Schema der pseudoklassizistischen Romane gewöhnt, fanden das Sujet extravagant, die Profilierung der Hauptpersonen übertrieben, den Stil hyperromantisch. Ungehörig erschienen ihnen die Kapitel, die den Entbehrungen und Leiden der Armen und der Zunft der Diebe und Gauner gewidmet waren, zumal Victor Hugo diese ihren Jargon, das Rotwelsch, sprechen ließ.

Die Freunde trösteten ihn, an erster Stelle Jean Béranger, der Sänger der Julirevolution, der zu seinen Anhängern gehörte, seitdem Hugo ihn im Jahre 1828 im Gefängnis La Force besucht hatte, wo er wegen seiner revolutionären Chansons interniert war. Béranger hatte ihm schon nach der Premiere des *Hernani* versichert, daß damit sein Traum, nicht zu sterben, ohne den neuen großen Dichter Frankreichs gesehen zu haben, in Erfüllung gegangen sei, und schrieb ihm jetzt: «Zu allen Zeiten haben die überragenden Genies niedrige, kleinliche Mißgunst geweckt und dadurch schmutzige, verlogene Kritik geerntet. Was wollen Sie dagegen machen? Man muß seinen Ruhm wohl bezahlen. Ich möchte Ihnen noch sagen, was mir in Ihrem Buch, das sich durch Reichtum an Gedanken und an Dramatik auszeichnet, den stärksten Eindruck gemacht hat. Es ist der Umstand, daß Quasimodo sozusagen die Schönheit der Seele und der Aufopferung verkörpert, Frollo dagegen die Gelehrsamkeit, das Wissen, die Macht des Geistes und Chateaupers die körperliche Schönheit, und daß Sie den großartigen Gedanken gehabt haben, diesen drei Typen unserer Gattung ein unbefangenes Mädchen, das inmitten der Kultur fast etwas Wildes hat, gegenüberzustellen und ihm die Wahl zu lassen, die es in echt weiblicher Art und Weise trifft.»

Sehr lobend äußerte sich auch Sainte-Beuve in seiner Rezension: «Stil, Zauber der Kunst, Beschwingtheit, Leichtigkeit und Fülle in allem, was zu sagen ist; Scharfblick, um vieles zu erkennen; tiefes Verständnis für das Volk und für den Menschen, sei es ein Krüppel, ein Narr, ein Bettler, ein Vagabund, ein Gelehrter, ein Leidenschaftlicher; unerhörtes

Karikatur auf die Führer der französischen Romantik

Verständnis für die Form, die ein unvergleichlicher Ausdruck der Anmut, der Schönheit und der Größe ist; unzerstörbare Wiederherstellung eines gewaltigen Bauwerks; reizvolles Geplauder und Gezwitscher eines jungen Mädchens, das einer Undine gleicht; Einblick in das wölfische Innere einer unglücklichen Mutter – über all das gebietet der Autor und macht damit, was er will.»

Sogar Goethe hatte in einem Brief an Zelter den außergewöhnlichen Roman einer teils anerkennenden, teils mißbilligenden Kritik unterzogen. Er hatte bereits im Jahre 1827 das realistische Element, das in der romantischen Lyrik des jungen Hugo verborgen war, erkannt, als er im Hinblick auf dessen Gedicht *Die beiden Inseln* sagte: «Hat er nicht treffliche Bilder? Und hat er seinen Gegenstand nicht mit sehr freiem Geist behandelt?» Zum *Glöckner von Notre-Dame* aber bemerkte er: «Das Buch besticht durch das Verdienst fleißiger wohlgenutzter Studien der alten Lokalitäten, Sitten und Ereignisse; aber in den handelnden

Personen ist durchaus keine Spur von Naturlebendigkeit. Es sind lebensunteilhafte Gliedermänner und -weiber ...»

In diesem überspitzten Urteil des alten Goethe ist die grundsätzliche Antipathie des großen Klassikers gegen die in das Mittelalter zurückschweifende Romantik zu spüren. Aus diesem Grunde, scheint es, hat er nicht recht gesehen, worin das Neuartige der Kunst Victor Hugos bestand: in der Antithese, mit der er die Widersprüche des Lebens, das Schöne und das Häßliche, das Tragische und das Groteske, das Menschliche und das Unmenschliche, konfrontiert, und in der demokratischen Tendenz, daß er zwei Menschen aus dem Volke, den Glöckner und die Zigeunerin, zu den ergreifenden Hauptgestalten seines Werkes macht und als erster den Massen der Notleidenden, der Bettler, der Landstreicher, der Diebe, der Aussätzigen einen Platz in der Literatur verschafft.

Wenn viele anspruchsvolle, zugleich aber unbewußt am Herkömmlichen hängende Rezensenten auch mancherlei am *Glöckner von Notre-Dame* auszusetzen hatten, so fühlten sich doch nicht nur literarisch gebildete Kreise, sondern Leser aus allen Volksschichten von dem Roman angesprochen. Damit konnte der Dichter, der einen Roman vom Volk und für das Volk schaffen wollte, wohl zufrieden sein. Am glücklichsten aber war sein Verleger. Nach dem abfälligen Urteil seiner Gattin über den Roman hatte er sich zwar geschworen, nie wieder ein Manuskript zu erwerben, ohne es vorher gelesen zu haben; doch jetzt strahlte er, wenn er dem Meister begegnete, denn nach wenigen Wochen – wer hätte das gedacht? – war die erste Auflage des Werkes vergriffen.

4

Illusionen der Liebe

In den Monaten der aufreibenden Tages- und Nachtarbeit am *Glöckner von Notre-Dame* hatte sich der Dichter selten, höchstens um die Mittagszeit eine halbe Stunde lang bei Tisch, im Kreis seiner Familie sehen lassen. Er überließ es Sainte-Beuve, dem vertrauten Freund des Hauses, der häufig zu Besuch erschien, seiner Gattin mit geistreichen Gesprächen die Zeit zu vertreiben.

Jetzt, da er sich nach vollbrachtem Werk seiner Adèle und seinem Freund wieder etwas mehr widmen konnte, fielen ihm zuweilen, wenn sie sich zu dritt im roten Salon gegenübersaßen, seltsame Veränderungen auf: eine gewisse Befangenheit seiner Frau, die ganz in ihrer Näharbeit aufzugehen schien, eine Zurückhaltung, die er bei Sainte-Beuve nicht gewohnt war, und heimliche Blicke, welche die beiden tauschten, wenn sie sich unbeobachtet glaubten. Erste Zweifel regten sich in seinem Herzen. Aber er konnte und wollte es nicht glauben: Sainte-Beuve, eine so groteske Erscheinung, von gedrungener Gestalt, schon beleibt, mit zerknittertem Gesicht, matten Augen und feuerrotem Haar, und seine Adèle, eine so faszinierende Erscheinung, schlank wie in ihrer Jugend, von exotischem Reiz mit ihrem bräunlichen Teint, ihren großen schwarzen Augen unter den schön geschwungenen Brauen und ihren brünetten Locken! Gewiß, Sainte-Beuve war ein glänzender Causeur, ein witziger Anekdotenerzähler, ein hervorragender Essayist, und jede Frau sah es schließlich gern, wenn ein Mann sie als ebenbürtig betrachtete, ihr seine Pläne anvertraute und ihr durch all das schmeichelte. Vielleicht verbanden auch gemeinsame religiöse Anschauungen, die er nicht teilen konnte, die beiden wie Wahlverwandte. Dennoch schloß der Dichter, der fest an die Treue der Gattin und die Unnahbarkeit der Mutter glaubte, jeden Gedanken an intimere Beziehungen zwischen ihr und seinem Freund aus.

Allerdings war in ihrer Ehe schon seit einiger Zeit eine merkliche Kühle eingetreten. Adèle hatte ihm in sechs Jahren zwei Söhne und zwei Töchter geschenkt und fühlte sich nach der letzten Niederkunft so erschöpft, daß sie ihn bat, künftig getrennt zu schlafen. Es war für den leidenschaftlichen Dichter, der sie glühend liebte, eine sehr schmerzliche Entsagung. So schrieb er ihr im Juli 1831, während er bei seinem Freund Bertin in Bièvre weilte: «Dieses Bett, in dem Du liegen könntest (obgleich Du es nicht willst, Du Böse!), dieses Zimmer, wo ich Deine Kleider, Deine Strümpfe, Deine Wäsche auf den Sesseln liegen sehen könnte, dieser Tisch, an dem ich schreibe und wo Du mich vielleicht durch einen Kuß stören würdest, all das ist für mich schmerzlich und quälend. Ich habe heute nacht nicht geschlafen; ich dachte an Dich wie im Alter von achtzehn Jahren; ich träumte von Dir, als hätte ich noch nie an Deiner Seite geschlafen.»

Und noch anschaulicher drückte er sein Leid in der Tagebuchaufzeichnung aus: «Wenn wir eine Frau besitzen, die wir lieben und die uns nicht liebt, empfinden wir vor allem die Qual des Tantalus – brennenden Durst inmitten des Wassers.»

Sollte zwischen Adèle, die sich ihm so sehr entfremdet hatte, und Sainte-Beuve vielleicht doch eine heimliche Liaison bestehen? Sainte-Beuve hatte ihm ja gegen Ende Dezember 1830, als sie beide allein waren, vorsichtig angedeutet, daß die Schönheit der Madame Hugo, in der er vor allem die Gattin des großen Dichters zu verehren glaubte, auf ihn einen allzu tiefen Eindruck gemacht hätte; aber das wäre bedeutungslos und würde vorübergehen, wenn er sie einige Zeit nicht mehr sähe. Wohl fühlte Hugo, welchen Schlag diese unerwartete Mitteilung seinem Vertrauen auf den Freund und seiner Liebe zu Adèle versetzte; aber seine gesunde, immer optimistische Natur lehnte sich sogleich gegen den Verdacht auf. «Sie phantasieren», sagte er zu Sainte-Beuve, «das ist unmöglich. Ändern Sie nichts an Ihren Gewohnheiten, besuchen Sie uns wie bisher.»

Er bat den Freund, sich zu ermannen, sich selbst zu überwinden und ihnen allen den Frieden und die Freude wiederzugeben, und Sainte-Beuve willigte ein, widerspruchslos und resigniert, fast wie ein Kranker, und versprach, alles zu tun, was in seiner Macht stünde, um von seiner vermeintlichen Gefühlsverwirrung zu genesen.

Dennoch bestand seit jener Aussprache in ihrem Verhältnis ein Anlaß zu Mißtrauen, zu Besorgnis und Kummer. So eröffnete der Dichter etwa ein halbes Jahr später Sainte-Beuve, daß er das Gefühl habe, sie seien nicht mehr zwei Brüder wie früher. Jedesmal, wenn er ihn sehe, blute in seinem Herzen eine nicht recht vernarbte Wunde, und das bringe ihn gegen sich selbst auf, auch gegen seine Frau und seinen Freund; denn bei allen Kümmernissen der Seele dringe immer etwas nach außen, so sehr man sich auch dagegen wehre. Kurz, es sei um ihrer alten Freundschaft willen wohl am besten, wenn Sainte-Beuve vorerst das Haus nicht mehr betrete. Schweigend senkte dieser das Haupt, als sei er sich einer Schuld bewußt, und fügte sich in sein Schicksal.

Ungeklärt blieb zunächst das Verhältnis Victor Hugos zu seiner Gattin. Wenn er sich auch gezwungen gesehen hatte, die Ehre seines Hauses vor seinem besten Freund zu schützen, so vertraute er doch noch auf seine Adèle, die ihn nach einer schmerzlichen Aussprache durch Sanftmut und Nachsicht zu beruhigen suchte, obwohl sie im stillen litt wie er.

Wie oft schweiften in diesen dunklen Tagen seine Gedanken in die Vergangenheit zurück! Vor seinen Augen tauchte der alte Park des Feuillantinerinnenklosters wieder auf und zwischen den Büschen die zierliche Gestalt seiner Spielgefährtin, der dreizehnjährigen Adèle Foucher, seiner «Pepita», wie er sie wegen ihrer Ähnlichkeit mit einer kleinen Andalusierin nannte, die ihn während seines Aufenthaltes in Madrid bezaubert hatte. Glückliche Kinderjahre! Wie jubelte Pepita, wenn sie ihn auf der Schaukel zu immer kühneren Schwüngen ausholen und im dichten Laub der Bäume verschwinden sah, und wie ängstlich wurde ihr Blick, wenn er und seine Brüder sie auf die Schaukel hoben! Ein anderes Spiel bestand darin, sie in einen wackligen alten Schubkarren zu setzen, ihr die Augen zu verbinden, sie kreuz und quer durch den Park zu fahren und sie schließlich zu fragen, ob sie wüßte, wo sie sich befände. Irrte sie sich, so brachen sie alle in ein helles Gelächter aus; gab sie den Ort richtig an, so sah man nach, ob die Augenbinde nicht verrutscht war, und zankte die kleine Betrügerin aus, wenn sie diese heimlich gelockert hatte. Am schönsten aber waren die Abende in dem dämmrigen Park. Da wanderten er und seine Spielgefährtin Hand in Hand die Alleen entlang, lauschten dem Gesang der Vögel in den Zweigen und sahen den Sonnenball blutrot zwischen den hohen Platanen untergehen.

Nach dem Krieg – als hoffnungsvoller junger Poet – war er immer überglücklich, wenn er seine Mutter zu einem Besuch bei ihrer Freundin, Madame Foucher, begleiten durfte. Seine Mutter nahm dort am Kamin Platz, gegenüber von Monsieur Foucher, der neben sich auf einem Schemel seinen Tabaksbeutel und eine brennende Kerze hatte. Madame Foucher und ihre Tochter Adèle häkelten. Zuweilen bot seine Mutter, wenn sie eine Prise zu sich nahm, Monsieur Foucher auch eine an. Sonst wurde in dem stillen Salon, wo die Wanduhr leise tickte, kaum ein Wort gesprochen. Und in diesem kleinbürgerlichen Idyll überließ er sich seinen Träumen und sah schweigend den ganzen Abend dem jungen Mädchen, dem sein Herz gehörte, in die dunklen Augen.

Im Frühling des Jahres 1819 saßen er und Adèle eines Nachmittags in jenem Salon allein einander gegenüber. Da sagte sie plötzlich zu ihm: «Victor, verrate mir dein großes Geheimnis.»

«Ich liebe dich», flüsterte er.

Sie wurde abwechselnd blaß und rot und seufzte: «Ich liebe dich auch.»

Auf solche Weise verlobten sich an jenem unvergeßlichen Tag der siebzehnjährige Jüngling und das fünfzehnjährige Mädchen.

Häufig trafen sie sich, wenn Madame Foucher außer Hause war und Monsieur Foucher in seiner Kanzlei arbeitete, unter den großen Kastanien im Garten des Palais de Toulouse. An Tagen, da sie sich nicht sehen konnten, schrieben sie einander zärtliche Briefe oder vertrauten ihre Gefühle dem Tagebuch an. Schließlich fielen aber Madame Foucher die allzu häufigen Besuche Victors und die verliebten Blicke auf, die er mit Adèle wechselte. Ihr erschien eine so frühe Leidenschaft gefährlich; denn es war doch unmöglich, die beiden schon in so jungen Jahren zu verheiraten. Sie teilte Ihrer Freundin, Madame Hugo, ihre Bedenken mit. Diese war höchst überrascht: Victor verliebt? Dieser Knabe, der unlängst noch an ihren Röcken hing! Und sie erklärte: «Eine solche Verbindung ist undenkbar! Solange ich lebe, wird nichts daraus.»

Monsieur Foucher war über diese kategorische Ablehnung sehr verletzt. Wahrscheinlich dachte er an die Worte von Victors Vater, der bei seiner Hochzeit lachend verkündet hatte: «Bekommen Sie eine Tochter, ich werde einen Sohn bekommen, und wir werden die beiden verheiraten. Stoßen wir auf ihre glückliche Ehe an.»

So antwortete er denn Madame Hugo von oben herab: «Nun gut, behalten Sie Ihren Sohn. Ich aber werde nicht zulassen, daß er meine Tochter weiterhin kompromittiert.»

Die Familien Hugo und Foucher waren übereingekommen, einstweilen nicht mehr miteinander zu verkehren; aber Victor dachte sich hunderterlei Listen aus, um hin und wieder seine Adèle, ohne die er nicht leben zu können glaubte, wenigstens aus der Ferne zu sehen. Wie romantisch war diese stille Liebe! Es entsprach dem Gefühlsgehalt der meistgelesenen Dichtungen jener Zeit, des *René* von Chateaubriand und des *Antony* von Dumas, daß ein Jüngling das Mädchen, das er liebte, mit melancholischem Augenaufschlag wie etwas Unerreichbares anbetete und die Wonne der ersten Liebe mit Tränen netzte. Übrigens ließ der junge Dichter zuweilen seiner Verlobten auch Zeichen seiner unwandelbaren Treue in dem einen oder anderen seiner im «Conservateur littéraire» erscheinenden Gedichte zukommen – so in der Elegie *Raymond d'Ascoli.* Bei der Lektüre dieses schwermütigen Gedichtes erkannte Adèle sogleich, daß Emma und Raymond, der von dem geliebten Mädchen durch ein Machtwort ihres Vaters getrennt wird, sie und Victor waren.

Da traf ihn der unvorhergesehene Schicksalsschlag, der plötzliche Tod seiner Mutter, die nach kurzem Leiden am 28. Juni 1821 an einer Brustfellentzündung starb. Am Nachmittag ihrer Beisetzung irrte er noch lange auf dem Friedhof Vaugirard umher, wo sie nun für immer ruhte wie ihr geliebter Lahorie, und fühlte sich schließlich unwiderstehlich zu dem Mädchen hingezogen, das allein ihn verstehen und in seinem Schmerz trösten konnte. Er ging also zum Haus der Fouchers, fand alle Fenster erhellt und erblickte durch eines von ihnen Adèle, die im Salon – Blumen im Haar – tanzte. Es war ihr Namenstag, und ihre Eltern hatten ihr, um ihre Freude nicht zu trüben, die Trauerbotschaft verschwiegen. Am anderen Morgen, als er sie im Garten vor dem Haus antraf, erzählte er ihr, daß er seine Mutter verloren und wie sehr er sich gestern abend nach ihr, Adèle, gesehnt habe.

An diesem Tag, dem 29. Juni 1821, gelobten sie noch einmal feierlich, einander auf jeden Fall, was immer auch geschehen mochte, bis zu ihrer Hochzeit treu zu bleiben.

Als er nach einigen Wochen offiziell bei ihren Eltern um ihre Hand anhielt, erklärte sie, daß sie sich schon seit zwei Jahren als seine Verlobte betrachtete; doch Monsieur Foucher, ein jovialer Vater, zugleich aber ein korrekter und genau rechnender Kanzleibeamter, lehnte die Werbung ab. Zu ungewiß erschien ihm die Zukunft des Freiers, der sich einbildete, allein mit seinem Dichtertalent die solide Basis für eine glückliche Ehe schaffen zu können. Um seine Tochter, deren Liebe seiner Meinung nach nur einer Jungmädchenlaune entsprang, abzulenken, verließ er bald darauf Paris und zog mit seiner Familie nach dem Städtchen Dreux im Département Loire. Der Dichter aber nahm diese Trennung zum Anlaß, um der Geliebten durch seine Ge-

Büste von Madame Hugo

dichte im «Conservateur littéraire» weitere Beweise seiner unverbrüchlichen Treue zu geben. Diesem Zweck sollte auch die Liebesgeschichte in dem Roman *Han d'Islande (Han von Island)* dienen, an dem er fieberhaft arbeitete, nicht nur um Ruhm zu erwerben, sondern auch um Geld zu verdienen.

Rückblickend erschien ihm dieser in den Bergen und Fjorden Norwegens spielende Roman, mit einem gräßlichen

Werwolf im Mittelpunkt der abenteuerlichen Geschehnisse, nur noch als abstruse Ausgeburt einer überhitzten Phantasie. Er konnte nicht umhin, zu lächeln, wenn er daran dachte, wie man in früher Jugend, wenn man zum erstenmal verliebt ist, die Widerwärtigkeiten des bürgerlichen Alltags in gewaltige, poetisch verklärte Hindernisse verwandelt und den Kopf voller heroischer Träume hat. Aber damals, als er in seiner Einsamkeit niemanden hatte, dem er sein Liebesleid anvertrauen konnte, verlieh er seinen Gefühlen für Adèle einen echten Ausdruck in der Liebe des jungen Ordener zu Ethel, der Tochter des Kanzlers Schuhmacher, der wegen angeblichen Hochverrates an dem König von Norwegen viele Jahre lang gefangengehalten wird, was eine Verbindung der Liebenden ausschließt. Das war seiner Ansicht nach das einzige wirklich beobachtete und tief empfundene Moment in diesem schaurigen Roman, der – wie ihm später schien – nur abergläubische alte Weiber erschrecken konnte.

Endlich brachte ihm im Jahre 1822 die Veröffentlichung seiner sämtlichen Balladen und Oden ein Honorar von sechshundert Francs ein, wozu bald darauf die jährliche Pension von tausend Francs kam, die ihm Ludwig XVIII., recht angenehm durch die royalistische Tendenz seiner Gedichte berührt, ausgesetzt hatte. Ermutigt durch diesen Erfolg und in der Hoffnung, daß die klingende Münze in seiner Hand die Bedenken der Eltern Adèles beseitigen würde, gedachte er zum zweitenmal um sie zu werben. Zu Fuß, um Geld zu sparen, machte er sich in seinem neuen schmucken Anzug auf den Weg nach Dreux, und diesmal hatte Monsieur Foucher, nunmehr davon überzeugt, daß Hugo als Dichter eine erfolgversprechende Zukunft vor sich habe, nichts mehr gegen eine Heirat seiner Tochter mit ihm einzuwenden.

Im Oktober desselben Jahres sprach der Abbé Lamennais, sein väterlicher Freund, am Altar in der Kapelle der Saint-Sulpice-Kirche den Segen über seinen Lebensbund mit Adèle Foucher. Wie stolz war er in diesem Augenblick auf den Kampf, den er drei Jahre hindurch für die Verwirklichung seines Liebestraumes geführt hatte, und wie dankbar war er ihr für ihre Treue!

Doch fiel schon an diesem Tag der erste Schatten auf sein Glück. Gegen Ende der Hochzeitsfeier bekam sein Bruder Eugène, der seit langem an unheilbarer Schwermut litt, einen Tobsuchtsanfall. Die Hochzeitsgäste vermochten den Rasenden, der sich unversehens, ein Messer in der Hand, auf Victor Hugo gestürzt hatte, nur unter Anwendung von Gewalt zu bändigen. Am anderen Morgen diagnostizierte Doktor Esquirol, zu dem man Eugène gebracht hatte, akute Geistesgestörtheit – wahrscheinlich infolge eines Nervenleidens, das schließlich, gesteigert durch eine unglückliche Liebe, zum Ausbruch des Wahnsinns geführt hatte. Niemand ahnte damals, daß Adèle der Gegenstand dieser unglücklichen Liebe war und daß Eugène angesichts der Heirat seines Bruders Victor mit ihr den Verstand verlor.

Mit welcher Hingabe hatte Adèle dann die Sorgen und die Entbehrungen, die mit seiner wechselvollen Laufbahn als Dichter verbunden waren, und seine poetischen Träume, seine Hoffnungen, seine Enttäuschungen geteilt! Sie war ihm nicht nur eine zärtliche Gattin, sondern auch eine gute Gefährtin und ihren Kindern eine aufopferungsvolle Mutter. Nichts schien das Glück seiner Ehe zu stören; so hatte er sie sich in seiner schwärmerischen Jugend erträumt: ein Hort schöner und beglückender Geborgenheit.

Jetzt aber waren alle diese Illusionen zerronnen. Sein bester Freund hatte sie zerstört und damit zugleich die Illusion der Freundschaft. Er hatte ihm das Vertrauen zu seiner Frau genommen – jenes unbedingte Vertrauen, das er ihr bis dahin entgegengebracht hatte und das allein das wahre Eheglück verbürgt. Schweren Herzens fand er sich damit ab, daß der tiefste Gehalt seines Lebensbundes mit Adèle, die Reinheit der Gefühle, die Wohltat des gegenseitigen Verständnisses, kurz, die vollkommene Harmonie, unwiederbringlich verlorengegangen war und resignierte in der philosophischen Erkenntnis, daß nichts in der Welt unvergänglich ist:

Was ist der Sinn unsres Lebens? – Ist's nur das Grab, das uns winkt,
und treibt man nur auf den Wellen, damit man darin versinkt?

Aber da geschah etwas Unvorhergesehenes. In den literarischen Salons von Paris ging, wie ihm zu Ohren kam, das Gerücht um, daß Sainte-Beuve, der große Kritiker, plötzlich sein Dichtertalent entdeckt habe und an einem *Buch der Liebe* arbeite, in dem er kein Hehl aus seiner unwiderstehlichen Leidenschaft für Madame Hugo mache und in einigen Gedichten auch durchblicken lasse, daß sie diese Leidenschaft erwidert habe. Das war der Gipfel der Treulosigkeit! Welche Indiskretion! Welche eitle Selbstgefälligkeit! Dadurch geriet die Ehekrise im Hause Hugo in jenes Stadium, in dem eine Scheidung geboten schien. Aber der Dichter dachte nicht an eine offizielle Trennung von seiner Gattin, nicht etwa um der bürgerlichen Konventionen willen, auch nicht aus religiösen Gründen, sondern weil er in ihr noch immer die Mutter seiner Kinder achtete. Auch traute er Adèle keinen Ehebruch zu, aber die Vorstellung einer Untreue in Gedanken, eine Zwangsvorstellung, die nichts zu bannen vermochte, schloß die Wiederherstellung eines harmonischen Verhältnisses zwischen ihnen aus. Er blieb bei Adèle, obgleich seine Liebe zu ihr erkaltet war, und suchte seinen Kummer in der Arbeit zu vergessen.

In schneller Aufeinanderfolge entstanden neue Werke: der Gedichtband *Feuilles d'automne (Herbstblätter)* und das Drama *Le Roi s'amuse (Der König vergnügt sich)*. Der erste Akt des Dramas, den Victor Hugo am 1. Juni 1832 begonnen hatte, war fünf Tage später bereits beendet, obgleich ihm eine akute Augenentzündung das Schreiben sehr erschwerte.

Als er sich im Garten eine kurze Erholung gönnte, wurde ihm berichtet, daß es bei dem Leichenbegängnis des Generals Lamarque, eines alten Republikaners, zu Kundgebungen gegen den Bürgerkönig gekommen war und daß das Vorgehen der Polizei gegen die Demonstranten einen schon lange befürchteten Aufstand der Republikaner ausgelöst hatte. Der Dichter eilte in die Gegend, in der die Barrikadenschlacht tobte, mußte aber unterwegs haltmachen. Das Gittertor des Saumontparks schloß sich in dem Augenblick, da er ihn betreten wollte, und Geschosse pfiffen an ihm vorbei. Nirgends eine Zufluchtsstätte; alle Haustüren verriegelt, alle Geschäfte geschlossen. Unerschrocken harrte er, an eine Mauer gepreßt, im Kugelregen aus, bis ein Infanterieregiment die Insurgenten einkreiste, das Kampfgetöse sich entfernte, das Parktor sich wieder öffnete. Da aber das Militär inzwischen alle Straßen abgeriegelt hatte, mußte er seinen Entschluß, den Aufstand aus nächster Nähe zu verfolgen, aufgeben.

Am anderen Tag, an dem er bei Emile Deschamps zum Mittagessen eingeladen war, berichtete einer der Gäste, mit welchem Heldenmut die Republikaner, meistens Arbeiter und Studenten, die große Barrikade in der Nähe des Klosters Saint-Merry gegen die Übermacht der Nationalgarde und des fünften Linienregiments verteidigt hatten. Der Dichter war von dem Bericht sichtlich beeindruckt, äußerte sich aber kritisch zu solchen spontanen Aktionen: «Wir werden eines Tages die Republik haben, und wenn sie von selbst kommt, so ist es gut. Aber pflücken wir nicht im Mai die Frucht, die erst im Juni reif sein wird. Die Ausrufung der Republik Frankreich in Europa wird die Krone auf unserem weißen Haar sein. Wir dürfen jedoch nicht zulassen, daß Hitzköpfe unsere Fahne mit Blut besudeln. Solche Leute drängen die politische Idee zurück, die sonst vorwärtsschreiten würde; sie erschrecken die wohlanständigen Bürger, die daher außer Rand und Band geraten. Sie machen aus der Republik ein Schreckgespenst. Meine Herren, sprechen wir etwas weniger von Robespierre und etwas mehr von Washington.»

Diese Stellungnahme Victor Hugos ist recht aufschlußreich, denn sie zeigt – nicht zum ersten und nicht zum letzten Mal – daß er von seinem liberalen Standpunkt aus zwar die künftige Republik begrüßt, ja sogar für unausweichlich hält, sie aber von einer langsam wirkenden Evolution erwartet und als «Mann der Mitte» die Anwendung revolutionärer Gewalt ebenso entschieden verwirft wie die grausamen Repressalien der Reaktion.

Im Grunde ist auch für ihn – zu jener Zeit – der Bürgerkönig «die beste Republik». Das Unglück wollte es nur, daß Louis Philippe weder ein Robespierre noch ein Washington war.

Die Uraufführung des Dramas *Der König vergnügt sich*, die am 22. November 1832 stattfand, stand unter keinem guten Stern. Noch ehe der Vorhang aufging, verbreitete sich im Theatersaal die Nachricht, daß ein Unbekannter ein Attentat auf den Bürgerkönig verübt habe. Von diesem Augenblick an galt das Interesse des Publikums mehr diesem anarchistischen Anschlag als den Vorgängen auf der Bühne. Außerdem nahm man mit wachsendem Unwillen zur Kenntnis, daß in dem Stück ein Monarch, Franz I. von Frankreich, Gegenstand einer unerhörten Parodie ist, während sein Gegenspieler, der Hofnarr Triboulet, der den König töten will, um die Verführung seiner Tochter Blanche an ihm zu rächen, und in dem Sack, in dem er die Leiche des Königs vorzufinden hofft, zu seinem Entsetzen seine tote Tochter entdeckt, von einer tragischen Gloriole umgeben erscheint. Übrigens wurde der Ablauf der Handlung – wahrscheinlich wegen der Aufregung, welche die Nachricht von dem Attentat im ganzen Theater hervorgerufen hatte – durch komische Zwischenfälle gestört. In der Entführungsszene hatten ungeschickte Statisten Mademoiselle Anais, die Darstellerin der Blanche, mit dem Kopf nach unten und den zappelnden Füßen in der Luft von der Bühne getragen. In der Schlußszene fand Perrier, der Darsteller des Königs Franz I., der aus einer Schenke heraustreten und mit einem Bänkellied den unglücklichen Triboulet, zu dessen Füßen die tote Tochter liegt, aus seinen düsteren Gedanken aufschrecken soll, den Seitenzugang zur Bühne verschlossen und tauchte erst nach einer langen Pause im Hintergrund der

Szenerie auf. So war es denn um den tragischen Endeffekt geschehen. Unter Pfiffen und Hohngelächter fiel der Vorhang.

Am nächsten Tag überbrachte ein Bote des Intendanten dem Dichter die Mitteilung, daß der Innenminister Argout weitere Aufführungen des Dramas verboten habe, einmal im Hinblick auf dessen Sujet und zum anderen, weil man nach dem Attentat auf König Louis Philippe nicht ein Stück spielen lassen könne, in dem der von dem Narren Triboulet gegen Franz I. geplante Mordanschlag geradezu eine Provokation bedeute, die zu unerfreulichen Vergleichen führen könne.

Sofort erhob Victor Hugo in der Presse Protest gegen das Aufführungsverbot. In einer kurzen Analyse seines Dramas legt er den wahren Sachverhalt dar: «Sie finden, das Stück sei unmoralisch? Ist es das wirklich? Hier sein Inhalt: Triboulet ist mißgestalten, Triboulet ist krank, Triboulet ist Hofnarr – ein dreifaches Elend, das ihn bösartig macht. Triboulet haßt den König, weil er König ist, die Herren, weil sie Herren sind, die Menschen, weil sie nicht alle einen Buckel haben. Triboulet verdirbt den König und macht ihn zum Vieh; er treibt ihn zur Tyrannei, zur Unwissenheit, zum Laster; er schleppt ihn in alle Adelshäuser und zeigt ihm immer wieder die Gattin, die er verführen, die Schwester, die er entführen, die Tochter, die er entehren soll. Eines Tages, als Triboulet auf einem Fest den König drängt, die Gemahlin des Monsieur de Cossé zu entführen, dringt Monsieur de Saint-Vallier bis zum König vor und beschuldigt ihn laut der Schändung der Diane de Poitier. Diesen Vater, dem der König seine Tochter geraubt hat, verhöhnt und beschimpft Triboulet. Der Vater erhebt die Arme und verflucht ihn. Dieser Fluch trifft Triboulet, der Mensch ist, der ein Herz hat, der eine Tochter besitzt, die er in einem einsamen Haus in entlegener Gegend verborgen hält. Er erzieht sein Kind in Unschuld, Gläubigkeit und Züchtigkeit. Seine größte Befürchtung ist, daß sie ins Unglück geraten könnte; denn er, der Böse, weiß, wie man darin leidet. Nun trifft aber der Fluch jenes Greises Triboulet in dem einzigen, was er in der Welt liebt, in seiner Tochter. Derselbe König, den er immer wieder zu Entführungen anregt, nimmt ihm seine Tochter. Sobald sie verführt und verloren ist, stellt er dem König eine Falle, um sich an ihm zu rächen; doch geht in diese Falle seine Tochter. So hat Triboulet zwei Zöglinge, den König, den er zum Laster, und seine Tochter, die er zur Rache anhält. Er will den König umbringen, doch tötet er seine Tochter. Die Strafe macht nicht auf halbem Wege halt: Der Fluch des Vaters der Diane erfüllt sich am Vater der Blanche. – Es geht hier nicht darum, zu entscheiden, ob darin eine dramatische Idee enthalten ist, aber sicher liegt eine moralische Idee zugrunde.»

Gleichzeitig kündigte der Dichter an, daß er beim Handelsgericht eine Klage anstrengen werde, um das Théâtre-Français zu zwingen, sein Stück weiterhin aufzuführen, und die Regierung, nichts dagegen zu unternehmen.

In der ersten Verhandlung am 19. Dezember gab er der ganzen Affäre eine höchst politische Wendung. Im überfüllten Saal erklärte er vor Gericht, die Regierung sei im Begriff, den Franzosen alles zu nehmen, was sie an Freiheiten und Rechten in vierzig Revolutionsjahren errungen hätten, und zog daraus die prophetische Schlußfolgerung: «Heute läßt man mir meine Dichterfreiheit von einem Zensor nehmen, morgen wird man mir meine Bürgerfreiheit von einem Gendarmen nehmen lassen. Heute herrscht der Belagerungszustand in der Literatur, morgen wird er im Staate herrschen. Kein Wort mehr von Freiheiten, von Bürgerschaften, von der Charta, vom öffentlichen Recht! Wenn die Regierung nicht, besser beraten als bisher, auf diesem abschüssigen Hang haltmacht, werden wir binnen kurzem den Despotismus von 1807 haben, aber ohne dessen Ruhm.»

Hier wurde die Verhandlung auf Befehl des Gerichtspräsidenten vertagt. Die Menge jubelte dem Dichter begeistert zu, als er den Saal verließ. Vierzehn Tage später fällt das Gericht sein Urteil, natürlich zugunsten des Ministers Argout und gegen Victor Hugo, der es gewagt hatte, in aller Öffentlichkeit die Regierung des Königs anzuklagen.

Der König vergnügt sich sollte rund 20 Jahre später die Grundlage einer weltberühmten Oper werden: *Rigoletto* von Giuseppe Verdi.

Sein nächstes Drama, er nannte es zunächst *Gastmahl in Ferrara*, stellte Lucrezia Borgia in den Mittelpunkt. Es war gewiß ein Wagnis, die inzestbesudelte Schwester des Cesare Borgia und die vielfache Giftmischerin zur Heldin einer Tragödie zu machen. Aber als besorgte Freunde ihn warnten, ein so heikles Thema zu gestalten und auf die Bühne zu bringen, erwiderte er: «Sehen Sie in diesem Ungeheuer eine Mutter, so wird das Ungeheuer fesseln und zu Tränen rühren. Wie das Vatergefühl die physische Mißbildung, nämlich Triboulet, verklärt, so läutert das Muttergefühl die moralische Mißbildung, nämlich Lucrezia Borgia.»

Diesmal, nach dem eklatanten Mißerfolg seines Dramas *Der König vergnügt sich*, bewarben sich die Theaterdirektoren nicht mit solchem Eifer um das Uraufführungsrecht seines neuen Stücks wie früher. Erst gegen Ende Dezember 1832 erschien bei ihm Harel, der Direktor des Theaters am Martinstor, und rief ungestüm, ehe er aufgefordert wurde, Platz zu nehmen: «Ich habe Ihr Stück – *Der König vergnügt sich* – gelesen; es ist großartig! Es lag nur am Théâtre-Français, daß es durchfiel. Ich komme, Sie um das *Gastmahl in Ferrara* zu bitten.»

Er machte ihm ein großzügiges Angebot und suchte ihn durch den Hinweis, daß so hervorragende Mimen wie Lemaître und Mademoiselle Georges die Hauptrollen spielen würden, zum sofortigen Abschluß eines Vertrages zu bewegen. Aber der Dichter wußte, daß im Theater am Martinstor nicht der Direktor, sondern die Primadonna den Ton angab, und wollte den Vertrag erst unterzeichnen, nachdem er ihr sein Drama vorgelesen hatte. Harel drängte ihn, dies unverzüglich zu tun, und so fand er sich am Abend desselben Tages in der Wohnung der Schauspielerin ein.

Schon beim ersten Akt stieß Harel, trotz seines hohen Alters noch sehr begeisterungsfähig, Rufe der Bewunderung aus und nahm eine Prise nach der anderen. Er fand das Stück hinreißend und sah darin eine Glanzrolle für seine Primadonna und ein gutes Geschäft für sein Theater. Auch Mademoiselle Georges war von der Rolle der Lucrezia Borgia entzückt. «Es ist zu schön», rief Harel nach dem letzten Akt, «um *Gastmahl in Ferrara* zu heißen. Dieser Titel ist nicht ausdrucksvoll, nicht großartig genug. An Ihrer Stelle, Monsieur Hugo, würde ich es einfach und doch vielsagend *Lucrezia Borgia* nennen.»

Der Dichter war sich darüber im klaren, daß dieser Vorschlag vor allem deshalb gemacht wurde, weil die Primadonna sich geschmeichelt fühlen sollte, wenn man dem Stück den Namen ihrer Rolle gab. Immerhin war der Rat gut, und so nahm Hugo ihn an.

Auf der ersten Probe begegnete der Dichter zu seiner Freude Juliette Drouet wieder, die in seinem Drama die Nebenrolle der Fürstin Negroni spielte. Er hatte die junge Schauspielerin zum erstenmal auf einem Künstlerball gesehen und sie in ihrem originellen Maskenkostüm so faszinierend, so verführerisch schön gefunden, daß er sie – beim Gedanken an seine Frau – nicht anzusprechen wagte. Doch hatte sie schon damals einen tiefen Eindruck auf ihn gemacht.

Aber Juliette Drouet war nicht nur eine der reizvollsten Frauen, die ihm jemals begegnet waren, sie schien auch sehr begabt zu sein. Obwohl sie in der Rolle der Fürstin Negroni nur wenige Sätze zu sprechen hatte, wirkte sie darin doch bezwingend durch ihren hoheitsvollen Gang und ihr ausdrucksvolles Mienenspiel. Sie hatte wahrhaftig etwas von einem «Feuervogel», wie Hugo sie in einem Vers nannte, und war wie geschaffen für die Rolle jener Giftmischerin, der die Jugend Ferraras zu Füßen liegt. Er fand sein Urteil bestätigt, als ihm Harel einen Brief zeigte, in dem Juliette Drouet diesem darlegte, wie sie ihre Rolle auffaßte und, zunächst rein äußerlich gesehen, darzustellen gedachte.

Der Dichter fühlte, wie aus diesen Worten eine ihm verwandte Seele sprach, und verneigte sich im stillen vor der Künstlerin. Übrigens fürchtete er, daß die Rolle der Fürstin Negroni für sie zu unbedeutend sei, und gestand ihr dies auf der Probe. Sie antwortete mit einer Schmeichelei: «In einem Stück von Victor Hugo gibt es keine unbedeutende Rolle.»

Der Dichter war indes durch die Enttäuschung, die er in seiner Ehe erlebt hatte, noch so tief deprimiert, daß er zögerte, sich in ein neues leidenschaftliches Liebeserlebnis zu stürzen. Juliette Drouet schien zu ahnen, was in seinem Innern vor sich ging, und so forderte sie ihn eines Tages gewissermaßen heraus, indem sie im dritten Akt ihrem Partner, dem Darsteller des Maffio, den Rücken zukehrte, den im Parterre sitzenden Autor ansah und an ihn die für Maffio bestimmten Worte richtete: «Mein Gott, was bewegt jetzt wohl sein Herz?», und mit Genugtuung stellte sie fest, daß sich im Gesicht Victor Hugos Verwirrung und freudige Überraschung malten.

Die Prognose, welche die Zeitungen der *Lucrezia Borgia* stellten, war alles andere als hoffnungsvoll. Die meisten Journalisten behaupteten, das Stück sei der Gipfel der Obszönität; es zeige auf der Bühne eine wüste Orgie; es werde höchstens eine einzige Aufführung erleben. Aber am Abend der Premiere war der Zuschauerraum vom Parterre bis zur Galerie überfüllt – vielleicht gerade wegen der eine tolle Sensation versprechenden Andeutungen der Presse. Da die Aufführung der *Lucrezia Borgia* nur etwa zwei Stunden dauerte, also nach Ansicht des Boulevardpublikums nicht «abendfüllend» war, ließ ihr Harel das Vaudeville *Souper bei Ludwig XIV.* vorausgehen.

Unterdessen weilte Victor Hugo in der Garderobe der Mademoiselle Georges, die noch nicht für ihren ersten Auftritt angekleidet war, mit Alexandre Dumas und Jules Janin plauderte und ihnen versicherte, daß sie fest auf den Erfolg seines Dramas vertraue. Da schlug plötzlich aus dem Theatersaal wilder Tumult an ihre Ohren, Harel stürzte in die Garderobe, ganz außer Atem, und rief: «Schnell, kleiden

Sie sich an, Sie müssen in zehn Minuten auf der Bühne sein!»

Dann berichtete er kurz, was geschehen war: Das Publikum wollte von dem Vaudeville nichts wissen, man mußte schon über dessen erster Szene den Vorhang niedergehen lassen, und jetzt trampelten die Zuschauer noch immer und riefen: «Lucrezia Borgia! Lucrezia Borgia!»

Die erste Szene des Renaissancedramas wurde in dem Augenblick, da die Zofe Giubetta erzählt, daß zwei Brüder ein und dieselbe Frau – Lucrezia Borgia – lieben, durch einen gellenden Pfiff unterbrochen.

«Wie, man pfeift?» fragte Harel bestürzt. «Was bedeutet das?»

Gelassen erwiderte Victor Hugo: «Nun, das bedeutet, daß das Stück von mir ist.»

Aber dann las Mademoiselle Georges in der Rolle der Lucrezia den Brief, den sie von Gennaro erhalten hatte, in einem so zärtlichen und schmerzlichen Ton, daß das Publikum ergriffen war. Die Spannung steigerte sich von Szene zu Szene und erreichte ihren Höhepunkt, als Gennaro und sein Bruder, rasend vor Wut, Lucrezia Borgia das Wort «Giftmischerin!» ins Gesicht schleudern, ohne zu ahnen, wie furchtbar diese tödliche Beleidigung jene Frau treffen muß, die ihre Mutter ist.

Im Zuschauerraum brauste erster Applaus auf.

In der Pause ging Hugo auf die Bühne, um einen Blick auf die Dekoration des zweiten Aktes zu werfen, die er noch nicht gesehen hatte, und stellte fest, daß die verkleidete Tür, durch die Gennaro entfliehen soll, zu augenfällig war. «Diese Tür ist absurd», sagte er zu Harel.

«Stimmt», antwortete der Direktor. «Es sollte eine unauffällige Tür sein, und man lieferte uns eine, die in die Augen sticht.»

«Ist Monsieur Séchan im Theater?» fragte Hugo.

Man suchte den Dekorateur, er war aber nicht aufzufinden, die Zeit verrann, das Publikum wurde ungeduldig. Da fragte Hugo nach Farbe, ließ sich Farbtöpfe und Pinsel bringen, die die Maler stehengelassen hatten, und schon begann der Dichter die Schnitzereien der mißlungenen Tür mit roter Farbe zu überstreichen und mit goldenen Streifen zu versehen, bis sie nicht mehr vom Purpur des Vorhangs abstach. Wie nie zuvor kam ihm an diesem Abend sein Talent zum Malen und Zeichnen zustatten.

Die Aufführung nahm einen unerwartet ruhigen Verlauf. Verstummt war der Streit zwischen Klassizisten und Romantizisten. Alle waren ganz Auge und Ohr; man applaudierte und zischte nicht mehr; die Vorgänge auf der Bühne schienen so fesselnd, daß das Publikum höchst gespannt der Lösung des dramatischen Knotens entgegensah. Der Dichter aber erwartete mit besonderem Interesse den Auftritt der Fürstin Negroni im letzten Akt. Wunderbar sah Juliette Drouet aus in ihrem silberbestickten roten Damastkleid mit weiten Seidenärmeln, Schleifen und großer Schleppe, im schwarzen Haar einen Kopfputz von Federn und Perlen. Die meisten Zuschauer schenkten ihrer zauberhaften Erscheinung mehr Beachtung als dem rauschenden Fest im Palast der Lucrezia Borgia. Beifall überschüttete die junge Künstlerin auf offener Bühne, und Gautier flüsterte dem Meister zu: «Wahrhaftig, es ist ein Glück, von einer solchen Frau vergiftet zu werden.»

Aber da mischte sich in die festliche Musik des Gastmahls der Trauergesang der Mönche, sehr wirkungsvoll von Kirchensängern vorgetragen, und es erschienen fünf Särge tragende Dominikaner in ihren schwarzen Kutten und Kapuzen, die einen unheimlichen Kontrast zu den prachtvollen Gewändern der an der Tafel sitzenden Gäste und zu den Rosengirlanden bildeten. Mit angehaltenem Atem lauschte das Publikum dem melodramatischen Prosatext bis zur Schlußszene, in der Lucrezia Borgia, die liebende Mutter, vergiftet von ihrem eigenen Sohn, einen so tragischen Tod erleidet.

Der Dichter wartete die Ovationen nicht ab. Sobald der Vorhang gefallen war, eilte er zur Garderobe der Hauptdarstellerin, um sie zu ihrem unumstrittenen Triumph als

Lucrezia Borgia zu beglückwünschen. Kurz darauf erschien Direktor Harel in aufgelöstem Zustand, mit zerzaustem Haar und rief: «Monsieur Hugo, retten Sie mir das Leben! Man will Sie sehen, man verlangt nach Ihnen, man klettert über das Orchester hinweg, man stürmt die Bühne! Sie müssen sich unbedingt zeigen, sonst zertrümmert man alles!»

«Monsieur Harel», antwortete der Meister ruhig, «ich schenke dem Publikum meine Gedanken, nicht aber meine Person.»

«Aber was soll ich denn den Leuten sagen?»

«Sagen Sie, ich sei schon fortgegangen.»

Harel betrachtete seinen zerrissenen Frack, klopfte den Kalkstaub, den er in seiner Hast von den Wänden gewischt hatte, von den Ärmeln, machte die zwei Knöpfe zu, die ihm verblieben waren, fuhr sich mit der Hand durch Haar und Backenbart und erklärte mit einem Stoßseufzer: «So, jetzt bin ich wieder einigermaßen in Form und kann mich ihnen zeigen.»

Dieser Abend blieb unauslöschlich in der Erinnerung des Dichters, nicht so sehr wegen des bisher größten Theatererfolgs seiner Laufbahn als vielmehr um Juliette Drouets wegen, für die inzwischen seine Leidenschaft unwiderstehlich entflammt war.

In den Wochen nach der Premiere der *Lucrezia Borgia* kamen sie einander schneller, als er es je für möglich gehalten hätte, näher, und heute hatte sie ihn für den Abend des Fastnachtsdienstags in ihre Wohnung eingeladen. Tief in Gedanken verloren, ging er durch das Menschengewühl zur Rue de l'Echiquier, wo sie wohnte. Er achtete nicht auf die Scherzworte, die ihm zuflogen, nicht auf die hübsche Maske in algerischer Tracht, die sich über ihn lustig machte wegen des korrekten Anzuges, den er mitten im Karneval trug.

Er fühlte sich nicht mehr an seine Frau gebunden, in der er nur noch die Mutter seiner Kinder sah. Aber ihn bewegte die Frage, ob Juliette Drouet ihn wirklich liebe, sagte man ihr doch wie allen Schauspielerinnen Leichtsinn, Ge-

fallsucht, Hoffart nach, auch manches galante Abenteuer. Alphonse Karr, dieser alberne Geck, dieser unausstehliche Schwätzer, ein Vielschreiber seichter Boulevardromane, war ihr Gönner gewesen, und jetzt machte ihr angeblich ein russischer Fürst phantastische Geschenke. Eine umschwärmte und verwöhnte Schauspielerin, die das Leben leicht zu nehmen schien, und er, ein ernster und schwermütiger Dichter, dem die Untreue seiner Frau, selbst nur in Gedanken, fast die Lebenslust genommen hatte – wie reimte sich das zusammen? Würde sich eine solche Verbindung nicht schließlich auch als Illusion erweisen?

In einem aparten Gewand, einem gestreiften kurzen Faltenrock und einem enganliegenden schwarzen Seidenjäckchen, empfing ihn die Schauspielerin in ihrem geschmackvoll eingerichteten Salon. Sehnsüchtig hatte sie ihn zu Hause erwartet, und nun saßen sie im Kerzenschein einander gegenüber, während draußen der Reigen der lachenden und singenden Masken durch die Straßen wirbelte.

In vertrautem Gespräch enthüllte sie ihm nach und nach ihre Vergangenheit und ließ in kurzen Bildern ihr einsames und freudloses Leben an seinen Augen vorüberziehen.

Geboren im Jahre 1806 als Tochter des Schneiders Julien

Gauvain in Fougères und mit sechs Jahren schon elternlos, wuchs sie im Waisenhaus, ohne einen Hauch von Zärtlichkeit, in der Abteilung für Findelkinder auf, bis ihr Onkel, der napoleonische Veteran René Drouet, sie adoptierte und zu sich nahm. Er war ihr ein gütiger Vormund, der ihr in allem ihren Willen ließ und ihr jeden Wunsch von den Augen ablas. Wenn sie nicht zur Schule ging, sondern auf dem Weg dorthin Schuhe und Strümpfe auszog, um Seerosen in einem Weiher zu pflücken, und wenn sie nachmittags barfuß, weil sie das Versteck der Schuhe und Strümpfe nicht wiedergefunden, mit glühenden Wangen und einem Seerosenkranz um die Stirn zurückkehrte, lachte ihr Onkel und verzieh ihr, dem unverbesserlichen Wildfang.

Im Alter von zehn Jahren wurde sie in das Kloster Zur Ewigen Anbetung in Paris aufgenommen, wo sie den Bernhardinerinnen, die streng auf Zucht und Ordnung sahen, viele Sorgen bereitete; gewöhnt an das freie Leben auf dem Lande, konnte sie sich mit der Klosterluft, den endlosen Messen und Gebeten, den asketischen Vorschriften nicht abfinden. Einmal fiel sie in einem der Wandelgänge einer Nonne um den Hals und rief: «O meine Mutter, man hat mir gesagt, daß ich nur neun Jahre hierzubleiben brauche – welches Glück!»

Ein andermal fand man auf den Fliesen der Klosterkapelle einen Zettel mit ihrer Ohrenbeichte: «Ehrwürden, ich mache mir zum Vorwurf, geizig gewesen zu sein ... Ehrwürden, ich werfe mir auch vor, meine Blicke zu den Männern erhoben zu haben.»

Sie dachte sich alle möglichen Sünden aus in der Hoffnung, daß man sie aus den heiligen Hallen des Klosters ausschließen würde; aber die Bernhardinerinnen hatten immer wieder Nachsicht mit dem sonst so liebenswürdigen Mädchen. Sie war zwar keine besonders begabte und fleißige Elevin, sang aber sehr schön die erste Sopranstimme im Klosterchor und legte viel Talent im Zeichnen an den Tag. Dank der besonderen Gnade der Mutter Mechthildis, ihrer Tante, die ihr – ganz wider die Vorschrift – erlaubte, Unterricht in den schönen Künsten zu nehmen, entwickelte sie ihre künstlerische Begabung auch auf anderem Gebiet, im Malen von Aquarellen und in der Deklamation.

Im Jahre 1825 gehörte sie, nun achtzehn Jahre alt, zu den hoffnungsvollsten Schülern des Malers und Bildhauers James Pradier, dessen romantische Erscheinung in buntem Wams, Stulpenstiefeln und Musketierumhang so sonderbar von der düsteren Klosterwelt abstach. Berauscht von dem farbigen und fröhlichen Künstlermilieu, ließ sie sich von dem jungen Bildhauer umschmeicheln und verwöhnen, stand ihm Modell für seine griechischen Statuen und wurde schon bald, ohne an die Zukunft zu denken, seine Geliebte. Ein Jahr später schenkte sie ihm ein Töchterchen, aber er, durch und durch Egoist, sah das nicht als Geschenk an. Sein Verhältnis zu ihr wurde von Tag zu Tag kühler; er gab ihr wohl, was sie für ihren Lebensunterhalt und die Pflege der kleinen Claire brauchte, kümmerte sich aber kaum noch um sie und vernachlässigte sein Kind völlig. Um sie auf leichte Art und Weise loszuwerden, schickte er das Kind in ein Pensionat und sie nach Brüssel in die Schauspielschule. Auf die dürftigen Geldzuwendungen des Bildhauers angewiesen, geriet sie bald in bittere Not. Sie mußte alles, was sie besaß, nach und nach ins Leihhaus tragen und schrieb voll Verzweiflung an Pradier: «Das ist die einzige Verpflichtung, die mir mein Talent bisher eingebracht hat!»

In Brüssel lernte sie während eines Gastspiels im Jahre 1829 Felix Harel und dessen Geliebte, Marguerite Georges, kennen, die Anteil an ihrem traurigen Schicksal nahm und ihr am Theater am Martinstor, dessen Direktor Harel vor kurzem geworden war, ein Engagement verschaffte. Sie debütierte dort in der Rolle der Emma im *Mann von Welt*, einem Schauspiel von Ancelot und Saintine, bezauberte aber das Publikum mehr durch ihre blendende Schönheit als durch ihre Kunst. So fühlte sie sich im Schatten der gefeierten Primadonna, Mademoiselle Georges, unausgefüllt und auch sonst unglücklich bis zum Tag ihrer Begegnung mit Victor Hugo.

Der Dichter war von dieser Beichte tiefbewegt, zumal er aus ihren Worten erkannte, wie verhaßt ihr im Grunde alle jene Verehrer ihrer Schönheit waren, die sie doch nur zur Kurtisane degradierten. Sie wollte die große Welt und dieses Leben aufgeben, wenn sie einen Mann fände, dessen Seele ihre Seele liebkoste, wie die anderen ihren Körper liebkosten.

Hugo glaubte an die Echtheit der Gefühle, die sie ihm entgegenbrachte, und an die Aufrichtigkeit ihrer Beteuerungen: «Ich liebe dich, alles gehört nur dir, mein Körper, meine Seele, mein ganzes Leben. Es ist nicht mein Stolz, dir zu widerstehen, sondern dir zu gehören und dich glücklich zu machen.»

Da war sie endlich, die große romantische Liebe, die er stets ersehnt und an der Seite seiner Frau nicht gefunden hatte. Die erste Nacht in Juliettes Armen in dem kleinen stillen Zimmer erfüllte ihn mit unsäglichem Glück.

«Alle Stunden dieser Nacht», schrieb er ihr später, «gehen mir noch einmal durch den Kopf wie Sterne, die vor dem Auge der Seele vorüberziehen. Du solltest zum Ball gehen und wartetest statt dessen auf mich. Armer Engel, wie schön und liebevoll bist Du! Dein kleines Gemach war von tiefem Schweigen erfüllt. Draußen hörten wir Paris lachen und singen und die Masken mit lautem Geschrei vorbeieilen. Inmitten des allgemeinen Festes verbargen wir im Dunkel unser besonderes Fest. Paris hatte die falsche Trunkenheit, wir hatten die wahre. Vergiß niemals, mein Engel, diese geheimnisvolle Stunde, die Dein ganzes Leben verändert hat. Diese Nacht des 17. Februar 1833 war gleichsam ein Symbol, ja ein Zeichen der großen und feierlichen Wandlung, die sich in Dir vollzog. In dieser Nacht ließest Du den Lärm, den Trubel, den falschen Glanz, die Menge hinter Dir, um einzugehen in das Reich der Mysterien – das der Einsamkeit und der Liebe!»

Nun brach für das in der künstlerischen Auffassung des Lebens so trefflich aufeinander abgestimmte Paar, den schwärmerischen Dichter und die empfindsame Schauspielerin, eine köstliche Zeit an. Unter dem Vorwand von Proben im Theater speiste er jeden Mittag zusammen mit Juliette. Bei schönem Wetter unternahmen sie dann, wenn keine Probe Juliettes Anwesenheit im Theater am Martinstor erforderte, Ausflüge in die schon im Schmuck des Vorfrühlings prangende Umgebung von Paris. Mit welchem Stolz blickte sie zu ihm auf! Ihrem Wunsch entsprechend hatte er seinen schwarzen Anzug gegen einen kornblumenblauen Rock und eine schillernde Moiréweste vertauscht; die Sorgenfalten waren verschwunden, und sein Gesicht, nicht mehr so bleich wie früher, strahlte von innerem Glück. Was sie noch inniger verband, war ihre gemeinsame Liebe zur Natur – wenn die vorauseilende Juliette die erste Primel mit einem Freudenruf begrüßte, wenn er sie auf das Hämmern eines Spechts oder das Flöten einer Amsel aufmerksam machte oder sie sich dem Schauspiel des Sonnenuntergangs hingaben.

Es fehlte auch nicht an lustigen Zwischenfällen auf solchen Exkursionen. Einmal, als sie am Stadtrand beinahe von einer Equipage überfahren und von der darin sitzenden Dame, einer häßlichen, grell geschminkten Alten, impertinent gemustert wurden, rief der Dichter, zwei Verse des Klassizisten Lebrun parodierend, übermütig aus:

Wäre der Himmel gerecht, dann tippelten Sie durch
die Pfützen,
hochnäsige Frau Marquise, doch im Wagen würden wir
sitzen!

Juliette brach darüber in helles Lachen aus, und er fand seine Verse dieses himmlischen Lachens fast unwürdig!

Beim Abschied aber, wenn sie sich abends oder nachts trennten, überreichte sie ihm meistens einen kleinen Brief, dem sie in einer einsamen Stunde ihre tiefsten Empfindungen und verborgensten Gedanken anvertraut hatte: «Wenn ich an Deinem Arm hänge, bin ich auf Dich so stolz, als hätte ich Dich neu geschaffen.» Oder: «Wenn ich Dir einst alles gegeben habe, werde ich seufzen, nicht weil ich Dir alles gegeben habe, sondern weil ich Dir nichts mehr zu geben habe. Denke nach, suche, finde das Glück, das ich Dir noch schenken kann, und ich werde Dir dafür danken.»

Der Dichter aber erwiderte ihre Hingabe auf seine Weise in den *Chants du Crépuscule (Gesängen der Dämmerung).* Wie freudig war Juliette bewegt, wenn sie aus seinen Versen das Geständnis seiner grenzenlosen Zuneigung erkannte.

Liebe! – schien all das zu raunen.
Und lauschend, verwirrt vor Erstaunen,
dem süßen Zusammenklang,
war mir, als ob meiner Seele
der Ruf der Natur dies befehle,
da mein hämmerndes Herz fast zersprang.

Aber da fiel in die Harmonie ihres Liebesverhältnisses der erste Wermutstropfen. Es war der Mißerfolg seines historischen Dramas *Marie Tudor*, der ihn gleichgültig ließ, Juliette aber betrübte, da sie in der Rolle der Jane Grey ausgepfiffen wurde. Böswillige Rezensenten schrieben ihrer Talentlosigkeit den Durchfall des Stückes zu.

Der Dichter wies auf den großartigen Kontrast hin, den sie als Jane zu Marie der Blutigen bildete, die sie aufs

Schafott schickt, und sagte ihr zum Trost: «Du hast den leidenschaftlichen ergreifenden Ton gefunden; jene, die kein Gehör haben, beklagen sich, ihn nicht gehört zu haben; laß sie reden. Du warst schön und rührend am Ende, du warst schön und bezaubernd am Anfang. Alles, was du zu sagen hattest, sagtest du, ohne einen Augenblick das Feingefühl für die Nuancen zu verlieren – etwas Seltenes und Schwieriges in der Leidenschaft. Würdig hast du in der Schlußszene der Königin die Stirn geboten, und es war schwer, nicht zu unterliegen. Hier geht es nicht um den Kampf zweier Frauen schlechthin, hier stehen sich Jane und Marie gegenüber, die Gazelle und die Pantherin. Beruhige dich, man wird dir eines Tages Gerechtigkeit erweisen.»

Ein dürftiger Trost, denn von nun an wollte es dem Dichter nicht mehr gelingen, die Intendanten zu bewegen, ihr eine der Hauptrollen seiner Dramen anzuvertrauen. Zwar hatte er Juliette nach ihrer Verabschiedung durch Harel ein neues Engagement beim Théâtre-Français verschafft; aber wozu? Jung und schön zu sein, einen Vertrag mit einer der führenden Pariser Bühnen zu haben und doch keine Karriere zu machen – welcher Kummer! Nachdem der letzte Versuch Victor Hugos, ihr die weibliche Hauptrolle in seinem neuen Renaissancedrama *Angelo* zu übertragen, mißlungen war, entsagte sie ihrem Wunsch, auf der Bühne Ruhm zu erlangen, und löste freiwillig ihren Vertrag mit dem Théâtre-Français, um Victor Hugos gute Beziehungen zur Intendanz nicht zu stören.

Da wurden ihre Gläubiger, die sie bisher vertrösten konnte, argwöhnisch. Sie sahen in ihr nur noch die schöne Frau, deren künstlerische Zukunft aber durch den Dichter nicht ausreichend verbürgt zu sein schien, und forderten die sofortige Tilgung der Schulden, die sie bei ihnen hatte. Alle Beziehungen zu ihren früheren Freunden, zu Pradier, zu dem russischen Fürsten Anatoli Demidow und zu Charles Séchan, dem Dekorateur der Pariser Oper, waren eingeschlafen; aber in ihrer Not konnte sie nicht umhin, sich an sie zu wenden und sie um Hilfe zu bitten. Der Bildhauer reagierte mit Ausflüchten, die anderen beiden ließen ihr bescheidene Summen zukommen, die aber die Katastrophe nicht abzuwenden vermochten. So mußte sie eines Abends dem Geliebten gestehen, wie viele finanzielle Verpflichtungen sie eingegangen war, ehe sie ihn kennenlernte, die sie jetzt unbedingt erfüllen mußte. Auf seinen Wunsch stellte sie eine Liste ihrer Schulden auf: 2000 Francs bei dem Juwelier Janisset, 1000 Francs bei dem Handschuhmacher Poivin, 600 Francs bei der Wäscherin, 300 Francs bei dem Coiffeur Georges, 620 Francs bei Madame Ladon, der Schneiderin, 1700 Francs bei dem Dekorateur Jourdain. Der Dichter war verstimmt, nicht wegen der drückenden Schuldenlast, sondern weil sie ihm ihre Sorgen so lange verschwiegen hatte. Das Mißtrauen, das einst Sainte-Beuves Leidenschaft für seine Frau in ihm geweckt hatte, regte sich nun auch Juliette gegenüber.

Großmütig tilgte er die Schulden, die sie ihm genannt hatte; aber damit war es leider nicht getan. Sie hatte ihm verschwiegen, daß sie bei Wucherern weitaus größere Darlehen aufgenommen hatte, um die luxuriösen Ansprüche, die eine Schauspielerin nun einmal an das Leben stellt, zu befriedigen. Eines Tages erschienen in ihrer Wohnung Gerichtsvollzieher, die ihre kostbarsten Möbel und ihren wertvollen Schmuck beschlagnahmten, und der Hauswirt, erbost, weil sie ihm monatelang die Miete schuldig geblieben war, drohte, sie auf die Straße zu setzen.

Es kam zu einer erregten Aussprache zwischen ihr und dem Dichter, der entsetzt war, als er erfuhr, wie hoch die Schuldsumme war: Zwanzigtausend Francs! Er warf ihr ihre Vergangenheit vor und beschuldigte sie der Gefallsucht. Nachts schrieb sie ihm in ihrer Verzweiflung: «Du erinnerst Dich wohl, was ich Dir auf der Probe der *Marie Tudor* gesagt habe: Die Männer haben mir das Selbstvertrauen genommen, ich kann nicht mehr, ich wage nicht mehr aufzutreten, ich bin wie gelähmt. Nun, heute handelt es sich nicht mehr um eine Rolle, sondern um mein ganzes Leben! Jetzt, da mich die Verleumdung von allen Seiten niederdrückt, da ich zu einem solchen Dasein verurteilt bin wie in Deinem Stück, das heißt dazu, von niemandem verstanden zu werden, da meine Gesundheit und mein Verstand sich in einem unnützen und ruhmlosen Kampf verbraucht haben, da ich in den Augen der Öffentlichkeit eine Frau ohne Zukunft bin, wage ich kaum weiterzuleben. Die Angst läßt mich auf Gedanken an Selbstmord kommen.»

Als der Dichter am anderen Morgen zu ihr eilte, um ihr diese Gedanken auszureden, fand er ihre Wohnung leer und auf einem Tisch die kurze Mitteilung: «So lebe denn für immer wohl. Du selbst hast doch gesagt: Lebe wohl! So glücklich und vielbewundert Du auch sein magst, so unglücklich und heruntergekommen bin ich. Lebe wohl! – dieses Wort enthält mein ganzes Leben, all meine Freude, all mein Glück.»

Er erkannte, wie unrecht er ihr getan, und fand seine Ruhe erst wieder, als er aus Brest, wo Juliette jetzt bei ihrer Schwester lebte, einen Brief erhielt: «Victor, ich liebe Dich, Victor, ich sterbe fern von Dir, ich brauche Dich zum Leben. Seitdem ich Dir alles gesagt habe, vor allem aber seit dem Augenblick, da meine Augen nicht mehr Deinen begegnen, ist mir, als habe man mir alle Adern geöffnet und als entfliehe mein Leben, ohne daß ich den Willen habe, es zurückzuhalten. Ich fühle, wie ich sterbe, und ich fühle auch, daß ich bei jedem Schmerz Dich noch mehr liebe. Lieber Victor, kannst Du mir verzeihen? Liebst Du mich noch? Oder ist es wahr, daß ich Dir verhaßt bin, Daß Du mich verachtest, daß Du mich mit dem Gesicht auf den Boden stoßen würdest, wenn ich meine Lippen auf Deine Füße preßte und Dich um Gnade bäte? Oh, wenn Du mich noch liebst, wenn Du mich noch achten und mir alles verzeihen kannst, so sage es, und ich werde alles tun, was Du willst. Mein Gott, sage, ob Du mich noch haben willst! Ich leide sehr. Juliette.»

Tief erschüttert von dieser verzweifelten Klage, setzte der Dichter alle Hebel in Bewegung, um die Ansprüche der Gläubiger Juliettes wenigstens zum Teil zu befriedigen, dann fuhr er mit der Postkutsche nach Brest. Dort sanken sie einander in die Arme und begannen ihr neues Tagebuch der Liebe. Die erste Eintragung machte Victor Hugo darin: «Brest, 9. August. – Es ist sieben Uhr abends. Das Wetter ist wie unser Schicksal; wir hatten nach einem trüben und stürmischen Tag heute einen schönen. Der Himmel und das Meer, während unserer Trennung trist und grau, lächeln Dir und mir jetzt wieder blau und heiter zu. Hier wurde unser Bund durch ein feierliches Versprechen besiegelt. Unser beider Leben wurde hier für immer verknüpft. Bedenken wir stets, was wir einander nunmehr schuldig sind. Was Du mir schuldest, weiß ich nicht; doch was ich Dir schulde, weiß ich – Glück!»

Victor Hugo hatte unterdessen Juliette den einzig möglichen Ausweg aus ihrer prekären Lage gezeigt. Es war der Verzicht auf allen Luxus, den sie gewohnt war, und der Entschluß, bescheidener als bisher zu leben. Auf seinen Rat hatte sie ihre Möbel verkauft und ihr elegantes Appartement in der Rue de l'Echiquier aufgegeben, während er für sie eine kleine Wohnung im Marais-Viertel mietete.

Sie fand sich ihm zuliebe mit allem ab, obgleich sie nicht an die Wahrheit der Worte glaubte, die er ihr an dem Abend, da sie einander in ihrem neuen Domizil gegenübersaßen, zum Troste sagte: «Die Kleidung trägt nicht zu den Reizen einer hübschen Frau bei, es ist verlorene Liebesmühe, die Natur vervollkommnen zu wollen, wenn man schön ist.»

Doch schrieb sie ihm, nachdem sie ihm alle diese Opfer gebracht hatte, freudigen Herzens: «Meine Armut, meine groben Schuhe, meine vergilbten Vorhänge, das Fehlen jeglicher Koketterie und aller Zerstreuungen, die unserer Liebe fremd sind, beweisen, daß ich Dich über alles liebe.»

Im Spätsommer des Jahres 1835 suchten sie Erholung im Bièvretal, das seit langem ein Lieblingsaufenthalt der Romantiker war und wo man unter den Trauerweiden und Erlen an den Ufern der Bièvre, dieses still durch die idyllische Landschaft strömenden Flusses, solchen Koryphäen der Politik und der Kunst wie Lamennais, Montalembert, Lamartine und Berlioz begegnete.

Hugo wohnte im Landhaus seines Freundes Bertin, des Herausgebers des «Journal des Débats», Juliette in einem Gehöft des Dorfes Les Metz. Da ein Weg von etwa einer Stunde die Liebenden trennte, kamen sie überein, jeden Morgen auf einer bestimmten Route einander entgegenzugehen und den Tag im Wald unter dem goldgrünen Laubdach zu verbringen. Juliette sah in ihrem rot und weiß gestreiften Jackonettkleid und ihrem Florentinerhut, Überresten aus ihrer glanzvollen Zeit, entzückend aus, und der Dichter bewunderte ihren zierlichen Gang, wenn sie auf ihn zukam.

Wie schwebend sehe ich dich über blühende Wiesen
 schreiten,
mit Schritten so leise und sanft wie verklingende
 Harfensaiten.

Unvergeßlich war für Juliette diese Zeit, ihr gemeinsames «Vogelleben in den Wäldern», wie sie es nannte, das Unwetter, das sie eines Tages unter freiem Himmel überraschte, und die zärtliche Fürsorge, mit der sie der Geliebte auf seinen Armen durch den strömenden Regen bis unter die schützende Krone eines Baumriesen trug.

«Für nichts in der Welt», schrieb sie später in der Erinnerung, «würde ich diesen Tag hingeben, vor allem nicht den Augenblick, wo ich an dem schönsten und strahlendsten unserer Sommertage auf deinen Knien vor Kälte zitterte. Zeitlebens werde ich jeden der Regentropfen fühlen, die von Deinem Haar auf meinen Nacken fielen; zeitlebens werde ich deine lieben Worte hören. Du sagtest mir, ich hätte Dir erst die wahre Liebe offenbart; Du erklärtest mir die Wunder der Natur und damit zugleich die Größe und die Güte Gottes. Zuletzt leuchtete über der Landschaft ein Regenbogen, und er leuchtete auch in unseren Herzen. Er wölbte sich von Deiner Seele zu meiner Seele wie von einem Brunnen zu einem anderen. Ich danke Dir für alles Schöne, das Du mich bewundern ließest und das ich ohne Dich, dessen liebe weiße Hand auf meiner Stirn lag, nicht gesehen hätte.»

Trostlos waren dagegen die trüben Wintertage in ihrer ungeheizten kleinen Wohnung zu Paris, wo sie die Vormittage gewöhnlich im Bett verbrachte, Manuskripte des Dichters abschrieb oder las; denn der Vorrat an Brennholz war den Abenden vorbehalten, an denen er sie besuchte. Überhaupt erlegte sie sich die strengste Sparsamkeit auf, da sie in allem, was sie empfand, dachte und tat, für das Absolute war, also auch in ihrer Aufopferung, in der Grenzenlosigkeit ihrer Liebe. Sie erklärte: «Die Liebe, die stillsteht, erlischt bald. Das Feuer, das nicht mehr lodert, bedeckt sich schnell mit Asche. Nur die flammende und strahlende Liebe kann als wahre Liebe gelten. So ist meine Liebe.»

Und doch schmerzte es Juliette, nur seine Geliebte und nicht seine Frau zu sein. Er erkannte sie zwar durchaus als seine Lebensgefährtin an, zumal Adèle ihm im Juli 1836 in einer hochherzigen Regung, vielleicht aber auch beim Gedanken an ihr vages Liebesverhältnis mit Sainte-Beuve, versichert hatte: «Du darfst alles in der Welt tun. Wenn du nur glücklich bist, bin ich es auch. Niemals werde ich die Rechte mißbrauchen, die mir die Ehe über dich gibt. Meine Vorstellung ist, daß du ebenso frei bist wie ein Lediger, armer Freund, obwohl du zwanzig Jahre lang verheiratet bist.»

Eine vorbehaltlosere Vollmacht hätte er von seiner Frau wohl kaum erlangen können. Er machte davon sogleich Gebrauch und mietete für Juliette eine komfortablere Wohnung in der Rue Saint-Anastase, wo er seine Tage häufiger verbrachte als bei seiner Familie. Dort in ihrem Salon arbeitete er in aller Ruhe, während Juliette ihn liebevoll betrachtete.

Die Eintönigkeit ihres zurückgezogenen Lebens weckte indes in ihr den Wunsch, zur Bühne zurückzukehren, und so schrieb sie dem Dichter: «Ich möchte eine große Schauspielerin werden, einmal, um alle Deine Rollen zu spielen, und zum anderen, um viel Geld zu verdienen und uns reich zu machen, was großartig wäre.»

Im Jahre 1838 wollte ihr Anténor Joly, der Direktor des Renaissancetheaters, die Rolle der Marie von Neuenburg in Hugos Drama *Ruy Blas* übertragen. Wie verliebt war sie in die Rolle der melancholischen jungen Königin, die sich im Zwang der Hofetikette ebenso gefangen fühlte wie sie in ihren vier Wänden, und wie enttäuscht war sie, als sie erfuhr, daß man die Rolle Mademoiselle Beauchêne, der Geliebten Dumas', anvertraut hatte.

«Ich bin sehr traurig», gestand sie dem Dichter. «Ich trauere einer schönen, ja wunderbaren Rolle nach, die für mich jetzt für immer gestorben ist; Marie von Neuenburg lebt für mich nicht mehr. Mein Kummer ist größer, als du dir vorstellen kannst. Mir hat dieser Verlust meiner letzten Hoffnung einen schweren Schlag versetzt.»

Allmählich kam ihr der Verdacht, daß es Hugo selbst war, der immer wieder ihre Rückkehr zur Bühne zu verhindern wußte. Das entspräche durchaus seiner manischen Eifersucht. Aber sie verdächtigte ihn zu Unrecht, denn sie ahnte ebensowenig wie er, daß Madame Hugo an den Direktor des Renaissancetheaters einen «Brandbrief» geschrieben hatte, in dem sie diesen beschwor, die wunderbare Rolle der Marie von Neuenburg nicht Juliette Drouet zu geben, der das Publikum nicht gewogen sei.

Dieser Schritt Adèles vereinbart sich schlecht mit der uneingeschränkten Freiheit, die sie ihrem Gatten gewährt hatte. Es ist anzunehmen, daß sie wohl doch an der nicht wiedergutzumachenden Entfremdung litt, so wie Juliette unter seiner Eifersucht.

Er hielt sie in ihrer Wohnung eingeschlossen wie eine der Heldinnen seiner mittelalterlichen Dramen in ihrer Kemenate. Ohne ihn durfte sie weder ihre Tochter Claire im Pensionat zu Saint-Mandé noch ihren alten Onkel im Invalidenhospital besuchen. Der Dichter begleitete sie sogar zur Schneiderin, zur Modistin und bei ihren Einkäufen. Leidenschaftlich begehrte sie eines Tages gegen diese ständige Bevormundung auf und erklärte ihm: «Ich verlange von dir, so behandelt zu werden wie jede anständige Frau. Ich habe die Torheit begangen, mich gängeln zu lassen wie ein Hühnerhund. Eine Schüssel voll Suppe, eine Nische zum Schlafen und eine Kette – das ist mein Los! Es gibt zwar Hunde, die man mitnimmt, aber soviel Glück habe ich nicht. Meine Kette ist zu fest angebunden, als daß du auf den Gedanken kommen könntest, sie loszumachen.»

Übrigens regte sich nach und nach auch in ihr die Eifersucht, da ihr auffiel, daß er seit geraumer Zeit übertriebenen Wert auf sein Äußeres legte. «Toto», spottete sie, «schnürt sich, Toto kräuselt sich das Haar wie ein Friseurlehrling, Toto sieht aus wie eine Modepuppe!»

Zwar nahm sie nicht an, daß das innige Verhältnis, das einst zwischen ihm und seiner Gattin bestand, wiederhergestellt sei; doch fürchtete sie die Verführungskünste der Primadonnen. Von Mademoiselle Mars, die bereits die Fünfzig überschritten hatte, und von Mademoiselle Georges, die an Körperfülle erstaunlich zugenommen hatte, war wohl keine Attacke zu gewärtigen. Aber da war Marie Dorval, der neue Stern am Pariser Theaterhimmel, eine junge Künstlerin, die es vortrefflich verstand, sich mit ihrer melodischen Stimme in die Herzen einzuschmeicheln, und die ein so eindrucksvolles Gebärdenspiel hatte, daß eine Frau von Geist einmal während der Vorstellung ausgerufen haben sollte: «Die Dorval hat das Wort in den Fingerspitzen!»

Nicht selten machte Juliette jetzt dem Geliebten Szenen, wenn er ihr von den Vorzügen der Dorval erzählte, die er bei Proben bewundern konnte. Sie warnte ihn vor der Schauspielerin und schärfte ihm ein: «Ich bitte dich, dieser Dame gegenüber sehr zugeknöpft zu sein und dich nicht den Reizen einer vertraulichen und zweideutigen Unterhaltung hinzugeben. Ich kenne diese Fürstin und weiß, daß sie sich kein Gewissen daraus macht, aufs Ganze zu gehen. Ich empfehle dir größte Zurückhaltung gegenüber dieser Frau.»

Auch die Proben zum Ballett *Esmeralda* nach Motiven aus

dem *Glöckner von Notre-Dame* mit der Musik von Cesare Pugni bereiteten Juliette Sorgen; denn sie bezweifelte, daß er in Mademoiselle Liron, der Primaballerina, nur die große Künstlerin verehrte. Daher gestand sie ihm: «Ich habe zur Zeit nur eine einzige Befürchtung, nämlich die, daß du für die Versuchung des Opernballetts allzu empfänglich bist.»

Und ein andermal, als sie ihn in seiner «olympischen Schönheit» vor sich stehen sah, sagte sie halb im Ernst, halb im Scherz: «Wenn ich Königin wäre, Monsieur, würden Sie nur mit einer eisernen Maske ausgehen, zu der ich allein den Schlüssel hätte, mit dem ich sie bloß zu einem echten Tête-à-tête aufschlösse. Aber ich bin nicht Königin, und die Mode der eisernen Masken ist längst vorbei. Ich geruhe also, die Komplimente, die ich über Sie zu hören bekomme, soweit wie möglich zu überhören.»

Bedenklich stimmten die Schauspielerin auch seine häufigen Besuche im Palais Orléans. Sollte er sein Herz etwa an die Prinzessin Helene von Mecklenburg-Schwerin, die Gemahlin des Prinzen von Orléans, verloren haben? Schließlich war sie eine attraktive Erscheinung, schlank, mit einem zarten, von blonden Locken umrahmten Antlitz und recht graziösem Gang. Als er ihr an ihrem Hochzeitstag, dem 10. Juni 1837, vorgestellt wurde, sagte sie mit freundlicher Herablassung zu ihm: «Monsieur Hugo, ich bin glücklich, Ihre Bekanntschaft zu machen. Es gibt nur zwei Personen, die kennenzulernen ich lebhaft wünschte, Cousin und Sie. Ich habe oft mit Herrn von Goethe über Ihre Werke gesprochen. Ich habe alle Ihre Bücher gelesen, und Ihre Verse kann ich auswendig. Sie können mich auf die Probe stellen; doch liebe ich vor allem jenes Stück aus den *Gesängen der Dämmerung*, das so beginnt:

Es war eine schlichte Kirche, niedrig gewölbt,
Die wir an diesem Abend betraten ...

Ich habe auch schon Ihre Kathedrale Notre-Dame besichtigt.»

Die poetischen Träume und politischen Ambitionen, die ihn seit dieser Unterredung mit der Prinzessin Helene zu erfüllen schienen, fanden gewissermaßen, wie man sich in Schriftstellerkreisen erzählte, Ausdruck in einem seiner dramatischen Meisterwerke: *Ruy Blas.* So mancher Rezensent glaubte zu durchschauen, daß die Gestalt des Lakaien, der seine Augen zu der jungen Königin von Spanien zu erheben wagt, in gewissen Zügen ihrem Verfasser glich, während Marie von Neuenburg in mancher Hinsicht der schwärmerischen Prinzessin Helene verwandt zu sein schien. Vielleicht stieß das Drama deshalb bei der Premiere auf starken Widerspruch.

Welche Bewandtnis es auch immer mit solchen Gerüchten haben mochte, die seit der Uraufführung des *Ruy Blas* in der Pariser Gesellschaft im Umlauf waren, der Dichter besuchte jedenfalls ebenso häufig wie vorher die Prinzessin in ihrem Palais oder in den Tuilerien, wo ihm der Bürgerkönig viel Beachtung schenkte und sich mit ihm über Fragen der Politik und der Justiz unterhielt. Auch nach dem plötzlichen

Tod des Prinzen von Orléans, der bei einem Sturz aus dem Wagen ums Leben gekommen war, machte er der jungen Witwe zwar höchst offiziell, begleitet von Juliette Drouet, aber mit sichtlicher Ergriffenheit seine Aufwartung, und so hielt ihm seine Freundin vor: «Alles ist für mich ein Grund zur Befürchtung und Verzweiflung. So wurde jener Besuch bei der Herzogin von Orléans, zu dem mich mitzunehmen, wie ich zugebe, du die Liebenswürdigkeit hattest, für mich zur Tortur wegen der Stunde und der Umstände: ich im Alltagskleid, kaum zurechtgemacht, und dagegen jene Frau mit dem Prestige einer großen Unglücklichen, das dich außer der physischen Schönheit noch mehr betören konnte! Ich gestehe dir: So tapfer meine Liebe auch sein mag und soviel Vertrauen ich auch in deine Loyalität setze, so bin ich doch unruhig, weil ich ohne Waffen kämpfen muß.»

Entschädigt wurde Juliette für solche Kümmernisse allerdings in den Sommermonaten, wenn sie zusammen auf Reisen gingen. Da gehörte er ihr allein, da vereinten ihre künstlerischen Neigungen, insbesondere die Vorliebe, Impressionen von fremden Ländern in Aquarellen oder Zeichnungen festzuhalten, sie in vollkommener Harmonie.

Im Jahre 1838 unternahm er mit ihr eine Rheinreise, zunächst nur in der Absicht, Bäume und Wasser zu sehen. Mit der Postkutsche fuhren sie über Épernay und Varennes, wo Ludwig XVI. im Jahre 1792 auf der Flucht nach Österreich von Jean-Baptiste Drouet erkannt und festgenommen worden war, zur belgischen Grenze, von dort nach Namur und weiter am Ufer der Maas entlang zur deutschen Grenze, wo sie nach Aachen abbogen. Dort zeigte er Juliette die Sehenswürdigkeiten der alten Kaiserstadt, die große Römerschanze und die Gruft Karls des Großen im Dom. Dann ging es nach Andernach. Hier weckte der Anblick des Rheinstroms in ihm den Wunsch, seinen Reisebeobachtungen ein bestimmtes Ziel zu geben. Er fand, der Rhein ist der Strom, von dem jeder spricht und den doch niemand kennt, den alle Welt besucht und den doch niemand erforscht, den alle Blicke nur streifen und den kein Geist ergründet. Seine Burgruinen beflügeln die Phantasie, sein Schicksal fesselt das Denken, und dem Dichter und Publizisten erscheint dieser wunderbare Fluß unter seinen durchsichtigen Fluten als die Verkörperung der Vergangenheit und der Zukunft Europas.

So faßte er denn den Entschluß, den Rhein unter diesem doppelten Aspekt zu betrachten. Ihm erschien dies um so wichtiger, als er der Ansicht war, daß der Rhein eines Tages, vielleicht schon bald, zur brennenden Frage des ganzen Kontinents werden könnte.

Mit dem Dampfschiff fuhren sie nun rheinaufwärts nach Köln. Dort gingen sie nach der Landung noch bei Einbruch der Dunkelheit zu dem berühmten Dom. Im phantastischen Dämmerlicht inmitten eines Gewirrs niedriger Häuser mit bizarren Giebeln erhob sich vor ihnen eine riesige schwarze Masse, überladen mit Spitzbogen und kleinen Türmen und etwas weiter im Hintergrund, etwa einen Pfeilschuß weit entfernt, eine andere, eine Art quadratischer Festung, an deren Ecken vier Türme standen und von der sich oben ein sonderbares schräges Gerüst abhob, das auf dem Dach des alten Hauptturms wic cinc mächtige schwarze Feder auf einem Helm wirkte.

«Das, was an dem düsteren Bau dort wie ein schwarzer Helm erscheint», erklärte der Dichter, «ist der symbolische große Kran, der jedem Vorübergehenden verkündet, daß diese unvollendete Basilika weiter ausgebaut wird, daß dieser Stumpf eines Glockenturms und dieser Stumpf eines Domschiffs, die jetzt ein so großer Zwischenraum trennt, sich eines Tages vereinen und ein gemeinsames Leben führen werden, daß der Traum Engelberts von Berg, der unter Konrad von Hochstaden Wirklichkeit wurde, in ein bis zwei Jahrhunderten die größte Kathedrale der Welt sein wird.»

Der Dom war geschlossen. Tiefe Stille herrschte ringsum, kein Mensch war zu sehen. Sie schritten auf das Portal zu, das durch ein prachtvolles schmiedeeisernes Gitter geschützt war, und hörten im Nachtwind das leise Raunen unzähliger Gräser, die an Vorsprüngen alter Gemäuer wucherten. Das in einem nahen Fenster aufflammende Licht beleuchtete einen Augenblick eine Gruppe von zierlichen Statuen unter den Bogen der Domfenster.

«Es sind Engel und Heilige», sagte der Dichter, «sie lesen in einem großen Buch, das aufgeschlagen auf ihren Knien liegt, oder sie sprechen und predigen mit erhobenem Finger. Ein wunderbarer Prolog für eine Kirche, die nichts anderes ist als das zu Marmor, Erz und Stein gewordene Wort!»

Da erlosch das Licht, und es war nur noch das große Spitzbogenfenster zu sehen, ein vierundzwanzig Fuß hohes Fenster ohne Rahmen und ohne Windschutz, das den Glockenturm durchbrach und den Blick in das düstere Innere freigab. In diesem Fenster zeichnete sich, verkleinert durch die Perspektive, das gegenüberliegende Fenster ab, dessen Rosette und Fensterkreuz sich in wunderbarer Reinheit von dem wolkenlosen metallenen Himmel abhoben. «Nichts», meinte der Dichter, «ist so traurig und so sonderbar wie jenes zierliche kleine Spitzbogenfenster in diesem großen dunklen Spitzbogenfenster.»

Zu Fuß wanderten er und Juliette dann das Rheintal entlang, denn er zog die Wanderung der Fahrt in der Postkutsche vor.

«Beim Wandern gehört man sich selbst, ist man frei und guter Dinge. Ungeteilt gibt man sich unterwegs den Begebenheiten hin, dem Bauernhof, wo man zu Mittag ißt, dem Baum, unter dem man Schutz sucht, der Kapelle, wo man in sich geht. Man bricht auf, man macht halt, man bricht wieder auf; nichts stört uns, nichts hält uns fest. Man wandert und träumt vor sich hin ... Wenn ich zuweilen am Rand einer Landstraße im Schatten einer Ulme voller Vögel saß, ausgeruht, heiter, glücklich, im stillen von tausenderlei Träumen erfüllt, neben mir eine kleine Quelle, aus der mit dem Wasser Freude, Leben, Kühle sprudelten – wie oft sah ich da mitleidig die Postkutsche vorbeihetzen, dieses leuchtende Ding, das träge, schwerfällige, gelangweilte, vor sich hin dösende Reisende birgt, diesen Blitz, der Schildkröten befördert! Oh, wie schnell würden diese armen Leute, oftmals Leute mit Geist und Gemüt, aus jenem Gefängnis entfliehen, wo sich die Harmonie der Landschaft in Lärm, der Sonnenschein in Hitze, die Straße in Staub auflöst, wenn sie wüßten, wie viele Blumen die geflügelte, reiche, fröhliche Phantasie eines Wanderers im Gebüsch findet, wie viele Perlen sie unter Kieselsteinen sammelt, wie viele Schönheiten sie unter den Bäuerinnen entdeckt!»

Auf solche Weise gedachten sie auch dem lärmenden Fremdenstrom zu entrinnen, der im Sommer das Rheinland überschwemmte, und zugleich einer anderen Plage, dem Trinkgeld, das dort auf Schritt und Tritt abverlangt wurde. Recht humorvoll pflegte Victor Hugo später von dieser «rheinischen Landplage» zu erzählen:

«Sie gelangen zu irgendeinem Ort. Am Stadttor erkundigt sich ein Beamter, in welchem Gasthof Sie absteigen wollen, verlangt Ihren Paß und steckt ihn ein. Dann hält die Kutsche im Postkutschenhof. Der Kutscher, der Sie während der Fahrt keines Blickes gewürdigt hat, taucht auf, öffnet den Kutschenschlag und hält mit strahlender Miene die Hand auf: Bitte Trinkgeld! Gleich darauf erscheint der Postillon, obgleich ihm die Polizeivorschriften dies untersagen, und richtet in sonderbarem Kauderwelsch an Sie eine Ansprache, die bedeutet: Bitte Trinkgeld! Man steigt aus. Ein baumlanger Bursche holt Ihr Gepäck und Ihren Schlafsack vom Verdeck herunter und setzt beides auf den Boden: Bitte Trinkgeld! Ein anderer Bursche lädt das Gepäck auf einen Schubkarren, fragt Sie, zu welchem Gasthof Sie gehen, und läuft mit dem Schubkarren vor Ihnen her. Vor dem Gasthof empfängt Sie der Wirt und knüpft mit Ihnen ein kurzes Gespräch an, das man in allen Sprachen an den Eingang jedes Gasthofes schreiben sollte: ‹Guten Tag, mein Herr.› – ‹Ich möchte ein Zimmer haben.› – ‹Sehr gern, mein Herr. Johann, führen Sie den Herrn zu Zimmer Nummer vier.› – ‹Dann möchte ich zu Mittag essen.› – ‹Sofort, mein Herr.› Und so weiter usw. Sie gehen nach oben zu Zimmer Nummer vier. Dort erwartet Sie schon Ihr Gepäck. Ein Mann erscheint, es ist jener, der es auf dem Schubkarren zum

Gasthof gefahren hat: Bitte Trinkgeld! Ein zweiter kommt hinzu, was will er? Es ist derjenige, der Ihre Sachen in das Zimmer gebracht hat. ‹Es ist gut›, sagen Sie, ‹ich werde Ihnen bei der Abreise etwas geben wie anderen Bedienten.› – ‹Mein Herr›, antwortet der Mann, ‹ich gehöre nicht zum Gasthof.› Bitte Trinkgeld! Sie gehen in die Stadt. Eine Kirche taucht auf, eine schöne Kirche. Man muß sie sich ansehen. Sie gehen um sie herum, Sie betrachten sie, Sie suchen nach Einlaß. Die Tore sind verschlossen. Jesus hat gesagt: ‹Tretet alle ein›; die Priester müßten also die Tore offenhalten, aber die Meßner schließen sie, um drei Heller zu verdienen. Unterdessen hat eine alte Frau Ihre Verlegenheit bemerkt, sie kommt auf Sie zu und zeigt Ihnen eine Klingel neben einem kleinen Schalter. Sie klingeln, der Schalter öffnet sich, der Meßner erscheint. Sie bitten, die Kirche besichtigen zu dürfen, der Meßner nimmt ein Schlüsselbund und geht zum Portal. In dem Augenblick, da Sie die Kirche betreten wollen, fühlen Sie, daß jemand Sie am Ärmel zupft; es ist die freundliche Alte, die Sie Undankbarer vergessen haben und die Ihnen folgte: Bitte Trinkgeld!... Auf Ihrem Rundgang durch die Kirche, immer im Schlepptau des Meßners, gelangen Sie zum Gitter des Chors, das doppelt und dreifach verriegelt ist und vor dem eine großartig aufgetakelte Gestalt steht. Es ist der Kirchendiener, der von Ihrem Besuch unterrichtet worden ist und Sie erwartet. Der Chor steht unter der Obhut des Kirchendieners. Sie sehen ihn sich an. Als Sie ihn verlassen, macht Ihr betreßter Führer vor Ihnen eine feierliche Verbeugung: Bitte Trinkgeld! Der Kirchendiener übergibt Sie wieder dem Meßner. Sie kommen an der Sakristei vorbei. O Wunder, sie ist geöffnet! Sie gehen hinein. Der Sakristan ist zugegen. Der Meßner entfernt sich würdevoll, denn es geziemt sich, dem Sakristan sein Opfer zu überlassen. Der Sakristan bemächtigt sich Ihrer und zeigt Ihnen die Monstranzen, die Meßgewänder, die Kirchenfenster, die Sie auch ohne ihn sehen würden, ferner die Mitra des Erzbischofs und unter einem Glassturz in einem mit vergilbtem weißem Atlas bezogenen Kasten das Skelett irgendeines Heiligen, der aufgeputzt ist wie ein Troubadour. Die Sakristei ist besichtigt, doch bleibt der Sakristan: Bitte Trinkgeld! Der Meßner übernimmt Sie wieder. Da ist die Turmtreppe. Die Aussicht von dem hohen Glockenturm ist sicher schön, Sie wollen hinaufgehen. Schweigend stößt der Meßner die Tür auf. Sie steigen die dreißig Stufen der Wendeltreppe hinauf. ... Nachdem sie alles betrachtet haben, steuern sie wieder auf die Turmtreppe zu. Dort pflanzt sich vor Ihnen jener Mann auf: Bitte Trinkgeld! ‹Schon gut›, sagen Sie, in die Tasche greifend. ‹Können Sie mir herausgeben?› – ‹Was heißt herausgeben? Das ist doch für den Kirchenvorstand, dem ich pro Person einen Taler schulde; aber Sie werden verstehen, mein Herr, es muß auch für mich eine Kleinigkeit abfallen.› Sie steigen die Treppe hinunter. Plötzlich öffnet sich neben Ihnen eine Klappe. Sie führt zur Glockenstube. Die Glocken eines so schönen Glockenturms muß man sich ansehen. Ein junger Bursche zeigt sie Ihnen und nennt ihre Namen: Bitte Trinkgeld! Am Ausgang des Glockenturms stoßen Sie wieder auf den Meßner, der Sie geduldig erwartet hat und Sie ehrerbietig bis zur Schwelle der Kirche begleitet: Bitte Trinkgeld! Sie kehren zu Ihrem Gasthof zurück und hüten sich, unterwegs jemanden nach dem Weg zu fragen, denn das Trinkgeld dürfte auf diese Gelegenheit lauern. Kaum haben Sie den Gasthof betreten, da kommt mit freundlicher Miene auf Sie eine Gestalt zu, die Ihnen völlig unbekannt ist. Es ist der Beamte, der Ihnen Ihren Paß zurückgibt: Bitte Trinkgeld! Sie essen zu Abend; die Stunde des Aufbruchs naht, der Kellner überreicht Ihnen die Rechnung: Bitte Trinkgeld! Ein Hausbursche bringt Ihr Gepäck zur Postkutsche: Bitte Trinkgeld! Ein Dienstmann befördert es auf das Verdeck: Bitte Trinkgeld! Sie steigen ein, es geht los, die Nacht bricht herein; aber morgen fängt alles von neuem an.»

Solcher Belästigungen endlich ledig, wanderten der Dichter und seine Begleiterin rheinaufwärts, bald durch liebliche Buchenwälder, bald über saftige Wiesenhänge, und

Büste von Juliette Drouet

erfreuten sich hin und wieder am Anblick der weinlaubumrankten Burgen. Angeregt durch die Legenden, die sich an alle diese historischen Stätten knüpfen, erschloß er unterwegs Juliette den unerschöpflichen Schatz der deutschen Märchen und Sagen. Er erzählte ihr, wie zu der Zeit, da aus dem schönen neuen Basalt die gotischen Burgen neben den jetzt verschwundenen Römerkastellen erbaut wurden, unzählige imaginäre Wesen den Rheingau bevölkerten: die Oreaden, die in den Wäldern, und die Undinen, die in den Gewässern lebten; die Gnome, die im Innern der Erde hausten; die Klopfgeister in den Felsen; der Wilde Jäger, der auf einem großen Sechzehnender durch den Odenwald ritt; die Jungfrau aus dem schwarzen Moor und die sechs Jungfrauen aus dem roten Moor; Wotan, der sechshändige Gott; der graue Schimmel, der so viele Rätsel aufgab; die Elster, die die Geschichte von ihrer verwunschenen Großmutter erzählte; Eberhard der Bärtige, der den im Wald verirrten Rottern den Weg wies; der gehörnte Siegfried, der den Drachen in den Felsen erschlug.

«Diese Sagenwelt entstand in jenen Tälern zum Teil auf Grund der Heiligenlegenden, zum Teil auf Grund der griechisch-römischen Sagen und brachte seltsame Gebilde hervor, wunderliche Blüten der menschlichen Einbildungskraft. So hatte der Drachenfels seine heilige Martha; die Sage von der Nymphe Echo und dem schönen Jüngling Hylas verkörperte sich in dem furchtbaren Loreleifelsen; die Schlangenjungfrau kroch in den unterirdischen Gängen von Augst umher; der böse Erzbischof Hatto wurde von seinen in Mäuse und Ratten verwandelten Untertanen aufgefressen.»

Victor Hugo und Juliette wurden auf dieser Wanderung nicht müde, den Rheinstrom zu bewundern, sei es in einer klaren Mondnacht vom Loreleifelsen aus, sei es bei Tage im strahlenden Sonnenschein. Der Dichter liebte den Fluß aus zwei Gründen: einmal, weil er Waren beförderte, und zum anderen, weil er dem Ideenaustausch zwischen den Völkern diente. Er erzählte Juliette, welchen unvergeßlichen Eindruck der Rhein auf ihn gemacht hatte, als er ihn im Verlauf einer früheren Reise zum erstenmal auf einer Schiffsbrücke bei Kehl überschritt:

«Lange betrachtete ich damals diesen stolzen und edlen, ungestümen, aber nicht tobenden, unbändigen und doch majestätischen Strom. Er war in dem Augenblick, da ich ihn überschritt, hoch angeschwollen und großartig. Er streifte die Kähne der Brücke mit seiner fahlen Mähne, seinem ‹schlammigen Bart›, wie Boileau sagt. Seine beiden Ufer verloren sich in der Abenddämmerung. Sein Rauschen klang gewaltig und doch friedlich. Ich fand darin etwas von der hohen See. Ja, er ist ein edler Strom, feudal, kaiserlich, republikanisch, und würdig, zugleich französisch und deutsch zu sein. Die ganze Geschichte Europas ist, unter zwei großen Aspekten betrachtet, enthalten in diesem Strom der Krieger und Denker.»

Sie hatten auf dieser Reise auch manches ergötzliche Erlebnis, so unter anderem in dem Gasthof zu Bacharach, wo sie eingekehrt waren. Sie waren erst gegen Mitternacht zu Bett gegangen und wollten gerade einschlafen, als plötzlich durch das Dunkel ein sonderbarer, unaussprechlicher, furchtbarer Lärm zu ihnen drang, ein schauriges, halb drohendes, halb klagendes Getöse, das sich mit dem Brausen des Nachtwinds mischte. Es schien vom Friedhof oberhalb der Stadt zu kommen, wo sie am Vormittag die elf Wasserspeier der zerfallenen Kirche des heiligen Werner hatten den Rachen aufreißen sehen, als ob sie brüllen wollten.

«Was ist das?» fragte der Dichter, aus dem Halbschlaf aufschreckend. «Ach so», erklärte er dann lachend, «es ist der Nachtwächter, der in sein Horn stößt und der Stadt kundtut, daß alles in Ordnung ist und daß sie ruhig schlafen kann. Nun, mir scheint, daß man sich keine fürchterlichere Art ausdenken kann, die Leute zu beruhigen.»

Was Victor Hugo bei der Besichtigung der alten rheinischen Dome immer wieder in Zorn versetzte, war die abscheuliche Weise, in der man diese mittelalterlichen Kunstwerke zu restaurieren versucht hatte. So war die

Kirche von Bingen, wie er zu seinem Kummer feststellen mußte, außen und innen grau angestrichen.

«Das ist absurd», meinte er. Aus Frankreich war er allerdings an noch barbarischere Verhunzungen gewöhnt und fügte daher hinzu: «Doch ich erkläre, daß die scheußlichen Restaurierungen, die jetzt in Frankreich stattfinden, mich schließlich mit dem Anstrich versöhnen werden. Beiläufig gesagt: Ich kenne nichts Bedauerlicheres als die Restaurierung der Abtei von Saint-Denis, die nun vollendet wird, und die Restaurierung von Notre-Dame, die zur Zeit begonnen wird. Ich kann mich nicht des Gefühls der persönlichen Schande erwehren, wenn ich bedenke, daß die erste dieser barbarischen Operationen vor unseren Toren vollzogen worden ist und daß die zweite im Zentrum von Paris vor sich geht. Wir alle sind an diesem doppelten architektonischen Verbrechen schuld – durch unser Stillschweigen, unsere Nachsicht, unsere Trägheit, und auf uns und all unsere Zeitgenossen wird die Nachwelt eines Tages mit Recht ihren Tadel und ihre Empörung richten, wenn sie angesichts der beiden entstellten, verunstalteten, parodierten, verstümmelten, travestierten Bauwerke von uns Rechenschaft verlangt über diese zwei wunderbaren Basiliken, diese schönsten unter den schönen Kirchen, diese berühmtesten unter den berühmten Denkmälern, die eine, welche die Metropole des Königstums war, und die andere, welche die Metropole Frankreichs ist. Senken wir schon jetzt das Haupt. Solche Restaurierungen kommen Zerstörungen gleich. Der Verputz ist töricht, wirkt aber nicht zerstörend. Er beschmutzt, er verklebt, er besudelt, er tätowiert, er macht alles lächerlich und häßlich, aber er verwüstet nicht. Er entstellt die Denkweise Cesare Cesarianos oder Erwins von Steinbach wie das Gesicht Gaultier-Garguilles; er verleiht allem eine Gipsmaske, nichts weiter. Wascht diese unglückliche, weiß, gelb, rosa oder grau angestrichene Fassade ab, so findet ihr wieder rein und lebendig das ehrwürdige Antlitz der alten Kirche.»

Ein gänzlich unvorhergesehenes Erlebnis hatten der

Dichter und Juliette in Frankfurt am Main, wo sie an einem Samstagmorgen in einem Labyrinth von sehr häßlichen Neubauten und recht hübschen Vorgärten die Altstadt suchten. Plötzlich standen sie am Eingang einer sonderbaren Gasse. Zwei lange, parallel verlaufende Reihen von unheimlich düsteren hohen Häusern, die einander glichen und doch jene feinen Unterschiede aufwiesen, die für die guten Epochen der Architektur bezeichnend sind; zwischen all diesen aneinandergrenzenden, gleichsam ängstlich zusammengedrängten Häusern eine dunkle schnurgerade Gasse; nur mittelgroße Türen und darüber wunderlich geschlungenes Gitterwerk; alle Türen geschlossen; im Erdgeschoß Fenster mit dicken eisernen Läden. Alle Läden waren ebenfalls geschlossen, in den oberen Stockwerken Holzläden, fast überall durch eiserne Beschläge verstärkt; traurige Stille, kein Gesang, keine Stimme, kein Hauch von Leben; nur hin und wieder gedämpfte Schritte im Innern der Häuser. Neben jeder Tür ein vergittertes, halb geöffnetes Guckloch, durch das der Blick in einen dunklen Gang fiel; überall Staub, Asche, Spinnweben, Moder, Elend, allerdings mehr vorgetäuschtes als wirkliches Elend; im ersten Stock tauchten an den Fenstern zuweilen schön geschmückte Mädchen mit olivfarbenem Teint und scharf geschnittenem Profil auf, im Erdgeschoß aber hinter trüben Fensterscheiben starre und bleiche Gesichter alter Frauen mit gebogener Nase und absonderlicher Haartracht. In den Gängen zu ebener Erde häuften sich Warenballen; kurz, es waren eher Festungen als Häuser, eher Höhlen als Wohnungen, eher Gespenster als Menschen. Schließlich wurde Victor Hugo klar, daß sie sich in der Frankfurter Judengasse befanden, und zwar am Sabbat.

«In Frankfurt gibt es noch Juden und Christen, echte Christen, die die Juden verachten, und echte Juden, die die Christen hassen. Auf beiden Seiten verflucht und flieht man sich. Unsere Zivilisation, die alle Ideen im Gleichgewicht hält und die vor allem den unversöhnlichen Groll zu beseitigen sucht, versteht nicht mehr diese Blicke voller

Abscheu, die man sich unter Unbekannten gegenseitig zuwirft. Die Frankfurter Juden leben in ihren Häusern zurückgezogen in Hinterhöfen, um dem Atem der Christen zu entgehen. Vor zwölf Jahren hatte diese Judengasse, die im Jahre 1662 ausgebaut und ein wenig verbreitert worden war, an ihren beiden Enden noch eiserne Tore, die außen und innen mit Riegeln und Verstärkungen versehen waren. Bei Einbruch der Dunkelheit kehrten die Juden in ihre Häuser zurück, und die beiden Tore wurden geschlossen. Man sperrte die Juden ein wie Pestkranke, und sie verschanzten sich wie Belagerte.»

Sie beendeten ihre Reise in Heidelberg. Dort zog es sie vor allem zu dem größtenteils zerstörten Heidelberger Schloß, wo sie auch das berühmte Heidelberger Faß besichtigten, das Hugo zu der Bemerkung veranlaßte: «Wenn man dieses seltsame Ding erblickt, glaubt man in der Finsternis dieser Ruine das schallende Gelächter des Gargantua zu hören. Das riesige Faß im Heidelberger Schloß ist gewissermaßen Rabelais als Gast bei Homer.»

Das mächtige Faß, das in dem dunklen Keller auf dem Bauch lag, wirkte wie ein Schiff auf dem Dock. In dem Schatten, den es warf, entdeckten sie plötzlich eine sonderbare Holzfigur, auf die durch einen Luftschacht ein fahler Lichtstreif fiel. Es war ein grotesk aufgeputzter kleiner Greis, neben dem an einem Nagel eine plumpe Wanduhr hing, aus der unten eine Schnur hervorguckte. Auf Hugos Aufforderung zog Juliette an ihr. Wie erschrak sie, als die Uhr sich unversehens öffnete und ihr ein hervorschnellender Fuchsschwanz ins Gesicht schlug!

«Dieser kleine Greis», erklärte der Dichter lachend, «ist ein Hofnarr, und diese Uhr ist sein Narrenstreich. Er war der Narr des Pfalzgrafen Karl Philipp und hieß Perkeo. Er war sechs Fuß drei Zoll groß, wie diese Uhr, unter der sein Name eingraviert ist. Er trank jeden Tag fünfzehn Flaschen Rheinwein. Darin bestand sein Talent. Hatte Perkeo aber einmal nicht seine fünfzehn Flaschen getrunken, so peitschte man ihn aus.» Und tiefbewegt von dem Gedanken an das

Martyrium des mißgestalten Zwerges fügte der Dichter hinzu: «Im Grunde lag in der Grimasse dieses Unglücklichen Hohn und Verachtung. Die Fürsten bemerkten dies im Reigen ihrer Feste nicht. Der strahlende Glanz des pfälzischen Hofes verbarg den Haß, der zuweilen in sein Gesicht trat. Jetzt aber, im Dunkel der Ruine, wird er wieder erkennbar und verrät die heimlichen Gedanken des Hofnarren. Nichts ist unheimlicher als ein starres Lachen. In diesem ausgestorbenen Schloß denken wir neben diesem leeren Faß an jenen armen Narren, der von seinen Herren geschlagen wurde, wenn er nicht betrunken war, und diese auf schreckliche Weise heitere Maske flößt uns Angst ein. Das ist nicht mehr das Lachen eines Narren, der sich über die anderen lustig macht, sondern das höhnische Grinsen eines Teufels, der sich rächt. In dieser Ruine voller Phantome ist auch Perkeo ein Gespenst.»

Übrigens entwarf Victor Hugo auf dieser Reise auch manches eigenartige Gemälde wie den *Mäuseturm* und die *Burg mit Kreuz* – Bilder, die meistens in romantischen Mondschein getaucht sind. «Mondschein», bemerkte er einmal hierzu, «wirkt auf Ruinen stärker als Tageslicht. Er verbirgt kein Detail und übertreibt keine Narbe. Er verschleiert die zerfallenen Gemäuer und verleiht der Erhabenheit der alten Bauten eine gewisse Aureole. Ein eingestürztes Schloß oder Kloster betrachtet man besser nachts als am Tage. Grelles Sonnenlicht auf Ruinen wirkt ermüdend, es beeinträchtigt auch den uns traurig stimmenden Anblick von Standbildern.»

Im August des Jahres 1839 brach der Dichter mit Juliette zu einer weiteren Reise nach dem Oberrhein auf. Sie führte sie zunächst nach Straßburg. Eine wahre Offenbarung der Gotik bedeutete für sie der Anblick des Straßburger Münsters, der schönen Portale, der herrlichen Reiterfiguren an der Fassade, der feingemeißelten Rosetten. Vom Inneren des Münsters war er aber zunächst enttäuscht. Der Chor, so schien ihm, war dem Geschmack des Kardinals Rohan, dieses Dummkopfes, des Mannes der Halsbandaffäre, an-

Brief Victor Hugos an seine Tochter Léopoldine

gepaßt. Außerdem war das Münster innen, wie er zu seinem Verdruß feststellte, scheußlich angestrichen. Die Kanzel, ein kleines Kunstwerk aus dem fünfzehnten Jahrhundert, mit gotischen Arabesken und sehr stilvoll, hatte man später törichterweise vergoldet. Großen Eindruck machten dagegen die Statuen auf ihn, besonders die des großen Erwin von Steinbach, vor der er lange verweilte. Die stumme Zwiesprache, die er mit dem genialen Baumeister zu halten schien, wurde freilich durch den Meßner gestört, der ihm unbedingt, natürlich nur wegen des Trinkgeldes, seine Kathedrale zeigen wollte. Ziemlich schroff verabschiedete er diesen aufdringlichen Schwätzer. Nach der Besichtigung des Kirchenschiffs schickte er sich an, den Glockenturm zu besteigen, wobei ihm Juliette nicht folgte. Sie scheute den nicht ungefährlichen Aufstieg auf der steilen durchbrochenen Wendeltreppe, zumal sie einen Besucher totenbleich und am ganzen Leib zitternd, halb von seinem Führer getragen, die Stufen herabkommen sah. Aber der Dichter ließ sie nachträglich die herrliche Aussicht miterleben, indem er ihr bei der Rückkehr von dem Turm schilderte, was er von ihm aus gesehen.

«Zu Füßen liegt Straßburg, die alte Stadt, die mit ihren geschnitzten Giebeln und ihren großen Dachfenstern, ihren Türmen und ihren Kirchen ebenso malerisch erscheint wie eine Stadt in Flandern. Die Ill und der Rhein, zwei hübsche Flüsse, heitern diese düstere Masse von Gebäuden durch hellgrüne Wasserflächen auf. Außerhalb der Stadtmauern erstreckt sich ringsum eine weite Ebene mit Bäumen und Dörfern. Der Rhein, der sich bis auf eine Meile der Stadt nähert, schlängelt sich durch diese Ebene. Wenn man um den Glockenturm herumgeht, sieht man drei Bergketten, im Norden die Kämme des Schwarzwaldes, im Osten die Vogesen, im Süden die Alpen. Man weilt so hoch oben, daß die Landschaft nicht mehr eine Landschaft ist, sondern eine Landkarte, aber eine lebendige Landkarte, mit Nebelschwaden, Rauchfahnen, Lichtern und Schatten, schimmernden Gewässern, zitterndem Laub, Regenschauern und Sonnenschein ...»

In Basel lenkten sie ihre Schritte zuerst zur Bibliothek. Hugo wußte, daß Basel für Holbein bedeutete, was Frankfurt für Albrecht Dürer war, und die Baseler Bibliothek galt tatsächlich als ein Gemäldehort. Wohin sie sich auch wandten, überall stießen sie auf ein Gemälde von Holbein. Da war Luther, da war Erasmus, da war Melanchthon, da war Katharina von Bora, da war Holbein selbst, da war die Gattin Holbeins, eine schöne Frau von etwa vierzig Jahren.

Da war auch Thomas Morus mit seiner Familie, seinem Vater, seinen Kindern und seinem Affen, denn der tiefgründige Kanzler liebte die Affen. Da hingen ferner zwei Passionen, eine gemalte und eine mit der Feder gezeichnete, und zwei tote Christusgestalten, «bewunderungswürdige Leichname, die uns erschauern lassen».

«All das ist göttlich in seiner Realität, seiner Poesie und seiner Erfindung. Ich habe Holbein immer geliebt; ich finde in seiner Malerei zwei Dinge, die mich ergreifen: Trauer und Zartsinn.»

Den Abschluß und die Krönung der zweiten Rheinreise bildete die Besichtigung des Rheinfalls bei Schaffhausen. Als der Dichter, um eine Felswand biegend, ihm plötzlich gegenüberstand, brach er in den Ruf aus: «O wunderbares Schauspiel!» Dann tastete er sich auf einem schmalen Steg an der Felswand entlang bis zu einem kleinen Plateau unmittelbar über dem Rheinfall. Der strudelnde Wasserschlund zu seinen Füßen wehte ihm einen feinen Sprühregen ins Gesicht, während die vier großen Anschwellungen des Katarakts sich unaufhörlich hoben und senkten. «Es ist, als sehe man vor sich die vier leuchtenden Räder des Sturmwagens wirbeln.»

Auf diesen beiden Reisen gewannen Victor Hugo und Juliette Drouet die deutsche Landschaft und deren Bewohner lieb, und bei der Rückkehr nach Paris faßte er den Entschluß, diesen Erlebnissen ein Buch zu widmen: den *Rhein.* Die Fertigstellung dieses Werkes fiel ihm nicht schwer, denn mit der ihm eigenen Methodik hatte er während der beiden Reisen seinen Angehörigen und Freunden in Briefen über seine mannigfachen Eindrücke von Deutschland berichtet. Er brauchte also den Text dieser Briefe nur zu überarbeiten und durch ein Schlußwort zu ergänzen.

Wie schon im Vorwort angekündigt, wurde das Buch ein hervorragender Ausdruck seines Wunsches nach Völkerverständigung. «Deutschland – das verheimlicht der Verfasser des vorliegenden Werkes nicht – ist eines jener

Länder, die er liebt, und eine jener Nationen, die er bewundert. Er fühlt sich fast als Sohn dieses edlen und heiligen Vaterlandes aller Denker. Wäre er nicht Franzose, so möchte er Deutscher sein.»

Victor Hugo versuchte auch, die nationalistische Legende von der alten Erbfeindschaft zwischen Deutschland und Frankreich zu zerstören: «Der Rhein ist der Strom, der uns verbinden sollte, doch hat man aus ihm den Strom gemacht, der uns trennt.»

Zur Lösung dieser Frage aber schlug er vor: Preußen sollte das linke Rheinufer, das viel französischer ist, als die Deutschen annehmen, Frankreich zurückgeben, und dafür sollte Preußen Hannover, Hamburg, die freien Reichsstädte und ungehinderten Zugang zum Meer erhalten.

Welche politische Utopie! Sie rief einen Entrüstungssturm in der französischen Presse hervor. Merkwürdigerweise zollte aber Balzac, der sonst sein Antipode war, dem *Rhein* uneingeschränktes Lob und nannte ihn ein Meisterwerk.

Die Gültigkeit dieses Urteils läßt sich sowohl am Inhalt als an der Form dieses Werkes erhärten. Wie poetisch ist die Schilderung des nächtlichen Besuches des Mäuseturms bei Bingen.

«Zu meinen Füßen lag der Rhein, der zwischen Gestrüpp mit dumpfem zornigem Rauschen dahineilte, als entrönne er einer Falle. Links und rechts ragten Berge oder vielmehr große dunkle Massen, deren Kämme sich im Gewölk eines düsteren Himmels verloren, an dem hier und dort ein Stern funkelte. Im Hintergrund statt des Horizonts ein riesiger Schattenvorhang; in der Mitte des Flusses, weit von mir entfernt, im seichten, öligen, gleichsam stillstehenden Wasser ein großer schwarzer Turm von furchtbarer Gestalt, aus dem in seltsamen Windungen rötlicher Dunst aufstieg. Dieser Widerschein, der von einem Feuerloch oder einem Glutofen herzurühren schien, warf einen fahlen Lichtstreif auf die Berge, ließ zu meiner Rechten eine traurige Ruine hervortreten und spiegelte sich vor mir phantastisch im Wasser. Im übrigen kein menschlicher Laut in dieser

Einsamkeit; nur unheimliches eisiges Schweigen, das allein von der eintönigen Klage des Rheins unterbrochen wurde. Ich hatte den Mäuseturm vor Augen ...

Da kam mir ein Gedanke, der einfachste Gedanke der Welt, bei dem es mir aber in diesem Augenblick schwindelte: Ich wollte sogleich, zu so später Stunde, ohne den Morgen zu erwarten, zu jenem Gemäuer gelangen. Die Erscheinung stand mir vor Augen, die Nacht war tief, das bleiche Phantom des Erzbischofs Hatto schien über dem Rhein zu schweben; es war der richtige Augenblick für die Besichtigung des Mäuseturms. Wie aber sollte dies geschehen? Wo sollte ich zu dieser Zeit in dieser Gegend ein Boot auftreiben? Den Rhein zu durchschwimmen, das hieße die Vorliebe für Spuk zu weit treiben. Wäre ich auch ein tüchtiger Schwimmer gewesen und närrisch genug, um dies zu wagen, so war doch genau an dieser Stelle, nur wenige Fuß vom Mäuseturm entfernt, ein furchtbarer Schlund, das Binger Loch, das einst Galeoten verschlungen hatte, wie ein Hai einen Hering verschlingt. Aber ich dachte, daß in der Nähe eines solchen Schlundes der Fluß sehr fischreich sein müßte und daß ich an seinem Ufer, dort gegenüber dem Turm, wohl auf die Hütte eines Lachsfischers stoßen würde. Ich täuschte mich nicht. Zwar schritt ich lange dahin, ohne auf etwas zu stoßen, erreichte die Spitze des Ufers, die jener Ruine am nächsten lag, und gelangte bis zur Mündung der Nahe. Schon gab ich die Hoffnung auf, einen Schiffer zu treffen, da erblickte ich beim Abstieg zu den Weiden am Ufer ein großes Netz. Einige Schritte von diesem Netz war ein Boot verankert, in dem ein in eine Decke gehüllter Mann schlief. Ich sprang in das Boot, weckte den Mann und zeigte ihm einen Taler; er verstand mich, und gleich darauf trieben wir beide, ohne ein Wort gesprochen zu haben, als wären wir selbst Gespenster, auf den Mäuseturm zu ... Ich hielt die Augen auf den Turm gerichtet, aus dem noch immer der ungewisse Lichtschein kam, und sah ihn bei jedem Ruderschlag größer werden, was mir – ich weiß nicht warum – beängstigend erschien.

Plötzlich fühlte ich, wie das Boot unter mir absackte, als gäbe das Wasser unter ihm nach; der Ruck ließ meinen Stock vor meine Füße rollen; ich sah meinen Gefährten an, er sah mich ebenfalls an mit einem Lächeln, das im übernatürlichen Widerschein des Mäuseturms etwas Furchtbares hatte, und sagte: ‹Bingerloch!› Wir waren über dem Schlund. Das Boot drehte sich um sich selbst. Der Mann stand auf, ergriff mit der einen Hand einen Haken, mit der anderen ein Seil, tauchte den Haken in die Flut, stützte sich mit seinem ganzen Gewicht darauf und steuerte auf das Ufer zu. Dabei rieb sich der Kiel des Bootes knirschend auf dem Grat der unter dem Wasser verborgenen Felsen ... Jetzt zog der Schiffer seinen Haken aus der Flut, hielt ihn waagerecht in der Luft und warf das eine Ende des Seils aus dem Boot. Dieses hielt plötzlich. Wir landeten.

Ich blickte auf. Eine Pistolenschußweite von mir entfernt ragte auf einer kleinen Insel, die man vom Ufer aus nicht bemerkte, der Mäuseturm – düster, riesig, drohend, oben zerbröckelt, unten massiv, als hätten die schrecklichen Ratten der Legende auch ihn angefressen. Der Schimmer über ihm war jetzt kein Schimmer mehr, sondern ein greller Feuerschein, der aus den Rissen und den unförmigen Luken des Turms drang wie aus den Öffnungen einer riesigen Blendlaterne und einen Abglanz auf die fernen Berge warf. Mir war, als hörte ich in dem verhängnisvollen Bau einen seltsamen Lärm, ein anhaltendes unheimliches Kreischen. Ich ging an Land, gab dem Schiffer ein Zeichen, auf mich zu warten, und schritt auf das alte Gemäuer zu. Endlich war es soweit! Ja, das war Hattos Turm, das war der Mäuseturm! Er stand mir vor Augen, nur wenige Schritte von mir entfernt, und ich sollte ihn nun betreten. Wie im Alptraum dahinschreiten, wie im Alptraum sich an Steinen entlangtasten und die Füße durchnässen, das war wahrhaftig eine außergewöhnliche Empfindung. Die Fassade, auf die ich zuging, war von einer Luke und vier ungleich erhellten Fenstern durchbrochen, zwei im ersten Stock, einem im zweiten und einem im dritten. In Manneshöhe gähnte unter den zwei untersten Fenstern eine breite niedrige Tür, die mit dem Erdboden durch eine dreisprossige Holzleiter verbunden war. Als ich ziemlich langsam – wegen der Felsspitzen im Gestrüpp – auf diese Tür zuging, huschte eine dunkle runde Masse an mir vorbei, fast zwischen meinen Füßen hindurch, und mir war, als sähe ich eine große Ratte ins Röhricht flüchten. Dennoch ging ich weiter und stand nach einigen Schritten vor dem Eingang. Diese Tür, die der Baumeister des bösen Erzbischofs wahrscheinlich nur deshalb einige Fuß über dem Erdboden angebracht hatte, um den Ratten den Zugang zu erschweren, führte einst in das untere Gemach des Turms. Jetzt aber waren in dem zerfallenen Gemäuer weder unten noch oben Gemächer. Alle Stockwerke waren eingestürzt, alle Decken nacheinander zusammengebrochen, und so war der Mäuseturm nur noch ein von vier hohen Mauern umschlossener Raum, der den Schutt zum Boden und das Himmelsgewölbe zum Dach hatte. Doch ich wagte, einen Blick in diesen Raum zu werfen, aus dem ein so seltsames Kreischen und ein so ungewöhnlicher Lichtschein kamen, und erblickte folgendes: In einer Ecke gegenüber der Tür standen zwei Männer. Beide kehrten mir den Rücken zu. Sie beugten sich über eine Art Schraubstock, den man mit einiger Phantasie für ein Folterwerkzeug hätte halten können. Sie waren barfuß, in Lumpen gehüllt, mit einem Schurzfell über den Knien und einem weiten Kittel mit Kapuze auf dem Rücken. Der eine war alt, ich sah es an seinem weißen Haar; der andere war jung, ich erkannte es an seinem blonden Haar, das freilich im Purpurlicht des in einer Ecke brennenden Glutofens rot erschien. Es waren weder zwei Folterknechte noch zwei Teufel und auch keine Gespenster; es waren zwei Schmiede. Jener Ofen, in dem eine lange Eisenstange zischte, war ihre Esse. Der Widerschein, der in jener tristen Landschaft so geisterhaft wirkte, fast wie die in der Hölle zu einer züngelnden Flamme gewordene Seele Hattos, rührte vom Feuer und Rauch dieser Esse her. Das Kreischen aber kam von einer Feile.

So ist der Mäuseturm nun eine Schmiede. Man kann sich nichts Zerfalleneres vorstellen als das Innere dieses Turms. Jene Mauern, an denen einst die leuchtenden Wandteppiche des Erzbischofs hingen, in denen laut Legende die Ratten überall den Namen Hatto ausgetilgt haben sollen, sind jetzt fast kahl, rissig, vom Regen ausgewaschen, außen vom Nebel des Flusses grün, innen vom Ruß der Schmiede schwarz. Die beiden Schmiede waren übrigens die freundlichsten Leute der Welt. Ich stieg die Leiter hinauf und trat ein. Sie zeigten mir neben der Esse die geborstene schmale Tür zu einem heute unzugänglichen kleinen Turm ohne Fenster, in dem der Erzbischof zuerst Zuflucht gesucht haben soll. Dann liehen sie mir eine Laterne, und so konnte ich die ganze Insel besichtigen. Es ist eine lange schmale Landzunge, wo inmitten eines Gürtels von Binsen und Schilfrohr überall Wolfsmilch wächst. Auf dem Weg durch die Insel stößt der Fuß jeden Augenblick gegen Erdhaufen oder versinkt in unterirdischen Gängen. Die Maulwürfe haben die Ratten abgelöst. Der Rhein hat die Ostspitze der kleinen Insel bloßgelegt, die wie ein Schiffsbug gegen seine reißende Strömung kämpft. Es gibt dort weder Erdreich noch Pflanzenwuchs, sondern nur rötliches Felsgestein, das im Schein meiner Laterne aussah, als wäre es von Blutspuren durchzogen. Auf diesem Gestein ist der Turm erbaut. Nachdem ich alles angesehen und einen kleinen Strauß Wolfsmilch gepflückt hatte, verließ ich den Mäuseturm. Mein Schiffer war eingeschlafen. In dem Augenblick, da er das Ruder ergriff und das Boot sich von der Insel entfernte, waren die beiden Schmiede schon wieder zu ihrem Amboß gegangen, und ich hörte noch, wie jene glühende Eisenstange beim Eintauchen in einen Eimer voll Wasser laut aufzischte.»

Diese Schilderung ist bezeichnend für die eigentümliche Optik des Dichters, die stets das Charakteristische der Umwelt erfaßt, und für seine unerhörte Einbildungskraft, alltäglichen Begebenheiten einen romantischen Reiz abzugewinnen. Hugos Buch über den Rhein zeichnet sich aber auch durch seinen historischen Wahrheitsgehalt aus. So scheut er sich nicht aufzudecken, wie im Jahre 1693 die Armee Ludwigs XIV. in der Pfalz gehaust hat.

«Die Zivilisation begann damals überall die Barbarei zu verhüllen, doch war die Schicht noch ziemlich dünn. Bei der ersten Erschütterung, beim ersten Krieg, brach sie auf, und die Barbarei verbreitete sich wieder nach allen Seiten. Das geschah während des Krieges in der Pfalz. Die Armee des großen Königs marschierte in Speyer ein. Alles war dort verschlossen: die Häuser, der Dom, die Grüfte. Die Soldaten brachen die Türen der Häuser, die Tore der Kirchen und sogar die Grüfte auf. Sie vergewaltigten die Familie, sie vergewaltigten die Religion, sie vergewaltigten den Tod. Die ersten beiden Verbrechen waren fast übliche Verbrechen. In jenen Zeiten, die wir manchmal zu sehr bewundern, hatte der Krieg die Menschen daran gewöhnt. Das letzte Verbrechen aber war ein abscheulicher Anschlag. Es wurde sogar der Tod vergewaltigt und mit dem Tod etwas, das man noch nie angetastet hatte, die kaiserliche Majestät und damit zugleich die ganze Geschichte eines großen Volkes, die ganze Vergangenheit eines großen Reiches. Die Soldaten durchwühlten die Särge, rissen die Leichentücher heraus; beraubten Skelette ihrer goldenen Zepter, ihrer edelsteinverzierten Kronen, ihrer Ringe, die einst Frieden und Krieg besiegelt hatten, ihrer Investiturbanner. Sie verkauften Wucherern, was die Päpste gesegnet hatten. Sie verschacherten den zerfetzten Purpur und die mit Asche bedeckte Größe. Sorgfältig trennten sie Gold, Diamanten und Perlen; und als es in den Grüften nichts Kostbares mehr gab, sondern nur noch Staub, fegten sie jene Gebeine, die einst Kaiser gewesen, in eine Grube. Betrunkene Korporale stießen mit dem Fuß die Schädel von sieben Kaisern ins Massengrab. Das hat Ludwig XIV. im Jahre 1693 angerichtet.»

Mit derselben Wahrheitsliebe enthüllte der Dichter, wieviel Unheil die Franzosen über Heidelberg gebracht hatten. Er berichtete zunächst, wie er eines Morgens, um seinen Geist zu erbauen, zum Haus des Ritters Sankt Georg in Heidelberg ging: «Es ist wirklich ein bezauberndes Gebäude. Als der Künstler, der dieses Haus erbaute, sein Werk vollendet hatte, schrieb er mit goldenen Lettern in die Mitte der Vorderfront den frommen Spruch: Si Jehova non sedificat domum, frustra laborant aedificantes eum. Das war im Jahre 1595. Dreiundzwanzig Jahre später, im Jahre 1618, begann mit der Schlacht am Weißen Berg bei Prag der Dreißigjährige Krieg. Während dieser langen Ilias, deren Achilles Gustav Adolf war, wurde Heidelberg, das viermal belagert und erobert, zweimal bombardiert worden war, im Jahre 1635 niedergebrannt. Nur ein Haus entging der Feuersbrunst, das von 1595. Im Jahre 1689 plünderte ein Mann, dessen Name heute in Heidelberg gebraucht wird, um den kleinen Kindern Angst einzujagen, Mélac, die pfälzische Stadt und machte aus ihr einen Schutthaufen. Ein einziges Haus blieb stehen, das von 1595. Man beeilte sich, Heidelberg wieder aufzubauen. Vier Jahre später, im Jahre 1693, kamen die Franzosen wieder. Die Soldaten Ludwigs XIV. schändeten in Speyer die Grüfte der Kaiser und in Heidelberg die Gräber der Pfalzgrafen. Der Marschall Lorge zündete die kurfürstliche Residenz an vier Ecken an; der Brand war furchtbar, ganz Heidelberg ging in Flammen auf. Als der Feuer- und Rauchwirbel, der die Stadt einhüllte, sich zerstreute, stand nur noch ein Haus auf dem Aschenhaufen. Es war und ist noch immer das Haus von 1595.»

Die historische Wahrheitstreue, die poetische Gestaltungskraft und das tiefe Verständnis für die gemeinsamen Anliegen des deutschen und des französischen Volkes machen Victor Hugos Buch über den Rhein zu einem der schönsten und unvergänglichsten Dokumente seines Wunsches nach wechselseitiger Verständigung und aufrichtiger Freundschaft der beiden Nationen.

Vier Jahre später – im Juli 1843 – brach Victor Hugo mit Juliette zu der schon lange geplanten Pyrenäenreise auf. Die Postkutsche brachte sie zunächst nach Bordeaux. Dort hatten sie nach der Besichtigung der Kirche St.-Michel ein

Gustave Doré: Victor Hugo und Alexandre Dumas, «die großen Rheinschiffer»

Gustave Doré: Vater Rhein

unerwartet schauriges Erlebnis. Nach dem Verlassen des Kirchenschiffs betrachtete der Dichter von außen das verwitterte alte Gemäuer und suchte seine Geschichte in seiner Architektur, seine Unglücksfälle in seinen Narben zu lesen. «Du weißt doch», sagte er zu Juliette, «daß mich ein Gebäude ebenso stark fesselt wie ein Mensch. Es ist für mich gewissermaßen eine Persönlichkeit, deren Schicksal ich zu erforschen versuche.»

Da rief eine alte Frau, die an einem Fenster neben dem Kirchenportal lehnte, ihn an und fragte: «Wollen der Herr das Beinhaus sehen?»

«Gern, Madame.»

«Das habe ich mir gedacht», fuhr die Alte fort. «Dort kommt der Glöckner, er wird es Ihnen zeigen. Es ist eine Sehenswürdigkeit.»

Er und Juliette folgten dem Glöckner, der an der Ewigen Lampe des Altars eine Laterne angezündet hatte, über die Wendeltreppe in eine viele Klafter unter dem Erdboden gelegene Gruft. Als ihre Augen sich an das fahle Dämmerlicht gewöhnt hatten, bemerkten sie, daß sie an dieser düsteren Stätte nicht allein waren. Es umgab sie ein Kreis von mumienhaften Gestalten, die man hier zur Schau stellte.

«Im Jahre 1793», erklärte ihnen der Glöckner, «wurde der Friedhof St.-Michel von Bordeaux geschändet und verwüstet. Man riß die Särge aus der Erde, man verstreute den Staub im Wind. Als die Spitzhacke später die Fundamente neben dem Kirchturm aufriß, stieß man zu ihrem Erstaunen nicht mehr auf morsche Särge und zerfallene Skelette, sondern auf ganze Leichen, die unter der dicken Lehmschicht, die sie bedeckte, ausgetrocknet und erhalten geblieben waren. Das brachte die Stadtverwaltung auf den Gedanken, dieses Beinhaus einzurichten. Die Kinder spielten auf dem zerstörten Friedhof mit den verstreuten Gebeinen. Man nahm sie ihnen ab, sammelte alles, was man noch finden konnte, und brachte es in dieser Gruft unter dem Kirchturm unter. Die Krönung des Ganzen bildeten die seltsamerweise unversehrten Leichen, die man ausgegraben hatte. Hier ist Nummer eins, ein Mann, der noch alle seine Zähne hat. Sehen Sie, wie gut auch Nummer zwei erhalten ist; dabei ist er fast vierhundert Jahre alt.»

«Nun», meinte der Dichter, «Dante und Orcagna hätten sich nichts Entsetzlicheres ausdenken können.»

An der schwarzen Mauer lehnte eine Mulattin, die ihn und Juliette gräßlich anlachte, daneben eine Familie, die an einer Pilzvergiftung gestorben sein sollte. Die Mutter, die das Haupt gesenkt hielt, schien noch ihr jüngstes Kind zu beruhigen, das auf ihrem Schoß starb; der Sohn, dessen Profil noch etwas Jugendliches hatte, stützte seine Wange auf die Schulter seines greisen Vaters. Am furchtbarsten aber war der Anblick jenes fünfzehnjährigen Knaben, der lebendig begraben worden sein sollte. Es war, als sehe man an seiner verkrampften Haltung, wie er mit dem Kopf und den Knien den geschlossenen Deckel des Sarges zu heben versuchte. All diese Mumien regten den Dichter zu der philosophischen Betrachtung an: «Wenn man sich sagt, daß alle diese Gespenster, die in eisigem Schweigen und herzzerreißenden Haltungen erstarrt sind, einmal gelebt, gelitten, geliebt haben, daß sie statt dieser finsteren Gruft einmal das Schauspiel der Natur gesehen haben, Bäume, Felder, Blumen, die Sonne, das blaue Himmelsgewölbe. Wenn man sich sagt, daß sie die Jugend, das Leben, die Schönheit, die Freude genossen haben, daß sie gewesen sind, wie wir sind, und daß wir einst sein werden, wie sie sind, und man sich hier gewissermaßen seiner Zukunft gegenübersieht, so kommt einem ein trauriger Gedanke. Vergeblich sucht man sich an den menschlichen Dingen festzuhalten, die man besitzt. Sie zerfließen unter den Händen wie Sand, und man hat das Gefühl, in einem Abgrund zu versinken.»

Auf so sonderbare Weise begann diesmal ihre Reise, als stünde sie unter dem Zeichen der Vergänglichkeit aller irdischen Dinge.

In ihrem nächsten Aufenthaltsort, der Grenzstadt Bayonne, suchte Victor Hugo vergeblich jene schöne Baskin, die er als Knabe angebetet hatte. Er vermochte weder das Haus, in dem sie gewohnt hatte, noch sie selbst wiederzufinden.

Um so erfreulicher war der Aufenthalt in Biarritz, zu dem das milde Klima und der strahlende Himmel aufzufordern schienen. Hier badeten die jungen Baskinnen in kurzen dünnen Kitteln, die oft zerlöchert waren, und fragten nicht danach, was die Risse sehen ließen. Eines Vormittags, als der Dichter und Juliette am Strand umherstreiften und Muscheln suchten, hörten sie hinter einer Klippe eine Frauenstimme ein Volkslied singen. Sie gingen auf die Klippe zu und entdeckten in einer kleinen Bucht am Eingang einer Felsgrotte ein schönes junges Mädchen, das gerade aus dem Wasser stieg, nur mit einem bis zu den Knien reichenden weißen Hemd bekleidet, und die zweite Strophe des Liedes anstimmte.

«Liegt darin nicht etwas von Odysseus, der dem Gesang der Sirene lauscht?» fragte der Dichter. «Die Natur stößt uns bald ab und zieht uns bald an, indem sie immer wieder die unzähligen Motive verjüngt, nach denen die menschliche Einbildungskraft die alten Sagen geschaffen hat.»

Überhaupt entsprachen Biarritz und dessen Umgebung durchaus den Vorstellungen, die er sich vor dem Aufbruch zu dieser Reise vom Baskenland gemacht hatte. Doch als sie den schönen Ort verließen, äußerte er Bedenken: «Ich fürchte nur, daß Biarritz Mode wird. Man besucht es schon jetzt von Madrid aus, bald wird man es auch von Paris aus besuchen. Dann wird Biarritz, dieser ländliche Ort, der noch so unverdorben und rechtschaffen ist, von der Goldgier erfaßt werden. Man wird Pappeln auf seinen Hügeln pflanzen, Geländer auf seinen Dünen errichten, Treppen an seinen Klippen und Kioske auf seinen Felsen bauen, Bänke in seinen Grotten aufstellen und die Badenden zwingen, Badeanzüge zu tragen. Biarritz wird züchtig werden, zugleich aber habgierig.»

Danach suchte der Dichter mit seiner Gefährtin den Marktflecken Ernani auf, der ihn vor vielen Jahren inspiriert hatte, seinem Drama aus der mittelalterlichen Geschichte Spaniens den Titel *Hernani* zu geben. In allem, was er erzählte, lebte die Vergangenheit wieder auf: das Bild seines Vaters, des Generals Hugo, die ruhmvolle Ära des Kaiserreichs, aber auch Not und Elend der napoleonischen Eroberungskriege und die Gefährlichkeit der Kämpfe gegen die Guerilleros, die spanischen Partisanen.

Enttäuscht war er dagegen von Irún. «Hier ist mir, einem zwischen Mahagonimöbeln im Empirestil aufgewachsenen Knaben, zum erstenmal Spanien erschienen und hat mein Erstaunen erregt durch seine schwarzen Mauern, seine engen Gassen, seine imposanten Tore. Ach, Irún ist nicht mehr Irún. Irún ist jetzt mehr Mahagoni und Empire als Paris. Es gibt hier nur noch weiße Häuser mit grünen Jalousien. Man ahnt, daß Spanien, das immer so rückständig gewesen ist, jetzt Rousseau liest. O Städte, wie häßlich werdet ihr, wenn man euch verschönert! Wo ist die Geschichte? Wo ist die Vergangenheit? Wo ist die Poesie?»

Ein willkommener Gruß war ihm der Lärm der Ochsenkarren, der auf der Weiterfahrt nach San Sebastián zum ersten Mal wieder an sein Ohr klang. «O schöne Zeit!» rief er aus. «Ich war Kind, ich war klein, ich wurde geliebt! Ich besaß zwar keine Erfahrung, hatte aber noch meine Mutter. Die Reisenden in meiner Umgebung hielten sich die Ohren zu, ich aber war entzückt. Nie weckte ein Chor von Weber, eine Sinfonie von Beethoven, eine Melodie von Mozart in einer Seele ein so unaussprechliches, ja himmlisches Gefühl in mir wie damals das Kreischen jener zwei schlecht geschmierten Räder auf einer ungepflasterten Straße!»

Schließlich kam San Sebastián, gleich einem Berg inmitten des Meeres, in Sicht. Hugo fragte sich, nach einem Rundgang durch die Stadt, ob sie hier eigentlich schon in Spanien waren. Gewiß, die Frauen trugen die Mantilla, nicht aber die Baskina, und sie streiften die Mantilla, welche die Madriderinnen mit soviel Grazie und Koketterie bis zu den Augen herabhängen ließen, weit hinter den Scheitel zurück, was nicht ausschließt, daß auch sie recht graziös und kokett wirkten. Abends tanzte man im Freien und ließ die Finger in der hohlen Hand schnalzen; aber es war nur der Schein der Kastagnetten. Die Tänzerinnen wiegten sich in den Hüften, aber ohne Feuer, ohne Leidenschaft, ohne Sinnlichkeit; es war nur der Schein der Cachucha. Außerdem, stellte Hugo mit Bedauern fest, wimmelte es in San Sebastián von Franzosen, feilschenden Händlern und lärmenden Touristen.

Erst in Pamplona, wo sie den August verbrachten, fand er jenes Spanien wieder, das er in seiner Kindheit erblickt und bewundert hatte: Marktplätze mit lauschigen Arkaden und grünbemoosten Brunnen, mosaikartiges Straßenpflaster, wunderlich bemalte alte Häuser.

In Pamplona war alles, wie es der Imagination des Dichters erschien, sonderbar und widerspruchsvoll. Ein junges Mädchen ging vorbei, wunderschön, reizvoll frisiert, geschmückt wie eine Madonna; aber sein Rock war zerlumpt, seine großen Füße unbeschuht und schmutzig: Die Madonna entpuppte sich als Maultiertreiberin. Die Häuser wiesen großartige Wappen auf, doch die Bewohner gingen barfuß. Die Soldaten spielten Gitarre. Die Priester rauchten Zigarren, schielten nach den hübschen Beinen der Frauen, aßen für vier und waren doch spindeldürr. Die Straßen waren mit malerischen Bettlergestalten übersät, aber abends sah man diese Bettlergestalten, mit dem Karabiner auf dem Rücken, auf den umliegenden Hügeln als schwarze Silhouetten sich vom Himmel abheben. Tagsüber war Pamplona still und verschlafen; aber nach Sonnenuntergang, wenn hinter den Fensterscheiben die Lampen und in den Straßen die Laternen aufleuchteten, erwachte die Stadt und glich einem summenden Bienenstock. Trompetengeschmetter und Paukenwirbel auf dem Marktplatz; es war die Garnisonkapelle, die eine Serenade darbrachte. Die Stadt antwortete darauf. In allen Stockwerken, an allen Fenstern, auf allen Balkonen hörte man Gesang, Gitarren- und Kastagnettenklänge. Die Musik beschwingte die Bevölkerung.

Die Kinder spielten vor den Geschäften; die Bewohner verließen ihre Häuser; der Marktplatz füllte sich mit Bummlern; Offiziere und Priester machten sich an die Frauen in der Mantilla heran; verliebtes Geplauder verbarg sich hinter großen Fächern; unter den Arkaden schäkerten Maultiertreiber mit Stallmägden. Die Menge flutete auf und ab, man begegnete sich im Dunkel, und nichts war reizvoller als dieser Wechsel von hübschen Gesichtern, die man flüchtig erblickte, und gedämpftem fröhlichem Lachen, das man in der Nacht verwehen hörte.

Aber mehr als die Städte fesselten Victor Hugo die Gebirgslandschaft und die eigenartigen Sitten ihrer Bewohner, ihre abergläubischen Bräuche und ihre karge Lebensweise. Zu Fuß durchstreifte er von Pamplona aus kreuz und quer die Pyrenäen.

«Die Berggipfel sind für uns gewissermaßen unbekannte Welten. Da gedeiht, blüht und lebt die Natur für sich; da vereinen sich wie bei einer geheimnisvollen Hochzeit das Gewaltige und das Zarte, das Wilde und das Friedliche. Der Mensch ist fern, die Natur ist ruhig. Ein gewisses Vertrauen, das den Ebenen, wo das Tier menschliche Schritte hört, fremd ist, besänftigt den Instinkt der Tiere. Der Schmetterling flieht nicht; die Grille läßt sich fangen; die Eidechse, die zum Gestein gehört wie der Vogel zum Laub, kommt aus ihrem Loch hervor und sieht dem Wanderer nach. Kein anderer Laut als der Hauch des Windes, keine andere Bewegung als das Zittern des Grases und der Flug der Wolken.»

Oft knüpfte er unterwegs ein Gespräch an, so einmal bei der Rückkehr aus den Bergen mit einer alten Frau und zwei jungen Mädchen, die am Brunnen ihre Wäsche wuschen. Das eine Mädchen war blond, das andere brünett. Die Blondine wirkte recht anmutig in ihrer baskischen Tracht, dem roten Rock und dem blauen Mieder.

«Wie heißen Sie?» fragte er sie in spanisch.

«Maria Juana, Caballero.»

«Wie alt sind Sie?»

«Siebzehn Jahre.»

«Sind Sie hier ansässig?»

«Ja.»

«Bürgerstochter?»

«Nein, Caballero, ich bin Schifferin.»

«Schifferin! – und Sie sind nicht auf dem Meer?»

«Es herrscht gerade Ebbe, und schließlich muß man doch einmal seine Wäsche waschen. Übrigens, Caballero, habe ich Sie kürzlich schon einmal am Meeresstrand gesehen. Sie hatten zuerst Pepa für die Überfahrt gewählt, aber da Sie mit Señor Leon zusammen waren und die Katalanin Manuela seine Schifferin ist, sind Sie mit Manuela gefahren. Die arme Pepa! Sie drückten ihr allerdings ein Geldstück in die Hand. Erinnerst du dich?» fragte sie ihre Gefährtin.

Die Alte, die inzwischen ihre Arbeit beendet hatte, setzte ihren Korb voll Wäsche am Rande des Weges ab und blickte ihn und die beiden Mädchen mit ihren kleinen grauen Augen durchdringend an.

«Soll ich Ihnen beim Tragen des Wäschekorbs helfen?» fragte er zuvorkommend.

«Tausend Dank, Caballero. Niemand hat mir gestern geholfen, niemand wird mir morgen helfen; es ist also besser, wenn mir auch heute niemand hilft.»

Da wandte er sich wieder den beiden Mädchen zu: «Maria Juana, wie heißt Ihr Querido?»

«Ich habe keinen.»

«Und Maria Andres?»

Das andere Mädchen nickte.

«Und was ist Ihr Querido?»

«Ach, es ist ein Fischer, ein armer Junge. Er ist sehr eifersüchtig. Sehen Sie, er ist dort draußen in der Bucht; man kann sein Boot von hier aus sehen.»

«Ein Glück, daß er euch nicht sieht!» mischte sich die Alte ein. «Er wäre wütend, wenn er Maria Andres mit dem Herrn da plaudern sähe. Mit einem Franzosen sprechen – ach, du lieber Gott! Da wäre selbst ein Plausch mit den vier Teufeln aus Ost, West, Nord und Süd besser!»

Mit einem Abschiedsgruß ging der Dichter weiter. Solche gelegentlichen Gespräche mit den Einheimischen bedeuteten ihm mehr als konventionelle Unterhaltungen mit irgendwelchen Hotelgästen.

Schließlich lag ihm daran, auf dieser Reise seine Impressionen von Spanien und dessen Bewohnern zu vertiefen. Es war für ihn «das Land der Dichter und Schmuggler. Die Natur ist hier großartig, wild, wie sie für Träumer, und rauh, wie sie für Räuber sein muß.»

Am stärksten beeindruckte sie auf ihrer Wanderung durch die Pyrenäen der Anblick des wild zerklüfteten Felskessels von Gavarnie. Was da vor ihnen, gleich einem natürlichen Kolosseum, in den Himmel ragte, war eine lange düstere Felswand, deren Vorsprünge und Kare durch weiße Schneedecken hervorgehoben wurden und deren Plattformen blaue Gletscher trugen.

Dieses einzigartige Panorama wirkte so ungeheuer, daß es alles ringsum in Vergessenheit geraten ließ. Als die magische Vision an einer Biegung des Weges verschwand, erschien die neue Landschaft Hugo und seiner Begleiterin unbedeutend. Ihnen stand noch immer der Gavarnie vor Augen, leuchtend und unermeßlich, gleich einem übernatürlichen Horizont, wie man ihn zuweilen im Traum erblickt.

Unendlich bereichert durch all das, was sie gesehen und erlebt hatten, traten sie im Spätsommer die Rückreise an. Aber ein sonderbares Verhängnis schien über dem Leben des Dichters zu walten. Immer dann, wenn er am glücklichsten zu sein glaubte, störte unversehens ein finsterer Schatten seine Ausgeglichenheit und Heiterkeit. So sah Juliette ihn am 8. September auf der einsamen Insel Oléron an der Mündung der Charente in traurigen Gedanken verloren. Warum? Er wußte es nicht recht, konnte es sich auch später nicht erklären, als er die Aufzeichnung machte: «Kein Laut weit und breit, kein Segel, kein Vogel. Am Rand des Himmels im Osten tauchte ein riesiger Vollmond auf, der im bläulichen Dunst wie das entgoldete Abbild des Mondes erschien. Ich hatte den Tod in der Seele. Vielleicht sah ich

Léopoldine, Tochter Victor Hugos

alles nur so durch meine Niedergeschlagenheit, vielleicht hätte ich an einem anderen Tag und zu einer anderen Stunde einen besseren Eindruck gehabt. An diesem Abend aber war für mich alles düster und melancholisch. Mir war, als wäre diese Insel ein im Meer ruhender Sarg und dieser dunstverschleierte Mond eine Totenfackel.»

Tage darauf machte er kurzen Aufenthalt in Rochefort, wo er den Hafen, das Arsenal und das Bagno besichtigen wollte. Nachmittags, während er im Café de l'Europe in den

Tageszeitungen blätterte, sah Juliette, wie er jäh erbleichte und die Hand aufs Herz preßte. Als sie ihn fragte, was ihn so tief bewege, reichte er ihr eine Zeitung und deutete wortlos auf die furchtbare Schlagzeile: «Léopoldine Vacquerie, die Tochter des Dichters Victor Hugo, mit ihrem Mann bei einem Bootsunglück in der Seine ertrunken ...»

Vor vierzehn Tagen hatte er aus Luz, einem Kurort in den Pyrenäen, Léopoldine noch einen zärtlichen Brief geschrieben und ihr eine von seiner Hand entworfene Zeichnung der bizarren Gebirgslandschaft geschickt. Jetzt aber ruhte sie, sein Liebling, schon unter der Erde des Friedhofs von Villequier! Sollte seine unerklärliche Depression am Abend auf der Insel Oléron eine Vorahnung gewesen sein? Möglich! Er glaubte an solche telepathischen Phänomene.

Unverzüglich kehrte er mit Juliette nach Paris zurück, unterwegs von bitteren Selbstvorwürfen gequält. Immer wieder mußte er daran denken, daß ihn Léopoldine, seit drei Monaten schwanger, beschworen hatte, die Spanienreise auf das nächste Jahr zu verschieben. In Paris berichtete ihm der Onkel Vacqueries, der einzige Überlebende der Katastrophe, wie es zu dem Unglück gekommen war: Am Nachmittag des 4. September stieg Léopoldine, erst seit einem halben Jahr mit Charles Vacquerie verheiratet, mit diesem und seinem Onkel in ein Segelboot, um, ungeachtet der Gewitterwolken, die sich am Horizont zusammenballten, über die Seine nach Caudebec zu fahren, wo sie ein Landhaus besaßen. In der Mitte des Stromes kenterte das von einer heftigen Bö überraschte Boot. Léopoldine, der man wiederholt eingeschärft hatte, daß man sich bei einem solchen Unfall an dem Rand des gekenterten Fahrzeugs festhalten müsse, klammerte sich mit beiden Händen an den Bord des umgeschlagenen Segelboots. Ihr Mann tauchte sechsmal in die Tiefe, um ihre Hände loszulösen; aber es gelang ihm trotz seiner verzweifelten Bemühungen nicht, und so versank er, sein Leben der geliebten Frau opfernd, mit ihr in den Fluten. Zwei Stunden später spülten die Wellen die Leichen der beiden Unglücklichen an das Ufer.

Wochenlang war Victor Hugo wie gelähmt durch dieses schreckliche Ereignis. Er konnte diesmal nicht, wie so oft, seinen Schmerz in Versen verströmen; er versuchte es wohl, aber die Feder entfiel seiner zitternden Hand.

Seitdem schien der Schatten des Todes, den nichts zu bannen vermag, zwischen dem Dichter und der Schauspielerin zu stehen. Er fühlte sich seit dem Verlust seiner Tochter wieder stärker zu seiner Familie hingezogen, obwohl er auch vorher niemals seine Vaterpflicht über seiner Freundschaft mit Juliette vernachlässigt hatte, und ließ sich wochenlang nicht bei ihr sehen. Manche seiner Freunde führten diese Zurückhaltung auf ein gewisses Schuldbewußtsein zurück. So schrieb Balzac an die Gräfin Hanska: «Ach, holder Engel, Victor Hugo ist um zehn Jahre gealtert! Es ist möglich, daß er den Tod seiner Tochter als Strafe für sein Verhältnis mit Juliette aufgefaßt hat. Ach, meine Liebe, welche Lektion ist doch für uns jene Liebesheirat im Alter von achtzehn Jahren! Victor Hugo und seine Frau sind wahrhaftig eine große Lehre.»

Der Dichter entschuldigte Juliette gegenüber sein langes Fernbleiben mit Theaterproben, Sitzungen der Akademie, deren Mitglied er vor kurzem geworden war, Besuchen bei Hof und anderen Verpflichtungen. Sie aber fürchtete, daß er wieder einer verführerischen Schönen ins Garn gegangen war, und schrieb ihm: «Ich weiß sehr wohl, daß Du seit mehr als zwei Jahren keine wirkliche Liebe mehr für mich empfindest, obwohl Du allen Schein der Liebe in Deinen Worten und Umgangsformen wahrst. Das beweist, daß Du ein wohlerzogener Mensch bist, sonst nichts.»

Andererseits verstand sie, daß er in der großen Gesellschaft jene Zerstreuung suchte, deren er bedurfte, um seinen Gram über den Tod Léopoldines zu vergessen, und so rang sie sich die großmütige Erklärung ab: «Ich fühle, daß Du das Verlangen hast, ganz genau jene Frauen kennenzulernen, die sich Deiner in einer Weise annehmen, die für Dich als Mann und als Dichter so schmeichelhaft ist. Ich will Dich daran nicht hindern.» Doch wie in banger Voraussicht fügte sie hinzu: «Ich habe aber das Gefühl, daß ich bei Deiner ersten Untreue sterben werde.»

Ihre Befürchtungen sollten sich schon bald bewahrheiten. Sie vermutete zwar, daß wieder einmal eine Schauspielerin, eine Tänzerin oder ein Blaustrumpf der Literatur ihren so anfälligen Toto geködert hatte; aber sie wußte nicht, daß zu Beginn des Jahres 1844 eine ganz anders geartete Frau, eine wirklich gefährliche Rivalin, in sein Leben getreten war: Léonie d'Aunet, die junge Gattin des Malers Auguste Biard.

Victor Hugo war Léonie d'Aunet, dieser in der schönen Literatur dilettierenden Frau, im Atelier des Bildhauers Pradier begegnet, der eine Porträtbüste von ihr machen wollte, und war von ihrer Schönheit und ihren sonstigen Reizen sogleich gefangengenommen.

Verständlich war seine Betörung durch diese Frau, die in ihrer heiteren Jugend dazu geschaffen schien, ihn seinen Kummer vergessen zu lassen; doch unbegreiflich erscheint es, daß er wegen Léonie, die etwas von einer Circe hatte, wie er selbst zugab, das Risiko auf sich nahm, seine beste Gefährtin – Juliette Drouet – für immer zu verlieren. War es nur der Reiz des Neuartigen, der ihn lockte, oder war es ein tieferer Beweggrund, etwa seine Sensibilität, seine Empfänglichkeit für alles Schöne, die ihn in das Netz der Verführerin gehen ließ? Vielleicht hatte Juliette, ausschließlich auf den Kreis ihrer häuslichen Pflichten beschränkt, auch nach und nach für ihn jene Anziehungskraft verloren, die sie als Schauspielerin nicht nur durch ihre glänzende Erscheinung, sondern auch durch ihren Esprit und ihr kapriziöses Wesen auf ihn ausgeübt hatte. Vielleicht hatte er selbst in seinem Egoismus, seinem Argwohn, seiner Eifersucht und durch die Unnachgiebigkeit, mit der er sie zwang, zu Hause wie eine Einsiedlerin zu leben, den Keim zur Zerstörung ihres harmonischen Verhältnisses gelegt. So gelangte er unwillkürlich zu der Erkenntnis: «Die Liebe ist ein grenzenloser Egoismus, der alle möglichen Spielarten der Selbstlosigkeit hat.»

Übrigens spannte Léonie, wohlbewandert in der Liebeskunst, ihn absichtlich auf die Folter, indem sie sich seinen leidenschaftlichen Anträgen beharrlich widersetzte. Monatelang beschränkten sich ihre Beziehungen auf harmlose Zerstreuungen, Tagesausflüge in die Umgebung von Paris und nächtliche Streifzüge durch die Großstadt. Wie sehr er dennoch von Léonie fasziniert war, verraten die Zeilen, die er ihr eines Nachts schrieb: «Mittwoch, drei Uhr morgens. – Der Kuß, den Du mir beim Abschied durch Deinen Schleier gegeben hast, gleicht der Liebe in der Ferne. Das ist süß, auch traurig, und doch berauschend. Es besteht ein Hindernis, aber man fühlt sich, man berührt sich. Du bist in diesem Augenblick nicht an meiner Seite, und doch besitze ich Dich, sehe ich Dich. Deine bezaubernden Augen sehen mich an.»

Nach und nach gab ihm Léonie Einblick in ihre Verhältnisse, die nicht so glücklich waren, wie es nach außen schien, vor allem in ihre schreckliche Ehe mit dem Maler Biard, der nicht nur von abstoßender Häßlichkeit war, sondern auch ein unverträglicher Partner, selbstsüchtig und überaus eifersüchtig, ein wahrer Despot, der sie nicht selten mißhandelte. Das aufrichtige Verständnis, das der Dichter ihrem inneren Konflikt entgegenbrachte, schien endlich ihren Widerstand zu überwinden, und es kam der Tag, wo sie sich ihm ganz schenkte.

Aber das unter so vielen moralischen Kompromissen erlangte Liebesglück war von kurzer Dauer. Am 5. Juni 1845, während Léonie und Victor in ihrem verschwiegenen Boudoir in der Sankt-Rochus-Passage eine zärtliche Stunde verbrachten, überraschte Biard sie, begleitet von einem Polizeikommissar, in einer ziemlich verfänglichen Situation. Außer sich vor Wut verlangte er von dem Kommissar, daß er das schuldige Paar ins Gefängnis bringe, und der Beamte verhaftete zunächst Léonie unter dem Verdacht des Ehebruchs, der laut Gesetz eine Gefängnisstrafe nach sich zog. Als er dann auch den Dichter festnehmen wollte, wies dieser sich als Pair von Frankreich aus, der er vor kurzem, dank der Protektion der Herzogin von Orléans, geworden war, und so mußte ihn der Kommissar aus Rücksicht auf die Immunität der Pairs freilassen.

Welcher Skandal! Die Boulevardblätter unterließen es natürlich nicht, viel Staub um diese Affäre aufzuwirbeln, und stellten sie ihren sensationslüsternen Lesern in allen erdenklichen Formen dar.

Den glimpflichen Ausgang der Affäre hatte Victor Hugo der Herzogin von Orléans zu verdanken, die bei Louis Philippe ein gutes Wort für ihn eingelegt hatte. So hielt der König seine Hand schützend über den kompromittierten Dichter und beschwichtigte den Maler, indem er ihm aus seiner Privatschatulle eine ansehnliche Summe überweisen ließ und obendrein den Kanzler Pasquier veranlaßte, Auguste Biard, obgleich dieser nicht sonderlich begabt war, den Auftrag zu einem großen Wandgemälde zu erteilen. «Frankreich ist eben elastisch», bemerkte Lamartine abschließend zu dieser Angelegenheit, «man richtet sich dort sogar vom Kanapee wieder auf.»

Allerdings verlangte Auguste Biard von seiner aus dem Gefängnis Saint-Lazare entlassenen Frau, daß sie für einige Zeit ins Kloster gehe, und von Victor Hugo, daß er Paris verlasse und sich einstweilen im Ausland aufhalte. Statt dessen suchte dieser Zuflucht bei der treuen Juliette, die nicht wußte, was inzwischen geschehen war, denn sie las nur den «Moniteur», den Staatsanzeiger, der kein Wort über jenen Privatskandal verlauten ließ. Im übrigen bereute er keinen Augenblick, Biard, diesem Ehedespoten, seine Frau genommen zu haben.

Seine Auffassung von Liebe und Ehe war sehr unkonventionell, wie eine Tagebuchaufzeichnung zeigt: «In zahlreichen Fällen ist das, was man Ehe nennt, Ehebruch und das, was man Ehebruch nennt, Ehe. Macht die Ehe wahr, laßt sie aus der Natur und aus dem Herzen hervorgehen, und diese beiden Tatsachen, Ehebruch und Prostitution, die einmal aus der Auflehnung des Herzens, zum anderen aus der Auflehnung der Natur herrühren, werden verschwinden.

Beim gegenwärtigen Stand der Dinge wird die unwiderstehliche Verbindung zweier Herzen vom Gesetz verfolgt. Was aber ist diese Verbindung, wenn nicht Ehe? Dagegen schützt das Gesetz die Auslieferung einer Frau an einen Mann durch Verkauf und gemeinsame Interessen. Was aber ist der Vollzug dieses Verkaufes, wenn nicht Ehebruch und Prostitution?»

Schweren Kummer bereitete dem Dichter indes die traurige Lage, in die er Léonie gebracht hatte, sowie der Verrat an Juliette. Ach, was für ein Abgrund war doch das Menschenherz. Es schien aus Hohem und Niedrigem, Edlem und Verworfenem zusammengesetzt. Würde er das Bewußtsein, seiner besten Freundin gegenüber unverantwortlich gehandelt zu haben, wohl jemals überwinden können, oder würde der Gedanke an seine Schuld eine unüberwindliche Schranke zwischen ihm und Juliette aufrichten? Die Zukunft mochte darüber entscheiden.

5

Kampagne gegen das soziale Elend

Seit früher Kindheit standen Victor Hugo Galgen und Schafott als die furchtbarsten Plagen der Menschheit vor Augen. Er konnte den grausigen Anblick der erhängten und verstümmelten Partisanen, die er auf dem Rückzug aus Spanien gesehen hatte, niemals vergessen. Immer wieder war er auf seinem Lebensweg dem Schafott, diesem blutigen Schandfleck der modernen Zivilisation, begegnet.

So war er im Alter von sechzehn Jahren auf dem Platz vor dem Justizpalast zu Paris Augenzeuge der Brandmarkung einer jungen Diebin geworden. Sie war an einen Pfahl gebunden, trug das Halseisen und auf der Stirn eine Holztafel, auf der ihr Verbrechen vermerkt war. Vor ihr stand ein Kohlenbecken, in dem ein mit Holzgriff versehenes Eisen zur Weißglut erhitzt wurde, und die schaulustige Menge, die das Schafott umgab, verfolgte mit allen Anzeichen innerer Genugtuung die schreckliche Prozedur. Plötzlich tauchte hinter der Verurteilten ein Mann auf, zog ihr die Wollbluse aus, entblößte ihren Rücken, ergriff das glühende Eisen in dem Kohlenbecken und drückte ihr das Brandmal auf die nackte Schulter. Das Eisen und die Faust des Folterknechts verschwanden in einer weißen Rauchwolke.

«Ich höre noch heute den entsetzlichen Aufschrei der Gebrandmarkten», pflegte der Dichter später zu erzählen. «Für mich war das keine Diebin, sondern eine Märtyrerin. Ich habe damals den Entschluß gefaßt, solche Mißstände zeitlebens zu bekämpfen.»

Zwei Jahre später – im Jahre 1820 – sah er Louvel, den Mörder des Herzogs von Berry, zur Hinrichtungsstätte schreiten. Obwohl er zu dieser Zeit noch Royalist war, empfand er doch Mitleid mit jenem Mann, dessen Lippen so fest zusammengepreßt waren und dessen trübe Augen so stumpf vor sich hin blickten. Da kam ihm zum erstenmal der Gedanke, ein Buch gegen die Todesstrafe zu schreiben und darin aufzudecken, wie sich die Gesellschaft unaufhörlich des gleichen Verbrechens schuldig macht, indem sie die Mörder aufs Schafott schickt.

Im Herbst des Jahres 1829 traf er vor der Louvrebibliothek seinen Freund Jules Lefèvre, der ihn am Arm ergriff und mit sich zog zum Grève-Platz.

«Was geht heute vor sich?» fragte Hugo, da er aus allen Straßen aufgeregte Menschen herbeiströmen sah.

«Man wird heute einem gewissen Jean Martin, der seinen Vater umgebracht hat, die Hand und den Kopf abschneiden», antwortete Lefèvre. «Ich arbeite zur Zeit an einer Dichtung, in der ein Vatermörder hingerichtet wird, und möchte deshalb die heutige Hinrichtung sehen, dabei aber nicht allein sein.»

Obgleich es Victor Hugo widerstrebte, ein so gräßliches Schauspiel mitzuerleben, zwang er sich jedoch dazu, weil er dachte, es würde ihn in seinem Kampf gegen die Todesstrafe bestärken. Wie empörte ihn die Gefühlsroheit der Pariser Bürger, die nicht versäumt hatten, ihre Freunde und Bekannten zu diesem Schauspiel einzuladen! Durch die offenen Fenster waren in den Zimmern im Erdgeschoß fein säuberlich gedeckte Tische zu sehen, auf denen Weinflaschen und Schalen mit Gebäck standen. An den Fensterbänken lehnten junge Mädchen und Frauen, mit dem gefüllten Weinglas in der Hand, und prosteten unter fröhlichem Gelächter ihren Verehrern, jungen Stutzern, zu. Die Sensationslust der Menge steigerte sich zusehends, als der Schinderkarren auftauchte, auf dem Jean Martin in Drillichkleidung saß, mit dem Rücken zum Pferd, zum Scharfrichter und dessen Gehilfen, auf dem Kopf einen schwarzen Schleier. Im strömenden Regen schlotterte er vor Kälte. Auf dem Grève-Platz kletterte der Verurteilte vom Schinderkarren und stieg, gestützt von den Gehilfen des Scharfrichters, die Leiter zum Blutgerüst empor. Ihm folgten der Gefängniskaplan und der Gerichtsschreiber, der laut das Todesurteil vorlas. Als man den schwarzen Schleier vom Kopf des Todeskandidaten zog, zeigte sich den Blicken der Menge ein verhältnismäßig junges, aber eingefallenes und schreckensbleiches Gesicht. Als der Scharfrichter die rechte Hand des Mörders ergriff, sie mit einer Kette an den roten Pfahl fesselte, sein Richtbeil nahm, es in der Luft schwang, wandte sich der Dichter ab. Er konnte und wollte die Schreckensszene nicht sehen und faßte sich erst wieder, als ein Aufschrei der Menge ihm verkündete, daß der Unglückliche ausgelitten hatte.

In demselben Jahr sah er auf dem Weg zum Rathaus in der Mitte des Grève-Platzes wieder das Gerüst der Guillotine ragen. Die Gestalt des Scharfrichters, der gerade die Nuten des Fallbeils ölte, dann ausprobierte, ob es mit der nötigen Geschwindigkeit herabsauste, sich dabei gelassen mit den Neugierigen unterhielt, die ihn umringten, und ihnen den Mechanismus der Hinrichtungsmaschine erklärte, erschien ihm so entsetzlich, so unmenschlich, daß er am darauffolgenden Tag an die schon lange beabsichtigte Arbeit ging und in drei Wochen die Kampfschrift *Le dernier jour d'un condamné (Der letzte Tag eines Verurteilten)* vollendete.

Nach der Lektüre des Manuskriptes beanstandete sein Verleger Gosselin jene Stelle, an der er, um dem Los des Verurteilten etwas durchaus Unpersönliches zu geben und so die Verwerflichkeit der Todesstrafe noch mehr hervorzuheben, darauf hinweist, daß die Blätter, die seine Lebensgeschichte enthalten, verlorengegangen seien. Als Geschäftsmann und im Interesse eines guten Absatzes seines Buches riet Gosselin ihm, die verlorengegangenen Blätter wiederzufinden; aber Hugo, nie auf Geschäfte bedacht, antwortete ihm kurz, er sei wohl sein Verleger, nicht aber sein Mitarbeiter.

Ihm kam es nicht darauf an, einen sensationellen Bericht für das Boulevardpublikum zu schreiben, bei dessen Lektüre jedem ein kalter Schauer über den Rücken lief. Er wollte die inneren Qualen des zum Tode Verurteilten aufdecken, der in seiner Zelle an den König denkt, den einzigen Menschen in Paris, der ihm durch ein Machtwort das Leben retten könnte; er wollte das Entsetzliche seiner letzten Stunden fühlbar machen, indem er darstellte, wie der Gefangene im trüben Schein der an der Mauer blakenden Lampe nachgrübelt, wie viele noch vor ihm das Schafott besteigen werden; wie er am anderen Tag Abschied von seinem Töchterchen nimmt, das ihn in seiner Sträflingskleidung und nach der langen Trennung nicht erkennt; wie er um einen jungen Priester als Beichtvater bittet, um die nichtssagenden Trostsprüche aus dem Mund des abgestumpften alten Gefängniskaplans nicht hören zu müssen; wie die unbarmherzige Justiz nicht die Antwort des Königs auf sein Gnadengesuch abwartet und die Schergen ihn, der noch immer an die Möglichkeit einer Begnadigung glaubt, zur Hinrichtungsstätte schleppen.

Wer dieses Buch las, sollte nach der Lektüre, erschüttert von den Leiden des zum Tode Verurteilten, zu dem Urteil kommen: «Das geht zu weit! Er hätte begnadigt werden müssen!»

In dem Vorwort, das Victor Hugo der zweiten Auflage seiner Kampfschrift vorausschickte, forderte er die Verteidiger der Todesstrafe auf, zu bedenken, wodurch ein Mensch auf den Weg des Verbrechens getrieben werden konnte, und erklärte: «Entweder hat der Mann, den ihr verurteilt, keine Familie, keine Eltern, keinen Anhang in der Welt. In diesem Falle hat er keine Erziehung erhalten, es hat niemand für seinen Geist gesorgt, auch niemand für seine Seele. Mit welchem Recht tötet ihr also diesen unglücklichen Verwaisten? Ihr bestraft ihn dafür, daß seine Kindheit ohne Halt und ohne Vormund in den Niederungen des Lebens verlaufen ist. Ihr rechnet ihm die Einsamkeit, in der ihr ihn gelassen habt, als Verbrechen an! Aus seinem Unglück macht ihr sein Verbrechen! Niemand hat ihn gelehrt, zu erkennen, was er getan hat. Dieser Mann ist unwissend. Schuld an allem ist sein Schicksal, nicht er selbst. – Oder dieser Mann hat eine Familie, und doch glaubt ihr, daß der Schlag, mit dem ihr ihn umbringt, ihn allein treffe, da sein Vater, seine Mutter, seine Frau, seine Kinder nicht bluten. Nicht doch! Wenn ihr ihn tötet, enthauptet ihr eine ganze Familie. Wieder trefft ihr Unschuldige. Schließt diesen Mann, diesen Schuldigen, der eine Familie hat, in einer Zelle ein. Im Gefängnis kann er noch für seine Angehörigen arbeiten. Wie aber soll er im Grab für ihren Unterhalt sorgen?

Könnt ihr ohne Schauder daran denken, was aus jenen Knaben und Mädchen wird, denen ihr den Vater nehmt, das heißt das tägliche Brot? Rechnet ihr noch mit jener Familie, die nach fünfzehn Jahren ihre Jungen ins Zuchthaus, ihre Mädchen ins Tingeltangel schicken wird? Die armen Unschuldigen!»

Der Dichter vertrat die Ansicht, daß die Sicherheit der Gesellschaft in ausreichendem Maße durch Gefängnisse gewährleistet werden könnte und daß die Strafgesetzgebung dringend einer Reform bedürfe: «Man wird dann das Verbrechen als eine Krankheit betrachten, und diese Krankheit wird Ärzte finden, die an die Stelle der Richter treten werden, und auch Hospitäler, die eure Zuchthäuser ersetzen werden. Man wird Balsam und Öl auf jenes Geschwür gießen, an das man bisher Feuer und Schwert gelegt hat. Mit Nächstenliebe wird man jenes Geschwür heilen, das man bisher nur mit Zorn behandelt hat.»

Christlich-soziale Ideen! So menschlich ihre Motive auch sein mochten, sie waren doch unrealisierbar in der Epoche Victor Hugos, die durch wachsendes soziales Elend und erbitterte Klassenkämpfe gekennzeichnet war. Der Dichter selbst konnte die Mittel zur Verwirklichung seiner schönen Utopie nicht nennen. Es war ein Irrtum, wenn er glaubte, man könne durch humanistische Propaganda allein die bürgerliche Gesellschaft verändern.

Nach der Julirevolution im Oktober 1830, als der Prozeß gegen die des Hochverrats angeklagten Minister Karls X. eröffnet wurde, hatte es den Anschein, als ob das Abgeordnetenhaus die Todesstrafe abschaffen wollte. Wie entrüstete sich da der Generalstaatsanwalt in seiner roten Robe über die Guillotine! Und welche Reden hielten die Abgeordneten gegen die angeblich veralteten Strafgesetze! Die bis in die Nacht hinein dauernde Sitzung war geradezu rührend: Alle lagen sich in den Armen und vergossen Tränen. Am folgenden Tag wurde die Vollstreckung der bis dahin verhängten Todesurteile durch eine einstweilige Verfügung aufgehoben. Welche Farce!

Es ging schließlich nur darum, die angeklagten Minister und überhaupt die Vertreter der herrschenden Klasse vor dem Fallbeil zu schützen, dem Volk Sand in die Augen zu streuen und eine Komödie der Humanität vor aller Welt aufzuführen. Sechs Monate später, als die Köpfe der vier Minister gerettet waren, nahm der Scharfrichter seine Tätigkeit wieder auf, begann die Guillotine aufs neue zu wüten. Das Fallbeil war der unentbehrliche Garant jener grausamen Diktatur, welche die Bourgeoisie über die unteren Volksschichten ausübte, um ihre Gewaltherrschaft, vor allem aber die Unantastbarkeit des Privateigentums, unter allen Umständen aufrechtzuerhalten.

Victor Hugo hing indes weiterhin seinen sozialen Träumen nach, an dieser Art der Gerichtsbarkeit etwas ändern zu können. Sein Interesse blieb der Tortur der Verhöre, der Zuchthäuser und der Schafotte zugewandt. Unaufhörlich beobachtete er die Zustände in den Gefängnissen von Paris, knüpfte Gespräche mit den Gefangenen an, fragte sie nach ihren Sorgen und Wünschen, half ihnen, soweit es in seiner Macht stand, erforschte ihre Empfindungen und Gedanken. Mit scharfem Blick für die charakteristischen Umstände und wesentlichen Details sammelte er umfangreiches, die bürgerliche Justiz schwer belastendes Material und zeichnete es in seinem Tagebuch auf, bis er es, aufgewühlt durch seine furchtbaren Beobachtungen, für erforderlich hielt, ein zweites Buch gegen die Todesstrafe zu schreiben: *Claude Gueux.*

Der Dichter ging diesmal – im Gegensatz zum *Letzten Tag eines Verurteilten* – von einem authentischen Kriminalfall aus, von dem traurigen Schicksal des Arbeiters Claude Gueux, der im Herbst des Jahres 1831 den Direktor des Gefängnisses von Clairvaux erschlagen hatte und auf dem Schafott gestorben war. Der des Mordes angeklagte Arbeiter war während des gegen ihn angestrengten Verfahrens, wie Hugo den Prozeßakten entnahm, zum Ankläger des hohen Gerichtshofes geworden.

«Ja, ich gestehe, daß ich einen Menschen umgebracht

habe. Und wenn Sie, meine Herren Geschworenen, die Sie so ruhig auf Ihren Plätzen sitzen, hören, daß ich ohne Herausforderung zugeschlagen habe, da der Gefängnisdirektor ja nicht das Beil über meinem Haupt erhoben hatte, so verstehen Sie das nicht, weil Sie nicht wissen, wie schrecklich, wie grausam die Qualen des Hungers sind und wie barbarisch die Todesstrafe ist, zu der man mich verurteilt hat. Ich hatte Hunger, man verweigerte mir das Essen; ich hatte einen Freund, man verbot mir, mit ihm zu sprechen. Ich, der Hungernde, ernährte meinen alten Vater vom Ertrag meiner Arbeit, man versetzte mich in eine Werkstatt, wo ich nichts mehr verdiente. Ich hatte Rache geschworen, denn ich war sechs Jahre lang herausgefordert worden. Ich habe meinen Schwur gehalten, und jene, die mich heute anklagen, haben vor mir nichts weiter voraus als ihre Feigheit.»

Aber der Dichter gab in seinem Buch diesem nackten Sachverhalt doch einen anderen Charakter, vor allem stellte er die Freundschaft des Claude Gueux mit dem jungen Albin Legrand anders dar, der im «Gerichtsanzeiger» eines schändlichen Verhältnisses zu dem Angeklagten bezichtigt wurde, woraus schließlich rasende Eifersucht entsprungen sein soll, die ebenso zügellos gewesen sei wie die trübe Quelle, aus der sie floß. Er verlieh dem Arbeiter Claude Gueux eine eindrucksvolle Physiognomie, indem er schrieb: «Claude war eine würdevolle und bedeutende Erscheinung. Er hatte eine hohe, schon gefurchte, aber noch jugendlich wirkende Stirn, ein paar graue Haare, die sich in schwarzen Haarbüscheln verloren, ein sanftes und doch bezwingendes Auge unter schöngeschwungenen Brauen, ein vorstehendes Kinn und einen Mund, der Verachtung ausdrückte. Es war ein schöner Kopf.»

Die Motivierung seines Verbrechens sieht er in den gesellschaftlichen Verhältnissen: «Im Winter fehlte die Arbeit. Kein Feuer und kein Brot in der armseligen Dachkammer. Der Mann, die Frau, das Kind froren und hatten Hunger. Da beging der Mann einen Diebstahl. Ich weiß nicht, was er stahl und wo er stahl. Mir ist nur bekannt, daß sich aus diesem Diebstahl für die Frau und das Kind Brot und Feuer für drei Tage ergaben, für den Mann aber fünf Jahre Gefängnis.»

Behutsam entwickelt der Dichter dann die Beziehungen Claudes zu Albin: «Eines Tages nahm neben ihm ein blasser und schwächlicher junger Mann Platz. In der einen Hand hielt er seine Ration, die er noch nicht berührt hatte, in der anderen ein Messer. Dieser Mann, sein Brot und sein Verhalten beunruhigten Claude. ‹Was willst du?› fragte er barsch. ‹Du sollst mir einen Dienst erweisen.› – ‹Welchen?› – ‹Du sollst mir helfen, das da aufzuessen. Es ist zuviel für mich.› Aus dem Auge Claudes fiel eine Träne. Er nahm das Messer, teilte die Ration in zwei gleiche Teile, nahm die eine Hälfte und begann zu essen. ‹Danke›, sagte der junge Mann. ‹Wenn du willst, werden wir jeden Tag so teilen.›»

Warum der Gefängnisdirektor, ein hochmütiger und verschlossener Mann, den bei den Gefangenen so beliebten Claude, der unter ihnen mehr ausrichtete als zwanzig Gendarmen, haßte, erklärt der Dichter folgendermaßen: «Er war eifersüchtig auf jenen Dieb. Im gehcimen hegte er unversöhnlichen Haß gegen Claude, den Haß des scheinbar Überlegenen gegen den wirklich Überlegenen. Solcher Haß ist am schlimmsten.»

Die Katastrophe bahnt sich an, als der Gefängnisdirektor Albin in eine andere Werkstatt versetzt, um ihn von seinem Freund zu trennen. Claude bittet ihn jeden Abend, wenn er seinen Rundgang macht, inständig, Albin in seine Werkstatt zurückzuversetzen, der Hartherzige aber erwidert immer wieder lakonisch: «Unmöglich!» Schließlich führt der Dichter die Erzählung dem dramatischen Höhepunkt zu: «Als am Abend des 4. November 1832 die Turmuhr die neunte Stunde schlug und der Gefängnisdirektor den Saal der Gefangenen betrat, sagte Claude zu ihm: ‹Herr Direktor, geben Sie mir bitte meinen Kameraden zurück.› – ‹Unmöglich! Schluß jetzt! Du langweilst mich!› – ‹Sagen Sie mir, damit ich wenigstens weiß, aus welchem Grund ich zum

Tode verurteilt werde – warum haben Sie Albin von mir getrennt?› – ‹Ich habe es dir bereits gesagt. Darum!› – Bei der Antwort des Direktors war Claude einen Schritt zurückgewichen. Die achtzig Gefangenen, unbeweglich wie Statuen, sahen aus seiner Hose seine rechte Hand mit dem Beil hervorschnellen. Die Hand holte aus, und ehe der Direktor einen Schrei ausstoßen konnte, spalteten drei Beilhiebe ihm den Schädel.»

Gerade weil Victor Hugo seine Anklage auf nüchternen Fakten aufgebaut hatte, gewann sein Buch eine ungewöhnliche Überzeugungskraft. «Ich nenne die Dinge, wie sie sind», bemerkte er hierzu in seinem Vorwort, «und überlasse es den Lesern, die Moral aus den Tatsachen zu ziehen.»

Die Verhaltensweise Victor Hugos gegenüber den sozialen Übeln seiner Zeit unterschied sich deutlich von der vieler bürgerlicher Philanthropen. Sie beschränkte sich nicht auf passives Mitleid mit den Ausgestoßenen der bürgerlichen Gesellschaft. Er trat nicht nur mit Worten für die Abschaffung der Todesstrafe ein, sondern versuchte auch ihre Vollstreckung, wann immer möglich, in der Tat zu verhindern.

So hörte er am Nachmittag des 12. Mai 1839, während er sich auf dem Balkon seiner Wohnung am Königsplatz mit seinen Gästen unterhielt, in der Ferne eine dumpfe Detonation. Es war das Signal zum Aufstand der Republikaner unter der Führung von Blanqui und Barbès. Die Insurrektion wurde in Strömen von Blut erstickt; Blanqui entkam und verbarg sich bei dem Bildhauer David; Barbès aber wurde festgenommen und von der Pairskammer abgeurteilt. Hugo, der an dieser Verhandlung teilnahm, war von der unerschütterlichen Haltung des angeklagten Revolutionärs tief beeindruckt. Am anderen Tag erfuhr er von dem Abgeordneten Saint-Priest, daß man Barbès verurteilt hatte.

«Barbès verurteilt?» fragte der Dichter bestürzt.

«Ja, er soll hingerichtet werden, die Minister dringen darauf. Und Sie wissen doch, es gibt keine Berufung gegen das Urteil der Pairskammer.»

Sogleich eilte Hugo zum Zimmer des Intendanten, das er leer fand. Auf dem Schreibtisch sah er eine aufgeschlagene Mappe mit Karikaturen, entnahm ihr ein leeres Blatt und schrieb darauf ein Gnadengesuch in Versen. Er steckte es mit einem Begleitschreiben in eines der grauen Kuverts, die sonst als Umschläge für Theaterkarten dienten, versiegelte es und fuhr zu den Tuilerien. Der Pförtner sagte ihm, es wäre zu spät, der König hätte sich schon zurückgezogen, aber er würde ihm morgen das Schreiben übergeben. Hugo erklärte, daß es sich um das Leben eines Mannes handelte, der morgen hingerichtet werden sollte. Hilfsbereit rief der Pförtner seine Frau herbei, damit sie den Eingang bewachte, und begab sich ins Schloß. Nach zehn Minuten kehrte er zurück und berichtete: «Der König hat Ihr Schreiben gelesen. Es war gut, daß Sie Ihren Namen auf das Kuvert geschrieben hatten. François d'Houdetot, der Adjutant vom Dienst, kennt Sie. Zuerst wollte er das Schreiben auf den Tisch werfen, aber da sah er Ihren Namen und überbrachte es sofort. Der Kammerdiener hat durch die Glastür beobachtet, wie der König es las.»

Am anderen Tag atmete der Dichter auf, als er erfuhr, daß die Hinrichtung nicht stattgefunden hatte. Louis Philippe, offenbar durch das Gnadengesuch gerührt, hatte sich den Ministern widersetzt. Bald darauf traf die Antwort

des Königs ein: «Die Begnadigung ist gewährt, ich muß sie nur noch durchsetzen.»

So wurde dank dem entschiedenen Einspruch Victor Hugos gegen das unmenschliche Urteil der Pairs das Leben des unerschrockenen Revolutionärs Barbès gerettet.

Aber nicht nur die Todesstrafe beschäftigte unablässig den Geist des Dichters, sondern auch das unter der korrupten Regierung des Bürgerkönigs und infolge der Profitsucht der Bourgeoisie ständig wachsende Elend überhaupt: die Proletarisierung breiter Bevölkerungsschichten, die Hungerlöhne, die Arbeitslosigkeit, die Verkümmerung der Arbeiterkinder, die Prostitution der Mädchen und Frauen. Unbegreiflich schien ihm, daß die reichen Bürger mit einem selbstzufriedenen Lächeln durch die Straßen von Paris gehen konnten, ohne zu bemerken, wie sie aus den düsteren Gesichtern der arbeitslosen Männer der Haß anstarrte, aus den verhärmten Mienen der Mütter und Kinder die Not anflehte.

Immer wieder traf er in der erbarmungslosen großen Stadt auf Bilder des menschlichen Elends. Er sah darin die Mahnzeichen einer dringend notwendigen Änderung der herrschenden Gesellschaftsordnung.

So wurde er eines Abends im Januar 1841, während er durch das Schneegestöber nach Hause ging, Zeuge einer häßlichen Szene. Er beobachtete, wie ein junger Stutzer einer in einem dunklen Hausflur wartenden Frau – anscheinend war es eine Prostituierte – eine Handvoll Schnee in den Rückenausschnitt ihres zerschlissenen Kleides warf, wie die Frau sich wütend auf ihn stürzte und zwei hinzukommende Polizisten sie trotz ihres verzweifelten Protestes abführten. «Das wird dich sechs Monate Knast kosten», sagten sie höhnisch zu ihr.

Er überlegte nicht lange, eilte ihnen nach und forderte sie auf, die Festgenommene freizulassen. Aber erst als er seinen Namen nannte, salutierten die beiden Polizisten und gaben ihre Beute frei. Die Unglückliche dankte ihm unter Tränen. Ihm aber kam der Gedanke, daß auch diese Schande des Zeitalters – die Prostitution – es verdiente, Gegenstand einer Anklageschrift zu sein oder in einem Roman aufgedeckt und angeprangert zu werden.

Seitdem Victor Hugo im Jahre 1845 vom Bürgerkönig zum Pair von Frankreich ernannt worden war, galt sein Interesse insbesondere den Zuständen in den französischen Gefängnissen. Als Pair hatte er freien Zutritt zu allen Strafanstalten und machte von diesem Privileg häufig Gebrauch, um dort nach dem Rechten zu sehen.

So machte er eines Nachmittags auf dem Weg zur Akademie, wo eine Debatte über die Zuerkennung des Monthyonpreises stattfand, kurz entschlossen kehrt, um der

Conciergerie, jenem düsteren Gebäude, das einst die Residenz Ludwigs des Heiligen war, später aber in ein Gefängnis umgewandelt wurde, einen Besuch abzustatten. Er zog an der Klingelschnur des Haupttors, nannte seinen Namen, als man öffnete, und wies sich als Pair von Frankreich aus. Man teilte ihm einen Schließer zu, der ihn führen sollte, wohin er wollte. Schon in den Vorzimmern der Conciergerie umfing ihn die unerträgliche Gefängnisatmo-

sphäre: Halbdunkel, Stickluft, Modergeruch. In der Kanzlei, durch die sie kamen, fand er einen recht zuvorkommenden Schreiber vor, der bei seinem Eintritt aufsprang, die Mütze abnahm, eine Kerze anzündete und sagte: «Sicher wollen der Herr Abélard und Héloïse sehen.»

Zwar war der Dichter nicht deshalb hergekommen, wie so viele Besucher, die es nach dem Anblick jener Sehenswürdigkeit gelüstete, die in Wahrheit eine widerwärtige Ausgeburt des mittelalterlich-katholischen Ungeistes war; der Mönch Abélard war wegen seiner sündigen Liebe zu der schönen Héloïse zur Entmannung verdammt worden. Aber Hugo ließ den Schreiber gewähren, der ihn in einem hohen Gewölbe, das früher wohl eine Kapelle war, zu einer dunklen Nische führte und ihm an einem Pfeiler zwei Figuren zeigte, einen Mönch und eine Nonne, die in der Hand einen Phallus hielt.

«Jetzt wollen der Herr sicher die Zellen der zum Tode Verurteilten sehen», meinte der Schreiber.

Auf ein Kopfnicken Victor Hugos gab er dem Schließer einen Wink, ihn dorthin zu bringen, und zog sich zu seinen Akten zurück.

Nachdem sie einen finsteren Raum voll alten Gerümpels durchquert hatten, öffnete der Schließer unter dem lauten Rasseln eines riesigen Schlüsselbundes ein vergittertes Tor und sagte: «Bitte, Monsieur.»

Hugo betrat ein niedriges Gewölbe, in das durch einen Luftschacht ein Lichtstreif fiel, in dem nur zwei Gegenstände zu sehen waren: ein verrosteter gußeiserner Ofen und ein klappriger Nachtstuhl. Wenn die Zelle besetzt ist, erklärte ihm der Schließer, wird an der Mauer ein Gurtbett angebracht, und ein Gendarm und ein Wächter, die alle drei Stunden abgelöst werden, bewachen Tag und Nacht den Gefangenen, immer stehend, damit sie nicht einschlafen.

Dann besichtigten sie zwei andere Räume, das Sprechzimmer für privilegierte Gefangene, die hinter einem doppelten Gitter Besuche empfangen durften, und den sogenannten «Salon» der Herren Advokaten, die das Vorrecht hatten, mit ihren Klienten ungestört zu verhandeln. Der Schließer machte ihn auf eine Glastür aufmerksam, die man hier statt einer massiven Eichenholztür eingesetzt hatte, um zu verhüten, daß junge Anwälte die Gespräche, die sie unter vier Augen mit einer hübschen Diebin oder Hehlerin führten, zu anderen Zwecken mißbrauchten – was früher geschehen sein sollte.

In diesem Augenblick kam ein stattlicher Greis im schwarzen Anzug, das rote Band der Ehrenlegion im Knopfloch, hinzu. Es war Monsieur Lebel, der Direktor der Conciergerie, der sich freundlicherweise bereit erklärte, dem Dichter persönlich alles zu zeigen, was er noch zu sehen wünschte. In dem hohen Bogengang, den sie nun betraten, erzählte Lebel: «Das war einst ein Seitenflügel der Küchen

Ludwigs des Heiligen. Bei Aufständen ist uns das sehr zustatten gekommen. Sonst hätte ich nicht gewußt, wo ich meine Gefangenen unterbringen sollte. So ließ der Polizeipräfekt einmal bei mir anfragen, wie viele freie Plätze ich hätte, und ich antwortete: etwa zweihundert. Man schickte mir aber dreihundert Mann und wollte wissen, wie viele ich noch aufnehmen könnte. Ich glaubte, man wollte sich über mich lustig machen. Bald darauf trafen weitere sechshundert festgenommene Insurgenten ein. Nun, ich brachte sie hier unter, wo sie auf Strohsäcken schliefen. Einer von ihnen, Lagrange, der Republikaner von Lyon, sagte zu mir: ‹Monsieur Lebel, wenn Sie erlauben, daß meine Schwester mich hier besucht, verspreche ich Ihnen, für Ruhe und Ordnung zu sorgen.› Ich gab ihm die Erlaubnis, er hielt Wort, und in meinem Gefängnis mit den sechshundert Kerlen war es still und friedlich wie in einem kleinen Paradies. Die Leute von Lyon verhielten sich recht vernünftig bis zu dem Tag, an dem der Gerichtshof das Verfahren gegen sie eröffnete und sie in Berührung mit den Pariser Aufständischen kamen, die im Saint-Lazare-Gefängnis untergebracht waren. Die sagten zu ihnen: ‹Seid ihr verrückt, euch so ruhig zu verhalten? Man muß aufbegehren, man muß fluchen und toben!› Da wurden aus meinen Lyonaisern – dank den Parisern – wahre Teufel. Ach ja, ich hatte die ärgsten Scherereien mit ihnen! ‹Monsieur Lebel›, sagten sie mir, ‹all das geschieht nicht Ihretwegen, sondern der Regierung zum Trotz. Wir wollen der Regierung die Zähne zeigen.› Und einer von ihnen, ein gewisser Reverchon, zog sich bis auf die Haut aus und lief nur noch nackt herum.»

«Wie?» rief Hugo lächelnd. «Das nannten sie der Regierung die Zähne zeigen?»

Unterdessen hatte der Schließer das große Gittertor am Ende des Bogengangs aufgeschlossen, und sie befanden sich jetzt im Herzen des Gefängnisses. Durch die vergitterten Spitzbogenfenster warf Hugo einen Blick auf den Gefängnishof, wo Häftlinge im Drillich zu zweien oder zu dritt ihren eintönigen Rundgang machten. Dieser Hof mit zwei Blumenbeeten und einigen kleinen Bäumen, ja sogar mit einem Springbrunnen in der Mitte, hob sich erfreulich von der sonst so düsteren Umgebung ab. Im Korridor standen die Türen fast aller Zellen offen. Aus den verschlossenen Zellen hörte man Hammerschläge. Ihre Insassen zogen, wie es schien, die Arbeit der Erholung vor. Es waren junge Handwerker, erklärte Lebel dem Dichter, die dort drinnen so fleißig waren.

Lebel zeigte ihm im Gefängnishof jene Stelle, wo vor einigen Jahren ein Häftling ausgebrochen war. Er stemmte sich mit der bloßen Muskelkraft seiner Schultern, Ellenbogen und Fersen an jenem Mauerwinkel bis zum Dach empor, gelangte von dort in den Außenhof und entfloh – all das am hellen Tag; doch wurde er in der Nähe des Justizpalastes wieder aufgegriffen. Lebel, anscheinend ein mitfühlender Mensch, bemerkte hierzu: «Ein solcher Fluchtversuch hätte mehr Erfolg verdient. Mir tat der arme Kerl beinahe leid, als ich ihn zurückkommen sah.»

Dann führte er Hugo in einen hochgewölbten runden Saal ohne Fenster und ohne Luftschacht. Es war die berüchtigte Folterkammer, in der ein schmaler Tisch aus großen, mit geschmolzenem Blei zusammengefügten Kalksteinplatten stand: die Folterbank. Auf ihr hatte Ravaillac, der Mörder Heinrichs IV., sechs Wochen verbracht, gefesselt an Händen und Füßen, am Gürtel festgeschnallt an jenem Lederriemen, der vom Deckengewölbe herabhing, scharf bewacht von sechs Edelleuten und sechs Gendarmen. Auf dieser Folterbank lag auch der katholische Fanatiker, der ein Attentat auf Ludwig XV. verübt hatte, der junge Damiens, und vor den beiden die Marquise de Brinvilliers, die gefährliche Giftmischerin, völlig entkleidet, an den vier Gliedmaßen mit straff angezogenen Ketten gefesselt, die sie sozusagen bei lebendigem Leibe vierteilten, während sie die grausame Wasserprobe über sich ergehen lassen mußte, die ihr den Aufschrei abpreßte: «Wie lange wollt ihr noch Wasser aus jenem großen Faß in diesen kleinen Körper schütten?» Von dem Ächzen und Stöhnen, von den verzweifelten Schreien in dieser Gruft und von all dem Blut, das in ihr geflossen, war niemals etwas nach außen gedrungen. Welche furchtbare Vorstellung! Hier in der Folterkammer die Sägen, die Daumenschrauben, die spanischen Stiefel, die Kneifzangen, die Räder, die kalten Fragen der Untersuchungsrichter, die lautlosen Hantierungen der Folterknechte, das Gebrüll der Gepeinigten, das unheimliche Knistern des verspritzten Blutes in den Glutbecken und draußen, kaum vier Schritt entfernt, jenseits der massiven Quadern, friedliche Bürger, plaudernde Frauen, spielende Kinder, handeltreibende Kaufleute, vorbeirollende Wagen, auf der Seine dahingleitende Schiffe und Luft, Licht, Sonnenschein, Freiheit! Unauslöschlich prägten sich diese Bilder der Vorstellung des Dichters ein und bildeten die sehr reale Grundlage für künftige Anklagen gegen die barbarische Justiz.

Er atmete erleichtert auf, als ihn der Gefängnisdirektor in einen etwas freundlicheren Raum führte – den Krankensaal, wo zu seinem Erstaunen alle Betten leer waren.

«Ich habe fast niemals Kranke», erklärte Lebel. «Erstens ziehen die Häftlinge hier nur durch, sie kommen her, um abgeurteilt zu werden, und sie werden bei Freispruch sofort in die Freiheit entlassen oder bei Verurteilung in ihre Bestimmungsorte geschickt. Außerdem hält sie die Erwartung ihres Urteils, solange sie hier sind, in höchster Erregung, die für keine andere Sache Raum läßt. Nun ja, sie hätten wohl Zeit, krank zu sein, aber sie haben ein ganz anderes Fieber als sonst. Zur Zeit der Cholera, die zugleich die Zeit der großen Aufstände war, hatte ich in der Conciergerie siebenhundert Gefangene. Sie lagen überall herum – in den Pförtnerlogen, den Schreibstuben, den Höfen, teils in Betten, teils auf Stroh oder auf dem nackten Fußboden. Ich sagte mir damals: Wenn bloß keine Choleraepidemie ausbricht! Aber ich hatte keine Kranken.»

Ein vortreffliches Mittel, dachte der Dichter. Man sollte in Zeiten der Pest, ohne die hygienischen Maßnahmen zu vernachlässigen, das Volk durch große Feste, turbulente Schauspiele ablenken; dann würde es kaum an die Seuche denken, und schließlich würde sie verschwinden.

Wie ihm Lebel nunmehr berichtete, verwandelte sich der Krankensaal, wenn in den Zellen gegenüber Gefangene waren, in eine große Wachstube. «Ich bringe dann hier etwa fünfzehn Wächter unter», sagte der Gefängnisdirektor, «vor allem wenn ich Königsmörder hier habe.»

Der Satz floß ganz selbstverständlich über seine Lippen; er schien daran gewöhnt zu sein, Königsmörder dort zu haben.

Im Weitergehen machte Lebel ihn auf eine Treppe neben den Latrinen aufmerksam, wo sich einige Tage zuvor ein zu lebenslänglichem Zuchthaus verurteilter Mörder erhängt hatte. «Die Geschworenen haben sich geirrt», behauptete er. «Nun, ich werde das in Ordnung bringen.» Und dann legte er sich die Schlinge um den Hals.

Während ihm der Gefängnisdirektor solche ungewöhnlichen Details berichtete, kam ein gutgekleideter Häftling auf sie zu. Hugo richtete einige Fragen an ihn. Es war ein Gascogner, der zuerst Sticker und Posamentier, später Gehilfe des Scharfrichters und schließlich Stallmeister im königlichen Marstall gewesen war.

«Monsieur», sagte er zu Hugo, «bitten Sie doch den Herrn Direktor, daß man mich nicht in die Sträflingskleidung steckt, sondern mir meinen Anzug läßt.»

Nachdem ihm das zugesagt worden war, begann der Gefangene von seiner sehr bewegten Vergangenheit zu erzählen, vor allem aber von dem Scharfrichter Sanson, seinem ehemaligen Vorgesetzten. Er erging sich in Lobreden über ihn und berichtete, wie nach der Revolution Sansons Haus von fremden Besuchern überlaufen wurde, die alle die Guillotine sehen wollten, die in einem verschlossenen Schuppen im Hof stand.

Einmal zeigte er diese Sehenswürdigkeit gegen entsprechendes Entgelt einer englischen Familie – Vater, Mutter und drei anmutigen jungen Mädchen. Die jüngste ließ sich von ihm jene Prozedur erklären, die man damals «Herrichtung der zum Tode Verurteilten» nannte. Damit noch nicht zufrieden, fragte sie den Scharfrichter: «Und was geschieht, wenn der Mann auf dem Schafott ist?»

Sanson unterrichtete sie auch über diesen schrecklichen Vorgang und sagte: «Wir nennen das ‹Anschnallen›.»

«Nun», erwiderte die junge Engländerin, «ich möchte, daß Sie auch mich einmal anschnallen. Ich könnte dann in meiner Heimat stolz berichten, ich sei auf dem Richtblock angeschnallt gewesen.»

Sanson sah fragend die Eltern an, die nichts dagegen hatten. Sanson ließ die Miß Platz nehmen, schlang einen Strick um ihre Beine, verknotete ihn, fesselte ihr mit einem anderen die Arme auf den Rücken, führte sie zur Guillotine und schnallte sie mit dem Lederriemen fest. Er hoffte, es hätte damit sein Bewenden, aber die Miß rief: «Halt, es fehlt noch etwas!»

Da legte Sanson den Kopf des Mädchens auf die gefürchtete Lünette und klappte den Verschluß herab. Endlich war die Miß befriedigt. Später aber pflegte Sanson zu erzählen: «Ich erwartete schon, daß sie zu mir sagen werde: ‹Es fehlt noch etwas. Lassen Sie das Messer herabsausen!›»

Der Dichter empfand es unangenehm, immer wieder dieser abscheulichen Sensationsgier zu begegnen, sogar bei einem noch so jungen Mädchen.

Anschließend ließ er sich von Lebel das Kindergefängnis

zeigen. Er fand darin drei zerlumpte Straßenjungen vor und fragte den jüngsten, der ein intelligentes, zugleich aber abgestumpftes Gesicht hatte, nach seinem Alter.

«Zwölf Jahre.»

«Was hast du angestellt, um hier zu sein?»

«Ich habe Pfirsiche gestohlen.»

«Wo denn?»

«In einem Garten bei Montreuil.»

«Ganz allein?»

«Nein, mit einem Kameraden.»

«Wo ist dein Kamerad?»

Der Kleine deutete auf einen anderen, etwas älteren Jungen, der in brauner Gefängniskluft steckte wie er.

«Ihr seid wohl über eine Mauer geklettert?»

«Nein, Monsieur, die Pfirsiche lagen neben dem Weg im Gras.»

«Ihr brauchtet euch also nur zu bücken ...»

«Ja, Monsieur.»

Da beugte sich Lebel vor und flüsterte: «Er ist dazu verurteilt, drei Jahre in einer Erziehungsanstalt zu verbringen, aber im übrigen freigesprochen, da er nicht mit Vorbedacht gehandelt hat. Das Unglück aller dieser kleinen

Taugenichtse ist, daß sie noch nicht sechzehn Jahre alt sind. Sie versuchen mit allen Mitteln, den Richtern einzureden, daß sie sechzehn Jahre alt seien und mit Vorbedacht gehandelt hätten. Sind sie einen Tag älter, so werden ihre Streiche mit einigen Monaten Gefängnis bestraft; sind sie einen Tag jünger, so kommen sie für drei Jahre nach La Rochette, ins Zwangserziehungsheim.»

Eigentlich, dachte der Dichter beim Verriegeln der Tür, ist die Gesellschaft diesen Kindern gegenüber schuldiger, als umgekehrt. Wir könnten sie fragen: Was habt ihr mit unseren Pfirsichen gemacht? Sie aber könnten uns fragen: Was habt ihr mit unserer Intelligenz gemacht?

Jetzt lenkten sie ihre Schritte zum Frauengefängnis, das in den ehemaligen Küchen Ludwigs des Heiligen eingerichtet war. Der Dichter erblickte dort sieben oder acht Frauen, alle älter als vierzig Jahre, mit Ausnahme einer verhältnismäßig jungen Person, deren Gesicht noch Spuren von Schönheit aufwies. Verlegen verbarg sie sich hinter den anderen. Auf Steinbänken standen Koffer, Körbe, Markttaschen, Handarbeitsbeutel; unter anderem lag dort auch ein großes Stück Schwarzbrot, Hugo untersuchte es und stellte fest, daß es muffig roch und an den Fingern klebte.

«Was ist das?» fragte er Lebel.

«Das Gefängnisbrot.»

«Es ist scheußlich!»

«Finden Sie?»

«Überzeugen Sie sich selbst.»

«Ein Fabrikant liefert es uns.»

«Und verdient dabei ein Vermögen, wie?»

«Monsieur Cheyet, Sekretär der Präfektur, nimmt dieses Brot entgegen. Er findet es so gut, daß man an seinem Tisch kein anderes Brot ißt.»

«Monsieur Cheyet schließt zu Unrecht aus dem Brot, das er erhält, auf das Brot, das die Gefangenen essen. Wenn ihm jener Spekulant auch jeden Morgen feine Backware schickt, so beweist das doch nicht, daß er den Häftlingen kein verschimmeltes Brot liefert.»

Der Gefängnisdirektor versprach ihm, die Sache zu bereinigen.

Als Victor Hugo die Conciergerie verließ, sagte hinter ihm jemand aus einer Gruppe von Arbeitern, die auf dem Kai jemanden zu erwarten schienen: «Da wird gerade einer entlassen! Der Glückliche!»

Der Dichter fragte sich belustigt, ob er vielleicht wie ein Spitzbube aussehe, und dachte: Ich habe zwei Stunden in der Conciergerie verbracht, die Sitzung der Akademie ist sicher noch nicht zu Ende, und wäre ich dorthin gegangen, so wäre ich wohl nicht so zeitig «entlassen» worden.

An einem anderen Tag besichtigte er La Bicêtre, das Gefängnis für Schwerverbrecher, das eine lebendige Antithese zu dem gegenüberliegenden Jugendgefängnis darstellte. Auf der einen Seite waren alle Häftlinge wahllos zusammengewürfelt, der siebzehnjährige Junge mit dem siebzigjährigen Greis, der zu drei Monaten Verurteilte mit dem lebenslänglichen Zuchthäusler, der kleine Taschendieb mit dem Straßenräuber, mehr oder weniger unschuldige Menschen mit hartgesottenen Verbrechern, und alle arbeiteten in übelriechenden Werkstätten an schmutzigen Sachen, ohne Luft, ohne Tageslicht, wortlos und finster, traurige Gespenster, die durch ihr hohes Alter oder ihre Jugend erschreckten. Auf der anderen Seite befand sich eine Art Kloster, das zugleich ein Bienenstock war, wo jeder in seiner Zelle arbeitete, jede Arbeitsbiene in ihrer Wabe fleißig war – ein riesiges Gebäude mit drei Stockwerken, überfüllt von Nachbarn, die sich nie gesehen hatten; eine wahre Stadt, die doch voller Einsamkeit war; lauter Halbwüchsige, die sich nicht kannten, die jahrelang nebeneinander lebten, ohne jemals das Geräusch ihrer Schritte oder den Laut ihrer Stimme zu hören, alle voneinander geschieden durch eine Wand und eine Kluft; Arbeit, Studium, Werkzeuge, Bücher, acht Stunden Schlaf, eine Stunde Erholung in dem kleinen, von hohen Mauern umgebenen Hof, Morgen- und Abendgebet und verschiedene Gedanken. Auf der einen Seite eine Kloake, auf der anderen eine Erziehungsstätte.

«Haben Sie zur Zeit hier einen zum Tode verurteilten Gefangenen?» fragte Hugo den Direktor des Gefängnisses La Bicêtre.

«Ja, einen gewissen Marquis, der ein junges Mädchen namens Térise durch Messerstiche tötete, um es zu berauben.»

Hugo wünschte den Mann zu sprechen, aber der Direktor erwiderte ihm: «Ich bin hier, um Ihre Befehle entgegenzunehmen, aber ich darf Sie nicht zu einem zum Tode Verurteilten führen.»

«Warum nicht?»

«Die Polizeivorschriften verbieten uns, irgend jemanden die Zelle eines zum Tode Verurteilten betreten zu lassen.»

«Ich weiß nicht, Herr Direktor, was die Polizeivorschriften verbieten oder gebieten, aber ich weiß, was das Gesetz vorschreibt. Das Gesetz unterstellt die Gefängnisse der Aufsicht der beiden Kammern und der Minister, vor allem aber der Aufsicht der Pairs von Frankreich, die berufen sind, sie zu beurteilen. Überall dort, wo ein Mißbrauch bestehen könnte, muß der Gesetzgeber nach dem Rechten sehen. In der Zelle eines zum Tode Verurteilten können doch Mißstände herrschen. Es ist also meine Pflicht einzutreten und die Ihre, mir zu öffnen.»

Dieser energischen Aufforderung widersetzte sich der Direktor nicht länger.

Als sie die Zelle betraten, sprang der Insasse auf. Sein Kopf war unbedeckt, sein Hals entblößt; er trug eine braune Drillichhose, dazu Wollsocken, und steckte in der Zwangsjacke. Es war ein junger Mann, höchstens zwei- bis dreiundzwanzig Jahre alt; sein schwarzes Haar war kurzgeschnitten, sein Bart ungepflegt; er hatte schöne große Augen, aber einen verschlagenen Blick, eine Stumpfnase, vorstehende Schläfen, eine niedrige Stirn und einen häßlichen Mund. Er stand noch immer regungslos in der Mitte der Zelle; links von ihm war sein Bett, eine armselige Pritsche, auf der er wahrscheinlich eben noch gelegen hatte, rechts von ihm ein gelbgestrichener kleiner Holztisch mit einer gemusterten Tischdecke, auf dem irdene Schüsseln standen mit Gemüse und einem Stück Fleisch, und daneben lagen eine Schnitte Brot und ein Tabaksbeutel. Im allgemeinen machte diese Zelle einen günstigeren Eindruck als die finsteren Höhlen der Conciergerie. Es war ein ziemlich großer und heller Raum, mit einem Kachelofen und einem Brett in einer Mauerecke, auf dem alte Kleider und Wäschestücke lagen. Alles war sauber, gut aufgeräumt, frisch gelüftet und hatte nahezu etwas Häusliches. Zu beiden Seiten des Ofens standen zwei Männer, ein Soldat, der nur mit einem Säbel bewaffnet war, und ein Wächter in Zivil.

Der Gefängnisdirektor unterbrach als erster das tiefe Schweigen: «Marquis, der Herr kommt in Ihrem Interesse.»

Der Gefangene verbeugte sich und antwortete, sich zu einem Lächeln zwingend: «Ich habe mich über nichts zu beklagen. Ich bin hier gut aufgehoben. Die beiden Herren», er deutete dabei auf die beiden Männer, «sind recht freundlich und unterhalten sich mit mir. Zuweilen besucht mich auch der Herr Direktor.»

Im Verlauf des weiteren Gesprächs stellte Hugo fest, daß sich der Gefangene einer gewählten Ausdrucksweise bediente, fast wie ein Journalist. Er war aber nur ein einfacher Arbeiter, vielleicht ein wenig künstlerisch veranlagt; doch schienen seine Ambitionen längst verflogen zu sein. Eines Nachmittags hatte er aus der Kommode seines Vaters hundert Francs genommen, sie in einer einzigen Nacht verjubelt, und tags darauf die junge Térise ermordet und beraubt. Zum Abstieg auf jener furchtbaren Leiter, die so viele Sprossen hat und vom Hausdiebstahl bis zum Mord, vom väterlichen Verweis bis zum Schafott führt, brauchten Verbrecher wie Poulman und Lacenaire zwanzig Jahre; aber dieser junge Mensch war mit einem Satz von ihr in den Abgrund gesprungen. In vierundzwanzig Stunden hatte er, wie im Gefängnishof ein alter Zuchthäusler, einst sein Lehrer, zu erzählen pflegte, alle Sprossen der Unglücksleiter übersprungen.

«Hatten Sie denn keine Mittel?» fragte ihn der Dichter.

«Doch, Monsieur. Ich war Möbelzeichner. Ich habe sogar studiert, um Architekt zu werden. Ich heiße Marquis und bin Schüler von Le Duc. Ich habe auch eine Fachzeitschrift für Kunsttischler gegründet, für die ich schon einige Skizzen entworfen hatte. Ich wollte ferner Dekorateuren Zeichnungen im Geschmack der Renaissance liefern, alle genau nach den Regeln des Handwerks ausgeführt, was sie sonst nie sind. Sie müssen sich meistens mit alten, sehr ungenauen Kupferstichen begnügen.»

«Das war ein guter Einfall. Warum haben Sie ihn nicht in die Tat umgesetzt?»

«Das ist fehlgeschlagen. Es fehlte mir an Geld. Ich hatte Talent, ich verkaufte meine Zeichnungen, ich wäre sie sicher auch weiterhin losgeworden, wenn ich gewollt hätte.»

«Warum also?»

«Ich weiß es wahrhaftig nicht. Es war ein Gedanke, der mir durch den Kopf zuckte. Ich hätte mich dessen nicht für fähig gehalten bis zu jenem verhängnisvollen Tag ... Schade, daß ich nicht einige Zeichnungen bei mir habe, ich würde sie Ihnen gern zeigen. Ich habe auch Landschaften gemalt. Le Duc hatte mich die Aquarellmalerei gelehrt. Ich bevorzugte das Genre von Ciceri. Ich habe Sachen gemacht, bei denen man geschworen hätte, sie seien von Ciceri. In Saint-Pélagie habe ich Porträts von einigen Kameraden entworfen, aber nur mit Bleistift. Ich bekam mein Etui mit den Aquarellfarben nicht.»

«Warum nicht?»

«Man bildete sich ein, es könnte darin Gift enthalten sein. Das stimmt aber nicht. Es sind doch nur Wasserfarben.»

«Der Zinnober enthält immerhin Mennige», wandte der Direktor ein.

»Mag sein», erwiderte der Gefangene. «Fest steht, daß man es nicht wollte, und so mußte ich mich mit dem Bleistift begnügen. Übrigens waren die Porträts recht ähnlich.»

«Und was treiben Sie hier?»

«Ich beschäftige mich. Ich könnte sehr wohl zeichnen. Das

Ding da», er deutete auf die Zwangsjacke, «würde mich nicht behindern. Außerdem sind die beiden Herren», Geste gegen die Wächter, «recht entgegenkommend. Sie haben mir angeboten, mir die Ärmel der Zwangsjacke auszuziehen. Aber ich vertreibe mir auf andere Weise die Zeit. Ich lese.»

«Sie dürfen die Hoffnung nicht aufgeben», meinte der Dichter.

«Oh, ich verliere nicht so leicht den Mut. Einmal kann man Berufung einlegen, zum anderen um Begnadigung ersuchen. Der Richterspruch, der mich zum Tode verurteilte, kann aufgehoben werden; ich sage nicht, daß er ungerecht sei; aber er ist sehr hart. Man hätte mein Alter berücksichtigen und mir mildernde Umstände zuerkennen sollen. Ich habe mein Gnadengesuch an den König bereits eingereicht. Mein Vater, der mich hier besucht, hat mir gesagt, ich solle unbesorgt sein. Le Duc will selbst das

Gnadengesuch Seiner Majestät unterbreiten. Le Duc kennt seinen Schüler Marquis recht gut, und der König pflegt ihm nichts zu verweigern. Es ist unmöglich, daß man mich nicht begnadigt ...» Hier hielt er inne.

«Haben Sie irgendeinen Wunsch?»

«Ich würde gern etwas häufiger im Gefängnishof spazierengehen. Ich komme jeden Tag nur eine Stunde an die frische Luft.»

«Das ist entschieden zu wenig.»

«Warum das?» fragte Hugo den Gefängnisdirektor.

«Weil wir eine große Verantwortung haben», erwiderte dieser.

«Wieso? Stellen Sie im Hof vier Wächter auf, wenn zwei nicht genügen; aber versagen Sie diesem jungen Mann nicht ein wenig Luft und Sonnenschein. Ein Hof in der Mitte des Gefängnisses, überall Gitter und Riegel, vier hohe Mauern ringsum, stets vier Wächter zugegen, Posten vor jedem Ausgang, zwei Patrouillen, zwei sechs Fuß hohe Außenwälle – was befürchten Sie da? Es muß dem Gefangenen freistehen, im Hof spazierenzugehen, wenn er darum bittet.»

Der Direktor verbeugte sich und sagte: «Das ist richtig, ich werde Ihren Wunsch erfüllen.»

Der Verurteilte dankte dem Dichter überschwenglich. Was für ein unergründliches Rätsel ist doch der Mensch! dachte Hugo im Hinausgehen. Unbegreiflich, daß dieser Arbeiter, der so intelligent und einsichtig war, es fertiggebracht hatte, ein junges Mädchen zu töten!

Am Ausgang machte ihn der Direktor auf jene Stelle aufmerksam, wo sich im vorigen Jahr zwei Soldaten eine Kugel in den Kopf gejagt hatten. Sie hielten die Mündung ihres Gewehrs in den Mund, so daß ihnen, als der Schuß losging, der Schädel platzte. Das Schilderhaus, das die zwei Kugeln durchlöchert hatten, war noch zu sehen, aber die Blutspuren an der Mauer hatten Regengüsse abgewaschen.

Es zog den Dichter auch zum Frauengefängnis Saint-Lazare und zu der Straf- und Besserungsanstalt für gefallene

Mädchen. Er suchte nach der sozialen Ursache, die zum Untergang jener unglücklichen Frauen und Mädchen geführt hatte, und sah sie in ihrem vergeblichen Traum vom Reichtum. Der Reichtum war gewissermaßen ein verhängnisvolles Licht in der Ferne, auf das so manche Frau zuflog; er gleicht dem Spiegel, der die Lerche anlockt. In Gedanken waren sie einmal reich, diese Büßerinnen; sie erlebten zauberhafte Tage, festliche Stunden, betörende Träume, in denen sie Karossen, Lakaien, Roben aus Samt und Seide, Brillanten und Perlen besaßen. Doch auf den kurzen Freudenrausch folgte das grausame Erwachen; denn in dem Augenblick, da man sie umarmte, wurden sie bereits verlassen. Oh, wenn jene beklagenswerten Frauen doch ihr Herz herausreißen, ihre Illusion aufgeben könnten! Aber schließlich hat jeder Mensch einen Anspruch auf den Traum von Liebe und Glück. Eher wird eine Statue zur Frau als eine Frau zur Statue.

Für den Dichter bedeuteten die unaufhörlichen Streifzüge durch die Gefängnisse, Zwangserziehungsheime, Armenhäuser von Paris zugleich Vorstudien für künftige Werke. Seit einiger Zeit trug er sich mit dem Gedanken an einen vielschichtigen Roman, in dem nicht, wie in den meisten Romanen seiner Epoche, die Repräsentanten der herrschenden Klasse, sondern die Ausgestoßenen, Enterbten und Entrechteten der Gesellschaft im Vordergrund stehen sollten. Diese Idee resultierte aus seiner Überzeugung, im schaffenden Volk den wahren Träger und Erhalter der Gesellschaft zu sehen, und auch aus den freundschaftlichen Beziehungen, die er zu Arbeiterdichtern wie Pierre Leroux, Savinien Lapointe und anderen unterhielt. Was ihn mit diesen Männern verband, war einmal der Kampf gegen das soziale Elend, den sie sich zur ersten Pflicht gemacht hatten wie er, und zum anderen die Hochachtung, die er ihrem selbstlosen Schaffen und Wirken entgegenbrachte.

So hatte er einmal in einem Schreiben an den Hutmacher und Dichter Lapointe erklärt: «Seien Sie stolz darauf, ein

Arbeiter zu sein. Wir alle sind Arbeiter, und auch bei Ihnen arbeitet der Kopf mehr als die Hand. Die große Klasse, der Sie angehören, hat gewaltige Aufgaben vor sich, aber sie muß die Frucht reifen lassen. Diese hochherzige und werteschaffende Klasse muß alles vermeiden, was sie klein macht, und alles erstreben, was sie groß macht; die Liebe zum Menschen muß ihr wichtiger sein als der Haß. Möge sie lernen, die Frau und das Kind zu achten; möge sie in ihrer Freizeit lesen und studieren, ihre Intelligenz entwickeln und so ihren Sieg herbeiführen. Ich habe einmal irgendwo gesagt: An dem Tag, da das Volk intelligent ist, wird es souverän sein.»

Dieser Brief macht die kluge Weitsicht, aber auch die Grenzen Victor Hugos, des Humanisten und Reformers, deutlich, der zwar die Notwendigkeit erkannte, der Arbeiterklasse andere Lebensbedingungen zu schaffen, aber vor jeder gewaltsamen Veränderung zurückschreckte.

In dem Roman, den er zu schreiben gedachte, wollte er drei große soziale Probleme behandeln: den schweren Lebenskampf eines Proletariers, das traurige Schicksal einer jungen Näherin, die von ihrem Geliebten, einem leichtsinnigen Studenten, im Stich gelassen und durch bittere Not in die Gosse getrieben wird, und die Verkümmerung ihres Kindes, das von den Pflegeeltern schändlich ausgebeutet und roh mißhandelt wird. Er wußte noch nicht recht, wie er sein Buch nennen sollte – vielleicht einfach «Elend», aber der Plan zu dem umfangreichen Werk war schon entworfen und seine Handlung in großen Zügen skizziert.

Da rief im Jahre 1848 der Ausbruch der Februarrevolution den Dichter vom Schreibtisch in die politische Arena, in das Abgeordnetenhaus und auf die Rednertribüne zurück.

6

Es lebe die Republik

Als Victor Hugo am 23. Februar 1848, gegen drei Uhr nachmittags, die Pairskammer betrat, rief ihm der aus der Garderobe kommende General Rapatel zu: «Die Sitzung ist zu Ende!»

Hugo stieg also wieder in sein Kabriolett, um zur Abgeordnetenkammer zu fahren, und stieß in der Rue de Lille auf eine schier endlose Kolonne von Arbeitern in blauen Blusen und Schirmmützen, die bei seinem Anblick riefen: «Es lebe die Reform! Nieder mit Guizot!»

Die Arbeiterschaft demonstrierte gegen das korrupte Kabinett des Bürgerkönigs, insbesondere gegen den verhaßten Minister Guizot, gegen die Julimonarchie, die das rücksichtslose Bereicherungsprinzip der Bourgeoisie in jeder Hinsicht gefördert und den Volksmassen nichts weiter gebracht hatte als drückende Steuerlasten, Hunger und Erwerbslosigkeit.

Der Dichter nahm in der Abgeordnetenkammer Stellung zu der kritischen Situation und erklärte auf der Rednertribüne: «Das Kabinett ist schwer belastet. Es hat vergessen, daß in einer Zeit wie der unsrigen Abgründe rechts und links lauern und daß man nicht zu nah am Rande des Abgrundes regieren darf. Es sagt sich: Ach, das ist bloß ein Aufruhr, und es beglückwünscht sich beinahe dazu. Es glaubt, es werde dadurch gefestigt. Gestern ist es gestürzt, doch heute ist es schon wieder auf den Beinen. Wer aber kennt den Ausgang eines Aufruhrs? Zwar festigen Unruhen die Kabinette, aber Revolutionen stürzen die Dynastien. Was für ein unvorsichtiges Spiel ist es doch, die Dynastie zu gefährden, um das Ministerium zu retten! Die gespannte Situation verschärft sich immer mehr, und es ist unmöglich, sie jetzt noch zu entspannen. Das Ankertau kann reißen, und dann geht alles drunter und drüber. Die Linke hat unvorsichtig, das Kabinett kopflos manövriert. Man ist auf beiden Seiten schuldig. Welcher Wahnsinn aber ist es, eine Frage der Politik mit der Frage der Freiheit zu vermengen und dem Geist der Revolution den Geist der Rechtsverdrehung entgegenzusetzen! Das kommt mir so vor, als schicke man

Gerichtsdiener mit Stempelpapier in die Höhle eines Löwen. Spitzfindigkeiten angesichts des Aufruhrs – eine schöne Bescherung!»

In diesem Augenblick eilte ein Abgeordneter an Victor Hugo vorbei und rief ihm zu: «Das Marineministerium ist erstürmt!»

Große Bestürzung im Saal. «Sehen wir selbst nach», sagte der Abgeordnete François d'Houdetot zu dem Dichter.

Auf der Place Louis XIV. wurden sie Zeugen einer Kavallerieattacke, vor der die demonstrierende Volksmenge auseinanderstob. Auf dem Pont de la Concorde, der auf

beiden Seiten abgeriegelt war, hielt hoch zu Pferde ein General, mit dem Ritterkreuz dekoriert: der General Prévot. Jetzt galoppierte er an ihnen vorbei und rief ihnen zu: «Vorsicht! Wir greifen an!»

Als sie das andere Ende der Brücke erreichten, salutierte ein Bataillonskommandeur im Burnus, ein wohlbeleibter Mann mit gutmütigem Gesicht, vor d'Houdetot.

«Was ist los?» fragte dieser.

«Nun», antwortete der Kommandeur, «ich bin gerade noch zur rechten Zeit gekommen. Wir haben die Abgeordnetenkammer befreit, die die Insurgenten schon um sechs Uhr morgens eingekreist hatten.»

Auf dem Rückweg zur Place Louis XIV., wo es noch immer von Kavallerie wimmelte, erfuhren sie, daß das Marineministerium nicht erstürmt worden war. Aber in der Avenue des Champs-Élysées stießen sie auf eine Barrikade, die das Volk aus umgestürzten Wagen errichtet hatte.

«Dort drüben beginnt das Feuergefecht», meinte d'Houdetot. «Sehen Sie den Rauch?»

«Pah!» antwortete Hugo. «Das ist der Dunst des großen Springbrunnens. Ihr Feuer ist Wasser.»

Lachend gingen sie weiter. Aber kurz darauf berichtete ihnen der General Prévot, es habe dort tatsächlich ein Zusammenstoß stattgefunden. Bei dem Versuch, die von den Aufständischen aufgetürmten Barrikaden zu zerstören, sei der Wachtposten in der Avenue des Champs-Élysées durch einen Steinhagel vertrieben und gezwungen worden, im Wachlokal Schutz zu suchen. Einer von ihm entsandten Rotte der Schutzmannschaft sei es nicht anders ergangen; die Menge habe sie umzingelt und zurückgetrieben. Unterdessen sei ein Insurgent auf das Dach des Wachlokals geklettert, habe die Trikolore heruntergeholt, zerrissen und die Fetzen dem Volk zugeworfen.

Der Abgeordnete Viviani kam auf sie zu und erzählte ihnen, der König habe den Plan einer Wahlrechtsreform in seine Schreibtischschublade geworfen und erklärt: «Das ist für meinen Nachfolger ...»

In diesem Augenblick eilte eine Gruppe schwarzgekleideter Frauen und Kinder an ihnen vorbei auf die Brücke zu. In ihrem Begleiter erkannte Victor Hugo den Herzog von Montebello.

«Sieh an», rief d'Houdetot, «der Marineminister!»

Er ging auf ihn zu, sprach kurz mit ihm und berichtete dann dem Dichter, die Familie des Herzogs von Montebello, die sich hier nicht mehr in Sicherheit fühle, fliehe auf das linke Seineufer. Es schien tatsächlich alles drunter und drüber zu gehen.

In der Rue Saint-Honoré, in die sie nun einbogen, war das Straßenpflaster aufgerissen. Die Munizipalgarde hatte dort aus Omnibussen eine Barrikade aufgebaut. Von den Kais strömte wie ein aufgeregter Ameisenhaufen das Volk herbei. Inmitten einer Arbeitergruppe fiel dem Dichter, der immer ein waches Auge für die seltsamen Kontraste des Lebens hatte, eine hübsche junge Grisette mit grünem Samthut und weißem Seidenschal auf. Sie war über und über mit Schmutz bespritzt, denn es regnete in Strömen; aber das dämpfte keineswegs ihren revolutionären Elan.

Am Pont du Carrousel begegnete er dem Schriftsteller Jules Sandeau, der ihn fragte: «Was halten Sie von alledem?»

«Daß der Aufstand niedergeschlagen, die Revolution aber siegen wird.»

Plötzlich sah er einen bis zu den Schienbeinen von Straßenschlamm überkrusteten Mann mit verbeultem Hut vor sich hergehen und erkannte in ihm seinen Freund Antony Thouret, einen glühenden Republikaner, der ihm erzählte, daß er seit dem frühen Morgen unterwegs sei und in allen Stadtvierteln zur Bevölkerung gesprochen habe.

«Was wollt ihr eigentlich?» fragte ihn Hugo. «Bedeutet das die Republik?»

«Nein», erwiderte Thouret, «noch nicht. Aber wir wollen die Reform – nicht nur die Möglichkeit dazu, sondern die vollständige Reform, verstehen Sie? Und warum nicht auch das allgemeine Wahlrecht?»

Hugo drückte Thouret die Hand und wünschte ihm viel Glück.

Es ging schon auf Mitternacht zu, im Marais-Viertel war es stockfinster; alle Laternen auf den Boulevards waren zertrümmert und erloschen. Ringsum herrschte beängstigende Stille, als der Dichter seinen Streifzug beendete und nach Hause ging. Aber er verbrachte die Nacht angekleidet in seinem Salon. Zuweilen betrat er die Veranda, um zu horchen, lief dann wieder auf und ab, warf sich in einen Sessel und versank in unruhigen Schlaf. Plötzlich schreckte er aus dem Halbschlaf und glaubte fernes Gewehrgeknatter und Sturmglockengeläute zu hören. Es war kein Traum, es war Wirklichkeit: die Glocken aller Pariser Kirchen läuteten Sturm!

Was hatte das zu bedeuten? In der Nacht vom 23. zum 24. Februar war es vor dem Außenministerium, dem Sitz des verhaßten Ministers Guizot, zu einem verhängnisvollen Zwischenfall gekommen. Eine demonstrierende Arbeiterkolonne marschierte unter Gesang die Boulevards entlang, wo das Militär – Infanteristen, Artilleristen, Kürassiere – sie passieren ließ. Aber auf dem Boulevard des Capucines prallte die Menge auf eine Absperrkette. Die Demonstranten wollten haltmachen, wurden aber durch den Druck der Marschsäule unwiderstehlich vorwärts getrieben. Plötzlich fielen Schüsse – niemand wußte, von welcher Seite. Eine Panik brach aus. Salven krachten. Tote und viele Schwerverletzte waren das Ergebnis.

Ein Aufschrei der Empörung lief durch die Stadt: «Rache! Rache!» Im Schein von Fackeln wurden die Gefallenen auf Fuhrwerke geladen, der Demonstrationszug verwandelte sich in einen Trauerzug.

Paris aber war bald darauf von Barrikaden übersät.

Vom Balkon aus sah Victor Hugo am Morgen des 24. Februar einen Zug von Arbeitern und Nationalgardisten anrücken. Das Bürgermeisteramt gegenüber wurde von etwa dreißig Polizisten bewacht. Die Demonstranten forderten sie auf, ihre Waffen niederzulegen, doch sie weigerten sich. Zwei Offiziere der Nationalgarde griffen ein: «Wozu noch Blutvergießen? Jeder Widerstand wäre aussichtslos.»

Nach kurzer Verhandlung legten die Polizisten ihre Gewehre und ihre Munition nieder und zogen sich zurück.

Gleich darauf erschien ein Bote und teilte Victor Hugo mit, Ernest Moreau, Bürgermeister des achten Bezirks, bitte ihn, ins Rathaus zu kommen. Er kam der Aufforderung nach und erfuhr dort, die Nationalgarde nehme diesmal entschieden Stellung gegen die Regierung. Die Armee, entsetzt über das nächtliche Blutbad vor dem Außenministerium, schien sich den Schießbefehlen der Generale zu widersetzen. In der Rue Sainte-Croix waren die Truppen vor der Nationalgarde zurückgewichen, im Nachbarbezirk verbrüderte sich das Militär mit ihr. Die Reuilly-Kaserne war erstürmt, die Minimes-Kaserne hatte sich ergeben.

«Von der Regierung aber», sagte Bürgermeister Moreau, «habe ich weder Weisungen noch Nachrichten erhalten. Wer ist überhaupt an der Regierung? Besteht das Ministerium Molé noch? Was tun?»

«Gehen Sie doch zur Präfektur», riet ihm Perret, Mitglied des Generalrates. «Sie ist nur zwei Schritt entfernt. Kommen Sie!»

Unterdessen inspizierte Victor Hugo den Platz vor dem Palais Royale. Überall Bewegung, Unruhe, fieberhafte Spannung. Emsig arbeitete man an der Verstärkung der Barrikaden. Das war kein Aufruhr mehr, das war ein wohlorganisierter Aufstand. Auf dem Platz unterhielten sich Infanteristen friedlich mit den Posten auf den Arbeiterbarrikaden – ein Vorzeichen der allgemeinen Verbrüderung.

Bei der Rückkehr aus der Präfektur hatte Bürgermeister Moreau günstigere Ereignisse zu berichten: Der König hatte Adolphe Thiers und Odilon Barrot beauftragt, ein neues Kabinett zu bilden. Das zeugte von Entgegenkommen. Thiers war zwar stockkonservativ und ziemlich unbeliebt, aber Barrot war bekanntlich für die Reform. Leider ging das

Odilon Barrot vor der Barrikade an der Rue Saint Denis

Zugeständnis mit einer Art Drohung Hand in Hand: der vom Volk gehaßte Marschall Bugeaud war zum Oberbefehlshaber der Armee und der Nationalgarde ernannt worden. Der König reichte die rechte Hand und zeigte zugleich die linke Faust.

Auf Wunsch des Präfektes Rambuteaud sollte Bürgermeister Moreau diese Nachrichten in seinem Bezirk und in der Arbeitervorstadt Saint-Antoine bekanntgeben. Er machte sich auf den Weg, kam aber eine Stunde später mit seiner Eskorte in ziemlich aufgelöstem Zustand zurück. Sie hatten die Place de la Bastille von Militär besetzt vorgefunden, aber zwischen den Soldaten, die Gewehr bei Fuß standen, bewegte sich ungehindert das Volk.

Die Bekanntmachung des Bürgermeisters wurde lebhaft begrüßt. In der Vorstadt Saint-Antoine, wohin er dann ging, forderten Arbeiter gerade die Soldaten auf, ihre Waffen auszuliefern. Auf Befehl ihres Hauptmanns widersetzten sich die Soldaten dieser Aufforderung. Plötzlich fiel ein Schuß. Wieder drohte eine Panik auszubrechen, wie in der Nacht zuvor auf dem Boulevard des Capucines, und nach kurzem Feuerwechsel zählte man fünf oder sechs Tote. Angesichts der Toten jedoch erhoben die Soldaten unversehens ihre Gewehre, Kolben nach oben, und riefen: «Es lebe die Nationalgarde!» Ihr General, nicht mehr Herr über sie, mußte den Rückzug nach Vincennes antreten.

«Das konnte mich teuer zu stehen kommen», meinte Bürgermeister Moreau und zeigte seinen von einer Kugel durchlöcherten Hut. «Schade! Ein ganz neuer Hut!» fügte er lachend hinzu.

Um halb drei Uhr nachmittags erschienen drei Studenten der Polytechnischen Hochschule und meldeten, daß ihre Kameraden das Tor aufgebrochen und sich der Volksbewegung angeschlossen hätten. Der Aufstand griff also immer weiter um sich. Die Aufständischen verlangten jetzt die Absetzung des Marschalls Bugeaud und die Auflösung der Kammer. Die Studenten gingen noch weiter. Sie forderten die Abdankung des Königs.

Was aber geschah in den Tuilerien? Keine Nachrichten vom Ministerrat, keine Befehle vom Generalstab. So entschloß sich Victor Hugo, zuerst zur Präfektur und dann zur Abgeordnetenkammer zu gehen, und Bürgermeister Moreau begleitete ihn.

Die Rue Saint-Antoine starrte von Barrikaden. Aber als Hugo sich zu erkennen gab, ließen die Insurgenten ihn und seinen Begleiter durch. Vor der Präfektur, die von einer lärmenden Volksmenge umlagert war, begegnete er Rambuteaud und fragte erstaunt: «Was tun Sie hier, Herr Präfekt?»

«Präfekt?» antwortete Rambuteaud unwirsch. «Bin ich überhaupt noch Präfekt?» Schon scharten sich Neugierige um sie, die ihnen, wie es schien, nicht wohlgesinnt waren. Da deutete Moreau auf ein neues Haus, das zu vermieten war. Sie gingen hinein, und Rambuteaud berichtete:

«Ich war mit zwei oder drei Stadträten in meinem Arbeitszimmer. Plötzlich hörten wir Lärm draußen im Korridor. Die Tür wurde aufgestoßen. Herein kam an der Spitze einer turbulenten Schar ein langer Kerl, ein Hauptmann der Nationalgarde. ‹Monsieur›, sagte er zu mir, ‹Sie müssen ausziehen.› – ‹Verzeihung›, antwortete ich, ‹ich bin hier zu Hause und bleibe.› – ‹Gestern waren Sie vielleicht noch im Rathaus zu Hause, heute aber ist das Volk hier zu Hause.› – ‹Aber, ich ...› – ‹Gehen Sie ans Fenster und werfen Sie einen Blick hinunter.› Der Platz war von einer jubelnden Menge überfüllt, in der sich Arbeiter, Nationalgardisten und Soldaten mischten, und die Gewehre der Soldaten waren in den Händen der Arbeiter. Ich wandte mich wieder den Eindringlingen zu und sagte: ‹Sie haben recht, Sie sind die Herren.› – ‹Nun›, meinte der Hauptmann, ‹dann verschaffen Sie mir Respekt bei Ihren Beamten.› Das war der Gipfel! ‹Das fehlte gerade noch!› erwiderte ich. Dann nahm ich verschiedene Schriftstücke, gab noch einige Weisungen, und jetzt bin ich hier auf der Straße. Da Sie zur Kammer gehen, sofern es noch eine Kammer gibt, so sagen Sie bitte dem Innenminister, falls es noch ein Innenministerium gibt, es gebe im Rathaus keine Präfektur und keinen Präfekten mehr.»

Mit großer Mühe, auf vielen Umwegen, gelangte der Dichter mit seinem Begleiter durch die von Demonstranten wimmelnden Straßen bis zur Abgeordnetenkammer, in der Deputierte, Pairs und Staatsbeamte versammelt waren. Als Thiers ihn erblickte, kam er auf ihn zu und erkundigte sich, wie die Lage in der Vorstadt Saint-Antoine sei. Nach dem kurzen Bericht Hugos schüttelte er den Kopf, während ihn der Dichter fragte:

«Und wie stehen die Dinge hier? Sind Sie noch Minister?»

«Ich? Ach, ich bin überlebt, längst überlebt. Odilon Barrot ist jetzt Präsident und Innenminister.»

«Und der Marschall Bugeaud?»

«Der ist auch abgelöst – durch General Gérard. Aber das ist nicht alles. Die Kammer ist aufgelöst, der König hat abgedankt; er ist auf dem Weg nach Saint-Cloud, die Herzogin von Orléans aber ist, soweit ich informiert bin, Regentin. Die Flut steigt und steigt.»

Dann forderte Thiers Victor Hugo und Ernest Moreau auf, sich mit Odilon Barrot zu verständigen, und die beiden begaben sich zum Innenministerium.

Das Volk war in das Innenministerium eingedrungen, ja sogar in das Arbeitszimmer des Ministers. Sekretäre schrieben dort aufgeregt an einem Tisch. Am Kamin stand Odilon Barrot, das Gesicht stark gerötet, die Lippen zusammengekniffen, die Hände auf dem Rücken verschränkt.

«Sie sind doch im Bilde, wie?» fragte er die beiden Besucher. «Der König hat abgedankt, die Herzogin von Orléans ist Regentin ...»

«Wenn das Volk zustimmt», bemerkte hierzu ein vorübergehender Arbeiter. Barrot, ängstlich um sich blickend, führte sie in eine Fensternische.

«Was wollen Sie unternehmen?» fragte ihn Hugo. «Man muß Frankreich wohl von allem unterrichten.»

«Ja, aber unterdessen überstürzen sich in Paris die Ereignisse! Wissen Sie denn, was noch alles kommt?»

Odilon Barrot, dachte der Dichter, mag vielleicht ein rechtschaffener Mensch sein, aber gewiß ist er kein Mann der Tat, man spürt die Unschlüssigkeit in seinen Worten, in seinem Blick, in seiner ganzen Person.

«Hören Sie», sagte der Minister zum Schluß, «das Volk muß von diesen schwerwiegenden Ereignissen, der Abdankung und der Regentschaft, unbedingt erfahren. Versprechen Sie mir, das in Ihrem Bezirk bekanntzugeben.»

«Ich verspreche es.»

So sah sich Victor Hugo – wider Erwarten – sozusagen zum außerordentlichen Gesandten ernannt. Der Auftrag war ihm nicht unwillkommen, denn die neue Regentin, die ehemalige Prinzessin von Mecklenburg-Schwerin, war seit langem seine Gönnerin. Also machte er sich mit Bürgermeister Moreau auf den Weg zu den Tuilerien. In der Rue Bellechasse jagte eine Schwadron Dragoner an ihnen vorbei; sie schien vor einem riesigen Mann mit nackten Armen zu fliehen, der ihr, ein Seitengewehr schwingend, hinterdreinlief. Die Tuilerien wurden noch von den Truppen bewacht; der Bürgermeister deutete auf seine Schärpe, und sie durften passieren. Der Pförtner aber teilte Victor Hugo mit, daß die Herzogin von Orléans soeben, begleitet von dem Herzog von Nemours, das Schloß verlassen habe, zweifellos um zur Kammer zu fahren.

Auf dem Rückweg zischten in der Nähe des Pont du Carrousel Gewehrkugeln an ihnen vorbei. Die Aufständischen beschossen die königlichen Wagen, die gerade den Marstall verließen; ein Kutscher wurde auf seinem Bock getötet.

«Es wäre zu dumm», meinte Moreau, «wenn wir uns hier als Neugierige töten ließen. Gehen wir das andere Ufer der Seine entlang.»

Am Pont-Neuf begegneten sie einer mit Beilen, Piken und Gewehren bewaffneten Menge, die ein Mann mit gezücktem Degen anführte. Auf der Place Royale sah sich der

Louis-Philippe flieht aus Paris

Dichter von einem aufgeregten Volkshaufen umringt, der ihn mit Fragen bestürmte, und er ging mit Moreau, einigen Offizieren der Nationalgarde und zwei Studenten der Polytechnischen Hochschule ins Rathaus, betrat den Balkon und gebot mit einem Wink Schweigen.

«Liebe Freunde, ihr erwartet Nachrichten. Wir wissen folgendes: Thiers ist nicht mehr Minister, Marschall Bugeaud nicht mehr Oberbefehlshaber. Sie sind durch General Gérard und durch Odilon Barrot abgelöst. Die Herzogin von Orléans ist Regentin. Der Name Odilon Barrot bürgt euch dafür, daß sofort ein Aufruf an die ganze Nation ergehen wird und daß ihr die parlamentarische Regierung in aller Aufrichtigkeit erhalten werdet.»

Einiger Applaus begrüßte diese Bekanntmachung, aber die Masse mißtraute alledem und war durchaus nicht befriedigt. Der Dichter verließ den Balkon und sagte zu Moreau: «Jetzt muß ich die Ereignisse noch auf der Place de la Bastille bekanntgeben.»

«Ach», erwiderte Moreau entmutigt, «Sie sehen doch, daß

das zwecklos ist. Die Regentschaft wird nicht akzeptiert. Hier haben Sie in einem Kreis gesprochen, in dem Sie bekannt und beliebt sind. Auf der Place de la Bastille würden Sie sich dem revolutionären Volk der Vorstadt gegenübersehen, das Ihnen übel mitspielen könnte.»

«Ich muß hingehen, ich habe es Odilon Barrot versprochen.»

«Ich habe meinen Hut schon vertauscht», fuhr Moreau lächelnd fort, «aber denken Sie an den durchlöcherten vom Vormittag.»

«Da standen sich das Volk und die Armee gegenüber, es bestand die Gefahr eines Zusammenstoßes; jetzt aber ist das Volk Herr der Lage.»

Begleitet von einem Freund, dem Hauptmann Launaye, und einigen Offizieren der Nationalgarde, begab sich Victor Hugo zur Place de la Bastille, wo eine begeisterte Volksmenge, größtenteils aus Arbeitern bestehend, das Girondistenlied sang. Man scharte sich um ihn, man fragte: «Was ist los? Was gibt's Neues?» Einige Arbeiter grüßten ihn. Er bestieg den Sockel der Julisäule, um sich besser Gehör verschaffen zu können, und gab zunächst die Abdankung des Königs bekannt. Zwischenrufe unterbrachen ihn: «Nein, keine Abdankung! Sturz! Sturz!»

Als er die Regentschaft der Herzogin von Orléans verkündete, stieß er wieder auf heftigen Widerspruch: «Nein, keine Regentschaft! Nieder mit dem Haus Orléans! Weder König noch Königin! Keine Herren!»

«Ich wünsche sie ebensowenig wie ihr, ich habe zeitlebens die Freiheit verteidigt!»

«Warum proklamieren Sie dann die Regentschaft?»

«Weil eine Regentin keine Herrin ist. Übrigens habe ich kein Recht, die Regentschaft zu proklamieren, ich gebe sie nur bekannt.»

Neuer Proteststurm. Ein Blusenmann rief: «Der Pair von Frankreich schweige! Nieder mit dem Pair von Frankreich!» Dabei legte er sein Gewehr auf ihn an.

Der Dichter sah ihn durchdringend an und sagte: «Ja, ich

bin Pair von Frankreich, und ich spreche als Pair von Frankreich! Ich habe nicht einer Person, sondern der konstitutionellen Monarchie die Treue geschworen. Solange keine andere Regierung eingesetzt ist, habe ich die Pflicht, der jetzigen die Treue zu halten. Auch habe ich immer gedacht, das Volk verabscheue es, wenn man seine Pflicht verletzt.»

Beifälliges Gemurmel in seiner Umgebung. Doch als er fortzufahren versuchte, brach der Tumult wieder los. Ein Arbeiter rief: «Wir wollen nicht von einer Frau regiert werden!»

«Ich auch nicht!» entgegnete er. «Ich will weder von einer Frau noch von einem Mann regiert werden. Weil Louis Philippe allein herrschen wollte, ist heute seine Abdankung notwendig und richtig. Aber bedeutet eine Frau, die im Namen eines Kindes regiert, nicht eine Garantie gegen jeden Gedanken an Alleinherrschaft? Seht die Königin Viktoria von England ...»

«Wir sind Franzosen! Keine Regentschaft!»

Eine Stimme rief: «Es lebe die Republik!» Aber sie fand keinen Widerhall. Der Tumult schwoll zum Orkan an. Der Dichter konnte sich kein Gehör mehr verschaffen, und sein Freund Launaye meinte: «Sie haben Ihr Versprechen erfüllt, und uns bleibt jetzt nichts weiter übrig, als uns aus dem Staub zu machen.»

Die Menschenmauer öffnete sich vor ihnen, aber nach wenigen Schritten holte ihn der Mann, der ihn kurz vorher mit dem Gewehr bedroht hatte, ein, legte wieder auf ihn an und brüllte: «Tod dem Pair von Frankreich!»

Ein junger Arbeiter drückte die Mündung des Gewehrs nach unten und forderte energisch Achtung vor dem großen Mann. Mit einem Wink dankte Hugo dem Unbekannten und ging weiter.

Vom dichtbewölkten Himmel sank die Februarnacht hernieder. Im achten Bezirk tauchte lichtscheues Gesindel aus seinen Schlupfwinkeln auf und machte die unbeleuchteten Straßen unsicher. Im Gefängnis La Force, so erfuhr

Victor Hugo unterwegs, war es zu einer Revolte der Strafgefangenen gekommen, die ihre Wächter überwältigt und eingeschlossen hatten und auszubrechen versuchten. Welche Streitkräfte sollte man gegen sie aufbieten? Die Polizei war aufgelöst, die Armee in den Kasernen eingesperrt. Kurz entschlossen eilte er zum Brennpunkt der Gefahr und forderte in einer Ansprache das Volk auf, für den Schutz des Eigentums und des Lebens zu sorgen. Man bildete auf seinen Rat eine Arbeiterwehr, organisierte Patrouillen, stellte Posten auf. Eingeschüchtert durch die Geschütze, die Arbeiter vor dem Gefängnis La Force in Stellung gebracht hatten, gaben die meuternden Strafgefangenen ihren Widerstand auf.

Wie Victor Hugo am Morgen des 25. Februar zu seiner Erleichterung feststellte, hatten diese Sicherheitsmaßnahmen die Ordnung im achten Bezirk wiederhergestellt. Er machte sich daher, zusammen mit seinem Sohn François, auf den Weg in das Stadtinnere. Das Schauspiel des siegreichen Volkes am Morgen nach der Revolution war ein Ereignis, das ihn unwiderstehlich anzog. Das Wetter war trübe, aber mild. Durch die Straßen wogte eine freudig bewegte Menge. Mit unglaublichem Eifer verstärkte man noch immer die Barrikaden und baute neue. Arbeiterzüge mit roten Fahnen marschierten zum Zentrum, bald unter dem Gesang der Marseillaise, bald mit den Rufen: «Es lebe die Republik!» Die Kaffeehäuser waren überfüllt, aber die meisten Geschäfte blieben geschlossen wie an Sonn- und Feiertagen. Nun ja, das Volk von Paris feierte an diesem Tag wahrhaftig ein denkwürdiges Fest – den Sieg der Revolution.

Am Pont-Neuf sah der Dichter eine Proklamation angeschlagen: «Die provisorische Regierung erklärt, daß sie republikanisch ist, und fordert die Nation hiermit auf, den Beschluß der gegenwärtigen Regierung und der Pariser Bevölkerung zu bestätigen.»

Unterzeichnet war die Proklamation von Alphonse Lamartine, einem sensiblen Dichter, nicht ohne politische

Ambitionen, der sich in den vergangenen Jahren zum Republikaner entwickelt hatte. Victor Hugo hatte das Bedürfnis, seinen Freund Lamartine aufzusuchen, der in der provisorischen Regierung als Außenminister fungierte; aber auf dem Platz vor dem Rathaus drängte sich eine unübersehbare dichte Menge. Als er nach vergeblichen Bemühungen, bis zum Eingang des Rathauses vorzudringen, schon kehrtmachen wollte, erblickte ihn der Goldschmied Froment Meurice, Kommandant der Nationalgarde, im Gedränge. «Platz für Victor Hugo!» rief er gebieterisch, und die Menschenmauer öffnete sich wahrhaftig vor ihm. Meurice führte ihn und seinen Sohn über zahlreiche Treppen und durch überfüllte Korridore und Zimmerfluchten.

Da pflanzte sich plötzlich vor ihm ein Blusenmann auf und forderte: «Bürger Victor Hugo, rufen Sie: Es lebe die Republik!»

«Ich rufe nichts auf Befehl», antwortete er gelassen. «Verstehen Sie etwas von Freiheit? Nun, ich übe sie aus. Ich rufe heute: Es lebe das Volk! – weil mir das gefällt. An dem Tag, wo ich ausrufen werde: Es lebe die Republik!, wird es geschehen, weil ich es will.»

«Er hat recht», murmelten mehrere Stimmen. Schließlich führte Meurice ihn und seinen Sohn in ein kleines Vorzimmer.

Auch hier herrschte gewaltiger Andrang. Unter den Wartenden entdeckte Victor Hugo seinen Freund David d'Angers, den berühmten Bildhauer, der seit langem Republikaner war und heute vor Freude strahlte. «Oh, guten Tag, lieber Freund!» rief er, auf ihn zukommend. «Man erzählt mir, die vorläufige Regierung habe mich zum Bürgermeister des elften Bezirks ernannt. Ich nehme an, daß man Sie aus ähnlichem Grund herbestellt hat.»

«Nein», erwiderte Hugo, «ich bin nicht herbestellt. Ich komme von selbst, um Lamartine die Hand zu drücken.»

Da kehrte Meurice mit der Nachricht zurück, der Minister erwarte ihn, und geleitete ihn durch weitere Gänge zu einem überfüllten Vorzimmer. «Eine Unmenge Bittsteller! Die provisorische Regierung tagt eben im Saal nebenan.»

Zwei Grenadiere der Nationalgarde, Gewehr bei Fuß, bewachten den Eingang, taub gegen Bitten und Drohungen. Der eine von ihnen öffnete dem Dichter die Tür, und sogleich stürzte sich die wartende Menge auf die beiden Posten, die sie zurückdrängten, bis sich die Tür hinter ihm geschlossen hatte.

Er befand sich jetzt im großen Rathaussaal, in den durch hohe Fenster helles Tageslicht fiel. Zu seinem Bedauern traf er Lamartine nicht allein an. Dieser unterhielt sich gerade mit mehreren seiner Kollegen – Arago, Marie, Armand Marrast. Von seinem schwarzen Gehrock hob sich eine blauweißrote Schärpe ab; sein Gesichtsausdruck war ernst, fast sorgenvoll. Er kam Hugo entgegen, reichte ihm die Hand, rief: «Oh, Sie kommen zu uns, Victor Hugo? Das ist für die Republik eine stolze Errungenschaft!»

«Nicht so schnell, lieber Freund», antwortete Hugo lachend. «Vielleicht wissen Sie noch nicht, daß ich gestern auf der Place de la Bastille die Regentschaft, die Sie in der Kammer bekämpften, verteidigt habe.»

«Nun ja, gestern, aber doch nicht heute. Es gibt heute keine Monarchie und keine Regentschaft mehr. Außerdem ist es wohl kaum möglich, daß Victor Hugo nicht im Grunde seines Herzens ein Republikaner ist.»

«Ja, im Prinzip bin ich Republikaner. Die Republik ist

meiner Ansicht nach die einzige vernünftige Regierungsform. Aber ist die Stunde der Republik für Frankreich schon gekommen? Ich meine die tatsächliche, die endgültige Republik. Sie werden doch die Nation befragen?»

«Ja, die ganze Nation. Wir alle haben uns ja im Namen der provisorischen Regierung für das allgemeine Wahlrecht ausgesprochen.»

Arago kam auf sie zu, zusammen mit Marrast, der ein Kuvert in der Hand hielt. «Mein lieber Freund», sagte Lamartine zu dem Dichter, «nehmen Sie zur Kenntnis, daß wir Sie heute morgen zum Bürgermeister des achten Bezirks ernannt haben.»

«Hier ist die von uns allen unterzeichnete Urkunde», fügte Marrast hinzu.

«Ich danke Ihnen», entgegnete Hugo, «aber ich kann sie nicht annehmen.»

«Warum nicht?» fragte Arago. «Das ist doch ein politisches Ehrenamt.»

«Wir sind vor kurzem über den Versuch einer Revolte im Gefängnis La Force unterrichtet worden», erklärte Lamartine. «Sie haben sie zu verhindern gewußt. Sie sind in Ihrem Bezirk angesehen und beliebt.»

«Mein Ansehen beruht auf einer gewissen Beliebtheit, sie kann nur abnehmen, wenn ich ein offizielles Amt ausübe. Übrigens will ich Ernest Moreau, der sich in den letzten

Tagen sehr loyal und mutig verhalten hat, keinesfalls um seinen Posten bringen.»

Aber Arago und Lamartine drangen so lange in ihn, die Urkunde nicht abzulehnen, bis er schließlich nachgab. «Gut, ich nehme sie an – aber für meine Autographensammlung; ich behalte sie selbstverständlich in meiner Tasche.»

«Ja, behalten Sie sie», sagte Arago lachend, «damit Sie erzählen können, Sie seien von einem Tag zum anderen Pair und Maire geworden.»

Lamartine zog ihn in eine Fensternische. «Eigentlich», gestand er ihm, «wünschte ich für Sie kein Bürgermeisteramt, sondern einen Ministerposten. Victor Hugo, Unterrichtsminister der Republik! Hören Sie zu, Sie sagen doch, Sie seien Republikaner ...»

«Republikaner im Prinzip. Aber in der Tat war ich gestern Pair von Frankreich, trat ich gestern für die Regentschaft ein und würde ich auch noch heute für sie eintreten, da ich die Republik für verfrüht halte.»

«Die Nationen stehen über den Dynastien», entgegnete Lamartine. «Auch ich war einmal Royalist.»

«Sie waren Abgeordneter, gewählt von der Nation; ich aber war Pair, ernannt vom König.»

«Als der König auf Grund der Verfassung Sie in eine der Kategorien wählte, aus denen sich das Oberhaus zusammensetzt, erwies er nur der Pairskammer und sich selbst eine Ehre.»

«Ich danke Ihnen, aber Sie sehen die Dinge von außen, und ich sehe mein Gewissen.»

Hier wurden sie von heftigem Gewehrgeknatter unterbrochen. Eine Kugel zerschmetterte eine Fensterscheibe über ihren Köpfen.

«Was ist denn jetzt schon wieder los?» rief Lamartine bestürzt. Marrast und Marie eilten hinaus, um zu erfahren, was vorgefallen war.

«Ach, lieber Freund», fuhr Lamartine fort, «wie schwer ist es doch, die revolutionäre Gewalt zu vertreten! Da muß man auf einmal eine so große Verantwortung vor seinem eigenen Gewissen und vor der Geschichte übernehmen. Seit zwei Tagen weiß ich überhaupt nicht, wie ich lebe. Gestern hatte ich etliche graue Haare, morgen werden sie alle weiß sein.»

In diesem Augenblick kehrte Marrast zurück. «Es galt nicht uns», berichtete er. «Man konnte mir das beklagenswerte Scharmützel nicht erklären. Es kam unversehens zu einem Zusammenstoß, die Gewehre gingen los. Niemand kann sagen, ob es sich um ein Mißverständnis oder um einen wirklichen Streit zwischen Republikanern und Sozialisten handelte.»

«Gab es Verletzte?»

«Ja, sogar Tote.»

Düsteres Schweigen trat ein. «Sie haben sicher noch viele Maßnahmen zu treffen», sagte schließlich Hugo.

«Ach, was für Maßnahmen?» erwiderte Lamartine kleinlaut. «Heute morgen haben wir beschlossen, das anzuordnen, was Sie im kleinen schon in Ihrem Stadtviertel getan haben: Die Mobilgarde – jeder Franzose zugleich Soldat und Bürger. Aber das erfordert Zeit, und unterdessen ...» Er wies auf die wogende Menge vor dem Rathaus, Tausende und aber Tausende von unruhigen Köpfen. «Sehen Sie, da ist sie, die Sturmflut!»

Victor Hugo verabschiedete sich bald darauf von dem Minister, der an seinem Amt wenig Gefallen zu finden schien. Auf dem Platz vor dem Rathaus herrschte noch große Erregung wegen der unerklärlichen Schießerei kurz zuvor. Hugo sah, wie man auf einer Bahre einen Toten davontrug. «Das ist der fünfte», sagte man ihm. Man brachte den Gefallenen in den Johannissaal, wo bereits die Toten des Vortages – mehr als hundert – aufgebahrt lagen. Der Dichter war niedergeschlagen.

Vorsichtshalber inspizierte er noch die Wachtposten in seinem Bezirk. Vor der Minimes-Kaserne stand ein fünfzehnjähriger Arbeiterjunge mit einem riesigen Schießprügel, den Hugo schon gestern dort gesehen hatte. «Du stehst also wieder Posten?» fragte er ihn.

Lamartine

Louis Blanc

«Nein, nicht wieder, sondern noch immer, man hat mich nicht abgelöst.»

«Wie lange stehst du denn schon hier?»

«Siebzehn Stunden.»

«Wie, du hast nicht geschlafen, auch nicht gegessen?»

«Doch.»

«Du hast dir etwas zum Essen geholt?»

«Aber nein! Man verläßt doch nicht ohne weiteres seinen Posten. Ich habe heute morgen dem Kaufmann dort drüben zugerufen, ich hätte Hunger, und da hat man mir Brot gebracht.»

Der Dichter sorgte dafür, daß der wackere Junge endlich abgelöst wurde, und ging nach Hause. Mit dieser für den Opfermut der Pariser Arbeiterschaft so bezeichnenden Episode klang der Tag für ihn aus.

Victor Hugo trauerte der Julimonarchie nicht nach. Zwar war sein Verhältnis zur Familie des Bürgerkönigs, besonders zu dessen Schwiegertochter, der Herzogin von Orléans, fast herzlich gewesen; aber das Regime Louis Philippes insgesamt hatte seine Hoffnung auf eine Verbesserung der Lage

Ledru-Rollin

Odilon Barrot

des arbeitenden Volkes nicht erfüllt. So ließ er sich trotz einiger Bedenken, ob Frankreich wirklich für eine Republik reif sei, von den Ereignissen treiben, und seine Freundschaft mit Republikanern wie Barbès und Blanqui sowie einigen utopischen Sozialisten verband ihn unwillkürlich mit der neuen Ära. Und da er überzeugt war, daß ein Dichter wie er unter allen Umständen mit dem Fortschritt gehen müßte, stellte er sich dem neuen Regime uneigennützig zur Verfügung. Daß er diesen Schritt nur zögernd tat, spricht für seinen lauteren Charakter; viele Honoratioren der Julimonarchie waren da weniger zartbesaitet.

«Der zweite Tag der Revolution», schreibt Odilon Barrot in seinen Erinnerungen, «bot ein recht unedles Schauspiel. Die obersten Verwaltungs- und Gerichtsbehörden bemühten sich, im Stadthaus ihre lügnerische Ergebenheit zu beteuern, die Generale der Monarchie kamen, um der Republik ihren Degen anzubieten, die Richter beeilten sich, einen Prozeß gegen die Minister einzuleiten, deren Wille ihnen noch am Tage vorher oberstes Gesetz gewesen war.»

Diese Darstellung, die weitgehend auf persönlichen Eindrücken des Dichters beruht, soll an dieser Stelle mit den Äußerungen eines anderen Zeitgenossen konfrontiert werden, der eine messerscharfe Analyse der politischen Kräfte der zweiten französischen Republik gibt: Karl Marx.

«Die *provisorische Regierung*, die sich auf den Februarbarrikaden erhob, spiegelte in ihrer Zusammensetzung notwendig die verschiedenen Parteien ab, worunter sich der Sieg verteilte. Sie konnte nichts anderes sein als ein *Kompromiß der verschiedenen Klassen*, die gemeinsam den Julithron umgestürzt, deren Interessen sich aber feindlich gegenüberstanden. Ihre große *Majorität* bestand aus Vertretern der Bourgeoisie. Das republikanische Kleinbürgertum, vertreten in Ledru-Rollin und Flocon, die republikanische Bourgeoisie in den Leuten vom ‹National›, die dynastische Opposition in Crémieux, Dupont de l'Eure usw. Die Arbeiterklasse besaß nur zwei Repräsentanten, Louis Blanc und Albert. Lamartine endlich in der provisorischen Regierung, das war zunächst kein wirkliches Interesse, keine bestimmte Klasse, das war die Februarrevolution selbst, die gemeinsame Erhebung mit ihren Illusionen, ihrer Poesie, ihrem eingebildeten Inhalt und ihren Phrasen. Übrigens gehörte der Wortführer der Februarrevolution, seiner Stellung wie seinen Ansichten nach, der *Bourgeoisie* an.»

Und so allmählich setzte sich die Bourgeoisie wieder durch. Um die blutigen Folgen der ersten französischen Revolution zu vermeiden, umging man Todesstrafen, niemand wurde zur Rechenschaft gezogen; die Arbeiterschaft suchte ihre Interessen neben den bürgerlichen geltend zu machen, während die große Masse der Kleinbürger und Bauern sich ohnehin abseits hielt.

Um der revolutionären Bewegung die Spitze abzubrechen, verbrüderte man sich. «Diese gemütliche Abstraktion von den Klassengegensätzen, diese sentimentale Ausgleichung der sich widersprechenden Klasseninteressen, die *fraternité*, sie war das eigentliche Stichwort der Februarrevolution. Die Klassen waren durch ein bloßes *Mißverständnis* gespalten, und Lamartine taufte die provisorische Regierung am

Défilé vor der provisorischen Regierung
am 20. April 1848

24. Februar: ‹un gouvernement qui suspende ce malentendu terrible qui existe entre les différentes classes› (‹eine Regierung, die dieses fürchterliche Mißgeschick aufhebt, das zwischen den verschiedenen Klassen besteht›). Das Pariser Proletariat schwelgte in diesem großmütigen Fraternitätsrausche.»

Der Rausch der ersten Stunde war gar bald verflogen. Die Verkündung der bürgerlichen Freiheiten löste noch nicht die drängenden sozialen Probleme. Die Julimonarchie hatte enorme Staatsschulden hinterlassen, Industrie und Handel stagnierten nach der Revolution, die Börsenkurse sanken katastrophal, große Bankhäuser stellten ihre Zahlungen ein. Die junge Republik war noch nicht vier Wochen alt, als sie am Rande des Staatsbankrotts stand.

Im Palais Luxembourg entwarf eine Kommission unter Leitung von Louis Blanc einen Entwurf nach dem anderen, um das proklamierte Recht auf Arbeit in die Tat umzusetzen – für die damalige Zeit eine großartige soziale Vision, die nur leider unter der Herrschaft der Bourgeoisie nicht zu verwirklichen war. Um die aufgebrachten Arbeiter zu beschwichtigen, wurde von der Regierung schließlich die Errichtung von Nationalwerkstätten beschlossen, in deren Register jeder Arbeitsuchende eingetragen werden konnte. Doch es stellte sich nur allzubald heraus, daß weder ausreichend Geld noch Arbeit vorhanden war.

Auch die Erweiterung des Wahlrechtes, eine der Grundforderungen der Februarrevolution, sollte sich als problematisch erweisen. Waren bisher nur rund 250000 Franzosen wahlberechtigt gewesen, so wuchs diese Zahl nun mit einem Schlage auf 10 Millionen. Doch aus den Wahlen zur Verfassunggebenden Versammlung ging eine reaktionäre Mehrheit vor allem von Deputierten aus den ländlichen Departements hervor, darunter zahlreiche Geistliche, Gutsbesitzer, ehemalige Generale und Legitimisten aller Schattierungen. Die Republikaner, die nur eine Minderheit darstellten, bildeten den radikalen linken Flügel. Das Schiff der Republik steuerte immer mehr nach rechts. Und unauf-

Nationalwerkstatt im Gefängnis von Clichy bei Paris 1848

haltsam sank das Ansehen des zum Präsidenten der Versammlung gewählten Dichters Lamartine, einst das Idol der Revolution.

Mit überwältigender Mehrheit wurde Victor Hugo in den nächsten Tagen in die republikanische Nationalversammlung gewählt, übrigens auf derselben Ergänzungsliste wie Thiers und Louis Blanc – eine kleine historische Pikanterie, die auf ihre Weise die damalige ideologische Konfusion charakterisiert.

Die Schließung der Nationalwerkstätten, durch die rund 113000 Arbeiter auf die Straße geworfen wurden, ließ die allgemeine Unzufriedenheit überschäumen. Die Nachricht vom Juniaufstand des Pariser Proletariats überraschte Hugo in der Nacht vom 23. zum 24. Juni in der Abgeordnetenkammer. An der Porte Saint-Denis, so berichteten Augenzeugen, war es zum ersten Zusammenstoß zwischen den Insurgenten und der Nationalgarde gekommen.

Gegen Morgen trat Hugo den Heimweg an, gelangte aber nur bis zur Place Baudoyer, wo das Militär nachts Verhaue errichtet hatte. Das Sonnenlicht umspielte schon die Schornsteine der Mietskasernen, aber der Ausgang der Rue Saint-Antoine war noch in Finsternis getaucht. Zuweilen erschien dort ein Blusenmann und hielt Ausschau; doch die hinter den Verhauen postierten Soldaten jagten ihn durch Schüsse zurück. Ein Kugelhagel antwortete von den Dächern und aus den Fenstern der gegenüberliegenden Häuser.

Ein Hauptmann mit grauem Schnurrbart, der in der Mitte der Straßensperre stand, rief seinen Leuten zu: «Vorsicht! Duckt euch! Gib acht, Pairaud, dein Kopf guckt hervor! Gewehre wieder laden!»

Jetzt tauchte an der Straßenecke eine Frau auf und kam, vorsichtig um sich blickend, auf die Barrikade zu. Es hagelte Flüche und Schimpfwörter: «Elendes Weibsbild! Willst du wohl verschwinden, du Hure! Beeile dich, Fisch. Das ist eine Spionin, sie will die Lage peilen! Putzen wir sie weg!»

Aber der Hauptmann hielt seine Leute zurück: «Nicht schießen! Das ist doch eine Frau.»

Eine Feuerpause trat ein. Der Hauptmann warnte jedoch den Dichter weiterzugehen; er könnte in die Gewalt der Insurgenten geraten, die ihn vielleicht als Geisel festhalten würden. Also kehrte er in die Abgeordnetenkammer zurück. Unterwegs dachte er daran, wieviel Blut jetzt wieder in Paris auf beiden Seiten fließen würde.

«Monsieur Hugo», teilte ihm in der Kammer der Abgeordnete Balley mit, «man hat Ihr Haus in Brand gesteckt, die Insurgenten sind von der Sackgasse aus durch den Hintereingang eingedrungen.»

«Und meine Familie?»

«Sie ist in Sicherheit.»

«Woher wissen Sie das?»

«Ich komme von dort. Ihre Familie war zunächst in die Bürgermeisterei geeilt, wo ich mich auch befand. Als ich sah, daß die Gefahr vorbei war, riet ich Ihrer Gattin, anderswo

Zuflucht zu suchen. Sie fand mit ihren Kindern Schutz bei dem Tabakhändler Martignon, der neben Ihrem Haus unter den Arkaden wohnt.»

«Und wie steht es mit dem Aufstand?»

«Das ist eine Revolution. Die Insurgenten sind zur Zeit Herr von Paris.»

Da verließ der Dichter den Saal und eilte zu dem Zimmer, in dem das Exekutivkomitee tagte.

Die Mitglieder der provisorischen Regierung, so schien es, waren völlig kopflos. Der dicke, untersetzte Ledru-Rollin mit krebsrotem Gesicht bildete einen wunderlichen Kontrast zu dem hageren, bleichen Garnier-Pagès, der hilflos in einem Sessel lehnte. Lamartine, augenscheinlich sehr nervös, sprach gerade mit dem General Négrier. Als er Hugo erblickte, kam er auf ihn zu und reichte ihm die Hand. Sein Gesicht war eingefallen, sein Haar zerzaust, sein Anzug zerknittert und staubig. Er erzählte, General Cavaignac habe gestern, nachdem er die ersten Maßnahmen gegen die Insurrektion ergriffen hatte, zu ihm gesagt: «Das genügt für heute.» Er aber habe geantwortet: «Es ist noch vier Stunden hell, und der Aufruhr kann sie ausnutzen, während wir sie verlieren.» Doch Cavaignac habe wiederholt: «Nein, das genügt für heute.»

Lamartine schüttelte den Kopf, als verstehe er das alles nicht, und zuckte die Achseln. Und immer wieder klagte er, er sei schließlich nicht der Kriegsminister. Der gefeierte Dichter der *Harmonien* gab in den Tagen des proletarischen Aufstandes wahrhaftig eine traurige Figur ab.

Am Morgen des 25. Juni versuchte Victor Hugo wieder in seine Wohnung an der Place Royale zurückzukehren. Zu beiden Seiten des Boulevard Beaumarchais hatten die Aufständischen die Fenster und Dächer der Häuser besetzt und eröffneten von dort aus immer wieder ihr Scharfschützenfeuer auf die Mobilgarde, die gerade Granatwerfer vor dem Théâtre de la Gaité auffuhr, um das Gebäude zu zerstören. Er verhinderte diesen Zerstörungsakt und eilte dann, um weiteres Blutvergießen zu verhüten, auf die

Barrikade zu, ungeachtet der feindlichen Geschosse, die an ihm vorbeischwirrten und die Plakate an einer kleinen Litfaßsäule zerfetzten. Auf einem von ihnen wurde für den kommenden Sonntag ein großes Lampionfest mit Musik und Tanz im Château des Fleures angekündigt.

Sieh an, sein Haus war nicht niedergebrannt! Er fand es von Soldaten besetzt, die nachts mehrere Insurgenten vertrieben hatten, als sie es nach Waffen durchsuchten. An der Mauer des Hinterhofes sah er mit verbundenen Augen die Pförtnerin knien, die erschossen werden sollte, weil sie angeblich den Aufrührern den hinteren Eingang geöffnet hatte. Der Dichter beschwor die Soldaten, ihren Sieg nicht mit einer solchen Bluttat zu besudeln, und erwirkte, daß die Frau freigelassen wurde. Er rettete auch mehreren Aufständischen das Leben, unter anderen Biscarrat, seinem ehemaligen Lehrer, dem Architekten Roland und dem Grafen Fouchécourt, die sich dem Aufstand angeschlossen hatten; er gab sie für seine Diener aus, führte sie nicht ohne Gefahr durch die Postenkette.

Am 26. Juni wurde die erste große bewaffnete Erhebung des Proletariats in Strömen von Blut erstickt. Ohne Unterstützung von seiten der Kleinbürger und Bauern, ohne zentrale Leitung, ohne die Hilfe einer revolutionären Partei, verraten von Louis Blanc, ergab sich Saint-Antoine, das letzte Zentrum der Aufständischen. 800 Arbeiter waren im Kampf gefallen, 11 000 wurden erschossen, 25 000 verhaftet, 3 500 in die Verbannung geschickt.

Als Victor Hugo davon erfuhr, galt sein erster Gedanke den Frauen und Kindern der Getöteten. So unterstützte er in der Kammer einen Antrag der Linken, die armen Witwen und Waisen der Fürsorge der Republik zu empfehlen, und sprach sich auch für die Amnestie der gefangenen Insurgenten aus.

Diese Verhaltensweise des Dichters ist bezeichnend für seine widerspruchsvolle Einstellung. Den Arbeiteraufstand hatte er als einen Gewaltakt verworfen. Kaum aber waren die letzten Schüsse verhallt, da erhob er sofort seine Stimme

Arbeiteraufstand 1848, Kampf ums Pantheon

für die Opfer. Sein Antrag auf Begnadigung der Gefangenen wurde indes von der reaktionären Mehrheit des Parlaments abgelehnt.

Am 25. November fand der Juniaufstand in der Kammer ein groteskes Nachspiel. Zur Debatte stand die Frage, ob der General Cavaignac in den Junitagen seine Pflicht versäumt habe, da er die Insurrektion nicht rechtzeitig verhinderte. Schon vorher hatte diese Frage viel Staub in der Öffentlichkeit aufgewirbelt. Cavaignac, Kriegsminister und starker Mann der Regierung, verstand es, sich den Rücken zu decken; er verteilte mit vollen Händen Orden und Posten unter die Deputierten und verlieh unter anderem dem Bischof von Quimper das Kreuz der Ehrenlegion. Die Abgeordneten mokierten sich über diesen Rollentausch: Ein General reicht das Kreuz einem Prälaten, der ihm dafür seine Stimme gibt!

Als Jules Favre die große Novemberdebatte feierlich ankündigte, brach die Mehrheit der Kammer in schallendes Gelächter aus. Nach der Tagung sagte im Vorraum Pfarrer Coquerel zu Cavaignac: «Halten Sie durch, General!», worauf dieser arrogant erwiderte: «In einer Viertelstunde werde ich diese Elenden zum Teufel jagen!»

Mit den «Elenden» waren die Mitglieder der provisorischen Regierung gemeint: Lamartine, Garnier-Pagès, Ledru-Rollin und Arago.

Zum großen Erstaunen Victor Hugos aber hörte das Abgeordnetenhaus am 25. November nicht nur die dreistündige Rechtfertigungsrede Cavaignacs aufmerksam an, sondern legte auch alle Anzeichen der Sympathie für ihn an den Tag. Übrigens war es weniger eine Rechtfertigungsrede, zu der sich der hochmütige General herbeiließ, als eine Anklage an die Adresse der Regierung. Zum Schluß schlug er mit der Faust auf die Tribüne, daß das dort stehende Glas Wasser herunterfiel und am Boden zerbrach, und rief aus: «Ich weiß nicht, wie lange ich gesprochen habe, aber ich werde nötigenfalls noch den ganzen Abend, die ganze Nacht

General Cavaignac

und auch am Sonntagvormittag sprechen, und Sie werden dann nicht mehr den Anwalt hören, sondern den Soldaten!»

Barthélemy Sainte-Hilaire, der erste Ankläger Cavaignacs, ein schlechter Redner, langatmig und trocken, wurde wiederholt niedergeschrien. Nicht viel besser erging es Garnier-Pagès, der mit großem Pathos mehr auf seine eigenen politischen Verdienste hinwies als auf die Versäumnisse Cavaignacs und erst gegen Schluß seiner Rede aufdeckte, was sich der General in den Junitagen hatte zuschulden kommen lassen. Aber die Mehrheit der Abgeordneten zischte, als er Cavaignac den Vorwurf machte: «Sie wollten uns damals zu Boden werfen!»

Mehr Anklang fanden die Worte Ledru-Rollins, der zwar dem General seine Versäumnisse am Vorabend der Juniinsurrektion vorhielt, aber für Nachsicht plädierte.

Auf dem Platz vor der Abgeordnetenkammer hörte man

das Volk toben und die berittene Polizei gegen die Demonstranten vorgehen. Es war gegen elf Uhr abends, als Cavaignac zum drittenmal die Tribüne bestieg, mit einer hochfahrenden Geste gegen die sozialistischen Abgeordneten erklärte, er werde ihre Beschimpfungen immer ihrem Lob vorziehen, und Ledru-Rollin, der ihn doch gegen Ende seiner Rede in Schutz genommen hatte, impertinent zurief: «Sie haben gesagt, Sie zögen sich von mir zurück. Nein, ich ziehe mich von Ihnen zurück! Sie haben gesagt – für lange. Ich aber sage Ihnen – für immer!»

Dann wanderte eine Liste, die den für Cavaignac Partei nehmenden Antrag des Abgeordneten Dupont enthielt, von Bank zu Bank. Mit 503 Stimmen gegen 34 nahm die reaktionäre Kammer diesen Antrag an, der die offizielle Erklärung vom 28. Juni bestätigte: Der General Cavaignac hat sich um das Vaterland verdient gemacht.

Während der schändliche Ausgang der Debatte verkündet wurde, fragte der Sohn Jérôme Bonapartes den Dichter: «Sie haben sich heute zurückgehalten?»

«Ich habe zwar nicht gesprochen, aber abgestimmt.»

«Wir haben uns auch der Stimmabgabe enthalten.»

«Das ist Ihre Sache. Ich hielt es für meine Pflicht. Ich verurteile Cavaignac. Und wenn das Vaterland über mich urteilt, wünsche ich helles Licht über meinen Taten, und meine Stimmabgaben sind Taten.»

7

Worte und Taten

Victor Hugo entfaltete nunmehr als Mitglied der gesetzgebenden Nationalversammlung eine rege politische Aktivität und suchte vor allem seine Vorstellungen von einer wahrhaft menschenwürdigen Existenz des arbeitenden Volkes zu verwirklichen. Die erste Gelegenheit dazu bot sich ihm am 9. Juli 1849, da eine Gesetzesvorlage des Abgeordneten Armand de Melun zur Debatte stand: der Antrag, einen außerordentlichen Ausschuß zu bilden, der die Frage der öffentlichen Versorgung der Armen und Invaliden erörtern und lösen sollte. Dieser Antrag stieß auf den heftigen Widerspruch der Rechten, denn sie witterte in solchen Wohlfahrtsmaßnahmen einen «verschleierten Sozialismus». Obgleich Victor Hugo kein Sozialist war, entwickelte er auf der Rednertribüne die Idee, daß man die Wiederherstellung der Ordnung benutzen müsse, um den Interessen des Volkes entgegenzukommen.

Es lag ihm fern, sich durch blendende Rhetorik wie andere Deputierte hervorzutun; er fesselte das Auditorium durch einen erschütternden Tatsachenbericht, den er auf Grund seiner Beobachtungen und Erfahrungen über das Massenelend in Paris gab:

«In jenen Vorstädten von Paris, die der Sturm des Aufstandes so oft aufgewühlt hat, gibt es Straßen, Häuser oder besser Kloaken, in denen ganze Familien zusammenleben, Männer, Frauen, junge Mädchen, Kinder, die keine Betten und keine Decken haben, die als Kleidung, so möchte ich sagen, nur stinkende, faulende Lumpen besitzen, die sie aus dem Schmutz des Rinnsteins auflesen, Misthaufen der Städte, in denen sich menschliche Wesen verkriechen, um der Kälte des Winters zu entgehen. Das ist Tatsache! Es folgen weitere: In den letzten Tagen ist ein Mann, ein unglücklicher Schriftsteller – denn das Elend verschont die freien Berufe ebensowenig wie die manuellen – buchstäblich verhungert, man hat nach seinem Tod festgestellt, daß er seit sechs Tagen nichts gegessen hatte. Wollen Sie etwas noch Schmerzlicheres zur Kenntnis nehmen? Im vorigen Monat hat man während der Verschärfung der Choleragefahr gesehen, wie eine Frau und vier Kinder ihre Nahrung in den abscheulichen, verseuchten Abfällen der Schlachthöfe von Montfaucos suchten!»

Zum Schluß appellierte er an das Gewissen der Volksvertreter, indem er ihnen zurief: «Sie haben nichts vollbracht, solange die gefestigte materielle Ordnung noch keine

gefestigte moralische Ordnung hat! Sie haben nichts vollbracht, solange das Volk leidet! Sie haben nichts vollbracht, solange es unter uns eine Volksschicht gibt, die hungert! Sie haben nichts vollbracht, solange Menschen, die in der Blüte des Lebens stehen, kein Brot haben, solange sie, die ein Leben lang gearbeitet haben, als alte Menschen obdachlos sind, solange der Wucher unser Land auffrißt. Nichts ist erreicht, solange es keine brüderlichen Gesetze gibt, heilsame Gesetze, die überall den ordentlichen Familien, den fleißigen

Bauern, den tüchtigen Arbeitern, kurz, den rechtschaffenen Menschen beistehen! Sie haben nichts vollbracht, solange der Geist der Revolution die Not zur Verbündeten hat! Sie haben nichts vollbracht, solange bei diesem Zerstörungswerk, das unterirdisch immer weitergeht, der böse Mensch den unglücklichen Menschen zum Helfershelfer hat! ... Meine Herren, bedenken Sie, daß die Anarchie Abgründe aufreißt, daß aber das Elend sie gräbt. Sie haben Gesetze gegen die Anarchie geschaffen, schaffen Sie endlich auch Gesetze gegen das Elend!»

Als der Dichter die Tribüne verließ, schüttelten ihm die Abgeordneten der Linken herzlich die Hand, und nicht zuletzt dank seiner zündenden Rede wurde die Gesetzesvorlage Meluns mit überwältigender Mehrheit angenommen.

Wenige Wochen danach, im August 1849, trat während der Parlamentsferien in Paris ein Friedenskongreß zusammen, an dem Vertreter der wichtigsten europäischen Völker teilnahmen. Es spricht für das internationale Ansehen Hugos, das dieser inzwischen erlangt hatte, daß er zum Präsidenten des Kongresses gewählt wurde.

Im Oktober 1849 kam es im Parlament zu einer scharfen Auseinandersetzung, die entscheidend die politischen Fronten klärte. Anlaß war die Entsendung eines französischen Expeditionskorps unter dem Befehl des Generals Oudinot nach Italien, das zugunsten des Papstes interveniert, Rom erstürmt, die Römische Republik unter Mazzini beseitigt und es dadurch Papst Pius IX. ermöglicht hatte, seine Residenz im Vatikan wieder einzunehmen. Der Papst, der eine Zeitlang selbst mit Reformen geliebäugelt und sich in der Rolle eines Protektors der italienischen Einigungsbewegung gefallen hatte, kehrte voller Rachegefühle aus seinem Exil in Gaëta zurück und unterdrückte blutig die republikanischen Freiheiten.

Wieder ergriff Victor Hugo das Wort: «Meine Herren, wissen Sie, wie es jetzt in jenem Rom, das so lange die Völker glänzend geleitet hat, um die Zivilisation bestellt ist? Keine

Gesetzgebung, vielmehr ein Wust von feudalklerikalen Gesetzen, die in verhängnisvoller Weise die Grausamkeit der Kriminalrichter und die Käuflichkeit der Zivilrichter veranlassen! In Rom allein vierzehn Sondergerichte! Vor diesen Tribunalen keinerlei Garantie für irgend jemanden! Die Verhandlungen sind geheim, die mündliche Verteidigung ist verboten. Geistliche Richter urteilen über weltliche Angelegenheiten. Pius VII. hatte eine Kommission für Impfung geschaffen, Pius IX. hat sie abgeschafft. Was soll ich Ihnen noch sagen? Konfiskation, Ausnahmegesetze, Verwerfung des Asylrechts, Zusammenpferchung und Einschließung der Juden, genau wie im fünfzehnten Jahrhundert, ein unerhörtes Chaos! Der Klerus mischt sich in alles ein, die Pater erstatten Polizeiberichte! Zwei Zensuren lasten auf dem Denken: die politische und die klerikale. Die eine knebelt die öffentliche Meinung, die andere das Gewissen. Man stellt die Inquisition wieder her!»

Schließlich appellierte er an die Parlamentarier: «Bedenken Sie, daß die Expedition nach Rom, so untadelig sie auch in ihrer Absicht gewesen, in ihrem Ergebnis verwerflich werden könnte. Sie haben nur eine Möglichkeit zu beweisen, daß die Verfassung der Römischen Republik nicht verletzt worden ist – nämlich dadurch, daß Sie die Freiheit des römischen Volkes aufrechterhalten.»

Als darauf die Linke in Beifallsstürme ausbrach, rügte der Führer der Klerikalen Montalembert, diese Kundgebung sei eine Züchtigung für Monsieur Victor Hugo. Und der Dichter antwortete ihm: «Diese Züchtigung akzeptiere ich, und ich empfinde sie als eine Ehre. Es gab eine Zeit, in der Monsieur de Montalembert sein Talent schöner anwendete. Er verteidigte Polen, wie ich heute Italien verteidige. Ich war damals mit ihm, er ist heute gegen mich. Das hat einen sehr einfachen Grund: Er ist zu denen übergegangen, die unterdrücken, und ich bleibe auf der Seite derer, die unterdrückt werden.»

Hugo hatte sich in seiner fulminanten Rede den Haß der gesamten Rechten zugezogen. Er hatte die klerikale Mehrheit des Parlaments gegen sich, die intrigierenden liberalen Politiker der zweiten Republik vom Schlage eines Thiers oder Odilon Barrot und den eitlen Prinz-Präsidenten Louis Bonaparte, der sich immer mehr in seine imperatorische Rolle hineingelebt und längst begriffen hatte, daß dieser Hugo, dessen Namen er längere Zeit zu nutzen verstand, für seine Politik auf die Dauer nicht zu gebrauchen war. Sehr schnell kühlte in den folgenden Monaten das Verhältnis zwischen dem kaiserlichen Neffen und dem Dichter ab und machte allmählich bitterer Feindschaft Platz.

In dieser an innenpolitischen Krisen und außenpolitischen Verwicklungen, ökonomischen Katastrophen und reaktionären Rückschlägen so reichen Epoche schien die Poesie für Victor Hugo völlig in den Hintergrund zu treten. Er ging ganz in seiner Aufgabe eines Vorkämpfers der Freiheit und eines Verteidigers der Rechte des Volkes auf. So forderte ihn am 15. Januar 1850 das von dem Unterrichtsminister Falloux, einem fanatischen Ultramontanen, vorbereitete Gesetz über die Freiheit des Unterrichts zu einer scharfen Entgegnung in der Nationalversammlung heraus. Im Interesse der französischen Jugend, deren Denkfreiheit durch dieses vom ultraklerikalen Geist inspirierte Gesetz gefährdet schien, hielt er eine seiner wirkungsvollsten Reden. Er ging davon aus, wie er sich die wahre Volkserziehung vorstellte: «Ein großartiger, vom Staat geregelter und erteilter Unterricht, der von der Dorfschule ausgeht und Stufe für Stufe bis zur Hochschule, ja bis zum Institut von Frankreich aufsteigt. Die Tore der Wissenschaft stehen aller Intelligenz offen – überall, wo es einen Sprengel, überall, wo es Geist, überall, wo es Bücher gibt. Keine Gemeinde ohne Schule, keine Stadt ohne Oberschule, keine Hauptstadt ohne Fakultät. Ein großes Ganzes oder, besser gesagt, ein weitverzweigtes Netz von geistigen Bildungsstätten, Lyzeen, Gymnasien, Hochschulen, Lehrstühlen, Bibliotheken, die auf das ganze Land ausstrahlen und allerorts jene Fähigkeiten entwickeln, die Berufungen erwecken ... Ich glaube an diese bessere Welt ... Sie steht mir unablässig vor Augen. Ich glaube mit aller Kraft meiner Überzeugung an sie, und nach so vielen Kämpfen, Forschungen und Prüfungen ist sie die höchste Gewißheit meiner Vernunft sowie der größte Trost meiner Seele.»

Unerschrocken griff er dann die Gesetzesvorlage des Unterrichtsministers Falloux an: «Ihr Gesetz ist ein Gesetz, das eine Maske trägt. Es sagt das eine, wird aber das andere tun. Es ist ein Gedanke der Unterjochung, der den Schein der Freiheit annimmt; es ist eine Konfiskation, die sich Geschenk nennt. Ich will es nicht! Das ist eure Gewohnheit.

Schmiedet ihr eine Kette, so sagt ihr: Das ist die Freiheit! Heckt ihr eine Proskription aus, so ruft ihr: Das ist eine Amnestie.»

Unter den entrüsteten Zwischenrufen der klerikalen Partei, die behauptete, er wolle den Religionsunterricht unterdrücken, fuhr er fort: «Wissen Sie, was der wahre Religionsunterricht ist, vor dem man sich verneigen muß und den man nicht anzugreifen braucht? Es ist die Nächstenliebe am Bett des Sterbenden; es ist der Pater Mercy, der Sklaven loskauft; es ist Paul de Vincent, der das Findelkind auf seinen Arm nimmt; es ist der Bischof von Marseille inmitten der Pestkranken; es ist der Erzbischof von Paris, der lächelnd die furchtbare Vorstadt Saint-Antoine betritt, der sein Kreuz über dem Bürgerkrieg erhebt und nicht danach fragt, ob er den Tod finden wird – wenn er nur den Frieden bringt.»

Er hielt den Klerikalen weiter entgegen, wieviel Finsternis die Kirche über die Völker gebracht, wie sie die größten Gelehrten verfolgt, Campanella dem hochnotpeinlichen Verhör unterworfen, im Namen des heiligen Paulus den Entdecker Amerikas, den großen Kolumbus, und im Namen Josuas den genialen Astronomen Galilei eingekerkert habe, und rief aus: «Ihr fordert Unterrichtsfreiheit? Seien wir aufrichtig, verständigen wir uns über die Freiheit, die ihr meint; es ist die Freiheit, niemanden aufzuklären. Euch soll man die Erziehung ganzer Völker anvertrauen? Sehen wir uns eure Schüler an. Betrachten wir eure Produkte. Was habt ihr aus Italien gemacht? Was habt ihr aus Spanien gemacht? Seit Jahrhunderten haltet ihr sie in euren Händen, in eurer Schule, unter eurer Rute, diese zwei großen Nationen, die einst zu den berühmtesten gehörten. Italien, dessen Namen heute kein denkender Mensch ohne unaussprechlichen Schmerz nennen kann, Italien, die Mutter der Denker und der Nationen, der die Welt strahlende Wunder der Poesie und der Kunst verdankt, Italien, das der Menschheit das Lesen beigebracht hat, Italien kann heute – dank euch – nicht lesen. Das hochbegabte Spanien, das seine erste Kultur von den Römern, seine zweite Kultur von den Arabern und eine neue Welt von Gott empfangen hat, dieses Spanien hat dank euch, dank eurem abstumpfenden Joch, das ein Joch der Erniedrigung und Schmälerung ist, jenes Geheimnis der Macht, das es von den Römern, jenen Geist der Künste, den es von den Arabern, jene Welt, die es von Gott hatte, für immer verloren und für all das, was ihr ihm genommen, eure Inquisition erhalten.»

Seine Worte gingen im Toben der Klerikalen unter, die erklärten, er sei ihnen schon lange verdächtig. Darauf er: «Ich bin euch verdächtig? Inwiefern? Ich habe doch im

An der Wahlurne

vorigen Jahr die gefährdete Ordnung verteidigt, so wie ich heute die bedrohte Freiheit verteidige ... War ich euch auch verdächtig, als ich mein Mandat als Abgeordneter erfüllte und das Blutvergießen auf den Junibarrikaden zu verhüten suchte?»

Zum Schluß warf er ihnen vor: «Wie Menschen, die der Arbeit überdrüssig sind, reißt ihr alles nieder, den Ruhm, das Denken, die Intelligenz, den Fortschritt, die Zukunft, und ruft: ‹Genug! Gehen wir nicht weiter, machen wir halt!› Seht ihr denn nicht, daß alles kommt und geht, alles sich bewegt, wächst und sich verändert, alles um euch, über euch und unter euch sich erneuert? Ihr wollt also haltmachen? Nun, ich, der ich die Katastrophen, die Zusammenbrüche hasse, sage euch noch einmal euren geistigen Tod voraus. Den Menschen, die so unvernünftig sind zu behaupten: ‹Die Menschheit wird nicht weiter vorwärts schreiten›, antwortet Gott mit dem Erdbeben.»

Dennoch wurde die Gesetzesvorlage Falloux' angenommen – ein Zeichen, wie sehr die Reaktion bereits an Boden gewonnen hatte. Übrigens kursierte in den politischen Kreisen von Paris seit einiger Zeit das Gerücht, daß Louis Bonaparte den Justizminister, einen aufrechten Mann, nur deshalb entlassen habe, um von seinem Nachfolger, dem willfährigen Rouher, ein Deportationsgesetz vorbereiten zu lassen.

Als dieses Gesetz im April 1850 der Nationalversammlung unterbreitet wurde, bestieg Victor Hugo unverzüglich die Rednertribüne, um dagegen Stellung zu nehmen. Er wies die Abgeordneten darauf hin, daß in den Tagen der Februarrevolution ein großmütiger Beschluß des Volkes die Todesstrafe für politische Vergehen abgeschafft habe, und riß den Verteidigern des Deportationsgesetzes die Maske vom Gesicht: «Die Urheber dieses Projektes, die Mitglieder der Kommission, die ehrenwerten Vertreter der Mehrheit sagen: ‹Im Strafgesetzbuch besteht eine Lücke, man will sie ausfüllen, nichts weiter; man will lediglich die Todesstrafe irgendwie ersetzen ...› Aber was Sie auch tun mögen, meine Herren, Sie werden vergeblich untersuchen und nachforschen, vergeblich von den Marquesasinseln nach Madagaskar und von Madagaskar nach den Marquesasinseln fahren, die der Admiral Bruat das ‹Grab der Europäer› nennt. Das Klima des Deportationsortes wird im Vergleich mit dem Frankreichs immer mörderisch und die Akklimatisierung, die schon freien Menschen sehr schwerfällt, für unglückliche Strafgefangene völlig unmöglich sein. Man will

Die Deputiertenkammer

die Todesstrafe abschaffen? Was aber tut man? Man kombiniert Klima, Verbannung und Gefängnis. Das Klima gibt dazu seine Bösartigkeit, die Verbannung ihre niederschmetternde Wirkung, das Gefängnis seine Verzweiflung: so hat man statt eines Henkers deren drei. Die Todesstrafe ist dadurch ersetzt.

Ach, geben Sie doch diese schwülstigen Redensarten, diese scheinheilige Phraseologie auf, seien Sie wenigstens aufrichtig und sagen Sie mit uns: Die Todesstrafe ist wiederhergestellt.»

Mit einer Vorstellungskraft ohnegleichen, wie sie nur dem Dichter eigen ist, malte er die Leiden eines Deportierten aus und fuhr dann fort: «Oh, das ist abscheulich! Ich protestiere dagegen im Namen der Menschlichkeit! Ach, meine Herren, Sie sind unbarmherzig, ja herzlos! Was Sie Buße nennen, nenne ich Martyrium, und was Sie Gerechtigkeit nennen, nenne ich Mord!»

Zum Schluß gab der Dichter seinem Abscheu gegen das Deportationsgesetz Ausdruck, indem er erklärte: «Meine Herren, das Gesetz, das man Ihnen vorschlägt, ist schlecht, barbarisch, verrucht. Sie werden es ablehnen. Ich setze

Vertrauen in Ihre Weisheit und Ihre Menschlichkeit. Denken Sie daran im Augenblick der Abstimmung. Wenn die Menschen ein ungerechtes Gesetz verabschieden, so trifft Gott mit diesem Gesetz schließlich diejenigen, die es gemacht haben.»

Wegen des Tumults im Saal, des stürmischen Beifalls der Linken und des wütenden Protestes der Rechten, mußte die Sitzung vertagt werden. Nach einigen Tagen aber wurde das Deportationsgesetz angenommen, zweifellos unter dem Druck des Präsidenten Louis Bonaparte, der bereits dazu überging, eine brutale Diktatur in der Französischen Republik auszuüben.

Victor Hugos Verhältnis zu Louis Bonaparte hatte von Anfang an etwas Rätselhaftes. Nach langjähriger politischer Erfahrung neigte er eigentlich nicht mehr zur Vertrauensseligkeit. Er ahnte, welche Gefahr der Republik von der Seite ehrgeiziger Generale drohte, und griff daher in der von ihm im Jahre 1848 gegründeten Zeitung «Evènement» wiederholt den General Cavaignac, den Mörder der Insurgenten des Juni 1848, an, von dem er einen Staatsstreich befürchtete. Dagegen vertraute er dem harmlos erscheinenden Prinzen Louis Bonaparte und verwendete sich für dessen Rückkehr aus dem Exil nach Frankreich. Der Prinz hatte zwar zweimal versucht, durch dilettantisch ausgeführte Gewaltakte an die Macht zu kommen, war aber später während seiner Internierung in der Festung Ham anscheinend in sich gegangen und hatte während seines Exils in England demokratische Schriften verfaßt wie die *Ausrottung des Pauperismus* und die *Untersuchung der Zuckerrohrfrage.*

Er hatte auch einen günstigen Eindruck auf Hugo gemacht, als er ihn bei der Rückkehr nach Paris in seiner neuen Wohnung in der Rue Tour de l'Auvergne aufsuchte, um ihm für seine Dienste zu danken. Louis Bonaparte glich in keiner Hinsicht seinem Onkel Napoleon. In seinem schwarzen Anzug, seinem Stehkragen und den weißen Glacéhand-

Eidesleistung des Präsidenten in der Nationalversammlung

schuhen, die er trug, wirkte er sehr distinguiert und sah durchaus nicht wie ein Eroberer aus, sondern vielmehr wie ein korrekter Beamter. In seiner Physiognomie mochte nur etwas bedenklich stimmen – seine undurchsichtigen grauen Augen unter den meist halbgeschlossenen Lidern. Er hatte im Salon, auf einer Kiste sitzend, da die Wohnung nach dem soeben erst vollzogenen Umzug noch nicht eingerichtet war, eine sehr angeregte Unterhaltung mit dem Dichter geführt und dabei unter anderem erklärt: «Was könnte ich von Napoleon übernehmen? Höchstens ein Verbrechen! Trauriger Ehrgeiz! Warum sollte man mich für verrückt halten? Da einerseits die Republik geschaffen ist, ich andererseits kein großer Mann bin, werde ich keineswegs Napoleon nachahmen. Nein, ich bin ein rechtschaffener Mensch und werde als solcher Washington nacheifern.»

Übrigens hatten sogar überzeugte Republikaner wie Louis Blanc und andere sich von dem Prinzen täuschen lassen. Die einen glaubten seinen Loyalitätsbeteuerungen gegenüber der

Republik, die anderen meinten, er wäre weder intelligent noch ehrgeizig genug, um Napoleon nacheifern zu können. So war er denn mit großer Mehrheit zum Präsidenten der Republik gewählt worden. Auch Victor Hugo hatte diese Wahl entschieden unterstützt, indem er in seiner Zeitung, dem «Evènement», eine heftige Kampagne gegen den Gegenkandidaten Cavaignac entfaltete.

Die Wahl endete mit einem überwältigenden Erfolg für Louis Napoleon, der 5,5 Millionen Stimmen auf sich vereinigte, während General Cavaignac, der Schlächter des Arbeiteraufstandes von 1848, nur 1,5 Millionen, Ledru-Rollin 370000 und Lamartine, der es sich inzwischen mit allen verdorben hatte, ganze 18000 Stimmen erhielt.

Der Tag, an dem der Bürger Louis Bonaparte feierlich in sein Amt eingeführt wurde, war allerdings unter beunruhigenden Umständen verlaufen. Wohl machte er zunächst einen vertrauenerweckenden Eindruck, als er die Tribüne betrat, schlicht gekleidet, nur das Kreuz der Ehrenlegion auf der Brust, mit bleichem magerem Gesicht, dessen Backenknochen im gedämpften Licht scharf hervortraten, langer Nase, schwarzem Schnurrbart und dunkler Stirnlocke, und den Eid leistete: «Angesichts Gottes und vor dem durch die Nationalversammlung vertretenen französischen Volk schwöre ich, der einen und unteilbaren Republik die Treue zu halten und alle Pflichten zu erfüllen, die mir die Verfassung auferlegt.»

Mit Beifall wurde seine kurze Antrittsrede begrüßt, in der er unter anderem erklärte: «Ich will – wie Sie alle – die Grundlagen der Gesellschaft erhalten, die demokratischen Institutionen festigen und alle jene Mittel suchen, die geeignet sind, die Leiden des großen und intelligenten Volkes zu lindern, das mir ein so glänzendes Zeichen seines Vertrauens gibt.»

Dann forderte Marrast, der Präsident der Nationalversammlung, die Wahlkommission auf, den Präsidenten der Republik zu seinem Palais zu begleiten und ihm so die Ehre zu erweisen, die seinem Rang gebühre.

«Nicht doch», rief Victor Hugo unwillkürlich, «die Ehre, die seinen Funktionen gebührt!»

Als Louis Bonaparte sich anschickte, den Saal zu verlassen, erhoben sich einige konservative Abgeordnete ehrerbietig von ihren Plätzen; aber die Republikaner riefen ihnen unwillig zu: «Sitzen bleiben! Sitzen bleiben!»

Sie wollten jede Erinnerung an die kaiserliche Etikette vermieden sehen. Der Dichter verließ als einer der letzten das Gebäude und sah den Revolutionsplatz leer vor seinen Augen liegen; die Volksmenge hatte sich schon nach allen Richtungen zerstreut. Der Dezemberabend war dunkel und kalt, ein scharfer Wind wehte, und im Westen blitzte es am Horizont. – Seltsame Vorzeichen, dachte er, Dezembersturm und Wetterleuchten wie im August...

Scharfblickende Politiker begannen nach und nach die Maske des Prinzpräsidenten zu durchschauen. So wies der kleinbürgerliche Sozialist Proudhon als einer der ersten darauf hin, daß sich das französische Volk zu seinem Unglück dem «Traum von einem demokratischen Prinzen» hingegeben hätte, denn der Bürger Louis Bonaparte, der zuerst als dunkler Punkt, gleichsam wie ein Ballon, am Himmel erschienen sei, verwandle sich nunmehr, wie es scheine, in eine düstere, Unwetter und Unheil bergende Wolke. Victor Hugo blieb zu diesem Zeitpunkt noch in seiner Illusion von dem loyalen, durchaus republikanisch gesinnten Prinzpräsidenten befangen. Das war bezeichnend für seinen schwärmerischen Glauben an die Wandlungsfähigkeit des Menschen.

Eines Abends im Dezember 1850 versuchte Jerôme Bonaparte, den Hugo während der großen Pause im Foyer des Théâtre-Français traf, ihm die Augen über das Doppelspiel, das Louis Bonaparte trieb, zu öffnen. «Louis ist verrückt», sagte er. «Er mißtraut seinen Freunden und liefert sich seinen Feinden aus. Er mißtraut auch seiner Familie und läßt sich von der alten royalistischen Partei bevormunden. Ich bin einst bei meiner Rückkehr nach Frankreich von Louis Philippe in den Tuilerien besser empfangen worden, als ich

Palais de l'Élysée, Wohnung des Präsidenten Napoleon

jetzt im Palais Élysée von meinem Neffen empfangen werde. Vor kurzem habe ich in Gegenwart des Ministers Fould zu ihm gesagt: ‹Bedenke doch folgendes! Als du dich um das Amt des Präsidenten bewarbst, suchte Monsieur Fould mich in der Rue d'Alger auf, wo ich damals wohnte, und bat mich im Namen von Thiers, Molé, Berryer und Bugeaud als Mitbewerber um das Präsidentenamt aufzutreten. Er sagte, du hättest nie den ‚Constitutionnel' gelesen; du seist für Molé ein Schwachkopf und für Thiers ein Holzkopf. Ich allein könnte alle um mich scharen und den Gegenkandidaten Cavaignac schlagen. Ich weigerte mich. Ich sagte, du wärest die Jugend und die Zukunft, du hättest noch fünfundzwanzig Jahre vor dir, ich dagegen höchstens acht bis zehn; ich wäre ein Invalide, und man sollte mich in Ruhe lassen. So haben damals jene Männer gehandelt, und so habe ich gehandelt, du aber vergißt das. Du machst jene Männer zu

Louis Napoleon besichtigt am 10. Oktober 1850
die Pariser Garnison

deinen Gebietern, und deinem Vetter, meinem Sohn, der sich für dich aufgeopfert hat, weist du die Tür. Und das allgemeine Wahlrecht, das dich zu dem gemacht hat, was du bist, zerbrichst du. Wahrhaftig, ich bin versucht, wie Molé zu sagen, du seist ein Schwachkopf, und wie Thiers, du seist ein Holzkopf.› – Und wissen Sie, Monsieur Hugo, was er mir geantwortet hat? – ‹Ihr werdet schon sehen.› – Niemand kennt im Grunde diesen Mann.»

Aber erst an dem Tag, da sein ältester Sohn – Charles Hugo – wegen eines in der Zeitung «Evènement» veröffentlichten Artikels gegen die Todesstrafe verhaftet wurde, zerrann für den Dichter die Illusion, die er sich von Louis Bonaparte gemacht hatte. Charles Hugo gehörte von Anfang an zu den Redakteuren des republikanischen Blattes und entsprach in seinen Beiträgen stets der Losung, die sein Vater diesem Blatt gegeben hatte: «Unversöhnlicher Haß gegen die Anarchie, doch tiefe Liebe für das Volk.»

Am 11. Juni 1851, als der Prozeß gegen Charles eröffnet wurde, erklärte Victor Hugo, der seine Verteidigung übernommen hatte, vor Gericht: «Der wahre Schuldige in der Sache, wenn es überhaupt einen Schuldigen gibt, ist nicht mein Sohn. Jenes Verbrechen, die Verteidigung der Unverletzlichkeit des Menschenlebens, habe ich vor meinem Sohn in weitaus größerem Maße begangen. Ich klage mich an, Herr Staatsanwalt. Ich habe dieses Verbrechen unter erschwerenden Umständen mit Vorbedacht, Hartnäckigkeit und Rückfälligkeit begangen. Ja, ich erkläre: Ich habe diesen Überrest der unmenschlichen Strafgesetzgebung, dieses Gesetz ‹Blut um Blut› mein ganzes Leben lang bekämpft, meine Herren Geschworenen, und solange in dieser Brust ein Hauch von Leben ist, werde ich es als Schriftsteller mit allen meinen Kräften und als Gesetzgeber mit allen meinen Entscheidungen und Taten bekämpfen.»

Aber die Geschworenen schenkten seiner Aussage kein Gehör. Da Louis Bonaparte es fertiggebracht hatte, alle maßgebenden Stellen der Justiz mit gefügigen, unbedingt seinem Willen unterworfenen Kreaturen zu besetzen, wurde Charles Hugo ohne Gnade zu mehreren Monaten Gefängnis verurteilt.

Der Juni 1851 war für den Dichter ein ereignisschwerer Monat. Zur Einkerkerung seines Sohnes und zur Verschärfung der innenpolitischen Situation durch den auf die Diktatur zusteuernden Kurs des Louis Bonaparte kam jetzt, ohne daß er dies ahnte, die Drohung eines endgültigen Zerwürfnisses mit Juliette Drouet.

Ihr Verhältnis war in den letzten Jahren ausgeglichener als vorher. In den Tagen der Februarrevolution, wo sie sich nicht sahen, da er vom Strudel der politischen Ereignisse verschlungen wurde und sie an jenem Abend, wo er sie aufsuchte, nicht zu Hause antraf, erkannten sie beide, wieviel sie einander noch immer bedeuteten. «Ich finde Dich nicht vor», schrieb er ihr, «ich weiß, wie beunruhigt Du bist; Du bist fortgegangen, und ich bin hier; das vergiftet meine

Freude, die ich vor kurzem noch empfunden habe, denn Dich wiederzusehen hieße ins Leben zurückkehren.»

Aber da wurde Juliette am Morgen des 27. Juni 1851 ein Bündel von Briefen überbracht, die mit einem roten Bändchen verschnürt waren und das Siegel des Dichters aufwiesen: «Ego Hugo». Es waren seine Liebesbriefe an Léonie d'Aunet, die diese ihr zugeschickt hatte, um sie für immer von Hugo zu trennen. Juliette wollte es zunächst nicht glauben. Wohl hatte ihr schon vor mehreren Jahren Pradier, den sie anläßlich des plötzlichen Todes ihrer Tochter Claire bei deren Beerdigung wiedersah, angedeutet, daß Victor Hugo eine neue Geliebte habe; aber sie hatte das für Verleumdung gehalten. Auch ihre in Brest lebende Schwester hatte sie in Briefen wiederholt gefragt, wie die anzüglichen Bemerkungen über das Privatleben des Dichters in solchen Skandalblättern wie dem «National» und der «Patrie» zu bedeuten hätten; doch hatte sie darin nur eine üble Nachrede der Feinde Hugos erblickt. Vielleicht fürchtete sie auch einen Beweis für seine Treulosigkeit und unterließ daher jede Nachforschung. Aber der Inhalt dieser ihr übermittelten Dokumente, die sie mit wachsender Erregung las, ließ keinen Zweifel über seine langjährige Untreue. So schrieb er in einem dieser Briefe: «O Du, die ich liebe, geheimnisvolle Gattin meiner Natur und Gefährtin meines Schicksals, siehst Du, in den Augenblicken, da ich Dich durchdringe, da wir beide moralisch und physisch so miteinander verschmolzen sind, daß wir nur noch einen Körper und eine Seele bilden, möchte ich sterben ...» Und in einem anderen: «Oh, wie soll ich es Dir sagen? Worte können das Unauslöschliche nicht wiedergeben. Alle Stunden, die ich auf Deinem Lager verbracht habe, kehren in der Erinnerung zurück und gehen mir wieder durch den Kopf. Die Erinnerung an die Liebe ist zugleich Qual und Seligkeit. Übrigens hat fast alles, was wir in der Welt empfinden, diesen Doppelcharakter: Freuden sind mit Bitterkeit, Schmerzen mit Ekstase gemischt.»

Solche Enthüllungen versetzten Juliettes Liebe den Todesstoß. Das war nun der Lohn für alle Opfer, die sie ihm gebracht, das Ende ihrer großen Liebe.

Als sie ihm abends diese ihn so sehr belastenden Briefe zeigte, gestand er nach kurzem Zögern seine Schuld und weihte sie in den Sachverhalt ein. Er hatte auch nach Léonies Scheidung von dem Maler Biard, als sie das Kloster endlich verlassen konnte, die Beziehungen zu ihr aufrechterhalten, allerdings weniger freiwillig als unter Druck, da sie ihm drohte, Juliette über alles zu unterrichten, wenn er sich von ihr trenne. Zwar hatte sie ihm eines Tages versichert, sie hätte nicht ernstlich daran gedacht, das zu tun, sondern wollte den übermenschlichen Mut aufbringen, das ihr verhaßte Glück und die Illusionen jener Frau zu achten. Nun aber hatte Léonie ihre Drohung doch verwirklicht.

Er war darüber empört, doch Juliette erklärte: «Ich danke dieser Frau dafür, daß sie bei den Beweisen deiner Untreue so unerbittlich gewesen ist. Unerschrocken hat sie mir jene Anbetung, die du ihr sieben Jahre lang entgegengebracht hast, wie einen Dolch ins Herz gestoßen. Das war zynisch und grausam, aber ehrlich. Diese Frau war würdig, mein Henker zu sein!»

Sie wollte sich sofort von ihm trennen und zu ihrer Schwester nach Brest ziehen, um dort die furchtbare Demütigung zu überwinden und ihr Leben, das jetzt so inhaltlos erschien, in völliger Abgeschiedenheit zu verbringen. Der Dichter beschwor sie, diesen übereilten Schritt zu unterlassen, und suchte sie durch die Versicherung zu beruhigen, daß er mit Madame d'Aunet jetzt, nach diesem infamen Racheakt, endgültig brechen werde. Alles vergeblich – Juliette war zu tief verletzt.

Noch in derselben Nacht schrieb sie den Abschiedsbrief, in dem sie gestand: «Diese sieben Jahre der Untreue und des Verrates schmettern mich nieder, und ich fühle, daß es nicht in meiner Macht steht, aus all den Trümmern meiner unglücklichen Liebe das vergangene Glück wieder aufzubauen.»

Sie erkannte, daß sie einen solchen Verrat wohl nie vergessen könne, und hielt es für ausgeschlossen, daß er die Erinnerung an jene andere für immer zu begraben vermochte. «Kannst Du sieben Jahre der Trunkenheit und Seligkeit vergessen, die Dir dieses anspruchsvolle und grausame Geschöpf geschenkt hat? Hast Du recht, Dich selbst zu verurteilen? Ist ein solcher Kampf nicht ebenso verhaßt wie sinnlos? Ist es nicht besser, wenn im Interesse aller Würde, aller Diskretion und angesichts des geschehenen Unglücks jeder von uns ohne falsche Großmut und ohne klägliche Schwäche sein Schicksal auf sich nimmt? Ich habe nie einen Gatten, nie eine angesehene Stellung, nie eine glänzende Umwelt gehabt; ich hatte nur mein Herz, das ich Dir rückhaltlos schenkte. Heute aber erlege ich Dir unsere Trennung auf. Das wird Deine Strafe sein, wenn es wahr ist, daß Du mich jemals geliebt hast. Aus Dankbarkeit für mein vergangenes Glück spreche ich Dich von der Schuld an meinem gegenwärtigen Leid frei. Du schuldest mir nichts, ich schulde Dir alles, ebensosehr wie Gott und noch mehr: das Leben, den Tod und die Liebe, die ich unversehrt mitnehmen werde, um sie, von sieben Jahren der Befleckung geläutert durch meine Tränen, dem Himmel zurückzugeben. Vor fünf Jahren habe ich fast an dem gleichen Tag zum letzten Male die kalte und heilige Hand meiner armen toten Tochter geküßt. Heute, an dem gleichen Tag, zu der gleichen Stunde und mit der gleichen Verzweiflung in der Seele, umarme ich Dich zum letzten Male. Juliette.»

Der Dichter war nach Erhalt dieses Abschiedsbriefes außer sich vor Verzweiflung. Aber der drohende Staatsstreich des Louis Bonaparte lenkte ihn ab und erforderte, daß er seine ganze Tatkraft zur Verhinderung dieses Komplotts aufbot

Am 17. Juli 1851 unternahm Victor Hugo im Verlauf der großen Debatte um die Änderung der Verfassung, die der Prinzpräsident beantragt hatte, um sein Amt um zehn Jahre verlängern zu können, den entscheidenden Schritt und entlarvte ihn als Feind der Republik. Er verwies auf die Revolution von 1848, die als logischste und vollkommenste

Regierungsform die Republik hervorgebracht habe, und bemerkte hierzu aus tiefster Überzeugung: «Das französische Volk hat inmitten des alten monarchischen Kontinents das Fundament jenes gewaltigen Zukunftsgebäudes gelegt, das man eines Tages die Vereinigten Staaten von Europa nennen wird. Diese in der Geschichte unerhörte Revolution, dieses große Ideal der Philosophen, das von einem großen Volk verwirklicht wurde, ist die Erziehung der Nationen durch das Vorbild Frankreichs. Ihr Ziel – ihr heiliges Ziel – ist das allgemeine Wohl, ist eine Art Erlösung der Menschheit. Es ist das Zeitalter, das Sokrates vorausgesehen und für das er den Schierlingsbecher geleert hat, es ist das Werk, das Jesus Christus vollbracht hat und für das er gekreuzigt worden ist.»

Hier brach im Saal ein Tumult aus. Der Abgeordnete Fontaine rief: «Das ist Blasphemie!», und ein weiterer pflichtete ihm bei: «Man hat wohl das Recht zu pfeifen, wenn die anderen solchen Dingen applaudieren!»

Als die Ruhe wiederhergestellt war, rechnete Victor Hugo mit den Monarchien der Vergangenheit ab. «Unter Ludwig XIV. – ich führe absichtlich das schöne Zeitalter, das große Jahrhundert, die grandiose Ära an – unter Ludwig XIV. sieht man den Rentier, wie Boileau sagt, manchmal erbleichen ... Unter dem Regenten – das ist kein edles, aber ein wahres Wort – steckte die Monarchie bei der Umprägung des Geldes dreihundertfünfzig Millionen ein. Das geschah zu der Zeit, in der man eine Zofe wegen eines Diebstahls von fünf Sous aufhängte ...» Zwischenruf von rechts: «Und den Dichtern Pensionen aussetzte!» Hugo verstand, wie anzüglich diese Bemerkung war, und erwiderte: «Ich antworte dem ehrenwerten Zwischenrufer, der – getäuscht von gewissen Zeitungen – auf eine Pension anspielt, die mir von König Karl X. angeboten worden ist, die ich aber zurückgewiesen habe.»

Trotzdem entbrannte nun ein hitziges Wortduell zwischen der Linken und der Rechten, die dem Dichter vorwarf, er habe sich von Ludwig XVIII. eine Pension aussetzen, von Louis Philippe zum Pair von Frankreich ernennen lassen, und die ihn so gewissermaßen der Charakterlosigkeit bezichtigte.

Endlich konnte Victor Hugo in seiner Rede fortfahren, wobei die Opposition jedoch immer wieder versuchte, ihn durch Zwischenrufe, Beleidigungen und Schmähungen aus dem Konzept zu bringen. Als er sich endlich wieder Gehör verschaffen konnte, charakterisierte er in Stichworten die Lage in Frankreich: «Jede Reform aufgeschoben oder verhöhnt, die Steuerlasten des Volkes aufrechterhalten oder wiederhergestellt, in fünf Departements Belagerungszustand, Paris und Lyon unter Überwachung gestellt, die Amnestie verweigert, der Verkehr erschwert, die Deportation beschlossen, Ächzen und Stöhnen in der Kasba von

Bône, Folterungen in Belle-Isle, Kasematten, in denen man die Strohsäcke nicht verfaulen lassen will, dafür aber Menschen verfaulen läßt! Die Presse umzingelt, die Jury ausgemerzt, zu wenig Gerechtigkeit und zu viel Polizei, unten das Elend, oben die Anarchie, die Willkür, die Unterdrückung, die Ruchlosigkeit und auswärts der Leichnam der Römischen Republik!»

Wieder wurde er von einem Proteststurm unterbrochen.

Charras: «Das ist die Bilanz der Republik!»

Monsieur de Ladevensays: «Das alles hat uns die Republik gebracht!»

Der Vorsitzende: «All das wirft man auch der Regierung der Republik vor!»

Victor Hugo: «Sprechen wir jetzt vom Kaiserreich!»

Vieillard: «Niemand denkt an das Kaiserreich, das wissen Sie sehr wohl!»

Victor Hugo: «Meine Herren, murren Sie, soviel Sie wollen, aber keine Unklarheiten! Niemand denke an das Kaiserreich, behaupten Sie. Was bedeuten dann die bezahlten Rufe: Es lebe der Kaiser!? Eine einfache Frage: Wer bezahlt sie? ...»

Seine Rede gewann an Vehemenz, seine Argumentation an zwingender Logik, als er darauf aufmerksam machte, daß die gewünschte Verlängerung der Vollmachten des Prinzpräsidenten ein lebenslängliches Konsulat bedeute, das Konsulat aber bekanntlich zum Kaiserreich führe, und ausrief: «Frankreich darf nicht überrumpelt werden, es darf sich nicht eines schönen Morgens einem Kaiser gegenübersehen, ohne zu wissen warum! Ja, einem Kaiser! Erörtern wir die Behauptung. Wie? Weil es einen Mann gegeben hat, der die Schlacht von Marengo gewann und der herrschte, wollen auch Sie herrschen, obgleich Sie nur die Schlacht von Satory gewonnen haben! ... Wie? Weil vor sechs Jahrhunderten Karl der Große auf den Boden der Welt ein Zepter und ein Schwert fallen ließ, die so riesig waren, daß später niemand sie aufzuheben vermochte, ... weil es in der Zwischenzeit Männer gab, die Franz I., Heinrich IV., Ludwig XIV. hießen, ..., deshalb wollen auch Sie nach ihnen greifen, wie Napoleon nach Karl dem Großen danach gegriffen hat, und in Ihre kleinen Hände dieses Zepter der Titanen, dieses Schwert der Riesen nehmen? Wozu? Ach so, nach Augustus Augustulus! Wie? Weil wir Napoleon den Großen gehabt haben, sollen wir jetzt Napoleon den Kleinen haben!»

Die Linke applaudierte, die Rechte tobte. Wieder kam es zu einem heftigen Wortgefecht zwischen Republikanern und Bonapartisten, die Hugo vorwarfen, keine Achtung vor dem Präsidenten zu haben.

Da erklärte Victor Hugo in aller Entschiedenheit: «Wohlan, achten Sie das Große! Schluß mit den Parodien! Damit man an der Fahne einen Adler anbringen kann, muß man zunächst in den Tuilerien einen Adler haben! Wo ist dieser Adler?»

Hier verwarnte ihn der Vorsitzende wegen wiederholter Beleidigung des Prinzpräsidenten. Unter dem Applaus der Linken und dem Tumult der Rechten kam er zum Schluß: «Die Legislative und die Exekutive liegen sich in den Haaren, die Gewalten packen sich am Kragen; nichts geschieht, nichts kommt vom Fleck; die Parteien zerren die Verfassung hin und her in der Hoffnung, die Republik zu zerreißen; die Männer strafen sich Lügen, der eine vergißt,

was er geschworen hat, die anderen vergessen, was sie beteuert haben, und während dieser elenden Machenschaften geht die Zeit verloren, das heißt das Leben! ... Und dies in einem Augenblick, da eine demokratische Initiative mehr denn je notwendig wäre; in einem Augenblick, da die Zivilisation am Vorabend einer schweren Belastungsprobe mehr denn je aktiver, intelligenter, schöpferischer, umgestaltender Kräfte bedarf, die Verständnis für die Leiden des Volkes haben und die voller Liebe, also auch voller Stärke sind; ... in einem Augenblick, da das Jahr 1852 vermummt und schrecklich, voll gewaltiger Fragen, näher rückt; in einem Augenblick, da die Philosophen, die Publizisten, die scharfen Beobachter, die keine Staatsmänner und keine Weisen sind, gespannt und unruhig der Zukunft, dem Unbekannten, dem Dunkel entgegenblicken, das sich zusammengeballt hat, und das Tor der Revolution, das sich in der Finsternis wieder öffnet, in den Angeln kreischen zu hören glauben!»

Während die Abgeordneten der Linken am Fuß der Tribüne den Redner zu seiner Anklage des Präsidenten Louis Bonaparte beglückwünschten und die Vertreter der Opposition ihn mit Beschimpfungen überschütteten, wurde die Sitzung bis auf weiteres vertagt. So hatte sich Victor Hugo denn in aller Öffentlichkeit zum unversöhnlichen Feind der Bonapartisten und der Legitimisten erklärt.

Diese aggressive Rede, vor allem die Bezeichnungen «Augustulus» und «Napoleon der Kleine», hat ihm Louis Bonaparte niemals vergessen.

8

Der Staatsstreich des Louis Bonaparte

Am Morgen des 2. Dezember 1851 arbeitete der Dichter, noch im Bett liegend, schon etwa eine halbe Stunde, als gegen acht Uhr sein Diener eintrat und ihm meldete, Monsieur Versigny wünsche ihn zu sprechen. Er empfing den republikanischen Abgeordneten, der ihm in großer Aufregung berichtete, Louis Bonaparte habe jetzt zum vernichtenden Schlag gegen die Republik ausgeholt; zwölf Volksvertreter seien auf seinen Befehl nachts verhaftet worden, auch alle loyalen Generale; die Nationalversammlung aufgelöst, alle demokratischen Zeitungen verboten, ihre Druckereien vom Militär besetzt! Kurz darauf bestätigten der Kunsttischler Girard und der General Carini, ein italienischer Emigrant, diese furchtbaren Nachrichten. Victor Hugo kleidete sich in aller Eile an und steckte seine Abgeordnetenschärpe in die Tasche. Als seine Gattin ihn beim Verlassen der Wohnung fragte, was er tun wolle, antwortete er kurz: «Meine Pflicht.»

Er fuhr mit Versigny zum Haus der Baronin Coppens in der Rue Blanche, einem verhältnismäßig sicheren Versammlungsort, wo die republikanischen Abgeordneten zusammenkamen, und erörterte mit ihnen die außerordentliche Lage. Zwei Meinungen standen sich gegenüber. Die einen meinten, man müsse zunächst den Zorn des Volkes schüren, müsse agitieren und erst dann zum Widerstand aufrufen; die anderen, an ihrer Spitze Hugo, wollten sofort zu den Waffen greifen, die schwankende Bevölkerung mitreißen und sie zur Bekämpfung der Militärdiktatur unter Louis Bonaparte bewegen. Die Abwartetaktik trug den Sieg davon. Man beschloß, einen Appell an die Legionen der Nationalgarde zu richten, auf deren Unterstützung man wohl noch rechnen konnte, und sie zur Verteidigung der Republik aufzurufen. Nachmittags wollte man an demselben Ort wieder zusammentreffen, um von hier aus gemeinsam weitere Maßnahmen zu beraten.

Nach der Beratung stieß der Dichter in der Rue Mesley auf eine Volksmenge, die ihn erkannte und rief: «Es lebe Victor Hugo!» Ein Arbeiter fragte ihn, was sie tun sollten.

«Reißt die hochverräterischen Plakate von den Mauern und ruft: Es lebe die Verfassung!»

«Und wenn man auf uns schießt?»

«Dann greift zu den Waffen. Louis Bonaparte ist ein Verräter. Was er vorhat, ist ein Verbrechen! Als Vertreter des Volkes tun wir ihn in Acht und Bann. Bürger, ihr habt zwei Hände, nehmt in die eine euer Recht, in die andere euer Gewehr und stürzt euch auf Bonaparte!»

Ein ängstlicher Kleinbürger, der gerade seinen Laden schloß, flüsterte ihm zu: «Sprechen Sie nicht so laut. Wenn man Sie so reden hört, stellt man Sie an die Wand.»

«Nun, dann kann man meinen Leichnam umhertragen und zeigen. Schön wäre mein Tod, wenn daraus der Sieg der Gerechtigkeit hervorginge.»

Alle ringsum jubelten ihm zu und brachen wieder in den Ruf aus: «Es lebe Victor Hugo!»

Er aber antwortete: «Ruft lieber: Es lebe die Republik!»

Begeisterung, Empörung, Zorn leuchteten in den Augen der Umstehenden. Hugo war versucht, die Menge mitzureißen, sie mit Waffen auszurüsten und den Kampf gegen Louis Bonaparte aufzunehmen. Aber sein Begleiter, der Republikaner Charamante, an sich ein beherzter Mann, hielt ihn zurück und sagte: «Sie würden dadurch ein Niederkartätschen des Volkes heraufbeschwören. Alle sind unbewaffnet, die Infanterie ist nur zwei Schritt entfernt, und dort kommen auch schon die Geschütze.»

Eine Droschke fuhr vorbei; Hugo winkte ihr zu halten und stieg mit Charamante ein, während ihm die Menge wieder eine Ovation darbrachte.

Er begab sich nun zu dem Deputierten Lafon, der am Quai de Jemappes wohnte, und traf dort mit Jules Favre, dem Oberhaupt der demokratischen Partei, zusammen. Sie berieten über die Bildung eines Widerstandskomitees. Als Proudhon kam, der an diesem Tag paradoxerweise aus der Conciergerie entlassen worden war, wo er wegen sozialistischer Umtriebe in Untersuchungshaft gesessen hatte, riet er ihnen vom Widerstand ab; er hielt die Republik für rettungslos verloren. Hugo aber erwiderte, man dürfe keinesfalls verzweifeln, und wurde darauf mit Jules Favre und anderen in das Widerstandskomitee gewählt.

Bei der zweiten Beratung in der Rue Blanche unternahm er noch einen Versuch, die Republikaner und Sozialisten zu einer revolutionären Aktion zu bewegen, aber die meisten hielten an ihrem Entschluß vom Vormittag fest. Im Namen des Widerstandskomitees diktierte er dann Baudin folgende Proklamation: «Louis Bonaparte ist ein Verräter. Er hat die Verfassung verletzt und sich außerhalb des Gesetzes gestellt. Die republikanischen Abgeordneten weisen das Volk und die Armee auf die Artikel 68 und 110 der Verfassung hin, die besagen: Die konstituierende Versammlung vertraut die Verteidigung der gegenwärtigen Verfassung dem Schutz und dem Patriotismus aller Franzosen an. Das Volk ist für immer im Besitz des allgemeinen Wahlrechts, es braucht keinen Prinzen, der es ihm verleiht, und es wird den Rebellen züchtigen. Möge das französische Volk seine Pflicht tun. Es lebe die Republik!»

Hugo unterschrieb als erster diese Proklamation, und etwa zwanzig Republikaner schlossen sich ihm an. Nachts sollte der Aufruf in fünfundzwanzig Exemplaren vervielfältigt und gegen Morgen in den Straßen von Paris angeschlagen werden.

Als der Dichter am späten Abend nach Hause zurückkehrte, erwartete ihn vor dem Portal eine Frauengestalt. Es war – Juliette Drouet! Vergessen war in der Stunde der Gefahr die tiefe Demütigung, die er ihr zugefügt hatte. Am frühen Morgen hatte sie, nur an ihn denkend, ohne Mantel und Hut ihre Wohnung verlassen und ihn den ganzen Tag, frierend in der Dezemberkälte, auf den Boulevards gesucht. Sie teilte ihm mit, daß die bonapartistische Polizei nach ihm fahndete, und riet ihm, sich bei ihr zu verbergen. Er wendete ein, daß ihre Wohnung sicher der Polizei ebensogut bekannt sei wie seine eigene, und hielt es für besser, Zuflucht bei einem Weinhändler in der Rue Rochette zu suchen, dem

Staatsstreich des Präsidenten Napoleon am 2. Dezember 1851:
Tod des Abgeordneten Baudin

Juliette in den Tagen des Juniaufstandes das Leben gerettet hatte. Beide fuhren in der Droschke zu dem Weinhändler, bei dem er für eine Nacht Unterkunft fand.

Am anderen Morgen ließ Juliette es sich nicht nehmen, ihn auf der Fahrt zur Versammlung der Volksvertreter in der Arbeitervorstadt Saint-Antoine zu begleiten. Als er unterwegs einem Infanterieregiment begegnete, ließ er die Droschke halten, winkte den Soldaten mit seiner blauweißroten Schärpe zu und rief: «Seht diese Schärpe! Sie ist das Sinnbild des Gesetzes, sie ist die sichtbare Nationalversammlung. Wo diese Schärpe ist, ist das Recht. Louis Bonaparte dagegen ist ein Bandit! Alle seine Kumpane werden ihm ins Zuchthaus folgen! Seht euch jenen Mann an, der an eurer Spitze steht und euch zu befehlen wagt! Ihr haltet ihn für einen General, aber er ist ein Verbrecher!»

Juliette hielt ihn zurück, als er weitersprechen wollte, und rief erschrocken: «Nicht doch! Man wird dich erschießen!»

Ihre Warnung war zur rechten Zeit erfolgt, denn der

enteilenden Droschke schwirrten Geschosse nach. Seine Gefährtin, die so sehr um sein Leben bangte, begleitete ihn bis zur Saint-Antoine-Barrikade, wo er erfuhr, daß der Republikaner Baudin soeben im Kampf gegen das bonapartistische Militär gefallen war. «Ihr sollt sehen», hatte dieser im Hinblick auf seine Diäten als Abgeordneter gesagt, «wie man für fünfundzwanzig Francs am Tag stirbt!»

Von zwei Kugeln in den Unterleib getroffen, brach er auf der Barrikade zusammen.

Im Verlauf der Versammlung, die in der Arbeitervorstadt im Haus des Republikaners Couret stattfand, ergriff Victor Hugo das Wort, um die Gefährlichkeit der Lage und die Möglichkeit des Widerstandes kurz zu erörtern; aber da stürzte ein Blusenmann herein und berichtete hastig: «Wir sind verloren! Ich habe von meinem Beobachtungsposten aus gesehen, daß eine starke Abteilung Soldaten auf unser Versammlungslokal zumarschiert!»

Doch Couret antwortete, der Eingang seines Hauses sei schmal, es könnten höchstens zwei Mann zugleich hindurchmarschieren; er ließe sich leicht verteidigen, man sollte also ruhig weiterberaten.

Da sprang Hugo auf und rief: «Hört zu, bedenkt, was ihr tut. Auf der einen Seite hunderttausend Mann, siebzehn Arsenale und soviel Munition, daß man damit den Feldzug in Rußland durchführen könnte; auf der anderen Seite tausend oder zwölfhundert Volksvertreter, tausend oder zwölfhundert Patrioten, sechshundert Patronen, also nur eine für jeden zweiten Mann, keine Trommel, um Alarm zu schlagen, keine Presse, um Aufrufe zu drucken, kein Keller, wo man in aller Eile ein Plakat abziehen könnte, Todesstrafe für jeden, der das Straßenpflaster aufzureißen wagt, Todesstrafe für alle, die sich zusammenrotten, Todesstrafe für alle, die eine Proklamation an die Armee anschlagen, Tod für den, der während des Kampfes gefangengenommen wird, Tod für den, der nach dem Kampf festgenommen wird. Auf der einen Seite eine Armee und das Verbrechen, auf der anderen nur eine Handvoll beherzter Männer. So sieht dieser Kampf aus! Wollt ihr ihn aufnehmen?» Ihm antwortete der einstimmige Ruf: «Ja, wir nehmen ihn auf!»

Dieser heroische Entschluß machte Hugo und seinen Anhängern Ehre; war aber eine Massenaktion überhaupt möglich? Louis Bonaparte, gestützt auf das Kapital der Bourgeoisie und die Bajonette seiner Soldaten, war vorerst Herr der Lage. Außerdem war ungewiß, ob die Arbeiterschaft, verstimmt durch die egoistische Politik der Bourgeoisrepublikaner, die keine Hand für die Verbesserung der sozialen Lage gerührt hatten, bereit war, auf die Barrikaden zu gehen.

Immerhin hatte es im Verlauf des 3. Dezember den Anschein, als wollte Paris sich gegen den Anschlag des Prinzpräsidenten zur Wehr setzen. Im Quartier Latin gärte es; auch in anderen Stadtvierteln geriet die Bevölkerung in Bewegung. In der Wohnung des Abgeordneten Crévy, der am Tag vorher verhaftet worden war, erhielt das Widerstandskomitee laufend Meldungen aus jenen Stadtteilen, in denen das Volk darangegangen war, Barrikaden zu errichten. Die Arbeiterverbände erklärten, sie könnten sechstausend Mann aufstellen; sie würden selbst Pulver herstellen und sich irgendwie Gewehre verschaffen.

Das waren erfreuliche Nachrichten! Hugo versuchte den Zeitungsherausgeber Girardin und den Druckereibesitzer Hetzel zu bewegen, ihre Druckerpressen dem Widerstandskomitee zur Verfügung zu stellen. Girardin erklärte sich bereit, alles zu drucken, nur keinen Ruf zu den Waffen; Hetzel aber erwiderte: «Zwingen Sie mich, Monsieur Hugo, setzen Sie mir die Pistole auf die Brust, und ich werde alles drucken, was Sie wollen.»

Nach einer Weile übergab ihm der Dichter zwei von ihm redigierte Proklamationen: eine, in der das Scheitern des Staatsstreiches bekanntgegeben wurde, und eine andere, in der man dem im Barrikadenkampf gefallenen Republikaner Baudin die ehrenvolle Aufnahme in das Pantheon zuerkannte.

Gegen Abend versuchte Hugo aufs neue, den Kontakt mit

seiner Familie aufzunehmen; aber wieder erschien seine Beschützerin, Juliette Drouet, die auf ihn gewartet hatte, warnte ihn, sein Haus zu betreten, und teilte ihm mit, daß die Polizei es gerade durchsuche. «Du bist verloren», erklärte sie, «wenn du noch eine Minute hier verweilst!»

Wieder fand sie für ihn eine sichere Unterkunft in einer Arbeiterwohnung in der Rue Richelieu, die zwei Ausgänge hatte, und trennte sich erst von ihm, als sie ihn für die Nacht in guter Hut wußte.

Am Morgen des 4. Dezember machte sich der Dichter auf den Weg, um die Arbeiterbarrikaden aufzusuchen. Er war die Seele des Widerstandskampfes geworden und forderte die Arbeiter auf, sich bis zur letzten Patrone zu schlagen. Auf der großen Barrikade am Saint-Denis-Tor fielen ihm insbesondere drei Gestalten auf: ein weißhaariger Greis, der sich mit der linken Hand auf seinen Stock stützte und in der rechten ein Gewehr hielt, eine junge Frau, die einen Säbel an der Seite trug, und eine andere, die neben der aufgepflanzten roten Fahne stand und gerade mit lauter Stimme den von den Republikanern redigierten Aufruf zu den Waffen vorlas, der von der Menge mit einem Beifallssturm begrüßt wurde. Kurz, die Arbeiter und die Studenten waren, wie Hugo zu seiner Genugtuung feststellte, zum Äußersten entschlossen. Mit den der Nationalgarde abgenommenen Waffen, alten Karabinern und verrosteten Sattelpistolen oder auch bloß mit Pflastersteinen wollten sie unerschrocken gegen die feindliche Übermacht unter dem Befehl jener Kommandeure kämpfen, die ihre Sporen im Algerienkrieg erworben hatten.

Am Nachmittag desselben Tages aber ließ Louis Bonaparte, der seinen Staatsstreich seit Wochen vorbereitet hatte, die betrunkene Soldateska auf die Verteidiger der Republik los. Im Zentrum von Paris kam es zu einem furchtbaren Massaker. Die auf den Boulevards aufgefahrenen Geschütze legten achtundzwanzig von den Republikanern besetzte Gebäude in Schutt und Asche. Die plötzlich dahergaloppierende Kavallerie schlug blindlings mit dem Säbel

Überführung der verhafteten Abgeordneten
nach der Kaserne am Quai d'Orsay

auf die flüchtende Menge ein. Die zum Sturmangriff vorgehende Infanterie schoß alle nieder, die vor ihre Gewehrläufe kamen: Männer und Frauen, sogar Greisc und Kinder. Die Zahl der Todesopfer in Paris wird zwischen 400 und 2000 geschätzt, wobei die Putschisten bemüht waren, den Widerstand zu bagatellisieren und so ein offenes oder geheimes Einverständnis des Volkes vorzutäuschen. Die Sache der Republik schien endgültig verloren.

Der Dichter sah sich nun allein auf die Hilfe der treuen Juliette angewiesen. Seine beiden Söhne konnten ihm in dieser Situation nicht beistehen; denn sie saßen wie alle Herausgeber und Redakteure der demokratischen und sozialistischen Zeitungen in der Conciergerie, hörten draußen die Kanonen donnern, die Mitrailleusen knattern und sahen, wie Polizisten Verwundete ins Gefängnis einlieferten. Victor Hugo war bisher der Verhaftung nur entgangen, weil ihn sein Abgeordnetenmandat davor schützte; aber der siegreiche Diktator fragte nicht mehr nach der Immunität, er ließ die republikanischen Deputierten nachts im Bett festnehmen, um sich ihrer dann auf abscheuliche Weise zu entledigen.

Als der Dichter am Abend des 4. Dezember wieder Asyl in jenem Haus in der Rue Richelieu suchen wollte, wo er die vorige Nacht verbracht hatte, hielt ihn im Hausflur eine Hand zurück. Es war Juliette Drouet, die immer dann auftauchte, wenn ihm Gefahr drohte. «Geh nicht hinein!» warnte sie ihn und führte ihn durch den Hinterhof zur Rue Fontaine-Molière. Dort stiegen sie in eine Droschke und machten sich auf die Suche nach einem sicheren Zufluchtsort. Während Hugo, weit zurückgelehnt, in der dunklen Droschke sitzenblieb, suchte Juliette seine Bekannten auf, um sie um Asyl für ihn zu bitten; aber entweder blieben die Türen geschlossen, oder man schlug unter allen erdenklichen Vorwänden ihre Bitte ab; alle fürchteten zu sehr die Häscher.

«Wohin jetzt?» fragte der Kutscher, als sie wieder in die Droschke stieg.

Der Dichter schüttelte den Kopf: «Ich weiß es nicht.»

Doch Juliette antwortete: «Ich weiß es.»

Und sie fuhr mit ihm in der Dezembernacht – vorbei an zerstörten Barrikaden, drohenden Geschützen, mordlüsternen betrunkenen Patrouillen, Geheimpolizisten, die nach Republikanern fahndeten – zur Wohnung des Marquis de Montferrier, eines entfernten Verwandten Victor Hugos. Auch diesmal schien ihre Mission zu scheitern, denn sie traf den Marquis nicht zu Hause an. Als sie seine Wohnung schon wieder verlassen wollte, kehrte er gerade zurück und sagte aufgeregt zu ihr: «Madame, es laufen so viele sich widerstreitende Gerüchte über Victor Hugo um. Man sagt, er habe sich in Calais eingeschifft. Ist das wahr?»

«Ja, Marquis, er ist gerettet.»

«Welches Glück! Von anderer Seite habe ich nämlich gehört, er sei umgebracht.»

Als die Marquise das Zimmer verließ, winkte Juliette den Marquis zu sich und flüsterte ihm zu: «Nein, er ist nicht abgereist, er ist noch in Paris.»

«Ach, der Unglückliche! Ist er wenigstens in Sicherheit? Wo befindet er sich?»

«In einer Droschke unten auf der Straße.»

«Kreuzsapperment! Und das sagen Sie mir nicht?»

Diese Verwünschung bedeutete für Juliette eine Erleichterung; denn sie hatte kaum zu hoffen gewagt, daß der Marquis, ein streng konservativer Mann, von sich aus dem republikanischen Dichter helfen würde. Er forderte sie auf, Victor Hugo sofort heraufzuholen, und brachte ihn im Zimmer der Marquise unter, das zwischen seinem Arbeitskabinett und dem Eßzimmer lag, wo er also einigermaßen in Sicherheit war.

Am anderen Tag hörte er mittags in seinem Versteck, wie Freunde des Marquis de Montferrier sich nebenan über sein Schicksal unterhielten: «Victor Hugo ist tot!»

«Nein, er ist gerettet, er befindet sich bereits in England.»

«Nicht doch, er ist noch in Paris.»

«Hoffentlich hält er sich gut verborgen, denn Louis Bonaparte hat ein Blutgeld von fünfundzwanzigtausend Francs für den ausgesetzt, der ihn lebend oder tot seiner Polizei übergibt.»

Acht Tage hielt sich der Dichter in der Wohnung des Marquis de Montferrier versteckt, bis es diesem gelang, ihm einen falschen Paß zu verschaffen. Am Abend des 13. Dezember fuhr er, als Arbeiter verkleidet, in einer Droschke zum Nordbahnhof und stieg in den Schnellzug nach Brüssel, ohne erkannt zu werden. Sein Beschützer, der so hilfsbereite Marquis, verließ den Bahnsteig erst, als der Zug sich in Bewegung gesetzt hatte und in der Ferne verschwand.

Am nächsten Morgen traf Victor Hugo in der belgischen Hauptstadt ein. Im Zollbüro wartete eine schwarzgekleidete Frau mit unruhig flackernden Augen – Juliette Drouet, die vorausgefahren war, um für Quartier zu sorgen. Als sie ihn in seiner Manchesterhose und blauen Arbeiterbluse erblickte, eilte sie auf ihn zu, umarmte ihn und rief: «Endlich bin ich von meinem schrecklichen Alpdruck befreit!»

Während sie zusammen zum Hôtel de la Porte Verte fuhren, wo sie ihm ein Zimmer besorgt hatte, dankte er von ganzem Herzen der aufopferungsvollen Frau, die ihm das Leben gerettet hatte, und er fühlte, wie in diesen düsteren Tagen, in denen sie ihm wieder ihre grenzenlose Hingabe bewiesen, ihrer beider Liebe neu erwacht war.

Nie würde er ihr diese Aufopferung vergessen: «Wenn ich damals nicht festgenommen und erschossen worden bin, so verdanke ich dies allein Madame Juliette Drouet, die unter der Gefahr, ihre Freiheit oder gar ihr Leben zu verlieren, mich vor jeder Falle bewahrt, mich unablässig behütet und für mich sichere Asyle gefunden hat. Mit welcher wunderbaren Intelligenz, mit welcher Hingabe, mit welchem Heldenmut hat sie mich gerettet! Sie war Tag und Nacht unterwegs, irrte allein in der Finsternis durch die Straßen von Paris, täuschte die Posten, brachte die Geheimagenten auf eine falsche Fährte, ging unerschrocken im Geschützfeuer die Boulevards entlang, ahnte stets, wo ich war, und fand mich immer wieder, wenn es mich zu retten galt ...»

9

Der Weg ins Exil

Sobald Victor Hugo sich in seinem Hotelzimmer, einem kleinen Raum mit einem schmalen Bett, einem Tisch und zwei Korbstühlen, notdürftig eingerichtet hatte, suchte er den Innenminister Rogier auf, um die Frage seines Aufenthaltes in Brüssel zu klären. Er hatte ihn vor zwanzig Jahren in Paris kennengelernt und sagte lachend zu ihm: «Heute erwidere ich nach so langer Zeit Ihren Besuch.»

Dann setzte er ihm auseinander, warum er es für seine Pflicht hielt, sofort die Geschichte des Staatsstreiches des Louis Bonaparte zu schreiben: «Als Akteur, Augenzeuge und Richter bin ich dafür durchaus der geeignete Geschichtsschreiber. Was meinen Aufenthalt in Brüssel betrifft, so kann ich keine Bedingungen annehmen. Lieber soll man mich ausweisen, wenn man das will. Allerdings werde ich diesen historischen Bericht nicht veröffentlichen, solange er das Los meiner beiden Söhne im Gefängnis verschlechtern könnte. Der neue Machthaber ließe sie vielleicht foltern.»

Der belgische Innenminister, der ihn herzlich empfangen hatte, gab ihm zu bedenken, daß die Veröffentlichung dieses Pamphlets gegen Louis Bonaparte Belgien ernste Schwierigkeiten bereiten könnte, da es ein kleiner Staat neben einem starken und gewalttätigen Nachbarn sei.

«In diesem Fall», antwortete der Dichter, «werde ich, wenn ich mich zur Veröffentlichung entschließe, nach England gehen.»

Schon begannen die Unannehmlichkeiten des Exils. Zwei Gendarmen erschienen im Hotel und brachten ihn zum Staatsanwalt, der ihn wegen seines falschen Passes verhörte, sich aber schließlich – unter Hinweis auf seine Pflicht – bei ihm entschuldigte.

Nun, dachte Hugo, die belgische Regierung hat eben Angst vor Bonaparte, man darf es ihr nicht verübeln, wenn sie die Verbannten ein wenig schikaniert. – Übrigens war er, da er vor seiner Flucht aus Paris seine Wohnung nicht mehr aufsuchen konnte, fast ohne Kleider und ohne Wäsche. Er schrieb also an seine in Paris zurückgebliebene Gattin, ob es ihr möglich sei, ihn für ein oder zwei Tage in Brüssel zu besuchen, um ihm die wichtigsten Sachen zu überbringen und mit ihm Dinge zu besprechen, die er Briefen nicht anvertrauen könne; die bonapartistische Polizei respektiere gewiß nicht das Postgeheimnis.

Für solche Entbehrungen und für die Scherereien mit den belgischen Behörden wurde er durch die herzliche Aufnahme, die ihm das belgische Volk bereitete, reichlich entschädigt. Drucker veranstalteten am 30. Dezember 1851 ihm zu Ehren ein Bankett und brachten Trinksprüche auf Mazzini, den Vorkämpfer der Einheit Italiens, auf den ungarischen Freiheitshelden Kossuth und auf ihn aus.

Victor Hugo. Auguste Vacquerie. Paul Meurice.
Charles Hugo. François-Victor Hugo. Adolphe Caiffe

Nach und nach scharten sich um Victor Hugo andere Verbannte aus Frankreich. Zuerst erschien Schoelcher, als Priester verkleidet, in seinem Hotel und entschuldigte sich bei ihm, weil er ihm jahrelang mißtraut und seine Liebe zur Demokratie nicht für echt gehalten hatte. Dann besuchten ihn weitere Freunde: Flotte, den er zuerst nicht erkannte, weil er sich seinen Bart hatte abnehmen lassen; Camille Berru, ein ehemaliger Redakteur des «Evènement»; Couret, der ihm berichtete, wie er den Spitzel, der ihn festgenommen hatte und zur Erschießung schleppen wollte, unterwegs in der Droschke erwürgt hatte und dann entsprungen war; Noël Parfait, der freiwillig in die Emigration gegangen war, weil er das für seine Pflicht hielt, und sein Bruder Paul Parfait, der ebenfalls die Armut im Exil dem Wohlstand in

Frankreich unter dem Diktator vorzog; und schließlich auch die großen Republikaner Louis Blanc und Pierre Leroux. Man dachte daran, in London ein republikanisches Wochenblatt als Organ der Emigranten zu gründen, und zwar unter Leitung eines Komitees, dem drei Deutsche, drei Italiener, drei Franzosen – Louis Blanc, Pierre Leroux und Victor Hugo – angehören sollten. Es sollte eine Art Zitadelle der demokratischen Publizistik werden, von der aus man Louis Bonaparte mit Pamphleten bombardieren wollte. «Ein politischer Verlag in London, ein literarischer Verlag in Brüssel», bemerkte Hugo hierzu, «zwei Unternehmen, die von unserer Flamme geschürt werden sollen.»

Als er die Nachricht von seinem Ausschluß aus der Französischen Akademie erhielt, antwortete er ihren Mitgliedern stolz: «Der politische Verbrecher, dessen Regierung zur Zeit auf Frankreich lastet, glaubte ein Dekret zum Ausschluß aus der Akademie erlassen zu können, in das er mich einbegriffen hat. Meine Schuld besteht darin: Ich habe mit allen Mitteln, auch dem des bewaffneten Widerstandes, die aus dem allgemeinen Wahlrecht hervorgegangene Verfassung, die Republik und das Gesetz gegen den Abenteurer des 2. Dezember verteidigt.» Was ging ihn, den Vertriebenen, noch die Bonaparte hörige Akademie an, die ihm nie wohlgesinnt war, vor der er sich also gar nicht erst rechtfertigen wollte.

Auch der Misere des Exils bot der Dichter mutig die Stirn und gestand seiner Gattin in einem Brief: «Um die Sache zum guten Ende zu führen, muß man hier ein stoisches und dürftiges Leben führen und alles wagen: Ich brauche kein Geld, ich kann abwarten. Wer Geld nötig hat, ist den Geschäftemachern ausgeliefert und damit verloren. Siehe Alexandre Dumas. Ich arbeite den ganzen Tag und lebe von 1 200 Francs im Jahr ... Mein Leben gehört der Sonne wie meine Seele. Du aber sprichst zu meinem Bedauern von Geld. Wir sind arm und müssen diese Notlage überwinden, das mag schnell gehen, kann aber auch lange dauern. Ich trage eben meine alten Schuhe und meine alten Anzüge ab,

das ist alles. Du erträgst Entbehrungen und Leiden, sogar die äußerste Not, das ist schwerer, da du eine Frau und Mutter bist; aber du tust es mit Freude und Größe ... Wenn ich später sehe, daß meine armen guten Söhne arbeiten wie ich, ganz gleich wo, wenn es nur in einem freien Lande geschieht, und wenn ich meine Manuskripte verkauft habe, werde ich ruhig sein und uns allen ein großzügigeres Leben bieten können. Doch einstweilen müssen wir ein wenig darben.»

Aus der Ferne verfolgte Louis Bonaparte den Dichter mit unversöhnlichem Haß und grübelte, wie er ihn in der belgischen Hauptstadt zur Strecke bringen oder aus ihr vertreiben konnte. Hugo war in seinem Zufluchtsort durchaus nicht sicher, denn in Brüssel wimmelte es von bonapartistischen Geheimagenten. Der scheinbar so friedliche Bürger, mit dem man sich in einem Café über Fragen der Politik unterhielt, konnte sich im nächsten Augenblick als Spitzel entpuppen. Das kümmerte Victor Hugo allerdings wenig. Trotzdem machte er im stillen, ohne daß seine Freunde es ahnten, eine schwere Krise durch. Immer wieder warf er sich vor, daß er durch die unangebrachte Vertrauensseligkeit, mit der er dem Prinzen Louis Bonaparte zum Amt des Präsidenten der Republik verhalf, auch dessen Staatsstreich Vorschub geleistet habe, und er konnte sich von einer gewissen Schuld nicht freisprechen.

Aber es gab in der Verbannung auch erfreuliche Stunden. So las er mit Vergnügen, was die «Emancipation», ein relativ konservatives Blatt, über das Verhältnis Bonapartes zu ihm berichtete: «In der Vorstadt Saint-Antoine droht mehreren Arbeitern, Familienvätern, jetzt ein Prozeß wegen des heimlichen Drucks verbotener Schriften. Sie hatten mit einer jener kleinen Pressen, die jeder Kaufmann besitzt, Bulletins gedruckt, die den Namen Victor Hugos trugen. Unter allen Verbannten ist der bekannte Dichter derjenige, den Bonaparte mit dem größten Haß verfolgt – eine persönliche Feindschaft, die durch die ständig wachsende Popularität des Verbannten noch gesteigert wird. Obgleich Hugo in der Zeit vor dem 2. Dezember in den Salons der Aristokratie und der Bourgeoisie unbeliebt war, ist es ihm inzwischen gelungen, den verlorenen Boden zurückzugewinnen. Man sieht in ihm heute den tatkräftigsten Verteidiger des Rechtes und der Freiheit.»

Auch die anfängliche Animosität der herrschenden Klassen in Belgien begann einer zunehmenden Anerkennung seiner Persönlichkeit zu weichen. So schrieb er seiner Gattin: «In Belgien gibt es noch kein Volk, sondern nur eine Bourgeoisie. Sie haßte uns Demokraten, bevor sie uns kennenlernte. Die jesuitischen Zeitungen, von denen es hier wimmelt, hatten aus uns Schreckgespenster gemacht. Jetzt aber achten uns diese guten Bourgeois. Neulich las in einem Gasthaus ein Schöffe in der Zeitung von mir und rief plötzlich voller Empörung: ‹Hugo verbannt!› und schlug mit der Faust so heftig auf den Tisch, daß sein Bierkrug zerbrach. Vor kurzem habe ich im Café des Mille Colonnes, wie jeden Tag, eine Tasse Schokolade zu mir genommen. Da kommt ein junger Mann auf mich zu und sagt: ‹Ich bin Kunstmaler und bitte Sie, von Ihrem Zimmer aus den Marktplatz malen und Ihnen das Gemälde verehren zu dürfen. Es gibt in der Welt nur noch zwei große Namen: Kossuth und Victor Hugo.›»

Die neue Wohnung am Marktplatz hatte ihm Juliette Drouet besorgt. Es war ein geräumiges möbliertes Zimmer, in dem ein Roßhaardiwan, der sich in ein Bett verwandeln ließ, ein runder Tisch, der abwechselnd zum Arbeiten und zum Essen diente, und einige Stühle standen. Der Diwan, so stellte der Dichter humorvoll fest, war eigentlich nur ein «Entwurf zu einem Diwan», zu klein, um einen Mann bequem aufzunehmen; die Matratzen waren hart wie Stein und rochen muffig. Aber mit seiner Phantasie und seiner Arbeitsfreude wußte er diesem bescheidenen Domizil die besten Seiten abzugewinnen und schrieb unverdrossen an seinem Pamphlet gegen Louis Bonaparte.

Seine Freunde hatten jederzeit Zutritt zu ihm. So erschien fast jeden Morgen der General Lamoricière, ein Haudegen aus dem Algerienkrieg, bei ihm, zündete sich seine Pfeife an, nahm auf dem Diwan Platz und wartete, bis ihm der Dichter eine neue Seite aus seinem Manuskript vorlas.

Einmal, als auch Schoelcher, Versigny und Charras zu Besuch waren, wurde er ebenfalls um eine Leseprobe aus dem Pamphlet *Napoléon le Petit (Napoleon der Kleine)* gebeten. Da holte der Dichter sein Manuskript, blätterte darin und wählte jene wirkungsvolle Stelle, wo er enthüllte, mit welchen Mitteln Louis Bonaparte seinen Staatsstreich inszenierte: Geld und Branntwein, Bestechung und Betrunkenheit.

«Und von diesem Mann», las er vor, «wird Frankreich jetzt regiert! Was sage ich – regiert? Nein, rücksichtslos unterjocht! Jeden Tag, ja, jeden Morgen erteilt dieser Emigrant, der Frankreich nicht kennt, durch seine Dekrete, seine Botschaften, seine Ansprachen, durch alle diese Aufschneidereien, die er im ‹Moniteur› darbietet, Frankreich eine Lektion! Dieser Gernegroß behauptet, er habe Frankreich gerettet! Vor wem gerettet? Vor sich selbst! Bis zu seinem Regierungsantritt wurden nur Dummheiten be-

Ist sie auch wirklich tot?

gangen; der liebe Gott hat auf ihn gewartet, damit er alles wieder in Ordnung bringe; endlich ist er nun erschienen! Sechsunddreißig Jahre lang erlebte man in Frankreich verheerende Dinge: das sinnlose Gerede der Tribüne, den Höllenlärm der Presse, Unverschämtheiten des Denkens, den schreienden Mißbrauch der Freiheit. Da erschien er und ersetzte die Tribüne durch den Senat, die Presse durch die Zensur, das Denken durch die Unfähigkeit, die Freiheit durch den Säbel; und dank dem Säbel, der Unfähigkeit, der

Zensur und dem Senat ist Frankreich nun gerettet! Bravo! Vor wem? frage ich noch einmal. Vor sich selbst! Denn was war Frankreich bis dahin? Eine Bande von Plünderern, Dieben, Aufrührern, Mördern und Volksaufwieglern! Man mußte diese vom Teufel besessene Bande, das heißt Frankreich, unschädlich machen, und so legte ihm Louis Bonaparte die Daumenschrauben an. Jetzt sitzt er im Gefängnis bei Brot und Wasser, bestraft, gedemütigt, geknebelt, unter guter Hut. Seid also unbesorgt! Bonaparte, Gendarm im Palais Élysée, bürgt Europa dafür; er steht für alles grade. Dieses elende Frankreich steckt jetzt in der Zwangsjacke, und wehe, wenn es sich rührt!»

Die Freunde ballten die Fäuste; Flüche wurden laut. Sogar Lamoricière, der eingefleischte Royalist, konnte nicht umhin zu gestehen, daß ihn Victor Hugo mit solchen Proben aus *Napoleon der Kleine* allmählich für die republikanische Freiheit gewönne. Als der Dichter sich anschickte, in seinem Vortrag fortzufahren, klopfte es an der Tür. Alle hielten den Atem an. Sollte das etwa ein bonapartistischer Spitzel sein, der an der Tür gelauscht hatte? Eine sonderbare Gestalt mit jüdischem Profil trat ein.

«Freunde», sagt Hugo lächelnd, «ich stelle euch Alexandre Weill vor, meinen Lehrer, der mich in die Geheimnisse der Kabbala einweiht.»

Dann beendete er seine Lesung: «Und ihr behauptet, das werde so weitergehen? Nicht doch, bei allem Blut, das durch unsere Adern fließt! Nein, das wird nicht so weitergehen! Wenn das so weiterginge, gäbe es tatsächlich keinen Gott mehr im Himmel und kein Frankreich mehr auf der Erde.»

An dieser Überzeugung richtete sich der Dichter auf, überwand mehr und mehr seine innere Krise und vertraute auf das französische Volk und dessen Zukunft.

Im übrigen war Juliette Drouet auf sein Wohl bedacht. Sie wohnte ganz in der Nähe bei einer Freundin und brachte ihm täglich Punkt zwölf Uhr das Mittagessen, das sie mit ebensoviel Liebe wie Phantasie für ihn zubereitete. Als im Februar 1852 Charles Hugo, endlich aus dem Gefängnis entlassen, nach Brüssel kam, nahm sie sich seiner mit gleicher Fürsorge an. Sie war stolz auf diese Aufgabe und fühlte sich beglückt, wenn sie den Dichter, dessen Gesichtsausdruck seit seiner Verbannung von Resignation zeugte und dessen Haar schon grau zu schimmern begann, der aber sein bitteres Los mit Würde trug, wieder einmal lächeln sah.

Als im Mai seine Gattin ihn zum zweitenmal in Brüssel besuchte, änderte Juliette ihre Gewohnheiten nicht, sondern versorgte auch sie nach besten Kräften. So knüpfte sich allmählich das Band einer eigenartigen Freundschaft zwischen den beiden Frauen; denn Adèle sah jetzt in der Schauspielerin nicht mehr die Rivalin, sondern vor allem die aufopferungsvolle Frau, die in den Tagen des Staatsstreiches Victor Hugo vor der Erschießung bewahrt hatte.

Ende Mai 1852 schloß Hugo die Arbeit an dem Pamphlet *Napoleon der Kleine* ab. Er hatte es in drei Wochen geschrieben, weil sich für das vorher vollendete Werk, *Histoire d'un Crime (Geschichte eines Verbrechens)*, das den Hochverrat des Louis Bonaparte zum Gegenstand hatte, kein Verleger gefunden hatte. Dafür ging nun in London *Napoleon der Kleine* in Druck; aber das war auch alles, niemand wagte das Manuskript zu kaufen. «Man druckt es bloß», erklärte Hugo, «darin besteht die ganze englische Kühnheit.»

Als im Juli sein Pamphlet in Brüssel erschien, das Bonaparte des Verbrechens an der Republik, ihrer Gefangennahme und Ermordung anklagte, brach in den konservativen Brüsseler Zeitungen ein Entrüstungssturm gegen ihn los. Man verlangte seine Ausweisung.

Am 13. Juli erschien bei ihm eine Abordnung der französischen Emigranten und bat ihn, Brüssel nicht zu verlassen. «Das hängt nicht von mir ab», antwortete er, «man wird mich vertreiben.»

«Nun gut, dann werden wir Ihnen folgen und uns in Jersey um Sie scharen. Sobald Sie abgereist sind, ist die Proskription in Brüssel enthauptet; die Partei, die heute noch in Brüssel ist, sieht sich dann nach London verbannt. Sie sind der

Mittelpunkt. Harren Sie bei uns aus, bis man Sie vertreibt.»

Aber Hugo erwiderte: «Das kann ich nicht, denn eine allgemeine Ausweisung würde sehr viele Interessen verletzen, vor allem die der Ärmsten unter Ihnen.»

Seine Tage in Brüssel waren gezählt. Mit Besorgnis hatte die belgische Regierung beobachtet, wie ihr Land von Verbannten überflutet wurde, deren Zahl schließlich bis auf siebentausend anschwoll. Wie sollte man diese siebentausend Flüchtlinge beschäftigen und ernähren? Deshalb erschien noch im Juli das von Faider ausgearbeitete Gesetz gegen die freie Presse, das diese darauf aufmerksam machte, daß in Belgien alle ausländischen Fürsten – ungeachtet ihrer politischen Handlungen – unverletzlich sind. Das Faider-Gesetz bot der Regierung eine Handhabe gegen den Verfasser des Pamphlets *Napoleon der Kleine* und wies Ende Juli Victor Hugo aus Belgien aus. Unverzüglich verließ er mit seinen beiden Söhnen, auch François-Victor war in den letzten Tagen nach Brüssel gekommen, und Juliette Drouet die Stadt.

Dennoch wurde der Weg ins Exil für Victor Hugo immer mehr zu einem Triumphzug. In Antwerpen, wo er am 1. August 1852 eintraf, gaben die belgischen Demokraten ihm zu Ehren ein Frühstück, zu dem sie alle französischen Demokraten einluden. Der Republikaner Madier de Montjau bat ihn im Namen aller seiner Mitverbannten, in London Mazzini, Kossuth und Ledru-Rollin aufzusuchen, um mit ihnen die großen Anliegen der Demokratie zu erörtern. «Sprechen Sie als unser Führer!»

Als er sich nachmittags im Hafen von Antwerpen nach London einschiffte, wo er mit Verlegern wegen der Herausgabe der *Geschichte eines Verbrechens* verhandeln wollte, war der Kai von einer riesigen Menschenmenge überfüllt. Man hielt ihm eine ergreifende Abschiedsrede, worauf er antwortete: «Ich bin aus Frankreich verbannt worden, weil ich den Abenteurer des 2. Dezember bekämpft und mich angeblich des Hochverrates schuldig gemacht habe; ich bin aus Belgien verbannt worden, weil ich *Napoleon der Kleine* geschrieben habe. Nun, so bin ich eben zum zweitenmal verbannt.»

Dann wies er die französischen Emigranten darauf hin, daß die Republik nicht tot sei, und erklärte: «Tot ist die Republik nur für diejenigen, die die Katakomben für das Grab halten. Freunde, die Katakomben sind kein Grab, sondern die Wiege. Aus ihnen ist das Christentum mit der Tiara auf dem Haupt hervorgegangen, aus ihnen wird die Republik mit dem Heiligenschein um die Stirn hervorgehen. Großer Gott, die Republik tot? Sie ist doch unsterblich! Aber zu welchem Zeitpunkt behauptet man das? In dem Augenblick, da es allein in Frankreich zweitausend Ermordete, zwölfhundert Hingerichtete, zehntausend Deportierte, vierzigtausend Verbannte gibt! Die Republik tot? Seht euch um! Das Exil, die Pontons, die Zuchthäuser, Belle-Isle, Mazán, Afrika, Cayenne, die Massengräber des Marsfeldes, der Friedhof Montmartre sind von ihrem Leben erfüllt! In dieser Stunde, Verbannte, ich wiederhole es, ist die Republik lebendiger denn je!»

Zum Schluß dankte er den belgischen Demokraten für ihre Gastfreundschaft, sprach bewegt von der Zukunft, wie er sie sich vorstellte, und endete mit den Worten: «... Es gibt etwas, das über dem Belgier, dem Deutschen, dem Italiener, dem Engländer, dem Franzosen steht, nämlich der Citoyen; es gibt aber auch etwas, das über dem Citoyen steht, nämlich der Mensch. Das Ziel der Nationen ist die Einheit, wie das Ziel der Wurzel der Baum, das Ziel der Winde der Himmel, das Ziel der Ströme das Meer ist. Völker, es gibt nur ein Volk. Es lebe die Weltrepublik!»

Als er danach an Bord der Ravensbourne ging, winkten ihm Frauen und Männer zu, während der Ruf erklang: «Es lebe Victor Hugo!» Selbst im Platzregen, der plötzlich niederging, harrte die begeisterte Menge auf den Kais aus und zerstreute sich erst, als das Schiff am Horizont verschwand. Mit Recht konnte Hugo sagen: «Wahrhaftig, ich habe keine schlechte Saat gesät.»

10

Die harten Jahre in Jersey

Am Nachmittag des 4. August 1852 sah der Dichter in der Ferne die steilen Felsen der normannischen Insel Jersey aus dem tiefblauen Meer aufsteigen. – Ein wunderbarer Anblick, dachte er, ein Idyll inmitten des Ozeans. – Wohin das Auge auch blickte, überall blühende Gärten, smaragdgrüne Wiesen und milde Lüfte. Wie schön war der Verbannungsort, den er gewählt hatte.

Im Hafen von Saint-Helier erwartete ihn eine Schar französischer Emigranten und hieß ihn willkommen. Er dankte ihnen für diesen Willkommensgruß und erklärte, sie müßten fest zusammenhalten, da sie alle denselben Schmerz, die Trennung vom Vaterland, und dieselbe Hoffnung, den Traum einer baldigen Rückkehr in die Heimat, teilten.

Als er geendet hatte, eilte Juliette Drouet auf ihn zu, seine «Quartiermacherin», die wieder vorausgefahren war, um seine Ankunft in Jersey vorzubereiten, und ihm gestand, wie sehnsüchtig sie ihren «lieben Verbannten» erwartet hatte.

Am anderen Tag mietete er am Meeresufer ein einsames altes Gebäude, ein einstöckiges Landhaus im englischen Stil, eine Art Steinwürfel mit zwei Balkonen und zwei Terrassen: Marine-Terrace. Die Miete betrug 1 500 Francs im Jahr. Eine komfortablere Behausung konnte er sich nicht leisten, denn sein Barvermögen belief sich nur auf siebentausend Francs, und Honorare waren aus Frankreich nicht zu erwarten.

Die Aufführung seiner Dramen war dort streng verboten, die Präfekten verfolgten seine ketzerischen Bücher; willfährige Werkzeuge Louis Bonapartes hatten seinen Roman *Notre-Dame von Paris* öffentlich verbrannt. Wer in seiner Bibliothek die *Orientalen* oder die *Herbstblätter* hatte, machte sich in den Augen des Diktators eines stillschweigenden Einverständnisses mit dem verbannten Dichter schuldig. Wer den Namen Victor Hugo in der Öffentlichkeit auszusprechen wagte, verlor unter Umständen seine Stellung, und wer so weit ging, ihn zu loben, lief Gefahr, im Untersuchungsgefängnis zu landen. In den Gymnasien verschwiegen die Lehrer seine Existenz, wenn sie Geschichte der französischen Literatur lehrten.

So erwartete Victor Hugo nun aus Frankreich die Nachricht vom Verkauf seines Mobiliars und seiner kostbaren Gemälde, den Théophile Gautier bereits in der Presse angekündigt hatte, und zwar in sehr poetischer Weise:

«Wenn es in der Welt etwas Trauriges gibt, so ist es ein Verkauf nach einem Todesfall. Die Menge betritt ungestört ein Interieur, das ihr bisher verschlossen war und nur den

Marine-Terrace auf Jersey

Verwandten und Freunden offenstand; sie läuft neugierig überall umher, vor allem wenn der Gestorbene eine gewisse Berühmtheit genossen hat; sie entweiht die verborgensten Winkel, sie umschwärmt den Altar der Hausgötter. Diese Möbel, die noch den Abdruck des Lebens bewahren, diese Bücher, die aufgeschlagen auf einem Tisch liegen, als wolle man später ihre Lektüre fortsetzen, diese Wanduhr mit dem stillstehenden Pendel ... Das ist ein herzzerreißender Anblick, ein Anblick voll düsterer Vorstellungen und bitterer Gedanken! Aber noch trauriger und schmerzlicher ist der Verkauf des Mobiliars eines lebenden Menschen, besonders wenn dieser Mensch Victor Hugo heißt und der größte

Dichter Frankreichs ist, der jetzt wie Dante in der Verbannung lebt und erfährt, wie bitter wahr der Vers des alten Ghibellinen ist: Hart ist's, eine fremde Treppe hinaufzugehen!»

Trotz dieser großartigen und ergreifenden Ankündigung, die der romantische Gautier der Versteigerung des «Nachlasses» Victor Hugos vorausgeschickt hatte, war der Erlös nicht sonderlich hoch. Davon richtete der verbannte Dichter nunmehr Marine-Terrace mit geradezu spartanischer Einfachheit ein. Sein Schlafzimmer, das zugleich sein Arbeitszimmer war, enthielt nur eine eiserne Bettstelle, einen Tisch und zwei Stühle; aber dafür bot es einen herrlichen Ausblick auf das Meer, das den Dichter zu neuen Schöpfungen anregte. Er arbeitete jetzt vor allem an den *Châtiments (Züchtigungen)*, einem großen Gedichtband, in dem er sein Bekenntnis zur Republik und seinen Haß gegen Louis Bonaparte erhärten wollte.

«Ich werde erst aufatmen», hatte er einmal gesagt, «wenn ich Napoleon den Kleinen, den ich in Prosa ausgepeitscht, auch in Versen geohrfeigt habe.»

Mit welchem Hohn er den Abenteurer auf dem Kaiserthron anzuklagen gedachte, geht schon aus den Überschriften der sieben Bücher der *Züchtigungen* hervor: «Die Gesellschaft ist gerettet, die Ordnung wiederhergestellt, die Familie restauriert, die Religion glorifiziert, die Autorität sanktioniert, die Stabilität garantiert, und die Retter werden sich retten.»

Der Dichter vertiefte sich in diese Arbeit. Er stand jeden Morgen mit der Sonne auf, arbeitete bis zwölf und machte nach dem Mittagessen, während seine Gattin in dem kleinen Treibhaus, einer besonderen Zierde des Gartens von Marine-Terrace, Siesta hielt, Spaziergänge am Meer, sei es mit seinen beiden Söhnen und seinem Neffen Auguste Vacquerie, sei es mit Juliette Drouet. Diese hatte in der Nähe von Marine-Terrace eine möblierte Wohnung bezogen, die ein Schlafzimmer, einen Salon, ein Speisezimmer und eine Küche umfaßte und von der aus man einen zauberhaften Ausblick auf den Strand und die Wiesen hatte. Zunächst bekam sie den Dichter nur nachmittags zu Gesicht, wo er sie abholte und auf geheimnisvollen Pfaden, auf denen Wohlgeruch, Licht und strahlende Heiterkeit lagen, von Wunder zu Wunder führte, aus einem dämmrigen Steineichenhain zu einer leuchtenden Felsengruppe im Ozean oder von einer blühenden Wiese zu den Gischtbergen der tosenden Brandung. Ihr großer Wunsch war noch immer, im Hause Victor Hugos zu leben und dort die bescheidene Rolle einer Haushälterin zu spielen. Aber dies schien die bürgerliche Schicklichkeit auszuschließen, auf die Madame Hugo sah. Sie liebte keine Maske, legte aber Wert auf den Schleier.

Juliette fühlte sich indes von der Einsamkeit in ihrer Wohnung am Meer bedrückt. «Ich habe es an Voraussicht fehlen lassen», schrieb sie dem Dichter. «Ich hätte ahnen sollen, daß der Asketismus der Liebe nur in der Jugend möglich und erträglich ist. Später wird eine traurige Vereinsamung daraus, ja der Tod.»

Während sie diese schmerzlichen Zeilen schrieb, trat Hugo ein, überreichte ihr eine Wildanemone und Verse, die er auf die Rückseite eines Kuverts geworfen hatte. Mit Ergriffenheit las sie das Gedicht, das er ihr gewidmet hatte:

Diese Blume möcht ich dir, Vielgeliebte, schenken.
Auf den steilen Klippen, wo sie zur Flut sich
senken,
die der Adler nur erreicht, hab ich sie erblickt,
zwischen Felsen ganz versteckt, und für dich
gepflückt.

Armes Blümlein – sagte ich – hier auf steinigen
Höhen,
hart am Abgrund sollst du nicht welken und verwehen,
hier, wo jede Wolke weint, jeder Mast zerknickt!
Komm und stirb an einer Brust, die dein Duft
beglückt.

Im Winter erfüllte sich Juliettes Herzenswunsch endlich. Der Dichter stellte nämlich fest, daß ihre Wohnung wärmer war als der feuchte Steinbau von Marine-Terrace, und so richtete sie für ihn ihren Salon ein. Sie schob den Schreibtisch neben den Kamin und legte seine Lieblingsbücher darauf, Werke des Philosophen Quinet und des Historikers Michelet und einige Romane von George Sand. Jeden Morgen kam er nun zu ihr, um in dem behaglichen Salon zu arbeiten, und schließlich brachte sie ihn auch dazu, bei ihr zu Mittag zu speisen. «Durch deinen Magen», meinte sie schalkhaft, «will ich den Weg zu deinem Herzen finden. Außerdem kannst du die Verbannten, deine neuen Gefährten, nirgends so gut bewirten wie bei mir.»

Bald lud er die rauhen Gesellen jede Woche zwei- oder dreimal zum Mittagessen ein und führte dabei den Vorsitz mit viel Nachsicht und Liebenswürdigkeit. Juliette verhielt sich ihnen gegenüber zurückhaltender, denn sie war als Schauspielerin einen anderen Umgang gewohnt. «Die Gleichheitsapostel sind nicht mein Fall», erklärte sie ihm. «Ich kann mich an diese Vertrautheit der alltäglichen Mittelmäßigkeit mit deinem Genie nicht gewöhnen.» Und ein andermal, als sie zu ihm von jener «sozialen Schulmeisterei» sprach, die aus kümmerlichen Systemen erhabene Dogmen mache, warnte sie ihn: «Man muß sich vor den Scheinheiligen der Politik ebenso hüten wie vor den Scheinheiligen der Religion. Dir werden vielleicht später in Paris große Gefahren unter diesen anmaßenden Bären drohen, so daß ich das Ende deines ruhmvollen Exils eher fürchte als ersehne.»

Auch Madame Hugo und die junge Adèle nahmen schließlich ohne Widerspruch und mit einem Lächeln, das fast einem Dank gleichkam, die Gefälligkeiten hin, die ihnen Juliette erwies. Nicht ohne Grund hatte der mit Hugo befreundete junge Dichter Baudelaire sie einmal die «Dienerin mit dem großen Herzen» genannt. Im Garten von Nelson-Hall, dem Domizil Juliettes, pflückte Hugos Tochter die ersten Erdbeeren, oder sie schnitt auf ihren Rat aus der Zeitung Fortsetzungen des neuesten Romans von George Sand aus, um sie später zusammenzuheften. Für Madame Hugo aber bereitete Juliette zuweilen eine besonders köstliche Gänsebrühe zu, deren Rezept ihr allein bekannt war; sie stellte ihr auch Suzanne, ihre Magd, zur Verfügung, wenn sie in Marine-Terrace gebraucht wurde, und verrichtete selbst alle häuslichen Arbeiten, obgleich sie zu ihrem stillen Kummer sah, wie ihre Haut dabei spröde wurde und ihre Fingernägel abbrachen. Nichts war ihr für den vergötterten Dichter und dessen Familie zu viel.

Nur eins empfand Victor Hugo in Jersey als störend: die puritanische Frömmigkeit der Inselbewohner. So durfte man am Sonntag keinesfalls ausgehen, sondern mußte zu Hause in der Bibel lesen. Die Verbannten, die sonntags zu ihrer Kurzweil Billard in Marine-Terrace spielten, schlossen vorher alle Fensterläden und stießen die Billardkugeln möglichst behutsam an. Sonst empfing die Familie Hugo nur selten Besuche; die englische Steifheit lag ihnen nicht. Wenn sie aber einen jener langweiligen Besuche in einem höchst korrekten Haus zu Saint-Helier machen mußten, versäumte Madame Hugo nie, ihren Sohn Charles, der sich sehr gepflegt kleidete, als ersten eintreten zu lassen. «Geh du voraus», sagte sie zu ihm, «du bist der Stehkragen der Familie.»

Dieser Gegensatz zwischen französischer Nonchalance und englischer Steifheit gab auch Anlaß zu manchem komischen Zwischenfall. Dafür sorgte vor allem Auguste Vacquerie, der Victor Hugo freiwillig ins Exil gefolgt war und die Inselbevölkerung durch eine Respektlosigkeit ohnegleichen herausforderte.

Baden war in Jersey eine schwierige Sache. Die Badehose war dort verpönt, sie galt als unschicklich; die gute Sitte verlangte, daß man nackt badete. Am Strand gab es keine Kabinen, in denen man sich ausziehen konnte, sondern nur kleine Hütten auf Rädern, die von Pferden in die Flut gezogen wurden. Aber wenn man bei Ebbe an den Strand zurückkehren wollte, mußte man, so gut man eben konnte, den Ort erreichen, wo man seine Kleider abgelegt hatte. Die jungen Mädchen von Saint-Helier badeten mit den jungen Männern zusammen, und die Mütter nahmen auf Klappstühlen am Ufer Platz und betrachteten die Wasserspiele der Badenden, die nackt an ihnen vorbeieilten, ohne daß ihr Schicklichkeitssinn daran Anstoß nahm. Sie erröteten höchstens, wenn sie einen Mann im Badeanzug sahen; in ihren Augen war eben nur die unverhüllte Natur züchtig.

Eines Tages machte Auguste Vacquerie, der zusammen mit Victor Hugo im Meer schwamm, diesen auf eine Schar von Damen aufmerksam, die durch ihre Lorgnetten die beiden Schwimmer betrachteten. Wahrscheinlich wollten sie feststellen, ob es stimmte, was sie in einem bonapartistischen Blatt gelesen hatten: Hugo sollte ein Narr, ein Trunkenbold, ein Mörder sein und außerdem einen Buckel haben! Als die beiden an den Strand zurückkehrten, nahmen die jungen Damen die Haltung von Astronomen an, die durchs Fernrohr ein vorüberziehendes Gestirn beobachten. Ärgerlich über soviel unverhüllte Neugier, trat Vacquerie im Adamskostüm, wie es hier Vorschrift war, auf sie zu, pflanzte sich vor einer besonders neugierigen Miss auf, fragte sie, wie spät es sei, und entfernte sich seelenruhig. Am anderen Tag berichteten die Zeitungen von Jersey lang und breit von dieser Begebenheit und nannten ihren Helden einen «boshaften Tunichtgut».

So zuwider Victor Hugo der Puritanismus in Jersey war, so beklagte er sich doch nicht darüber. Seine Arbeit, der sein Leben gehörte, füllte ihn ganz aus, und was ihm Lästerzungen nachredeten, kümmerte ihn nicht. Der Blick aus seinem Zimmer auf das bewegte Meer brachte ihn auf den Gedanken, daß der ewige Ansturm der Fluten gegen das Festland dem unablässigen Ansturm der Lügner und Heuchler gegen die Wahrheit glich.

Nicht selten gab der Dichter auch Bankette zu Ehren der Verbannten, so am 20. November 1852 zur Erinnerung an den Jahrestag der Polnischen Revolution. Im Verlauf dieses Banketts richtete er eine kurze Ansprache an die polnischen Emigranten, in der er mit Bitterkeit der Geschichte Polens

Das da hat sie getötet!

im vergangenen Jahrhundert gedachte. «Von den ersten Jahren Heinrichs II. bis zu den letzten Jahren Ludwigs XIV. hat Polen den Kontinent geschützt, der unaufhörlich von den furchtbaren Horden der Türken bedroht wurde. Hinter diesem Schutzwall lebte Europa, wuchs heran, dachte, entwickelte sich und wurde glücklich. Die Barbarei, eine steigende Flut, schäumte über Polen hinweg wie der Ozean über die Klippe, und Polen sagte zur Barbarei wie die Klippe zum Ozean: ‹Du wirst nicht weiter vordringen!› Das hat dreihundert Jahre gedauert. Was aber war der Lohn dafür? Eines Tages lieferte Europa, das von Polen vor den Türken bewahrt worden war, Polen an Rußland aus!»

Am Schluß seiner Ansprache drückte er der polnischen Nation seinen Dank aus: «Polnische Freunde, ich sage von ganzem Herzen: Ich bewundere euch. Ihr seid die Ältesten der Verfolgung. An dem bitteren Kelch, den wir heute leeren, finden wir die Spur eurer Lippen. Ihr tragt die Ehrenzeichen der Verbannung. Eure Brüder leiden in Sibirien, wie unsere Brüder in Afrika leiden. Verbannte Polens, die Verbannten Frankreichs grüßen euch. Wir grüßen deine Geschichte, polnisches Volk, du tapferes Volk. Du bist erhaben und liegst doch auf dem Misthaufen. O Tobias, deine Wunden sind ruhmvoll.» Und er schloß mit dem Toast: «Bürger, trinken wir auf die Idee, die nicht stirbt! Trinken wir auf die Völker, die wieder auferstehen werden!»

Die Trennung von Frankreich, dessen Küste er bei klarem Wetter in der Ferne winken sah, stimmte den Dichter zuweilen schwermütig. Doch die Arbeit an den *Züchtigungen*, die der Vollendung entgegengingen, richtete ihn immer wieder auf. Selten ist wohl ein Gedichtband so reich an klagenden und ergreifenden, aber auch an bitter-ironischen und satirischen Tönen gewesen. Auch hier war er stets auf harte Kontraste bedacht, darin bestand nun einmal seine poetische Eigenart. «Die Natur», lehrte er, «geht in Kontrasten vor. Durch Gegensätze läßt sie die Gegenstände hervortreten. Durch Kontraste läßt sie uns die Dinge empfinden, den Tag durch die Nacht, die Wärme durch die Kälte und so fort ...»

In diesem Sinne entwarf er im Prolog der *Züchtigungen* ein infernalisches Gemälde vom Staatsstreich des Louis Bonaparte, das einerseits in düsteren Farben zeigt, welches Blutbad der brutale Diktator unter den Republikanern angerichtet hat, und andererseits in grellen Farben hervorhebt, mit welchem Zynismus er sich nach einem Jahr zum Kaiser der Franzosen krönen ließ. Das erste Buch wird durch den Trauergesang an die Deportierten von Toulon eingeleitet. Besonders eindringlich ist die Hymne *An die Gefallenen des vierten Dezember*, die enthüllt, um welchen Preis die mit Bonaparte paktierende Bourgeoisie vor dem Sturz durch die revolutionären Volksmassen bewahrt worden ist, und die in den sarkastischen Strophen ausklingt:

Dankt diesem 4. Dezember! Er verhalf uns dazu,
daß die Gruft euch verschlang und man hat vor euch Ruh!
Wird's im Sacktuch euch kalt,
ach, wie bald bedeckt Gras die vergessenen Hügel!
Schlaft nun und schweigt! Ihr braucht nicht mehr Zaum und Zügel!
Friede wird nur durch Gewalt ...

Mit Vehemenz klagt er dann – im *Tedeum vom ersten Januar 1852* – den Erzbischof von Paris an, den elenden Sibour, der seinen Segen zum Staatsstreich gegeben und den Mörder Bonaparte zum Kaiser gekrönt hat, und hält ihm vor:

Raub heißt dein Meßner, Verrat dein Diakon!
Verleugne Gott, verkauf deine Seele
für Halfterstricke um Henkerslohn,
verfluchter Prediger der Hölle!
Zelebriere den Mord, als wär's Gottes Gebot,
schrei: «Feuer auf die Verbrecher!»
Den Kelch reicht Satan, statt Wein funkelt rot
Blut im entweihten Becher.

Im nächsten Stück – *Ad majorem Dei gloriam* – wird die Anklage gegen den politischen Katholizismus gesteigert. Der Dichter schickt ihr einen Ausspruch des Jesuitengenerals Roothan auf dem Kongreß von Chieri voraus: «Wahrhaftig, unser Jahrhundert ist sonderbar zartfühlend. Bildet man sich wirklich ein, daß die Asche des Scheiterhaufens völlig erloschen sei, daß uns nicht das kleinste Scheit geblieben sei, um eine einzige Brandfackel anzuzünden? Die Wahnsinnigen glauben uns mit Schande zu bedecken, wenn sie uns Jesuiten nennen. Aber diese Jesuiten erhalten ihnen doch die Zensur, den Knebel und das Feuer.» Diesen zynischen Ausspruch brachte er in Beziehung zum Staatsstreich des Louis Bonaparte und entwickelte daraus eine glänzende Satire auf den Klerus überhaupt, die in der Strophe gipfelt:

Heilige Väter, auf funkelnde Fahnen werden wir
schreiben:
«Unversehrt müssen Ruhe und Ordnung, Kirche und
Eigentum bleiben!
Kein Bandit ist zum Schutz dieser höchsten Güter
zu schlecht,
ob Heide, Jud oder Christ! – Und fliegt er herbei
zum Massaker,
die Pechfackel in der Faust, brüllend blutdürstig,
wacker,
Meineid und Dolch im Maul – dann rufen wir:
«So ist's recht!»

Eine der ergreifendsten Schöpfungen Victor Hugos entstand aus der Erinnerung an jene Dezembernacht, da er in einer armseligen Stube ein blutüberströmtes Arbeiterkind auf dem Boden liegen sah, getötet von den Mörderkugeln der bonapartistischen Soldateska. Der furchtbare Anblick hatte sich mit allen seinen Details, dem Kreisel aus Buchsbaumholz, den das tote Kind noch in der Hand hielt, dem verblaßten alten Familienbild an der Wand, unter dem die Großmutter saß, dem Nußbaumschrank, aus dem man ein Laken nahm, in das man den Leichnam hüllte, dem Gedächtnis des Dichters so unauslöschlich eingeprägt, daß er ein Jahr später die tragische Szene in der *Erinnerung an die Nacht des vierten Dezember* gestaltete.

Es ist zu verstehen, warum Victor Hugo dieses erschütternde Gedicht für eines der besten Stücke der *Züchtigungen* hielt, zeugte es doch von seiner engen Verbundenheit mit dem Schicksal des leidenden Volkes.

Es fehlt in diesem Gedichtband aber auch nicht an erhebenden Momenten, wie etwa in den Versen: *Nur die unaufhörlich kämpfen, leben wirklich in der Welt,* die als Sinnbild über seinem Leben stehen könnten, oder an zündenden Aufrufen, an verzweifelten Versuchen, das Volk aus seiner Lethargie zu reißen!

An das Volk

Überall Tränen nur, Trauer und Klage.
Volk, verschläfst du die finsteren Tage?
Wo ist deine alte Lebendigkeit?
Antwort heisch ich auf meine Frage:
Ist jetzt zum Schlafen die rechte Zeit?
Die Freiheit liegt auf den Straßen erschlagen!
Weißt du es nicht, muß ich dir's erst sagen? –
Schakale lauern vor deinem Haus,
die Ratten nagen schon an den Schwellen!
Wagst du es nicht, zum Kampf dich zu stellen?
Gefressen wirst du, brichst du nicht aus!
Schon freut sich die Welt auf dein
    Leichenbegängnis,
        sie wartet nur drauf!
Lazarus, Lazarus, trotz dem Verhängnis!
        Wach auf!
Paris verblutet, beweint seine Toten,
die Aufrührer, die die Ordnung bedrohten.
Ruhm dem General Trestaillon!
Er brachte mit Predigten und Verboten
die Neunundachtziger zur Raison.
Besiegt ist die Revolution mit Kartuschen,
geknebelt muß jeder jetzt vor ihm kuschen.

Was kaum ein Titan hat fertiggebracht,
über ganz Frankreich den Säbel zu schwingen,
wie konnte das diesem Zwerg gelingen?
Seht, wie der Heuchler über euch lacht,
wenn die Richter feilbieten Gesetz und Talar
zum Verkauf!
Lazarus, Lazarus, Zeit ist's fürwahr!
Wach auf!

Wie eine schlichte Volksweise, schmerzlich ergreifend, wirkt dagegen das

Lied der Verbannten

Heimat, ade!
Wild wogt die See.
Mein Himmel du,
mein Azur, ade!

Ade, mein Häuschen
in Weinrankenrock,
du alte Mauer,
mein Rosenstock!

Heimat, ade!
Wald, Wiese, Flur,
mein Himmel du,
ade, mein Azur!

Ade, du reine, du zarte,
mein Lieb!
Wie rauh ist der Wind hier,
der Himmel wie trüb!

Heimat, ade!
Wild wogt die See.

Mein Himmel du,
mein Azur, ade!

Verschleiert von Tränen
schweift unser Blick
übers Meer, das schwarz ist
wie unser Geschick!

Heimat, ade!
Wir beten, treu unserm Schwur,
Heimat für dich.
Ade, mein Azur!

Die stärksten poetischen Mittel bot der Dichter in dem grandiosen Stück *Das Strafgericht* auf, in dem Napoleon der Große mit Napoleon dem Kleinen konfrontiert wird. Es ist, als greife ein Barde in die Saiten seiner Harfe, um von dem Schicksal des korsischen Titanen, seinen Siegen und seinen Niederlagen, seiner Verbannung nach Sankt-Helena, seinem einsamen Tod auf der Felseninsel und seiner schließlichen Überführung in das Pantheon zu Paris zu singen. Durch die wiederholte Frage: «Ist es das schon, das Strafgericht?» und die kurze Antwort: «Nein, noch nicht!» bereitete er den Höhepunkt des Gesanges vor und enthüllte dann, worin die wahre Strafe Napoleons I. besteht: in der Blasphemie, mit der ihn die Komplizen des Banditen Louis Bonaparte, die Magnan, Fould, Rouher, Parieu, aus seiner Marmorgruft holen; in der Impertinenz, mit der sie ihn als ihren Stallknecht zur Schau stellen im Zirkus Beauharnais; in dem Hohn, mit dem sie seinen Adler, den Adler von Marengo, ausstopfen und triumphierend als ihre Trophäe der gaffenden Menge auf dem Jahrmarkt zeigen.

Maßlose Empörung flammte im Herzen des Dichters auf beim Gedanken an das, was der elende Neffe Napoleons des Großen aus Frankreich gemacht hatte, und so rief er die Unterdrückten und Mißhandelten zum Aufstand gegen die schändliche Gewaltherrschaft auf:

Waffen braucht ihr? Habt ihr keine,
Forken, Hämmer holt hervor!
Stopft euch in die Taschen Steine,
reißt heraus das Kerkertor!
Schreit es ihnen in die Ohren:
Frankreich ist noch nicht verloren,
und Paris wird wieder frei!
Wehrt euch gegen die Entmachtung!
Tilgt die Schande der Verachtung!
Nieder mit der Sklaverei!

Die unerschöpfliche Erfindungsgabe Victor Hugos und daß seine Verse entsprechend seinem Vorsatz härter und unversöhnlicher wurden, zeigt besonders die volkstümliche Ballade

Der schwarze Jäger

«Wer bist du? – Schleichst du zum Vergnügen
durch's Dunkel, wo nur Raben fliegen?
Es wettert bald!» –
«Der Jäger bin ich, der verschwiegen
umgeht im schwarzen Wald!» –

Der Wald steht kahl, vom Wind entlaubt,
der pfeift und kreischt, man glaubt,
daß Hexensabbat sei, so hallt
es weithin durch den Wald ...
Jetzt hellt sich auf der Wolkenflor,
der Vollmond tritt hervor.

Nun, schwarzer Jäger, mußt du's wagen,
die Räuber, Wolf und Fuchs, zu jagen!
Jag, schwarzer Jäger, jag!
Liegt Zar und Metternich erschlagen,
dann wird es Tag!

Dann blas ins Horn, doch ruhe nicht,
auch den gehörnten Teufelspriestern
blas aus das Lebenslicht,
wie allen Fürsten und Ministern!
Jag, schwarzer Jäger, jag!

Gegen Ende der *Züchtigungen* gestaltet der Dichter in der *Karawane* den unaufhaltsamen Siegeszug der Menschheit, indem er zeigt, wie ein unübersehbares Heer von Vorkämpfern des Geistes durch die Wüste der Jahrhunderte zieht, wie auf Jan Hus Martin Luther, auf Luther Voltaire, auf Voltaire Mirabeau folgt, um die Fackel immer weiterzutragen, und wie schließlich das große Strafgericht der Völker über die Tyrannen und Henker hereinbricht.

In der *Nox*, der abgrundtiefen Nacht, hat diese große politische Dichtung des 19. Jahrhunderts begonnen, doch endet sie triumphierend im *Lux*, dem strahlenden Licht, mit der Erhebung der Völker gegen die Unterdrücker und mit der kühnen Zukunftsvision:

Am Himmel flackert blaß und schwächlich
ein winziger Stern, jedoch gemächlich
naht er und blinkt mit hellerem Schein.
Ja, Republik, noch heut so ferne,
wirst strahlender als alle Sterne
gar bald schon unsre Sonne sein!

Natürlich erregten die *Züchtigungen*, die im Jahre 1853 von einem Brüsseler Verlag veröffentlicht wurden, in ganz Europa ungeheures Aufsehen. Man staunte über die Kühnheit, mit der Victor Hugo vor den Augen der Welt den Kaiser der Franzosen als Intriganten, Hochverräter und Mörder der Republik zu entlarven wagte, und über die Mannigfaltigkeit seiner poetischen Ausdrucksmittel. In den Londoner Zeitungen und in den Blättern von Jersey erschienen zahlreiche Auszüge aus dem Gedichtband in französischer Sprache, da zunächst niemand sich berufen fühlte, ihn zu übersetzen.

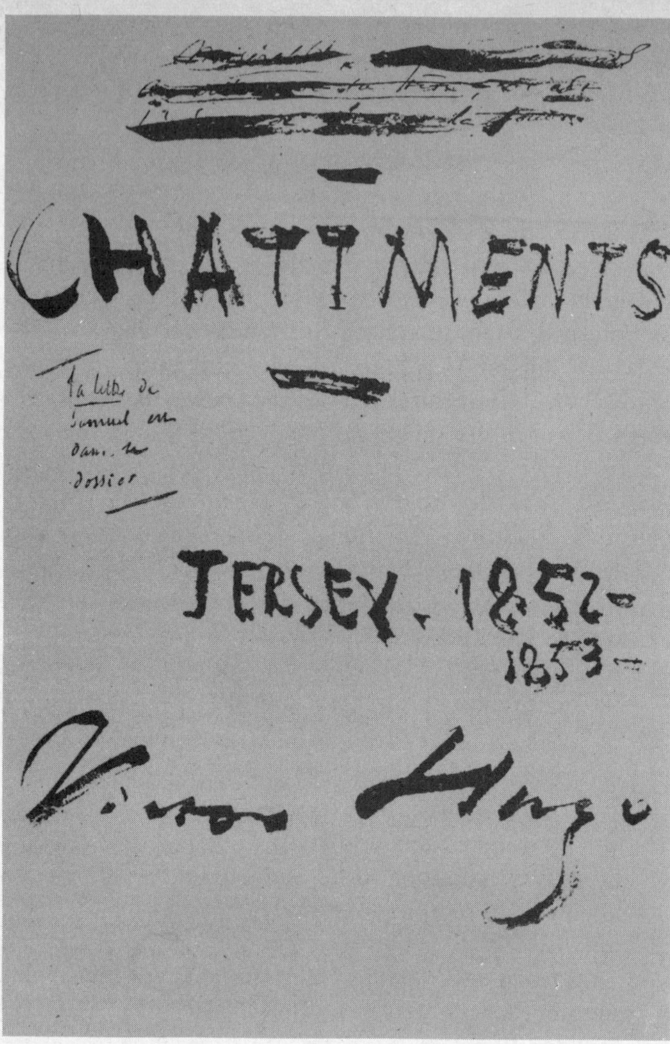
CHATIMENTS
JERSEY. 1852-
1853-
Victor Hugo

Eines Tages fragte eine Engländerin, die daraus nicht klug wurde, den Dichter, ob seine Verse nicht etwa obszön wären.

«Ich glaube wohl», antwortete er mit feinem Spott, «denn Bonaparte kommt fast in jeder Zeile vor.»

Die größte Sensation aber lösten die *Züchtigungen* in Paris aus. Wenn die bonapartistische Polizei auch alle erdenklichen Sicherheitsmaßnahmen ergriffen hatte, um ihren Import zu verhindern, so wurden doch zumindest Auszüge daraus in Frankreich eingeschmuggelt, in Sardinenbüchsen, Wollknäueln, Gipsbüsten versteckt, in Seegrasballen verborgen, die Fischer an der bretonischen Küste abluden, unter Krinolinen von Frauen eingenäht oder in den Doppelsohlen von Männerstiefeln. Überall in Paris, in den Künstlerateliers, den literarischen Salons, den Kaffeehäusern, wurden die *Züchtigungen* illegal vertrieben oder in den Buchhandlungen unter dem Ladentisch heimlich verkauft.

Schließlich machte der Kaiser, wütend über seine unfähige Polizei und empört darüber, daß er in den Tuilerien einem so massiven Angriff seitens des verbannten Dichters ausgesetzt war, seinen Botschafter in London mobil, damit er für die Vertreibung Victor Hugos aus Jersey sorge.

Unerschrocken benutzte der Dichter indes weiterhin jede Gelegenheit, die sich ihm bot, zur öffentlichen Brandmarkung des französischen Kaiserreichs. So gab er am 26. Juli 1853 in seiner Ansprache am Grab der in Jersey verstorbenen Emigrantin Louise Julien, einer Arbeiterdichterin, ein erschütterndes Bild von der Drangsal, der sie im Paris des Louis Bonaparte ausgesetzt war.

Aber alle diese mutigen Proteste schienen keinen Anklang bei der englischen Regierung zu finden, die sich sonst so gern als Beschützerin der Freiheit ausgab. Im Gegenteil. Als der Dichter im September 1854 seine Grabrede auf Félix Bony, der ebenfalls in der Verbannung gestorben war, wieder benutzte, um Napoleon III. anzuklagen, erklärte wenige Tage darauf Sir Robert Peel im englischen Unterhaus: «Ein Individuum hat eine Art persönlichen Streit mit der hervorragenden Persönlichkeit, die das französische Volk zu seinem Herrscher gewählt hat, und sagt der Bevölkerung von Jersey, unser Bündnis mit dem Kaiser der Franzosen bedeute für England eine moralische Degradierung. Was geht das alles Herrn Victor Hugo an? Wenn solcher Unsinn dem englischen Volk obendrein von Ausländern gesagt werden darf, die in unserem Land Asyl gefunden haben, so glaube ich den Staatssekretär des Inneren fragen zu müssen, ob es kein Mittel gibt, dem ein Ende zu machen.» Das enthielt eine deutliche Drohung: die Ausweisung Victor Hugos aus Jersey.

Aber der Anlaß dazu kam von einer anderen Seite. Ribeyrolles, der Herausgeber des in London und in Jersey erscheinenden Emigrantenblattes *«L'Homme»*, veröffentlichte darin eine Antwort Hugos auf die Rede Robert Peels. Der Dichter warf die Frage auf, ob England sich durch Furcht in die Irre führen lasse, ob es sich eines Verbrechens schuldig machen und die vom Unglück Betroffenen vertreiben wolle, und erklärte: «Wenn wir scheiden müssen, so werden wir auf den Schiffen der zweiten Verbannung ausrufen: England ist untergegangen!»

Gleichzeitig veröffentlichte Victor Hugo ein Schreiben an den Kaiser der Franzosen, worin er unter anderem sagte: «Bonaparte hat mich aus Frankreich vertrieben, weil ich die Waffen gegen sein Verbrechen ergriffen habe, wie es mein Recht als Staatsbürger und meine Pflicht als Volksvertreter war; er hat mich wegen meiner Schrift *Napoleon der Kleine* aus Belgien vertrieben; er wird mich vielleicht auch aus Jersey vertreiben – wegen der Proteste, die ich gegen ihn erhoben habe, erhebe und weiterhin erheben werde. Nun gut. Das geht mehr England an als mich. Ein drittes Exil bedeutet nichts. Für mich ist Amerika gut, und wenn es Bonaparte zusagt, so sagt es mir erst recht zu. Doch mache ich Bonaparte darauf aufmerksam, daß er über mich, der ich ein Stäubchen bin, ebensowenig Macht hat wie über die Wahrheit und die Gerechtigkeit, die Gott selbst sind.»

Im April des Jahres 1855 stattete Napoleon III. der Kö-

Kaiser Napoleon III. und Kaiserin Eugénie

nigin Viktoria einen Besuch im Buckingham-Palast ab, um mit ihr das Ende des Krimkrieges, der Frankreich und England im Kampf gegen Rußland ungeheure Opfer gekostet hatte, zu feiern. Freunde des großen Verbannten hatten in den Straßen Dovers – kurz vor der Landung des Kaisers – eine Proklamation angeschlagen: *Victor Hugo an Louis Bonaparte.* In dieser Proklamation fragte der Dichter ihn, was er in England suche, diesem Land des Thomas Morus, Hampdens, Bradshaws, Shakespeares, Miltons, Newtons, Watts, Byrons. Dann wies er den Kaiser darauf hin, welches neue Verbrechen an den Völkern der Krimkrieg bedeutete, und fragte ihn: «Wollen Sie in England über die Krim sprechen? Sie würden damit eine schlimme Wunde berühren. Das Unglück von Sewastopol hat die Flanke Englands noch tiefer aufgerissen als die Flanke Frankreichs. Die französische Armee liegt im Sterben, die englische Armee ist bereits gestorben. Das hat, wenn man denen glauben darf, die Ihre Abenteuer bewundern, einen Ihrer Geschichtsschreiber zu der Bemerkung veranlaßt: ‹Unwillkürlich rächen wir nun Waterloo. Napoleon III. hat England in einem Jahr der Allianz mehr Unglück gebracht als Napoleon I. in fünfzehn Kriegsjahren.›»

Und mit Hohn rief er schließlich Napoleon III. zu: «Glückliche Reise also nach London! Sie ist übrigens der Reise nach der Krim vorzuziehen; denn in London werden nur Ehrensalven dröhnen. Vierzehn Tage lang Festlichkeiten, Triumphzüge, Spazierfahrten nach den königlichen Residenzen, nach Carlton-House, nach Osborne auf der Insel Wight, nach Windsor, wo Sie das Bett Louis Philippes finden werden, dem Sie Ihr Leben und Ihre Börse zu verdanken haben, und wo der Turm von Lancaster zu Ihnen von Heinrich dem Einfältigen, der Turm von York zu Ihnen von dem Mörder Richards II. sprechen wird. Dazu große und kleine Levers, Bälle, Blumensträuße, Konzerte, ‹Herrsche, Britannien!› vermischt mit ‹Auf nach Syrien!›, flammende Kronleuchter, erhellte Paläste, Hurrarufe. In den Zeitungen Einzelheiten über Ihre Ordensbänder und

Ihre Gnadengeschenke. Nun gut. Gestatten Sie, daß ich diesen Details andere gegenüberstelle, die aus einer anderen Stätte Ihrer Triumphe stammen – aus Cayenne! Die Deportierten – jene Männer, die kein anderes Verbrechen begangen haben, als sich Ihrem Verbrechen zu widersetzen, das heißt ihre Pflicht zu tun und gute und tapfere Staatsbürger zu sein – die Deportierten werden dort mit Zuchthäuslern zusammengepfercht, sie arbeiten acht Stunden am Tag unter den Knüppeln der Aufseher, sie leben von Hirse und Kassave, mit kahlgeschorenem Kopf, in Lumpen gehüllt und barfuß.»

Diese gewaltige Anklage nahmen sowohl Napoleon III. als auch die Königin Viktoria mit höchster Entrüstung zur Kenntnis.

Schließlich richtete der Verbannte Felix Pyat noch ein offizielles Schreiben an die Königin Viktoria, in dem er kritische Betrachtungen über ihren Gegenbesuch in Paris anstellte, sie zwar beglückwünschte, daß sie nach den Paraden, Feuerwerken, Bällen zu Ehren des Krimkrieges gesund und wohlbehalten nach London zurückgekehrt sei, ihr aber zum Vorwurf machte, daß sie einen Emporkömmling besucht, ihre Hand in die Hand dieses zweifelhaften Verbündeten gelegt und aus Liebe zu ihm ihre Würde, ihr Gewissen, ihren Stolz, ihren Rang, ihr Geschlecht preisgegeben habe. Unter Anspielung auf den Bathorden, den die englische Königin dem Kaiser der Franzosen verliehen hatte, erlaubte er sich zuletzt noch den Scherz, sie hätte König Canrobert ins Bad gesetzt.

Das war die Lunte am Pulverfaß. Die puritanische Bevölkerung von Jersey war empört, daß man ihre Herrscherin der Schamlosigkeit bezichtigt, gewissermaßen angedeutet hatte, sie hätte einem Mann geholfen, in die Badewanne zu steigen. Sogleich wurden an den Häusern von Saint-Helier Plakate angeschlagen, die besagten: «Bewohner von Jersey, bekundet Eure Ablehnung, Eure Verachtung, Euren Abscheu gegen ein schändliches Pamphlet, das am vorigen Mittwoch gedruckt und veröffentlicht worden ist und das

Victor Hugos Abschied
von Antwerpen

unverschämterweise noch heute, trotz der öffentlichen Empörung, in der Roseville Street Nr. 32 verkauft wird. Männer, die Ihr in ihrem Unglück aufgenommen und für die Ihr Wohltätigkeitsbasare veranstaltet habt, behandeln Eure geliebte und verehrte Königin wie ein verworfenes Geschöpf. Bewohner von Jersey, Eure Väter haben sich von Jahrhundert zu Jahrhundert durch ihre Loyalität und ihre Treue gegenüber ihren Herrschern ausgezeichnet. Versammelt Euch morgen und beweist, daß Ihr ihrer würdig seid.»

Am anderen Tag, dem 13. Oktober 1855, war der große Saal der Queen's Assembly zu Saint-Helier überfüllt. Der Konnetabel der Stadt forderte in einer zornigen Rede, daß man die französischen Emigranten, die die Königin beleidigt hatten, verurteile, und unter frenetischem Beifall schlug Hauptmann Childers vor, daß man ihnen zu verstehen geben sollte, Jersey sei für sie kein Zufluchtsort mehr. Erregte Zwischenrufe unterbrachen ihn: «Verjagt sie! Hängt sie auf! Lyncht sie! Nieder mit den Roten!»

Man benachrichtigte Victor Hugo von den Unruhen in Saint-Helier und warnte ihn vor einem Attentat: Sein Haus sei einsam, die Brandung würde alle Hilferufe übertönen. Der Dichter aber lehnte es ab, irgendwelche Vorsichtsmaßnahmen zu treffen; er unternahm sogar – wie bisher – bei Tag und Nacht ohne Waffe seine Spaziergänge am Strand. «Mir liegt nicht viel am Leben», sagte er. «Ich fürchte nur, daß man meine Manuskripte vernichtet.»

Da zog sich der Verbannte Eréveraud als Arbeiter an, kaufte einen Schubkarren, lud den schweren eisenbeschlagenen Koffer mit den Manuskripten auf und brachte sie in seiner Wohnung in Sicherheit.

Vier Tage später wurden Ribeyrolles, der Herausgeber des «L'Homme», der Oberst Piancini und der aus dem Gefängnis von Saint-Malo entsprungene Revolutionär Thomas auf Befehl der englischen Regierung aus Jersey ausgewiesen. Victor Hugo erklärte sich mit ihnen solidarisch und verfaßte eine öffentliche Erklärung, in der er feststellte, daß sie zu Recht die Königin Viktoria eines sie entehrenden Bündnisses mit Napoleon III. beschuldigt und diesen vor das Tribunal der Völker zitiert hätten. Nachts wurde diese von Victor Hugo und dreißig anderen Emigranten unterzeichnete Erklärung in den Straßen von Saint-Helier angeschlagen. Damit hatte er der englischen Regierung nun selbst den Anlaß für seine Ausweisung gegeben.

Am 27. Oktober 1855 erschienen in Marine-Terrace um zehn Uhr morgens drei Männer, die Victor Hugo und seine beiden Söhne zu sprechen wünschten. Im Auftrage des Gouverneurs von Jersey wurde ihm mitgeteilt, daß er sich auf Grund eines Beschlusses der englischen Krone nicht länger auf der Insel aufhalten dürfe und sie bis zum 2. November verlassen müsse. Der Grund für diese Maßnahme sei seine Unterschrift unter der Erklärung.

Mit Victor Hugo und seiner Familie verließen am 31. Oktober 1855 auch die anderen französischen Verbannten Jersey. Vor der Einschiffung nahmen sie noch Abschied von ihren Toten auf dem Friedhof Saint-Jean, dem «Friedhof der Unabhängigen», wie sie ihn genannt hatten. An der Reede erwartete eine Menschenmenge Victor Hugo. Es waren jene Bewohner von Jersey, die den Ausweisungsbefehl der englischen Regierung mißbilligten und hergekommen waren, um ihm Lebewohl zu sagen. Während das Dampfschiff, auf dessen Deck der Dichter im Kreis der Verbannten stand, den Hafen verließ und Kurs auf Guernsey, die andere Kanalinsel, nahm, hallte ihm zum Abschied der Ruf nach: «Es lebe Victor Hugo!»

Ohne Groll schieden die Verbannten von Jersey. Es war in der Tat so, wie Auguste Vacquerie es zum Abschied ausdrückte: «Schuld daran ist nicht Jersey. Sei also freigesprochen von dem Ausweisungsbefehl und bedankt für drei Jahre Gastfreundschaft, du liebliche Insel, du Blume im Meer, du Vaterland der Vaterlandslosen, das am Tore Frankreichs wartet, um denen, die es verlassen müssen, Asyl zu gewähren.»

11

Guernsey

Guernsey, die Schwesterinsel von Jersey, stand zwar auch unter englischer Oberhoheit, rechnete es sich aber zur Ehre an, Victor Hugo und die anderen Verbannten gastfreundlich aufzunehmen, da seit alters her zwischen ihr und Jersey eine gewisse Rivalität bestand. Saint Pierre, die an der Südküste liegende Hauptstadt, bot dem Auge des Dichters einen malerischen Anblick. Die alte Hafenstadt stieg amphitheatralisch mit ihren wunderlichen engen Gassen, ihren gewundenen Treppen, ihren dicht zusammengedrängten Häusern, meistens Fachwerkbauten im normannischen Stil, am Felshang empor und ruhte in einem farbigen Meer von blühenden Aloën, Kamelien und Fuchsien. Im übrigen verliehen weiße Steilklippen und rötliche Granitfelsen der Landschaft von Guernsey einen herberen Charakter als der Landschaft des lieblichen Jersey.

Auf einem einsamen Felsen über der Stadt fand Victor Hugo ein großes Haus, das seit etwa neun Jahren leerstand, weil darin nachts eine Frau umgehen sollte, die sich dort das Leben genommen hatte. Im siebzehnten Jahrhundert war dieses verwitterte Gebäude, das wegen seiner Lage Hauteville-House hieß, der Sitz eines gefürchteten Korsaren, was ihm in den Augen des Dichters einen abenteuerlichen Reiz verlieh. Er mietete Hauteville-House nicht nur, sondern gedachte es sogar zu kaufen und auf seine Weise einzurichten, wie er seinem Freund, dem Journalisten Emile de Girardin in Paris, berichtete: «Stellen Sie sich vor, ich baue mir jetzt sozusagen ein Haus. Da ich kein Vaterland mehr habe, will ich wenigstens ein Obdach haben. England ist auf mein Heim ebensowenig bedacht wie Frankreich. Zuerst wurde es in Frankreich zerstört, dann in Belgien und schließlich auf Jersey. Ich baue es nun mit Ameisengeduld wieder auf. Diesmal will ich, wenn man mich wieder vertreiben sollte, das prüde Albion zu etwas Außerordentlichem zwingen: Es soll selbst mein Heim zertreten. Das Sonderbare dabei ist, daß mir die Literatur die Mittel für dieses politische Erlebnis liefern wird. Das Haus in Guernsey mit seinen drei Stockwerken, seinem Dach, seinem Garten, seiner

Hauteville-House auf Guernsey

Krypta, seinem Hühnerhof und seiner Terrasse wird allein aus den *Kontemplationen* hervorgehen. Vom ersten Balkon bis zum letzten Dachziegel werden die *Kontemplationen* alles bezahlen.»

Hugo hatte die Absicht, aus Sparsamkeitsgründen die Möbel größtenteils selbst herzustellen. Nicht umsonst stammte er ja aus einer alten Handwerkerfamilie. Er hielt sich daher für einen geborenen Kunsttischler und kaufte bei den Bauern und Fischern der Insel zu deren Erstaunen alte Eichen- und Nußbaumtruhen, aus denen er Schränke, Tische, Stühle und dergleichen zimmern wollte.

Überhaupt kam für ihn jetzt, nach den aufreibenden Jahren des politischen Kampfes gegen Louis Bonaparte, eine Zeit der Einkehr, der Sammlung, der stillen Nachdenklichkeit. Er hielt gewissermaßen Rückschau auf die Hauptabschnitte seines ereignisreichen Lebens, während er eine

Hauteville-House, Arbeitszimmer des Dichters

Auslese unter den schon früher geschriebenen Entwürfen zu Gedichten traf, um aus ihnen nach und nach den Gedichtband *Contemplations (Kontemplationen)* zusammenzustellen.

In seinem kurzen Vorwort bemerkte er hierzu: «Wenn man dem Autor ein Recht zuspricht, die Stimmung seiner Leser zu beeinflussen, so würde der Verfasser der *Kontemplationen* sich darauf beschränken, zu sagen: Dieses Buch muß so gelesen werden, wie man das Buch eines Verstorbenen liest. Fünfundzwanzig Jahre sind darin enthalten. Der Autor hat dieses Buch gewissermaßen in sich selbst allmählich wachsen lassen. ...

Was sind die *Kontemplationen*? Man könnte sie, wenn das Wort nicht zu anspruchsvoll wäre, Erinnerungen einer Seele nennen. Es sind in der Tat alle jene Eindrücke, Erinnerungen, Realitäten, alle jene ungewissen, heiteren oder düsteren Phantome, die ein Bewußtsein enthalten kann und die Strahl für Strahl, Seufzer für Seufzer ins Gedächtnis zurückgerufen und in ein und derselben dunklen Wolke vermischt werden. Es ist das menschliche Leben, das aus dem Rätsel der Wiege hervorgeht und zum Rätsel des Sarges führt; ... Das beginnt mit einem Lächeln, geht in ein Schluchzen über und endet mit dem Posaunenschall aus dem Abgrund.»

Im ersten Buch – *Einst* – hängt der Dichter frohen und traurigen Erinnerungen nach, solchen an die kleine schwarzäugige Andalusierin Pepita, an das heitere Landleben und die Lehren des Horaz, an die sorglose Jugendzeit, an die munteren Spiele im Park des Feuillantinerinnenklosters, an die im Mai erblühte Liebe zu Adèle Foucher, an versonnene Spaziergänge im Wald, an den grimmigen, alles tötenden Frost und an das Wiedererwachen der Natur. Daneben taucht eine andere geliebte Frauengestalt auf, die junge Juliette Drouet, die ihn zu dem zarten Liebeslied *Nach dem Winter* anregt.

Nun lebt die Erde wieder auf,
der Himmel blickt nicht mehr so trübe,
der Mensch wird gut, blickt froh hinauf,
vom Blütenduft erweckt zur Liebe.

Die Liebe, die vom Himmel stammt,
die Groll und Kummer überwindet,
der Sterne Licht ist's, das entflammt,
auch Blumen zum Erglühn entzündet.

Des Winters unruhvolle Zeit
weicht dem April, dem mysteriösen,
der Leid bringt, doch auch Liebesfreud'
den Herzen, die erstarrt gewesen.

Oh, ewig süßer Widerstreit
von Weigerung und von Gewähren!
Willst Du, daß wir zur Einsamkeit
bestimmt, uns nur von fern verehren?

Streckt nicht, beglänzt von Sonnengold,
der Baum – noch eh die Knospen springen –
die Zweige hin dem Vogel hold,
der naht, darauf sein Lied zu singen?

Oh, möchten wir im Morgenrot,
solang uns Maienduft umfächelt,
uns lieben, eh der Abend droht,
des Himmels Licht uns nicht mehr lächelt!

Ach, alles lächelt, alles singt
und jubiliert in Wechselchören,
der Bienenschwärme Summen klingt
wie himmlische Musik der Sphären!

Hallt nicht aus jedem Vogelnest
der Ruf den Liebenden entgegen:
Herbei, herbei zum Liebesfest!
Der Himmel gibt euch seinen Segen.

Im dritten Buch – *Kämpfe und Träume* – fesselt unsere Aufmerksamkeit vor allem die *Melancholie*, eine große soziale Dichtung, die zeigt, wie der Dichter zum Ankläger seines Jahrhunderts wird. Er baut sie mit der ihm eigenen Kompositionsweise aus verschiedenen kontrastreichen Bildern auf. Zunächst gestaltet er eine Idee, die er einmal in dem Aphorismus festgehalten hat: «Auch heute, wie immer die sozialen Ideen seit allen unseren Umwälzungen auch gewirkt haben mögen, wird jene Gesamtheit von sich verkettenden und gegenseitig bedingenden Tatsachen – Liebe, Ehe, Ehebruch, Prostitution – noch immer in einem falschen Licht gesehen.» Auf diese Enthüllung kommt es dem Dichter im ersten Bild der *Melancholie* an. Da zeigt er, wie eine arme Näherin, die Tag und Nacht unermüdlich arbeitet, während ihr Mann seinen Wochenlohn in der Kneipe vertrinkt, in grenzenloser Not versinkt, wie sie ihren Mantel, ihre Uhr, ihren Trauring, ja sogar das Ehrenkreuz ihres gestorbenen Vaters zur Pfandleihe tragen muß, um den Hunger ihrer Kinder zu stillen, wie das graue Elend sie unweigerlich auf den Weg zur Gosse treibt und wie sie schließlich als trauriges Gespenst, grell geschminkt, durch die erbarmungslose Großstadt irrt, verhöhnt von der rohen Menge und ausgelacht von den Straßenjungen.

Im Gegensatz dazu stellt er im zweiten Bild dar, wie ein für ehrbar geltender Bürger sich durch Unterschlagungen seinen ansehnlichen Anteil am Reichtum zu verschaffen weiß und dann hochmütig als Geschworener über den Armen Gericht hält, der im Winter, arbeitslos geworden, ein Brot für seine hungernde Familie gestohlen hat.

Wer, fragt sich der Dichter, könnte wohl den Kampf gegen solche Mißstände aufnehmen?

Diesen Gedanken gestaltet er im dritten Bild, in dem er vor Augen führt, wie ein großer Mensch, der entschlossen ist, das Elend in der Gesellschaft zu beseitigen, an dem Unverstand und der Bosheit seiner Umwelt zugrunde geht. Er wird als Träumer verhöhnt, als Narr ausgelacht, nichts Gutes wird an seinem selbstlosen Werk gelassen, und erst viele Jahre nach seinem Tode, als fast niemand mehr seinen Namen kennt, vergießt man Tränen und sagt: «Ja, das war ein großer Mensch.»

Von hervorragender Bedeutung ist das vierte Stück, in dem Victor Hugo ein Thema behandelt, das ihm schon lange am Herzen lag. Mit Entschlossenheit reißt er hier einen Schleier von der größten Schande des Jahrhunderts, der brutalen Ausbeutung armer Kinder in den Fabriken, indem er die Frage aufwirft:

Wohin gehn diese Kinder? Sie lachen längst nicht
    mehr!
So blaß sind sie, so mager, ihr Herz von Kummer schwer.
Acht Jahr alt sind die Mädchen und müssen,
    wie so viele,
schon täglich fünfzehn Stunden ins Joch der
    Arbeitsmühle,

vom frühen Morgengrauen bis in die Nacht verbannt
in einen wüsten Kerker, verdammt, mit schwacher
Hand
die nämliche Bewegung im gleichen Takt zu machen,
betäubt von pausenlosem, kreischendem Lärm und
Krachen,
wie Engel in die Hölle gejagt zu ewiger Pein
vor die Maschinenzähne, die irgendwas ausspein ...
...
Armut und Reichtum sind Erzeugnis der Maschinen.
Wie Werkzeug müssen Kinder den Herren dazu dienen.
...
Verflucht sei diese Schande, verflucht sei dieser
Hohn,
der Ehrenname Arbeit geziemt nicht solcher Fron!
Im Namen echter Arbeit, die glücklich macht und
frei,
errette, Gott, die Armen aus dieser Sklaverei!
...

Das tiefe Verständnis, das Victor Hugo den Sorgen und Entbehrungen der arbeitenden Menschen entgegenbrachte, geht aus dem nächsten Stück hervor, in dem die mühebeladene Existenz eines Steinklopfers mit dem unverdienten Glück eines im Kriege reich gewordenen Spekulanten konfrontiert wird.

Doch die große Anklage der modernen Zivilisation klingt resigniert.

Hinweg vom schwarzen Pflaster, vom städtischen
Gewühl!
O Wälder, tiefe Wälder, der Einsamkeit Asyl!

Natürlich beweist dieser melancholische Schluß, daß Victor Hugo noch keinen Weg sah, wie diese ihm so verhaßte Herrschaft des Mammons endgültig beseitigt werden könnte. Er flieht in die Einsamkeit der Wälder.

Bei der Rückschau auf die großen Etappen seines Lebens werden die heiteren Bilder immer wieder durch düstere Erscheinungen verdrängt. Da ist der Hungertod, der vier kleinen Kindern die Mutter raubt; da ist der frierende alte Bettler, der zur Wohltätigkeit ermahnt; da ist die furchtbare Kluft, die zwischen der Schönheit der Natur und der Häßlichkeit des menschlichen Alltags gähnt, und immerfort der unbarmherzige Schnitter, der Tod. Viele teure Angehörige hat er ihm schon entrissen! Seine Mutter, seinen Bruder Eugène, seine Tochter Léopoldine, seinen Schwiegersohn Charles Vacquerie. Erst jetzt, nach mehr als zehn Jahren, vermag er des Todes der in der Seine ertrunkenen Léopoldine zu gedenken.

Jetzt, da mich Paris mit den Mamorpalästen,
dem nebligen Dächermeer nicht mehr bedrückt,
ich wieder kann träumen im Anblick des Himmels
unter schattigen Bäumen, von Schönheit beglückt,
hier, wo die verdüsterte Seele vergessen,
        verwinden könnt allen Schmerz,
hier, wo die Natur meine Sinne besänftigt
        und Frieden mir haucht ins Herz,

am Ufer des Meers, wo die Weite und Stille
        des erhabenen Horizonts mich umfängt,
um die tiefsten Gedanken nachprüfen zu können,
        bin ich jäh von Erinnrung bedrängt.

Hier, wo die Stille bestärken könnte
        meine Kraft, meinen Kämpfermut,
o Gott, hier muß an den Grabstein ich denken,
unter dem sie so lange schon ruht!

Überwältigt hier von den göttlichen Wundern,
dem Meer, den Wäldern, den Felsen, dem Fluß,
wird mir wieder bewußt meines Geistes Kleinheit,
die sich vor der Schöpfung verneigen muß.

Was ihn den Verlust seiner Lieblingstocher schließlich überwinden ließ, war die Hoffnung, daß ihre Seele in der Ewigkeit fortlebte – eine Hoffnung, die er durch ein telepathisches Experiment gewonnen hatte. Schon während des Aufenthaltes in Jersey hatten sich seine Angehörigen an einsamen Abenden dem Phänomen des Tischrückens hingegeben, auf das sie Delphine Girardin, die Gattin des Pariser Zeitungskönigs, während eines Besuches in Marine-Terrace aufmerksam gemacht hatte. Das Tischrücken war damals nicht nur in New York, wo es aufgekommen war, sondern auch in der Pariser Gesellschaft große Mode. Als Sohn eines aufgeklärten Jahrhunderts stand Victor Hugo zunächst solchen spiritistischen Experimenten sehr skeptisch gegenüber. Auf Drängen von Auguste Vacquerie ließ er sich aber in Guernsey schließlich dazu herbei, die Verbindung mit dem «unsichtbaren Reich» aufzunehmen. Im dunklen Salon setzte er sich eines Abends an den runden Mahagonitisch, legte wie die anderen beide Hände darauf, fühlte, wie der Tisch in Bewegung geriet, stellte die Frage: «Wie kann ich zu dir gelangen, Léopoldine?» und glaubte die Antwort zu vernehmen: «Indem du mich liebst.» Bei anderen Gelegenheiten tauschte er auf solche Weise, vermittels des sprechenden Tischs, tiefgründige Gedanken mit den Schatten der gestorbenen Dichter Dante, Milton, Shakespeare und anderen aus.

Juliette Drouet, die an diesen mysteriösen Séancen nicht teilnahm, tadelte ihn deshalb: «Ich fühle, daß dieser Zeitvertreib etwas Gefährliches für die Vernunft ist, wenn man ihn ernst nimmt, und etwas Gottloses, wenn auch nur der geringste Betrug hinzukommt. Geh zu Bett, schlafe und laß mich in Ruhe, zumal ich keinen so gefälligen Tisch besitze, der mir – Kapitel für Kapitel – fertige Sujets liefert. Bedenke, daß ich für mich selbst mein Äsop, mein Dante, mein Shakespeare bin. Ihr andern aber fangt tote Fische, welche die Geister der anderen Welt an eure Angelschnur hängen – Vorgänge, die lange vor den schwatzenden Tischen schon im Mittelalter bekannt waren.»

Doch diese sonderbare Verirrung, die häufig als «mystische Krise» Victor Hugos interpretiert wird, ist nicht schwer zu erklären. Er war im Kern seines Wesens immer Rationalist und daher jeglichem Aberglauben abhold. Seiner Ansicht nach gab es nichts Übernatürliches. In seinem Tagebuch schrieb er einmal: «Es gibt nur die Natur. Die Natur existiert allein und enthält alles. Es gibt aber den Teil der Natur, den wir wahrnehmen, und einen anderen, den wir nicht wahrnehmen. Pan hat eine sichtbare und eine unsichtbare Seite. Wenn ihr die unsichtbare Seite auch geringschätzig als ‹übernatürlich› bezeichnet, so existiert dieses Unsichtbare dennoch. ... Wenn ihr diese Tatsachen überseht, so werden sich darin – hütet euch davor! – die Scharlatane einnisten und vielleicht auch die Dummköpfe. Es gibt keinen Mittelweg, es gibt nur Wissen oder Nichtwissen. Will das Wissen sich dieser Tatsachen nicht bemächtigen, so bemächtigt sich ihrer das Nichtwissen. Weigert ihr euch, den Bereich des menschlichen Geistes zu erweitern, so erweitert ihr den der menschlichen Dummheit. Wo Laplace zurückweicht, da erscheint Cagliostro.»

Aus diesem Grund suchte Victor Hugo immer nach einer realen Erklärung für außergewöhnliche Phänomene. In Guernsey aber erkannte er bald den unwissenschaftlichen Charakter, wenn nicht den Trug der spiritistischen Séancen. An jenem Abend, da ihm der Löwe des Androklus vermittels des sprechenden Tischs seine Geschichte in Versen erzählte, wurde er zum erstenmal stutzig und fragte sich, ob bei solchen Versuchen nicht vielleicht der Geist Victor Hugos mit sich selbst spreche und dabei Gedichte hervorbringe. Nach einem abwegigen Gespräch mit dem Schatten des großen Galilei kehrte er kurz entschlossen dem Spiritismus den Rücken und trug in sein Tagebuch ein: «Mir wird durch das, was der sprechende Tisch heute abend und bei anderen Gelegenheiten gesagt hat, ganz klar, daß jene erhabene Welt, die mit unserer dunklen Welt die Verbindung aufzunehmen geruht, sich von uns zu nichts zwingen läßt. Sie will nur unsere Vision sein, nicht aber unser Wissen.»

Die Meditationen über das unbekannte und unsichtbare Reich, das dem Menschen verschlossen zu sein scheint, finden allerdings einen unverkennbaren Ausdruck im zweiten Buch der *Kontemplationen*, das den Titel *Jetzt* hat und Betrachtungen über das Schicksal der Menschheit enthält. Seine künstlerische Eigenart liegt darin, daß Hugo alle Erscheinungen versinnbildlicht, daß ihm das Leben als unendlicher Strom erscheint, der Tod als schwarzer Riegel, die Ewigkeit als Baum ohne Wurzel und Krone, die Verbannung als Verschleierte, die nachts am Strand den Sternen ihr trauriges Lied singt.

Wenn Victor Hugo auch nichts mit dem modernen Symbolismus zu tun hat, so schöpft seine Poesie doch ihren tiefen Ideengehalt häufig aus solchen eindringlichen Gleichnissen. Übrigens ist sicher die zerklüftete Landschaft von Guernsey unter dem wolkenverhangenen Himmel vor allem im Herbst dazu angetan, phantastische Vorstellungen über die Vergänglichkeit der Dinge, den ewigen Kreislauf von Sein und Nichtsein zu fördern. Wenn der Dichter auf einsamen Wanderungen, den weiten Ozean vor Augen und das dumpfe Rauschen der Brandung im Ohr, an den düster ragenden Dolmen, den keltischen Denksteinen aus grauer Vorzeit, vorbeikam, drängte sich ihm immer wieder die Frage auf: Was ist der Sinn unseres Lebens, was unsere Aufgabe, unser Ziel in der Welt? Woher kommt und wohin führt unser Weg?

Stimme
der Finsternis

Ins Bodenlose steigt hinab, wer träumt und denkt.
Beim Dolmen von Rozel, da wo das Kap sich senkt
und weit ins Meer hinaus sich reckt mit seinen
    Riffen,
hat mich ein finsteres Gespenst beim Haar
    ergriffen,

mich fortgeschleppt, hinauf bis an des Felsens Rand,
und sprach, wobei mich festhielt seine Riesenhand:

«Alles, was ist, hat Sinn, folgt ewigen
Schöpfungsgesetzen,
vor denen Milbe und Stern gleichwertig sind zu
schätzen.
Bewußtsein hat alles, was je erschaffen hat die
Natur.
Visionen hat selbst das Ohr und nicht das Auge
nur.
Wie die Dinge mit allem, was lebt, im Dialog
sich befinden,
so halten Zwiesprache auch die Eisvögel mit
den Winden,
so sprechen Blume und Gras, der Keim mit dem
Urstoff sogar! ...
Scheint dieses Wunder der Welt dir immer noch
unfaßbar?

Ließ Gott, der aus der Zahl die Form erschuf
allen Dingen,
die Wälder nur entstehn, damit keiner begreift
ihr Singen,
Gewitter, Sturzbach nur, damit Sumpf die Täler
erfüllt?
Brüllt nicht der Fels im Meer wie im Gebirg
das Wild,
summt nicht ein leises Lied um jeden Strauch
voll Beeren?
Was wollte Gott euch wohl durch all dies Klingen
lehren?»

So reifte in der Einsamkeit der alten normannischen Insel allmählich Hugos Weltanschauung. Während er auf sein bewegtes Leben zurückblickte, erwog er zugleich seinen weiteren Weg wie den der Menschheit überhaupt. Seine

Weltanschauung geht auf Senecas «Weltseele» zurück und ist der Spinozas und Diderots, seiner Lieblingsphilosophen, verwandt; sie besteht – kurz gesagt – in dem großen Wort: Deus sive natura – Gott gleich Natur. Immer klarer erfaßte er so die Dialektik der Welt, die in der unaufhörlichen Antinomie liegt, das heißt in der Fülle jener Widersprüche, die von den Menschen überwunden werden müssen und die daher zu ihrer beständigen Höherentwicklung beitragen. Diese unerschütterliche Zuversicht prägt sich klar in der Schlußstrophe seiner philosophischen Dichtung aus, in der er davon spricht, daß Tränen und Leid vergehen werden, daß es keine Ketten mehr geben wird und Furcht und Traurigkeit weichen. Ein Engel erhebt sich und ruft der Menschheit zu: Fang an!

Zwar war Victor Hugo ein Gegner jeder Kirchenreligion, wie sein Kampf gegen das orthodoxe Dogma beweist; er lehnte auch den Glauben an einen persönlichen Gott ab, glaubte aber an das Göttliche in der Natur, im Menschen, im Volk, an die Macht des Geistes über die Materie, an den Triumph des Guten über das Böse. Das war es, was ihn im Exil in seinem Vertrauen auf eine bessere Zukunft bestärkte; das war es, was ihm die Kraft und den Schwung für neue Schöpfungen verlieh.

12

Zenit der Schöpferkraft

Unter der Hand des Dichters hatte sich Hauteville-House, der alte Korsarensitz am Atlantischen Ozean, im Laufe von drei Jahren in eine Art Seeschloß verwandelt. So düster der Steinbau auf dem Granitfelsen von außen wirkte, so sehr überraschte sein Inneres durch seine großartige, von künstlerischer Phantasie zeugende Einrichtung. Im Vestibül fiel der Blick auf einen vergoldeten Altar, der Szenen aus *Notre-Dame von Paris* zeigte, und in weißgekachelten Vorzimmern auf prachtvolle, von Victor Hugos Hand geschnitzte Konsolen, auf denen Zinnkrüge und bunte Porzellanteller standen. Man glaubte in der Wohnung eines niederländischen Malers zu weilen. Überall schimmerten im Dämmerlicht schwere Eichenmöbel, Brokat- oder Samtvorhänge, die der Dichter aus alten Theaterkostümen Juliette Drouets angefertigt hatte, und kostbare Sèvresvasen.

Der Speisesaal, ebenfalls aus Eichenholz, hatte etwas Gotisches. An seinen Wänden entlang liefen Bänke mit hohen Lehnen, in die kriegerische Motive geschnitzt waren: der Tod des Soldaten, der Tod des Priesters und andere. Auf dem großen Kachelofen stand die Statue der Muttergottes mit dem Kind, die der Dichter aber in eine Statue der Freiheit zu verwandeln suchte, indem er in eine an ihrem Sockel angebrachte Eichentafel Verse gravierte, in denen sie als die heilige Freiheit angesprochen wird, die liebevoll das Kind umfängt, dessen Hände die Weltkugel halten. Außerdem fiel im Speisesaal ein hoher, mit eisernen Ketten an der Wand angeschlossener Stuhl auf, der sogenannte Ahnenstuhl, mit dem Wappen der Hugos auf der Rückenlehne und dem Namen des Generals Hugo und eines anderen Vorfahren auf den Armlehnen.

Im ersten Stock lagen rechts die freundlichen Schlafzimmer seiner Gattin, seiner beiden Söhne und seiner Tochter Adèle, mit einer schönen Aussicht auf den Garten, links der blaue und der rote Salon mit breiten Diwanen und Sesseln, Mahagonischreibtischen, Wandleuchtern und einem noch schöneren Ausblick auf das Meer. Im zweiten Stock fesselte die Eichengalerie die Aufmerksamkeit. In der Mitte stand ein riesiger Leuchter mit vielen Armen und einer Holzstatue, geschnitzt von Victor Hugo, und hinter einer Balustrade das für Garibaldi bestimmte Bett. Der Dichter hoffte, daß der Vorkämpfer der Einheit Italiens eines Tages seiner Einladung nach Hauteville-House folgen würde. Zu beiden Seiten des Bettes ragten zwei Säulen mit vergoldetem Kapitäl, eine rotgestrichene mit der Inschrift «Laetitia» und eine schwarzgestrichene mit der Inschrift «Moetitia».

Über eine Wendeltreppe gelangte man zum Arbeitszimmer des Dichters, dem Look-out, eine Art Aussichtsturm, den er auf dem Dach hatte anbringen lassen. Es war ein großer, ringsum verglaster Raum, von dem aus man die kleine Stadt Saint-Sampson, ihr malerisches Vorgebirge und den Ozean erblickte. Neben dem Arbeitszimmer lag das Schlafzimmer in hellrotem Damast mit vielen kleinen Wandschränken, in denen er seine Manuskripte, seine Skizzen, seine Briefe aufbewahrte, und zwei großen Paneelen, hinter denen die Toilette und die Badewanne lagen. Der Dichter hatte sie selbst geschnitzt und zwei symbolische Szenen darauf gemalt. Das eine Paneel zeigte einen Ritter in goldener Rüstung, der auf einem Flügelroß sitzt, und einen blauen Storch im Kampf gegen einen Drachen mit Menschenhaupt und einem gleißenden, wie aus unzähligen spitzen Zungen zusammengesetzten Schwanz, das andere denselben Ritter, der vor einer schönen Frau mit Vogelprofil kniet und ihr das abgeschlagene Haupt des Drachen darbringt, während sie ihm eine märchenhafte Blume, eine große Distel- oder Lotusblüte, reicht, und den blauen Storch, der in seinem stolz gereckten Schnabel den abgeschnittenen Schwanz des Ungeheuers hält.

Diese beiden Gemälde kennzeichnen die Vorliebe, die Victor Hugo dem mittelalterlichen Symbolismus entgegenbrachte, unter anderem dem *Ritter, Tod und Teufel* und der *Melancholie* von Albrecht Dürer.

Von der eigenartigen Atmosphäre, die jene zwei symbolischen Bilder dem Schlafzimmer verliehen, stach das einfache Eisenbett ab. Hugo war in seinen persönlichen

Kamin in Hauteville-House

Bedürfnissen sehr anspruchslos; er verzichtete sogar auf ein weiches Kopfkissen und schlief auf einem runden Roßhaarpolster. «Im Schlaf», pflegte er zu erklären, «muß der Mensch unter dem Nacken eine harte Unterlage haben, so daß sein Kopf ganz frei in der Luft ruht.»

Jedenfalls hatte Victor Hugo in seinem Exil selbst als Kunsttischler, Innendekorateur, Bildschnitzer und Maler gewirkt und sich ein denkwürdiges, seiner Phantasie und seinem Geschmack entsprechendes Heim geschaffen. Im übrigen war Hauteville-House eine Stätte der unermüdlichen Arbeit. Hugos Tochter Adèle komponierte am Spinett schwermütige Lieder, einer seiner Söhne schrieb Dramen und Romane, der andere übersetzte Shakespeares Werke, seine Gattin entwarf auf der Grundlage seiner Hinweise seine Biographie, sein Neffe Vacquerie verfaßte literarische Essays und humoristische Skizzen.

Der Dichter selbst hatte wie immer ein genau geregeltes Tagesprogramm. Er stand um fünf Uhr morgens auf, nahm ein kaltes Bad, im Sommer wie im Winter, hüllte sich in seinen roten Hausrock, aß zwei rohe Eier und trank eine Tasse schwarzen Kaffee. Dann sah man ihn im Aussichtsturm, seinem «Kristallsalon», wie er ihn nannte, auch wenn es draußen regnete und stürmte, auf und ab gehen und auf großen hellblauen Papierbogen, die auf einem an der Glasverschalung angebrachten Klappbrett lagen, seine Gedanken aufzeichnen. War ein Bogen vollgeschrieben, so warf er ihn, ohne seine Arbeit zu unterbrechen, auf den Perserteppich, wo sich im Laufe des Vormittags ein Stapel von Manuskriptseiten anhäufte. Um zwölf Uhr legt er die Feder beiseite und speiste im Kreis seiner Familie. «Ein Schriftsteller, der vor dem Morgengrauen aufsteht», meinte er, «hat sein Tagwerk mittags vollbracht.»

Der Nachmittag war Spaziergängen und Gesprächen mit den Fischern am Strand vorbehalten, da es ihn immer zu den Menschen aus dem Volk hinzog. Um neun Uhr abends, nach einem kleinen Imbiß, wusch er sich wieder mit kaltem Wasser von Kopf bis Fuß, hüllte sich in ein großes Laken, ohne sich vorher abzutrocknen, und legte sich schlafen. Auf einem Schemel neben seinem Bett lagen große Papierbogen, damit er Einfälle, die ihm nachts kamen, sofort aufzeichnen konnte. Solche fragmentarischen Aufzeichnungen, die schon Hunderte von Seiten füllten, nannte er recht anschaulich «Steinhaufen». Diese strenge Arbeits- und Lebensweise erklärt übrigens, warum er mit sechzig Jahren noch so rüstig war und sein von der salzhaltigen Seeluft gebräuntes Gesicht keine Falte aufwies.

Er arbeitete jetzt an seinem monumentalsten Werk, dem Roman *Les Misérables (Die Elenden)*, den er im Jahre 1846 in Paris unter dem Titel «Elend» angefangen hatte und dessen mannigfache Thematik er zum Teil auch in einem Stück der *Kontemplationen* – der Melancholie – kurz umrissen hatte. Zwanzig Jahre hatte er gewartet, ehe er das große Werk in Angriff nahm; doch um so schneller ging ihm nun die Arbeit von der Hand.

Die Gestaltung des Romans basiert auf der gesellschaftlichen Wirklichkeit. So lieferte ihm das harte Schicksal des Proletariers Pierre Maurin die Elemente für die Geschichte des Bagnosträflings Jean Valjean. Maurin wurde wegen des Diebstahls eines einzigen Brotlaibs, den er in einer eisigen Winternacht nach dem Einschlagen der Fensterscheibe aus einem Bäckerladen entwendet hatte, von der unmenschlichen Justiz zu neunzehn Jahren Bagno verurteilt. Der gütige, durch seine Armenpflege wohlbekannte Bischof Miollis diente ihm als Modell für die Gestalt des Bauernbischofs Myriel, den die Armen des Städtchens Digne wegen seiner sozialen Fürsorge den «Willkommenen» nannten.

Die Erinnerung an jene Prostituierte, die er in Paris an einem Januarabend nach ihrem Zusammenstoß mit einem sie roh verhöhnenden Stutzer aus der Gewalt der Polizei befreit hatte, schwebte ihm bei einer traurigen Episode im Leben der Näherin Fantine vor Augen. Das in den Pariser Armenvierteln beobachtete Elend der Kinder, vielleicht aber auch mancher Charakterzug seiner Tochter Adèle, spiegelt sich indirekt wider in der Geschichte der kleinen Cosette. Der wegen seiner Grausamkeit gefürchtete Polizeipräfekt Vidocq lieferte ihm gewisse Züge für die Gestalt des Inspektors Javert. Das ruhmvolle Leben seines Vaters, des Generals Hugo, verarbeitete er in der Person des napoleonischen Obersten Pontmercy, seine eigene widerspruchsvolle Entwicklung in der Person des Marius Pontmercy, die Berichte Juliette Drouets über ihre im Kloster verbrachte Jugend und über die schrecklichen Kasteiungen der Bernhardinerinnen in den Erlebnissen Valjeans im Kloster zur Immerwährenden Anbetung, seine Erfahrungen in den Elendsvierteln des Pariser Lumpenproletariats und die in seinem Tagebuch festgehaltenen Beobachtungen in den Pariser Gefängnissen in den Gestalten der Thénardiers, ihrer Töchter Azelme und Eponine und des kleinen Gavroche.

Was sein Werk davor bewahrte, ein Schauerroman – etwa im Stil der *Geheimnisse von Paris* von Eugène Sue – zu werden, war seine Auffassung von der Aufgabe des Dichters, die er in seinem Vorwort zu dem Gedichtband *Les Rayons et les Ombres (Strahlen und Schatten)* so definiert hat: «Er sollte ein Gewissen haben wie Juvenal, der Tag und Nacht einen ‹Zeugen› in sich fühlte, nachdenken wie Dante, der als Verdammte diejenigen bezeichnet, die das ‹Geschenk des Verstandes› verloren haben, und die Natur verehren wie der heilige Augustin, der ohne Furcht davor, für einen Pantheisten erklärt zu werden, den Himmel ‹ein intelligentes Wesen› nennt. Und was dieser Dichter, dieser Philosoph, dieser Geist in seinem Gesamtwerk mit allen seinen Dramen, allen seinen Gedichten, allen seinen Gedanken schaffen würde, das wäre – sprechen wir es klar aus – das große geheimnisvolle Epos, dessen Gesang wir alle in uns haben, zu dem Milton den Prolog und Byron den Epilog geschrieben hat – die Dichtung vom Menschen.»

Das ist auch die Grundidee der *Elenden.* Victor Hugo betrachtet es als seine Aufgabe, in den Enterbten und Ausgestoßenen der Gesellschaft, im Sträfling, in der Prostituierten, im Lumpenproletarier den Menschen zu entdecken und zu beweisen, daß sie alle Opfer der gesellschaftlichen Verhältnisse sind. Die Widersprüche des kapitalistischen Systems zeigen sich in den menschlichen Konflikten der Hauptpersonen des Romans, vor allem in dem schweren Lebensweg Jean Valjeans, des aus dem Bagno von Toulon entlassenen Sträflings, der einen unaufhörlichen Kampf mit sich selbst führen muß, um wieder Mensch zu werden, wie auch in dem traurigen Geschick der Näherin Fantine, die immer tiefer sinkt, seitdem sie arbeitslos geworden ist, und schließlich zur Straßendirne wird, um das Pflegegeld für ihr Töchterchen, die kleine Cosette, zahlen zu können. Der allumfassende Humanismus Victor Hugos tritt auch darin zutage, daß er den Inspektor Javert, den «Wachhund der Gesellschaft», nicht ausschließlich negativ gestaltet, sondern seine Brutalität aus der eigentümlichen, ihm sozusagen von der herrschenden Klasse eingeimpften Rechtsauffassung motiviert, die seinen abgründigen Charakter verständlich macht. So ist Javert ein höchst überzeugendes Beispiel der hervorragenden Darstellungskunst Victor Hugos. Sein Charakter erscheint zwar durch die damals herrschenden Umstände geprägt, doch ist er kein «Bösewicht» in der herkömmlichen Bedeutung des Wortes, sondern unter seiner von der Gesellschaft geschaffenen harten Schale ein eigenwilliger und komplizierter Mensch.

In unnachahmlicher Weise zeigt sich die dichterische Schöpferkraft Victor Hugos vor allem in der Darstellung der kleinen Cosette, die von ihren Pflegeeltern, den Thénardiers, roh mißhandelt und schamlos ausgenutzt wird. Was dem Realismus Hugos die besondere Note gibt, ist seine Anreicherung durch märchenhafte Elemente der Romantik. So gestaltet er in ergreifender Weise den Gegensatz zwischen der Traumwelt des Kindes und der erbarmungslosen Wirklichkeit in den seelischen Reaktionen der kleinen Cosette auf dem Weg zur Quelle im dunklen Wald, wo sie für die Thénardiers Wasser holen muß: ihr Erstaunen angesichts der schönen Puppe in der Auslage der Spielwarenhandlung gegenüber der Schenke, ihr Erschrecken, als die brutale Pflegemutter sie ein faules Luder schimpft und ihr mit der Peitsche droht, ihre unsägliche Angst an der Quelle unter den unheimlich rauschenden Bäumen, wo ihr die Wellen des vom Eimer aufgewühlten Wassers wie weiße Feuerschlangen und das sich darin spiegelnde Gestirn, der in grausiger Röte am Himmel aufgehende Jupiter, wie eine blutende Wunde erscheinen, und ihr instinktives Vertrauen zu dem Unbekannten, dem von einem Gefangenenschiff entsprungenen Valjean, der ihr auf dem Heimweg wortlos den schweren Wassereimer abnimmt.

Welche Menschenkenntnis spricht schließlich aus der Schilderung des Kampfes, den Cosettes Retter gegen die Thénardiers, die «zwei Raubspinnen», führt, um die kleine «Grasmücke» aus ihrer Gewalt zu befreien! So wird aus dem Bagnosträfling nach und nach der große und gute Mensch, der mit Cosette ein neues Leben aufzubauen versucht.

Zuweilen berichtete der Dichter seinen Mitverbannten in Guernsey von seinem in der Entstehung begriffenen Roman oder las ihnen Ausschnitte daraus vor. Sie waren, wie er feststellte, geteilter Meinung. Die einen bewunderten den tiefen sozialen Gehalt seines Werkes; die anderen, vor allem Pierre Leroux, fanden, daß er zuviel Wert auf das moralische Moment legte und das politische vernachlässigte. Doch konnte er sie beruhigen. Die Geschichte des Marius Pontmercy, den er jetzt in den Roman einzuführen gedachte, war ja vor allem dazu bestimmt, dem Buch eine aktuelle politische Note zu geben.

Der Dichter legte dem Lebensweg des Marius gewissermaßen entscheidende Elemente seiner eigenen, widerspruchsvollen Entwicklung zugrunde. Wie er unter der Obhut seiner Mutter in relativer Geborgenheit in Paris aufgewachsen und im Geist der Restauration erzogen worden war, so wuchs Marius wegen der beständigen Abwesenheit des Obersten Pontmercy während der napoleonischen Feldzüge und wegen dessen Verarmung seit dem Sturz des Kaisers bei seinem Großvater Gillenormand auf, einem echten, ein wenig hochmütigen Bourgeois aus dem achtzehnten Jahrhundert. Unter der Erziehung dieses Fossils läuft er Gefahr, ein fanatischer Royalist zu werden, bis er nach dem Tod des Obersten Pontmercy begreift, daß sein Vater im Gegensatz zu Gillenormand, dem stehengebliebenen Bourgeois, ein Held gewesen ist.

Wie Hugo selber nach dem Tod seiner Mutter in einer Mansarde über dem Dächermeer von Paris gedarbt und gedichtet hatte, um aus eigener Kraft seine Existenz aufzubauen, so darbt und studiert Marius nach seiner Flucht aus dem Haus Gillenormands und nimmt bei seiner Auseinandersetzung mit der alltäglichen Realität, als Lehrling in einer Buchhandlung arbeitend und von einem selbstgebratenen Kotelett drei Tage zehrend, eine außergewöhnliche Entwicklung in der Schule der Not. Und wie Hugo in seiner Jugend, dank der Freundschaft mit überzeugten Republikanern wie Lamennais und Leroux, den Weg von seiner Napoleonverehrung zum republikanischen Ideal gefunden hatte, so gewöhnen die Mitglieder der «Gesellschaft der ABC», eines revolutionären Geheimbundes, Marius seinen Fanatismus für den Degen ab, besonders Enjolras, der ihn lehrt, daß die Republik ihre Mutter ist.

Voll zarter Poesie ist die Geschichte der Liebe, die sich zwischen Marius und Cosette knüpft, zuerst aus der Ferne im Luxembourg-Park, wo er eine stille Zuneigung zu dem schwarzgekleideten jungen Mädchen faßt, das dort jeden Tag mit ihrem Vater, einem weißhaarigen Greis, auf einer Bank sitzt, und dann in aller Innigkeit in jenem verschwiegenen Park in der Rue Plumet, wo Valjean mit Cosette im Verborgenen lebt. Zweifellos hat der Dichter in diesem «Idyll» Momente seiner Jugendliebe zu Adèle Foucher verarbeitet. Man ahnt dies, wenn man seine Liebesgedichte an sie liest und sie mit dem vergleicht, was er über Marius' Verhältnis zu Cosette sagt.

Der zu voller Schönheit erblühten Gestalt Cosettes stellt er die traurige Gestalt der Eponine gegenüber, der Tochter Thénardiers, dieses Verbrechers, der sie der Prostitution in die Arme getrieben hat. Die menschliche Güte, mit der Victor Hugo auch die Existenz der Elendesten unter den Elenden gesehen hat, und die Überzeugung, daß selbst im Lumpenproletariat Menschlichkeit zu entdecken ist, spricht aus der Art und Weise, wie er Eponines heimliche Zuneigung zu Marius entwickelt und die allmähliche Wandlung des Freudenmädchens darstellt, vor allem in der erbitterten Auseinandersetzung mit ihrem Vater, der mit vier Banditen in Valjeans Haus einbrechen will – ein Verbrechen, das sie unter Einsatz ihres Lebens verhindert.

Den Höhepunkt des Romans bildet die Darstellung des Aufstandes der Republikaner gegen den Bürgerkönig am 5. Juli 1832. Hier treten in aller Klarheit zwei besondere Qualitäten Victor Hugos hervor, politisch seine Parteinahme für die Volksmassen und künstlerisch seine neuartige Methode, in einer Vielzahl von Momentbildern auch mit namenlosen Gestalten die revolutionäre Bewegung in Aktion zu zeigen: die Vorbereitung des Aufstandes in den Arbeitervierteln, wo man nachts Patronen herstellt, das feige Verhalten der Kleinbourgeoisie, deren Vertreter angesichts der drohenden Insurrektion schleunigst ihre Waffen verkaufen, die provokatorische Tätigkeit der Geheimagenten des Polizeipräfekten Gisquet, die Agitation unter den Studenten, die Planung des Kampfes durch das republikanische Zentralkomitee.

Hierbei kamen dem Dichter die Erfahrungen zugute, die er während der Februarrevolution und in den Tagen des Staatsstreiches des Louis Bonaparte in stürmischen Volksversammlungen wie in heftigen Barrikadenkämpfen gesammelt hatte. Damals noch ein Gegner des Aufstandes, hatte er seine Haltung inzwischen korrigiert und konnte nun mit historischer Wahrheitstreue den Juniaufstand von 1832 zu einem Heldengedicht von der unsterblichen Größe des Volkes gestalten.

Dabei entwickelt er den Aufstand durchaus wirklichkeitsgetreu, wohl unter Hervorhebung der großartigen Momente in den Taten der Haupt- und Nebenpersonen, aber

Der Arbeiteraufstand in Lyon

ohne jede Beschönigung. Mit einer erstaunlichen Sachkenntnis technischer Details schildert er, wie die große Barrikade in der Nähe des Klosters Saint-Merry errichtet wird, und verleiht diesem Vorgang eine unerhörte Lebendigkeit durch Gavroche, den fröhlichen kleinen Barfüßler, der die Umherschlendernden belästigt, die Faulen antreibt, die Müden belebt, kurz, alle in Atem hält. Der gewitzte kleine Arbeiterjunge spielt überhaupt eine große Rolle in der Barrikadenschlacht; er ist es, dem in der Schenke Zur Korinther Traube eine verdächtige Gestalt auffällt, deren Gesicht ihm merkwürdig bekannt vorkommt, und der Enjolras, den Führer der Republikaner, auf diesen Spitzel aufmerksam macht, der kein anderer ist als Javert.

Mit konzeptioneller Logik führt Hugo die Hauptpersonen des Romans in der Schlußtragödie zusammen, um in einer Entscheidungssituation, in der jeder sich demaskiert, die verschiedenen Charaktere plastisch herauszuarbeiten. In der Gestaltung der schnell wechselnden Momente im Kampf um die Barrikade, der Höhepunkte und der Tiefpunkte, der Bewegung der Massen und der Darstellung der Einzelschicksale erweist sich die Vielseitigkeit der Kunst Victor Hugos, die bildhaft und kontrastreich ist. In der ganzen Epopöe ist zu erkennen, daß er zugleich Dramatiker, Epiker und Lyriker ist. Die stärksten dramatischen Mittel spart er für die Darstellung des Todeskampfes der Barrikade auf, der in dem Augenblick beginnt, wo der Gegner durch Kartätschenfeuer den Angriff eröffnet, den die Verteidiger durch wohlgezielte Schüsse abzuwehren suchen, bis ihnen die Patronen ausgehen. Unsagbar eindrucksvoll ist die Episode, in der Gavroche, der scheinbar unverwundbare Zwerg in der Straßenschlacht, die Patronentaschen der gefallenen Infanteristen plündert und in einen Korb entleert, immer ein keckes Bänkellied auf den Lippen. Das ist, wenn man will, Hugosche Romantik – Romantik des Volkes, gestaltet in kühnen Bildern von einem großen Dichter, aber erfüllt von harter Realität, wie der Tod des kleinen Gavroche beweist.

Kurz vor der Entscheidung, dem Sturmangriff der Infanterie auf die zusammengeschossene Barrikade, fügt Hugo in die Epopöe Valjeans Abrechnung mit dem gefangengenommenen Javert ein. Es gibt in dem ganzen Roman vielleicht kein Moment, das die Konsequenz, mit der er seine Charaktere entwickelt, deutlicher zeigt als die «Rache», die der Bagnosträfling an dem Polizeispitzel nimmt. Er zerschneidet mit einem Messer die Fesseln Javerts und läßt ihn – frei. Die sonderbare Handlungsweise erklärt sich aus zwei Motiven, die der Dichter nur andeutet: einmal aus der Selbstüberwindung Valjeans, der hier ein Mittel sucht, um der Vereinigung Cosettes mit Marius, dem er vor wenigen Stunden in Gedanken den Tod im Kampf gewünscht hat, nicht mehr im Wege zu stehen (denn Javert wird gewiß für seine Einlieferung ins Zuchthaus sorgen), und zum anderen aus der Überzeugung, daß man das Böse, wie es sich in dem Polizeiinspektor verkörpert, durch die Gegenüberstellung mit dem Guten erschüttern, durch den Verzicht auf Vergeltung strafen, überraschen und vielleicht überwinden kann. In alledem kommt wieder der tiefe – wenngleich utopische – Humanismus Victor Hugos zum Ausdruck.

Mit äußerster Dynamik vollzieht sich das Ende der Barrikade. Hugo schildert es unpathetisch, fast nüchtern, ohne die individuellen Schicksale der Helden von Saint-Merry hervorzuheben, mit jenem einzigartigen, atemberaubenden Stil, der ihn zum Meister der Darstellung von Massenszenen macht. Verzweifelt wehren sich die Republikaner, die fast alle verwundet sind, dazu ohne Munition, bis zuletzt gegen die anstürmenden Infanteristen, Leib an Leib, Fuß an Fuß, mit Säbelhieben, mit Faustschlägen, bis einer nach dem anderen fällt.

Es scheint, als sei eine weitere Steigerung der Handlung nicht möglich; da tritt in der Schenke, als die Nationalgardisten die Exekution an dem entwaffneten und gefangengenommenen Enjolras vollziehen wollen, unversehens Grantaire, der Skeptiker, der Trinker, der im schweren

Rausch die ganze Barrikadenschlacht versäumt hat, neben Enjolras, stößt den Ruf aus: «Es lebe die Republik!» und bricht an der Seite des Freundes zusammen, zerschmettert von der mörderischen Salve. In solcher Größe hat kein anderer französischer Realist, weder Balzac noch Stendhal, geschweige denn Flaubert, den revolutionären Geist des französischen Volkes und den Opfermut der Republikaner gestaltet.

Bezeichnend für die psychologische Meisterschaft Hugos ist das Ende des aus der Bahn geschleuderten Inspektors Javert. Nachdem Valjean, auf den Armen den schwerverwundeten Marius, sich auf dem Weg durch das unterirdische Kanalnetz von Paris in Sicherheit gebracht hat, stößt er beim Verlassen der Kloaken auf Javert; doch seltsam: der Inspektor nimmt ihn nicht sofort fest, sondern erlaubt ihm, Marius zum Haus seines Großvaters Gillenormand zu tragen und einen letzten Besuch in seiner Wohnung zu machen, um Cosette über den Verbleib Marius' zu unterrichten. Der Dichter setzt sich hier mit dem Problem der «Erschütterung im Absoluten», wie er den ausweglosen Konflikt des Polizeiinspektors nennt, auseinander. Valjean auszuliefern wäre schlecht; ihm die Freiheit zu lassen wäre ebenso schlecht. So bleibt für den Bösen, den «lauernden Schergen der Ordnung», der nicht gut werden kann, weil er sich dann «verdorben» fände, nur ein Ausweg: der Sprung in den Abgrund, der Tod in der Seine.

Unlösbar scheint auch der seelische Konflikt Valjeans. Mit zwingender Logik zeigt der Moralist Hugo, wie der ehemalige Bagnosträfling nun den schwersten Kampf seines Lebens austrägt – den Gewissenskampf. Er nimmt am Tag der Hochzeit Cosettes mit Marius weder an der Trauung noch an dem Bankett teil. Nachdem er die ganze Nacht verzweifelt mit sich selbst gerungen hat, erzählt er Marius die Geschichte seines Leidensweges, des aus der Gesellschaft ausgestoßenen und unablässig von ihr verfolgten Sträflings, damit das Glück des jungen Paars nicht durch eine unerwartete Enthüllung und Katastrophe zerstört werde. Aus

Wie Valjean Cosette half,
hat Victor Hugo der jungen Marianne geholfen

demselben Grunde faßt er, so schwer es ihm auch fällt, den Entschluß, Cosette nur noch abends kurz zu besuchen, da er immer klarer erkennt, daß er ein Fremder, wenn nicht ein Eindringling im vornehmen Haus des Barons Marius de Pontmercy ist. Schließlich verzichtet er auch auf diesen kümmerlichen Trost und schleicht nur noch bis zu dem Haus, wo sein Liebling wohnt, verfolgt von den Kindern, die den Sonderling auslachen, der seinen Regenschirm nicht aufspannt, wenn es regnet. Aus der unaufhörlichen Veränderung der Menschen und der Zustände, aus dem Strom des Lebens, der immer weiterfließt, und aus dem Egoismus der bürgerlichen Jugend erklärt der Dichter, warum Cosette kaum noch an den Mann denkt, der sie dem Elend entrissen hat, und warum Marius insgeheim froh ist, den ehemaligen Bagnosträfling, der vielleicht den Inspektor Javert umgebracht hat, nicht mehr in seinem Haus zu sehen. Erst an dem Tag, an dem Thénardier ihn aufsucht, um ihn mit der Aufdeckung der dunklen Vergangenheit des Wohltäters der Cosette zu erpressen, und an dem er erfährt, auf welche Weise ihm Valjean damals, nach der Niederschlagung des Juniaufstandes, das Leben gerettet hat und wie Javert geendet ist, erkennt Marius das wahre Wesen dieses großen Menschen, der nach Ansicht der Gesellschaft der Julimonarchie ein «Verbrecher» war.

So wird aus dem Roman zuletzt ein erhabenes moralisches Poem. Der Dichter verwirklicht seine erzieherische Absicht, indem er zeigt, wie Marius dem Erpresser Thénardier das Geld für die Überfahrt nach Amerika vor die Füße wirft, teils um das Vermächtnis seines Vaters zu erfüllen, dem der Leichenfledderer einst nach der Schlacht von Waterloo, als er ihn schwerverwundet im Hohlweg von Ohain fand, wider Willen das Leben gerettet hat, teils um den Banditen an weiteren Schurkenstreichen gegenüber Valjean zu hindern. Aus Thénardier, dem gescheiterten Bourgeois, wird in New York ein Sklavenhändler. Andererseits stellt der Dichter dar, wie Valjean, der an der freiwilligen Trennung von Cosette innerlich zerbrochen ist, noch ein letztes Glück, den

Besuch Cosettes und Marius', erlebt, dann aber wie ein Märtyrer stirbt, vor sich jene silbernen Leuchter des Bischofs Myriel, die den Anfang seines langen und schwierigen Selbsterziehungsprozesses bedeutet haben.

Wie stark die Schöpferkraft Victor Hugos, wie eigenartig seine Kompositionsweise, wie unerschöpflich sein Reichtum an künstlerischen Formen ist, beweist das sinnvolle Schlußbild der letzten Ruhestätte Valjeans auf dem Friedhof Père-Lachaise – ein schlichtes Grab unter einer großen Eibe, an der zwischen Quecken und Gras Winden emporklettern. So leise läßt der Dichter, in dessen Werken häufig eine enge Beziehung zwischen Poesie und Musik zu spüren ist, den großen sozialen Roman ausklingen.

Dank seinen sorgfältigen Vorarbeiten, seinen Tagebüchern, seinen Entwürfen und seiner Arbeitsenergie vermochte Victor Hugo in Guernsey den fast fünfzehnhundert Seiten umfassenden Roman in der unglaublich kurzen Zeit von nur einem Jahr zu vollenden. Es ist ein unsterbliches Werk geworden, von dem er mit Recht in seinem kurzen Vorwort sagen kann: «Solange auf Grund der Gesetze und der Sitten eine moralische Verdammnis besteht, die künstlich inmitten der Zivilisation Höllen schafft und durch menschliches Versagen die Fäden des Schicksals, das göttlich ist, verwirrt, solange die drei großen Probleme des Jahrhunderts, die Erniedrigung des Mannes durch das Proletarierleben, die Entwürdigung der Frau durch den Hunger, die Verkümmerung des Kindes durch das Elend, nicht gelöst sind, solange in gewissen Gegenden der soziale Erstickungstod möglich ist, mit anderen Worten und unter einem noch weiteren Gesichtspunkt: solange es auf Erden Unwissenheit und Elend gibt, können Bücher wie das meinige nicht ohne Wert sein.»

Aber konnte dieses Werk, das ein so humanes utopisch-sozialistisches Zukunftsprogramm enthält, Verständnis in der oberflächlichen Gesellschaft des Zweiten Kaiserreiches finden? Die ersten Rezensionen schienen dies auszuschließen.

Alfred Courtat, ein alter Gegner Victor Hugos, ereiferte sich vor allem über die so menschlich gezeichnete Gestalt des Bauernbischofs und erklärte: «Die erste Person des Buches, der Bischof Bienvenu Myriel, ist vom Anfang bis zum Ende unwahr ... Er besitzt so wenig Moralprinzipien, daß sich in dem Augenblick, da ihm Diebe den Schatz der Kathedrale von Embrun übersenden, in seinem Geist die Frage erhebt, ob dieser Schatz in die Kathedrale zurückkehren oder zum Armenhaus wandern soll. Er besitzt so wenig Verstand, daß er einen Galeerensträfling in seinem Haus aufnimmt, sein Silbergeschirr vor ihm ausbreitet und sich so einem Diebstahl, vielleicht sogar einem Mord aussetzt. Er hat so wenig Gefühl für seine Pflichten gegenüber der Gesellschaft und sich selbst, daß er, als Gendarmen Valjean mit dem gestohlenen Silber zu ihm zurückbringen, entschieden lügt und gewissermaßen zum Komplizen des Sträflings wird, indem er behauptet, er habe ihm dieses Silbergeschirr geschenkt.»

Ebensoviel hatte der gestrenge Rezensent an der sozialen Tendenz des Romans überhaupt auszusetzen. Was Monsieur Courtat, der ein Verehrer der gepflegten Literatur war, aber am meisten verletzte, war der Umstand, daß Victor Hugo es gewagt hatte, gewöhnliche Proletarier zu Helden zu machen und sie ihren Verbrecherjargon sprechen zu lassen.

Monsieur de Mirecourt, Mitglied der Akademie, parodierte in seinem Pamphlet auf impertinente Weise das Vorwort der *Elenden*, indem er schrieb: «Solange es in der Tat schuldige und unaufrichtige Schriftsteller und einen demokratischen Einfluß gibt, die künstlich inmitten der Zivilisation Finsternis schaffen und durch alle Triebfedern der menschlichen Verderbtheit das Schicksal verwirren, das barmherzig und göttlich ist, solange eine Plage des 18. Jahrhunderts, die in unserem Jahrhundert noch schlimmer wird, die Demoralisierung des Mannes, der Frau und des Kindes, nicht beseitigt ist, solange der Kopf eines Reptils, das die moderne Gesellschaft begeifert, nämlich der Kopf der Demagogie, nicht zertreten ist, solange in gewissen Gegenden der soziale Erstickungstod auf Grund der Lüge möglich ist, mit anderen Worten und unter einem noch weiteren Gesichtspunkt: solange es auf Erden offensichtlichen Betrug, Arroganz und absurden politischen Ehrgeiz gibt, können Bücher von solcher Art wie das uns vorliegende nicht unnütz sein.»

Bezeichnend für den Klassenstandpunkt des Monsieur de Mirecourt war schließlich, daß er das soziale Elend in der bürgerlichen Welt einfach leugnete, auf die in den höheren Gesellschaftskreisen weitverbreitete Wohltätigkeit hinwies und kühn behauptete: «Jean Valjean hätte sich wohl niemals genötigt gesehen, ein Brot zu stehlen, jedermann dürfte es ihm gegeben haben... Und hätte Fantine in ihrer Not um Hilfe gerufen, so hätten sich tausend Arme gefunden, um ihr und ihrem Kind zu helfen.»

Der massivste Angriff gegen *Die Elenden* kam jedoch von einer Seite, von der ihn der Verfasser gewiß nicht erwartet hatte. Es war sein Freund Lamartine, der seinen Roman in den «Betrachtungen über ein Meisterwerk oder die Gefahr des Genies» einer vernichtenden Kritik unterzog. Ehe Lamartine diese Besprechung schrieb, gestand er Hugo, er sei bei der Lektüre der *Elenden* teils von dem großartigen Gemälde entzückt, teils von der Methode verletzt gewesen. Ihm widerstrebe die radikale Kritik der Gesellschaft, da sie etwas Heiliges, weil Notwendiges sei und unvollkommen, weil menschlich, und fragte, ob der Dichter ihm gestatte, sowohl seiner Bewunderung als auch seinem Tadel in einer Besprechung des Buches Ausdruck zu geben.

Hugo antwortete ihm: «Wenn das Radikale das Ideale ist, so bin ich gewiß radikal ... Eine Gesellschaft, die das Elend zuläßt, eine Religion, die die Hölle zuläßt, eine Menschheit, die den Krieg zuläßt, erscheinen mir als eine niedrige Gesellschaft, Religion und Menschheit, und ich trachte nach einer höheren Gesellschaft, einer höheren Menschheit, einer höheren Religion: einer Gesellschaft ohne König, einer Menschheit ohne Grenzen, einer Religion ohne Bibel. Ja, ich bekämpfe den Priester, der die Lüge, und den Richter, der die Ungerechtigkeit verkauft. Das Eigentum verallgemeinern (was das Gegenteil von seiner Abschaffung ist), indem man das Schmarotzertum unterdrückt, das heißt zu jenem Ziel zu gelangen: Jeder Mensch ein Eigentümer und ein Herr seiner selbst. Darin besteht für mich die wahre soziale und politische Ökonomie ... Urteilen Sie jetzt. Literarische Streitigkeiten zwischen Schriftstellern sind lächerlich, aber die politische und soziale Aussprache zwischen Schriftstellern, das heißt zwischen Philosophen, ist ernsthaft und fruchtbar.»

Aber zu einer solchen Aussprache schien Lamartine, wie Hugo zu seinem Bedauern feststellen mußte, nicht fähig zu sein. In einem fiktiven Dialog zwischen ihm und einem Sträfling namens Baptistin bemühte er sich zu beweisen, daß den *Elenden* eher der Titel «Die Schuldigen», «Die Faulenzer», «Die Verbrecher» zukam, vielleicht auch «Epopöe des Pöbels» oder «Der Mensch wider die Gesellschaft». Seiner Meinung nach konnte dieses Buch nur den Wunsch wecken, die Gesellschaft schuldig zu finden und umzustürzen, um sie nach dem Traumbild eines genialen Schriftstellers neu aufzubauen. Er erklärte: «Wenn Victor Hugo seine Hoffnung auf das Schicksal der Menschheit auch nicht aufgegeben hat, so hat er sie doch wie ein Geiziger, der wiederholt bestohlen worden ist, wie einen Schatz in eine andere Welt versetzt, wo die Menschen nicht mehr Menschen sind, sondern aus Licht und Gerechtigkeit geschaffene Wesen ohne Wankelmut, ohne Leidenschaften, ohne Schwächen, ohne Gebrechen, ohne Elend, ohne Tod, das heißt genau das Gegenteil dessen, was sie auf unserer Erde sind.»

Lamartine geruhte zu übersehen, daß Victor Hugo die Welt der Elenden keineswegs idealisiert hat, sondern daß er in seinem Buch auch jene Unterwelt zeigt, die sich seiner Ansicht nach in zwei Lager scheidet: das eine, das die bestehende Ordnung untergräbt, um sie durch eine bessere zu ersetzen, und das andere, das nur das Chaos will. Zu dem lichtscheuen Gesindel, das in jener Höhle des Bösen sein Unwesen treibt, gehören Thénardier und sein Weib sowie die vier Banditen Babet, Claquesous, Gueuemer und Montparnasse, die die Unterwelt von Paris beherrschen und das gesamte Unternehmen der Menschenfallen im Seine-Departement organisieren. Hugo ließ keinen Zweifel darüber, daß solche Verbrecher für immer verloren sind, aber er erkannte, daß ihre Existenz nur auf Grund der inneren Widersprüche der herrschenden Gesellschaftsordnung möglich ist, und forderte: «Zerstört den Keller der Unwissenheit, und ihr rottet den Maulwurf Verbrechen aus.»

Warum Lamartine kein Verständnis für die große soziale Botschaft der *Elenden* aufzubringen vermochte, ist leicht zu verstehen. Er war seinem zögernden Bekenntnis zur Demokratie im Jahre 1848 nicht lange treu geblieben und hatte die Beteuerungen, die er als Außenminister der Französischen Republik hinsichtlich der Verbesserung der Notlage des arbeitenden Volkes abgegeben hatte, schon bald widerrufen, während Hugo als politischer Kämpfer und humanistischer Dichter voranschritt und von der unbegrenzten Vervollkommnungsfähigkeit des schaffenden Volkes überzeugt war.

Was kümmerten ihn schließlich die mehr oder weniger verständnislosen Rezensionen blasierter Intellektueller? Welche Wirkung die *Elenden* hatten, ging aus Berichten hervor, die ihm Freunde in Paris über den Verkauf seines Buches erstatteten:

«An einem Tag im Mai des Jahres 1862, schon vor sechs Uhr morgens, stand eine dichtgedrängte Menschenmenge vor einer noch geschlossenen Buchhandlung und versperrte die Rue de Seine. Immer mehr Menschen kamen. Man schrie, man drängelte, man stieß mit den Ellenbogen, denn jeder wollte den besten Platz haben, den dicht vor dem Eingang; ... Die Straße war von großen und kleinen Wagen wie auch von Schubkarren überfüllt. Manche der Wartenden trugen auf dem Rücken Kiepen. Der Andrang gegen die Buchhandlung wurde immer stärker; Faustschläge dröhnten gegen die Tür. Da öffnete sich im ersten Stock ein Fenster; eine Dame erschien, hielt eine kurze Ansprache an die turbulente Menge und ermahnte sie zur Geduld, während zwei hinzukommende Polizisten die Ruhe und Ordnung wiederherzustellen suchten. Schließlich war der Laden, den man da belagerte, doch ganz harmlos; sein Besitzer, Monsieur Paguerre, verkaufte nur Bücher, und die Leute, die Miene machten, seinen Laden zu stürmen, waren Buchhändler, Kommissionäre, Kunden und Laufboten. Endlich ging um halb elf Uhr die Tür auf, und die Wartenden stürzten hinein. Ein imposanter Anblick bot sich ihnen. Stöße von Büchern ragten vom Fußboden bis zum Plafond – achtundvierzigtausend Bände, pyramidenförmig aufgebaut. Es war die zweite und dritte Lieferung des Romans *Die Elenden*. Die erste Lieferung, die im April erfolgt war, hatte einen so gewaltigen Erfolg gehabt, daß die Interessenten heute in aller Frühe herbeigeeilt waren, um beim Verkauf nicht das Nachsehen zu haben. Mit Stößen von Büchern beladen, kamen sie aus der Buchhandlung und verstauten ihre Schätze in Wagen, Schubkarren und Kiepen.»

Diesen Situationsbericht ergänzte im Juni Paul Meurice durch die Mitteilung: «Seit sechs Tagen verschlingt Paris *Die Elenden*. Was schon in den ersten Unterhaltungen und auch in den Bemerkungen einiger Zeitungen deutlich wurde, bestätigt die ungeheure Wirkung, die leicht vorauszusehen war. Man ist entzückt, man ist hingerissen! Es gibt keine kleinlichen Einwände und keine engstirnigen Vorbehalte mehr. Das Gesamtwerk, das durch Größe, Gerechtigkeit, erhabenes Mitgefühl überwältigt, beherrscht alles und drängt sich allen unwiderstehlich auf.»

Übrigens hat der Roman *Die Elenden* nicht nur in Frankreich, sondern in allen Ländern, in denen er in Übersetzung erschien, den verdienten Anklang gefunden. Es war in der Tat so, wie der Dichter einmal kurz und schlicht feststellte: «Zwischen der Menge und mir besteht etwas, das bewirkt, daß wir uns verstehen.»

Schließlich zollte auch die fortschrittliche Intelligenz aller europäischen Länder dem Verfasser der *Elenden* ihre Anerkennung. Das bewies das Bankett, das die beiden belgischen Verleger Lacroix und Verboeckhoven seinem Roman zu Ehren am 16. September 1862 in Brüssel veranstalteten. Dieses Bankett wurde zu einem europäischen Ereignis. Aus England, Italien, Spanien, vor allem aber aus Frankreich war die Elite der Literatur herbeigeströmt, um Victor Hugo, der zwischen dem Bürgermeister von Brüssel und dem Präsidenten der belgischen Abgeordnetenkammer den Ehrenvorsitz führte, ihre Glückwünsche zu seiner monumentalsten poetischen Schöpfung darzubringen. Louis Blanc, der Sozialistenführer, dankte ihm im Namen der Unterdrückten, Champfleury im Namen der Prosaschriftsteller, Banville im Namen der Dichter.

Seit Victor Hugo in Brüssel die Beziehungen zu seinen alten literarischen Freunden aufgefrischt und neue Bekanntschaften geschlossen hatte, herrschte in Hauteville-House, besonders während der Sommermonate, ein regeres Leben als sonst. Alexandre Dumas, Théophile Gautier, der junge Dichter Albert Glatigny und andere leisteten seiner Einladung Folge und wohnten im «Medusenfloß», wie das Gästezimmer wegen des darin hängenden gleichnamigen Gemäldes von Géricault hieß. Sie fanden den Aufenthalt in seinem Haus so anregend und die Einsamkeit der Insel Guernsey so erfreulich, daß sie meistens länger, als ursprünglich beabsichtigt, blieben, um sich der ungestörten Arbeit an einem Roman oder einer Dichtung zu widmen.

Juliette Drouet, die seit einiger Zeit in Hauteville-House wohnte und anstelle der magenleidenden Gattin des Dichters das Haus führte, war glücklich, wenn solche Gäste einen Hauch von Eleganz und einen Funken französischen Esprits in die Atmosphäre des Speisesaals brachten, die sonst der Pfeifenqualm der Mitverbannten Victor Hugos trübte. Mit diesen «Gesellen» konnte sich die Schauspielerin noch immer nicht abfinden. Sie nannte sie «mürrische alte Demagogen» und fand, diese «Plebejer», die er häufig an seine Tafel einlud, beneideten ihn heimlich, weil er wohlhabender und gebildeter war als sie. Die demokratischen und republikanischen

Freunde Hugos aber spürten diese Animosität und zahlten sie der Schauspielerin auf ihre Weise heim. Sie mokierten sich, wie ihr zu Ohren kam, über den Kult, den sie mit ihrem «Olympio» trieb, und über seine Zärtlichkeit für «Juju mit dem weißen Haar», über die Ergebenheit, mit der er sie an schönen Abenden zu den Laternen auf der Terrasse begleitete, wo sie beide den Anblick des Meeres genossen, und die Ritterlichkeit, mit der er ihr zum Abschied die Hand küßte, als sei sie eine Königin.

Es kam zu mancher unliebsamen Auseinandersetzung zwischen dem Dichter und der Schauspielerin, die nichts davon hören wollte, daß diese Verbannten, wie er erklärte, rechtschaffene Staatsbürger seien, Menschen, deren Seele vielleicht im Nebel des Ozeans erloschen war, aber immerhin Staatsbürger, die die Zukunft bedeuteten. Sie hielt ihm vor, sie trügen hier wohl ihre Bluse, wünschten sich aber im stillen, wieder den Gehrock oder die Uniform anziehen zu können; sie spielten die «ungeselligen Sozialisten», die «Schreckgespenster mit struppigem Haar und ungepflegtem Vollbart», aber sie beneideten die Präfekten, die Minister, die Mitglieder der Akademie und hegten den Traum, in Paris wieder die Oper und die Garderoben der Schauspielerinnen zu besuchen und von Gnadengeschenken zu leben. Als sie bemerkte, wie ärgerlich er über solche Ausfälle gegen seine Freunde war, fügte sie hinzu: «Gib mir ein wenig Geld, Pfründen, Orden, Stellen, und ich werde aus all deinen Diderots Kirchenvorsteher und aus all deinen Marats Stutzer machen.»

Zornig wies er sie zurecht: «In den vom rauhen Klima und von Entbehrungen geschwächten Körpern meiner Mitverbannten glüht ein stolzes, der Sache des Volkes treu ergebenes Herz. Diese eisernen Männer werden später die Republik aufbauen und in der Republik die Einheit, die Eintracht, das Licht, das Wohl aller Menschen schaffen.»

Auch seine Familienangehörigen bereiteten ihm Sorgen; es war ihren verdrossenen Mienen anzusehen, wie sehr ihnen das eintönige Leben in Guernsey auf die Dauer mißfiel. Sein

Sohn Charles hatte ihn um die Auszahlung seines Erbteils gebeten und angedeutet, daß er nach Paris zurückkehren wolle; sein zweiter Sohn, François, erregte durch seine amourösen Abenteuer in Saint Pierre Ärgernis unter den Inselbewohnern. Seine Gattin war des Exils ebenfalls überdrüssig. Schon vor Jahren, als er sich in Hauteville-House sein Heim einzurichten begann, hatte sie mit einem Seufzer festgestellt: «Das ist für mich die Bestätigung des Exils!» Jetzt aber unternahm sie häufig Reisen nach Brüssel, ja sogar nach Paris, wo sie sich nicht scheute, sich in den vornehmen Salons zur Schau stellen zu lassen. Den größten Kummer machte ihm allerdings seine Tochter Adèle. Seit langem neigte sie zur Melancholie; sie vernachlässigte ihr Äußeres, schloß sich tagelang in ihrem Zimmer ein, redete unaufhörlich davon, daß sie das öde Guernsey verlassen und nach London übersiedeln wolle. Ihre neuste fixe Idee war der englische Marineleutnant Pinson, mit dem sie sich demnächst zu verloben gedachte, obgleich er ihre Leidenschaft nicht zu erwidern schien.

Bald, dachte der Dichter, wirst du allein in deinem Haus sein. Aber es lag ihm fern, von dem Amnestieerlaß Napoleons III., der den Verbannten die Rückkehr in ihr Vaterland erlaubte, Gebrauch zu machen; er hatte geschworen, erst dann zurückzukehren, wenn Frankreich frei war.

Übrigens hatte er es verstanden, sich in Guernsey einen neuen Aufgabenkreis unter der Bevölkerung zu schaffen. Zu seinen schönsten Pflichten gehörte es, sich um die armen Bauern- und Fischerkinder in Hauteville-House zu kümmern. Jede Woche lud er vierzig Kinder zum Essen und zum Fröhlichsein ein. Er und Juliette, manchmal auch seine Gattin und seine beiden Söhne, bedienten die kleinen Gäste, setzten jedem eine große Scheibe Roastbeef mit Beilagen vor und gossen ihnen ein Glas Wein ein. Häufig berichtete er seinen Freunden in Frankreich über das «Gastmahl der Kinder», um sie zur Nachahmung anzuregen.

Zu Weihnachten aber fand in Hauteville-House immer eine große Bescherung der armen Kinder statt, denen die

Adèle, Tochter Victor Hugos

Familie Hugo Spielsachen, warme Kleider und Süßigkeiten schenkte. Das war nicht etwa nur eine schöne Geste der bürgerlichen Wohltätigkeit. Welche Gedanken dieser Handlung zugrunde lagen, geht aus einem anderen Brief des Dichters hervor, in dem er darauf hinweist, daß man in der Gegenwart die Brüderlichkeit im Hinblick auf die Zukunft ausüben müsse. «Was wir für die Jugend getan haben, wird die Zukunft hundertfach vergelten. Dieser junge Geist – das Kind – ist doch das Feld der künftigen Ernte. Er enthält eine neue Gesellschaft. Befruchten wir diesen Geist, legen wir in ihn Gerechtigkeit und Freude.»

So wurde Hauteville-House immer mehr eine Stätte der Fürsorge für alle Bedürftigen in Guernsey. Wer sich in seiner Not an Victor Hugo wandte, konnte sicher sein, Hilfe zu finden. Ende Januar 1866 ließ er der Bretonin Jeanne Gigoux, die im Krankenhaus von Lannion lag, eine Geldsendung zukommen und schrieb zwei Tage später in sein Tagebuch: «Sie ist obdachlos. Ich habe angeordnet, daß man sie in mein Haus aufnimmt und versorgt, bis sie eine Stelle gefunden hat.» Und vier Tage später: «Ich habe Jeanne Gigoux, die barfuß geht, Schuhe geschenkt. Gleichzeitig habe ich Virginie, die im Wochenbett liegt, Wein geschickt.» Am 25. Februar machte er die Eintragung: «Man soll Victoire Etasse jeden Tag Brot bringen, bis sie Arbeit gefunden hat.» Am 4. März: «Ich habe der arbeitslosen Victoire Etasse Wein, Kohle und Wollsachen für sie und ihre Kinder geschickt.» Am 8. März: «Geldzuwendung für Frau Fidgett und ihre zwei Kinder, Kleider für die Familie Fidgett.» Und nach der Weihnachtsbescherung des Jahres 1866 vermerkte er in seinem Tagebuch, daß er im Laufe dieses Jahres für die Bedürftigen von Guernsey rund fünfzigtausend Francs ausgegeben habe.

Auch aus Frankreich erreichten den Dichter verzweifelte Hilferufe. So schrieb ihm eine gewisse Madame Masson aus Saint-Mandè: «Da ich *Die Elenden* gelesen habe, sagte ich mir, daß der Verfasser dieses Buches besser und nachsichtiger sein muß als die anderen. Ich befinde mich in der gleichen Lage wie Fantine, mit dem Unterschied, daß ich drei Kinder statt eines einzigen habe. Vergeblich habe ich mich an meine früheren Freunde gewandt; niemand hat mir geantwortet. Ich habe Arbeit gesucht, man hat mich überall abgewiesen, und zwar unter verschiedenen Vorwänden: bald war ich nicht hübsch genug, bald hatte ich keinen eigenen Stil. Sie müssen wissen, was das heißt: keinen eigenen Stil haben. Das heißt schlecht gekleidet sein, an seinem eigenen Wert zweifeln, kurz, kein Selbstvertrauen haben. Und weil ich also keinen eigenen Stil habe, müssen meine Kinder verhungern. Traurig, sehr traurig! Da ich ohne Mittel bin, wollte ich Dienstmädchen werden. Aber da tauchte ein anderes Problem auf: Ich bin klein, schmächtig, sehr bleich, und so hat man mich wieder abgewiesen. Ich war nahe daran, mir mit meinen Kindern das Leben zu nehmen, aber habe ich das Recht, sie zu töten? ... Ich besitze Verstand, ich könnte wohl eine Stelle bekleiden, aber ich habe niemanden, der mir hilft; ich muß meine Kinder in Pflege geben, um arbeiten zu können, und wir sind völlig mittellos. Man verachtet die Frauen, die sich verkaufen. Wie aber, wenn man nichts anderes tun kann, wenn man ohne Brot ist, wenn die Kinder Hunger haben? Es gibt Leute, die mich nicht einstellen wollen, weil ich Kinder habe. Was tun? Ich bin fünfundzwanzig Jahre alt und befinde mich in einer äußerst verzweifelten Lage. Das Elend setzt uns zu, und ich habe keine andere Aussicht als das Leichenhaus.»

Sogleich nahm Victor Hugo sich der unglücklichen Mutter an; er schickte ihr nicht nur Geld, sondern bat auch seinen Freund Meurice in Paris, ihr einen Arbeitsplatz zu verschaffen. Ein andermal ersuchte eine junge Französin, die das Schicksal nach Rumänien verschlagen hatte, ihn um Hilfe. Vorher war sie in Rußland, wo sie einem leichtlebigen Adligen zum Opfer fiel, der sie verließ, nachdem sie ein Töchterchen zur Welt gebracht hatte. «Das Geständnis fällt mir sehr schwer», teilte sie ihm zum Schluß mit, «und ich muß daran denken, daß Sie die gesunkene Frau mehr beklagen als verachten.»

Auch diesmal zögerte der Dichter keinen Augenblick, sondern ließ der armen Mutter zehntausend Francs zukommen.

Der Umgang mit den Bewohnern von Guernsey, mit den Eltern der bedürftigen Kinder und anderen Notleidenden, Gespräche mit Bauern und Fischern, die ihm Einblick verschafften in ihr schweres Leben, ihren harten Kampf gegen die Naturgewalten, ihre unter dem Joch des Feudalismus und der Enge der kalvinistischen Kirche noch so rückständige Denkweise, ihre dumpfe Gottesfurcht und ihren blinden Aberglauben, kamen seinem nächsten Roman zugute: *Les travailleurs de la mer (Die Arbeiter des Meeres).* Die Grundlagen dafür hatte er sich mit derselben Gewissenhaftigkeit erarbeitet wie die für *Die Elenden.* Während der Arbeit an diesem Roman war er mit Juliette Drouet nach Belgien gefahren, um das Schlachtfeld von Waterloo, besonders den Mont Saint-Jean und den Hohlweg von Ohain, zu besichtigen und sich von Augenzeugen Einzelheiten über das schreckliche Ende der napoleonischen Schwadronen in jener Schlacht berichten zu lassen – Einzelheiten, die er dann im Waterlookapitel seines Romans geschickt verarbeitete.

Um Vorstudien für *Die Arbeiter des Meeres* zu treiben, hatte er schon im Jahre 1858 mit seiner treuen Gefährtin, die zugleich als Sekretärin für ihn arbeitete, eine Reise nach der kleinen Kanalinsel Sark unternommen. Dort erforschte er sowohl die geologische Struktur der Felseninsel als auch ihre eigenartige Flora und Fauna. Insbesondere befand er sich auf der Suche nach jenem Meeresungeheuer, das eine nicht unbedeutende Rolle in seinem Buch spielen sollte: dem Kraken. Tatsächlich gelang es ihm eines Tages, in einer Felshöhle von Sark dieses Tier zu beobachten, wie aus seiner Tagebuchaufzeichnung hervorgeht. Charakteristisch für die exakte Arbeitsweise Victor Hugos ist die ausführliche Beschreibung des Tieres, die er damals vorgenommen hatte: «Tintenfisch – blutrote Augen – acht Fangarme – unter jedem Fangarm unzählige Saugnäpfe, gleich weißen Pusteln – riesiger Kropf

Illustration von Victor Hugo zu
«Die Arbeiter des Meeres»

unterhalb des Kopfes – Haut klebrig – kein Rachen – Saugnäpfe ernähren ihn – auf dem Rücken ausgebreitet, gleicht er einem Stern – zwischen den Fangarmen Schwimmhäute – Saugnäpfe treten beim Kampf hervor.»

Ein anderes Mal beobachtete er im Hafen von Gosselin, wie die Einheimischen die Steilhänge jener Klippen überwanden, die kein Fremder zu ersteigen vermag, und schrieb in sein Tagebuch: «In dem Augenblick, da wir ankommen, laufen gerade zwei Männer den Steilhang rechts herab. Was werden sie tun, wenn sie zu dem Absturz gelangen? Wir verfolgen sie mit den Augen. Jetzt sind sie angelangt. Der erste bückt sich, und wir erblicken ein Seil, das von Spalte zu Spalte gezogen ist und zu einer hölzernen Leiter führt, deren Ende ins Meer hängt. Der Mann ergreift mit beiden Händen das Seil und läßt sich geschwind herab, wobei er seine Füße auf die Felsvorsprünge setzt wie auf die Stufen einer Treppe. Sein Kamerad folgt ihm. Gleich darauf klettern sie auf demselben Weg wieder nach oben. Sie hatten sich herabgelassen, um irgend etwas in einem Boot zu verstauen.

Dank einer solchen Leiter, deren man sich geschickt bedient, werden die steilsten Hänge ersteigbar und findet ein tüchtiger Seemann auch an den schroffsten Klippen gangbare Wege. So kann man auf der Insel Sark sehen, was die Fischer des Gosselinhafens mit einem verknoteten Seil alles anzufangen wissen.»

So gründlich, mit soviel Forschungsdrang und zugleich Phantasie, hatte Victor Hugo den Roman *Die Arbeiter des Meeres* vorbereitet. Er widmete ihn dem Felsen der Gastfreundschaft und der Freiheit, jener Ecke des alten normannischen Reiches, wo das hochherzige Seevolk lebt, der herben und zugleich milden Insel Guernsey, seiner gegenwärtigen Zufluchtsstätte und seinem voraussichtlichen Grab.

Zwischen den *Elenden* und den *Arbeitern des Meeres* besteht neben dem thematischen ein gesellschaftlicher Unterschied. Im ersten Roman ist der Gegenspieler der individuellen Helden, wie der Dichter erklärt, die ganze menschliche Gesellschaft, im zweiten dagegen die Natur in Gestalt des Meeres. Entsprechend seiner eigenartigen Kompositionsweise setzt der Dichter seinen Roman wieder aus drei großen Erzählungen zusammen, aus der Geschichte eines Verbrechens, der Geschichte des gewaltigen Kampfes eines einzelnen gegen die Natur und der Geschichte einer unerfüllten Liebe. Wie sinnlos die Gier nach Reichtum ist und wohin sie führt, zeigt er am Lebensweg des Kapitäns Clubin, der im Dienst des Reeders Lethierry steht und an der ganzen Küste den Ruf strengster Redlichkeit genießt. Diese Meinung scheint bestätigt zu werden, als Clubin seinen Vorgänger Rantaine, den Defraudanten und Schmuggler, der Lethierry um die Hälfte seines in rechtschaffener Arbeit erworbenen Vermögens gebracht hat, am Strand bei der Ermordung eines Küstenwächters überrascht und ihm jene drei Tausendpfundnoten abnimmt, die er dem Reeder gestohlen hat. Nach dem Schiffbruch der Durande, die der betrunkene Steuermann zu den gefürchteten Douvresfelsen gesteuert hat, sorgt Clubin aufopferungsvoll dafür, daß die Besatzung in einer Schaluppe das Wrack verläßt, während er als einziger an Bord zurückbleibt. Sehr wirkungsvoll gestaltet der Dichter den Schluß dieser Geschichte, indem er enthüllt, daß Clubin, dieser Erzheuchler, bewußt die Schiffskatastrophe herbeigeführt hat, um die drei Tausendpfundnoten, die Lethierry gehören, für sich behalten zu können, daß er den Steuermann unter Alkohol gesetzt und ihm den Weg zu den Hanoiklippen gewiesen hat, von denen das Ufer leicht zu erreichen gewesen wäre, daß er aber im Nebel an den viele Meilen von der Küste entfernten Douvresfelsen gestrandet ist, wo er nun einsehen muß, daß sein raffiniertes Spiel verloren ist.

Vortrefflich entwickelt der Dichter den Charakter Gilliatts, des Sohnes einer Französin, die nach dem Zusammenbruch der Französischen Revolution nach Guernsey emigriert ist. Er verleiht ihm die Züge eines großen Einsamen, der unter der rückständigen Inselbevölkerung als Fremder, wenn nicht als Eindringling gilt. Die Bauern und Fischer halten ihn für einen «Hexer», weil er den Mut hat, in dem verrufenen «Gespensterhaus» zu wohnen, und als Naturheilkundiger manches Wunder an kranken Menschen und Tieren vollbracht hat. Mit scheuer Hingabe liebt er Déruchette, die Tochter des Reeders, seit er am Weihnachtstag gesehen hat, wie das kapriziöse Mädchen seinen Namen in den Schnee malte. Aus diesem Grunde wagt Gilliatt das Unerhörte, die Bergung der Dampfmaschine aus dem Wrack der zwischen den Douvresfelsen eingeklemmten Durande. Großartig und fesselnd, mit mehr Spannung, als der Geschichte von dem Verbrechen Clubins innewohnt, gestaltet Hugo diesen Kampf eines einzelnen gegen die elementaren Gewalten des Meeres zu einer Art Heldenlied von der Überlegenheit menschlicher Geistes- und Tatkraft über die feindliche Natur. Er charakterisiert das gefährliche Unternehmen Gilliatts als «Ilias eines einzigen», nennt ihn einen «Zyklopen», der sich beim Bau einer Schmiede in einer Höhle der Douvresfelsen nach und nach Wasser, Feuer, Luft untertan macht, dem das Wrack das Brennmaterial liefert, das Wasser als Antriebskraft, der Wind als Blasebalg, ein Stein als Amboß dient. Die Bergung der Maschine hat zahlreiche grandiose, aber auch tragische Momente: vor allem der Versuch, die vom Wrack losgelöste Maschine durch ein genial ausgedachtes und unter unsäglicher Mühe konstruiertes Beförderungssystem in seine Barke zu bringen; Gilliatts tagelanger Kampf gegen die zerstörenden Äquinoktialstürme, die in dem Augenblick, da er die Maschine in seiner Barke glücklich geborgen glaubt, alles zu vernichten drohen; das entsetzliche Ringen mit dem Kraken, der ihn bei der Nahrungssuche überfällt. Die Beschreibung der letzten verzweifelten Anstrengungen Gilliatts zur Ausbesserung seiner Barke, in welche die Sturzwellen ein großes Leck geschlagen haben, bildet den Höhepunkt und den Abschluß dieses heroischen Poems, dessen tiefster Sinn in den Worten liegt: «Die Hartnäckigen sind die wirklich Erhabenen.»

Das zweite bedeutende Problem, das der Dichter in den *Arbeitern des Meeres* aufwirft, ist die Frage, warum die hingebungsvolle Liebe eines solchen Helden der Arbeit, wie es Gilliatt ist, schließlich unerfüllt bleiben muß. Der äußere Grund dafür ist, daß Déruchette, die verwöhnte Reederstochter, sich während seiner Abwesenheit in den neuen Pfarrer des Fischerdorfes, den ebenso schönen wie wohlhabenden Ebenezer Caudrey, verliebt hat. Hugo bemerkt hierzu in einem Brief an den Schriftsteller Paul de Saint-Victor: «Was dem Meer entgeht, das entgeht nicht der Frau ... Um geliebt zu werden, vollbringt Gilliatt alles, Ebenezer hat die Schönheit der Seele und des Leibes, und in diesem doppelten Glanz braucht er nur zu erscheinen, um zu siegen. Gilliatt besitzt diese beiden Schönheiten auch, aber bei ihm liegt darüber die schreckliche Maske der Arbeit. Aus dieser Größe erwächst ihm seine Niederlage.»

Schön erscheint Gilliatt wohl dem Reeder Lethierry, der ein Mann der harten Arbeit ist wie er und der, außer sich vor Freude über die Bergung der Schiffsmaschine, ausruft: «Das ist mein geliebter Schwiegersohn! Wie er sich mit dem

Meer herumgeschlagen hat! Ganz zerfetzt ist er! Was für Schultern! Was für Hände! Wie schön er ist!»

Aber die zartbesaitete Déruchette, seine egoistische Tochter, erschrickt angesichts dieses soeben dem Meer entstiegenen Mannes mit dem verwilderten Bart, dem zerzausten Haar, den entzündeten Augen, dem aufgesprungenen Gesicht, den blutenden Händen und den von der Berührung mit dem Kraken herrührenden Geschwüren auf beiden Armen und fällt in Ohnmacht. In psychologisch überzeugender Weise motiviert der Dichter aus dem Charakter Gilliatts, des großen Einsamen und schweigenden Dulders, daß er nicht auf der Erfüllung des Versprechens besteht, das ihm Déruchette vor seinem Aufbruch zu den Douvresfelsen gegeben hat, weil er fürchtet, daß die Trennung von Ebenezer für das junge Mädchen großes Leid, wenn nicht den Tod bedeuten würde. Er sorgt also für die heimliche Trauung der beiden, bevor Ebenezer, der eine andere Pfarrstelle erhalten hat, Guernsey verläßt, obgleich ihm nach dem Verlust Déruchettes sein ganzes Leben leer und sinnlos erscheint.

Es mag vielen Lesern unglaublich erscheinen, daß Gilliatt, dieser Arbeiter des Meeres, der einen so großen Sieg über die Natur errungen hat, nur wegen seiner unglücklichen Liebe zu Déruchette in hoffnungslose Resignation verfällt. Aber der Dichter hat ihn von Anfang an als einen Grübler dargestellt und führt seine Tragik konsequent, wenn auch mit einer bis zu gewissem Grade romantischen Melancholie zu Ende, indem er zeigt, wie Gilliatt auf dem Gildholmurstuhl, einer der Küste vorgelagerten, nur bei Ebbe erreichbaren Felsklippe, Abschied vom Glück nimmt, wie er der Cashmere, dem Schiff, das Déruchette und Ebenezer in die Ferne entführt, versonnen nachblickt, während um ihn her die Flut immer höher steigt, bis schließlich nichts mehr zu sehen ist als die unendliche See.

Das tiefen Frieden ausströmende Schlußbild ist wieder bezeichnend für die poetische Eigenart Victor Hugos, der auch dieses Werk fast wie eine Sinfonie ausklingen läßt.

Aber gerade das unerwartete Ende stieß auf viel Widerspruch in der literarischen Presse, besonders in England, wo das Buch im allgemeinen, wegen seines originellen Sujets, recht gut aufgenommen wurde. So fanden viele Kritiker, der Freitod Gilliatts sei ein Ausgang, der seiner unwürdig sei.

Im «Athenaeum» war zu lesen: «Der Held ist französisch, die Heldin ist französisch, die Katastrophe ist französisch», und das «Blackwood's Magazine» teilte diese Ansicht: «Die Art und Weise, wie Gilliatt sich dem letzten Dilemma entzieht, ist unserer Meinung nach feig, ja kläglich; aber wir sind Engländer, und Monsieur Hugo ist Franzose.»

Mit uneingeschränktem Enthusiasmus wurde dagegen, wie François Hugo seinem Vater berichtete, der Roman in Frankreich begrüßt: «Dein Erfolg ist gewaltig und universell. Nie habe ich eine solche Einmütigkeit gesehen. Der Triumph der *Elenden* ist damit überholt. Diesmal hat der Meister ein Publikum gefunden, das seiner würdig ist. Du bist verstanden worden, das sagt alles. Denn verstehen heißt bei einem solchen Werk bewundern. Dein Name ist in allen Zeitungen, an allen Mauern, in allen Schaufenstern, in jedermanns Mund.»

Sogar der junge Émile Zola, dessen Kunstanschauung doch von der Victor Hugos beträchtlich abwich, zollte den *Arbeitern des Meeres* ein entschiedenes Lob: «Hier hat der Dichter ein freies Herz und eine uneingeschränkte Einbildungskraft. Hier predigt und diskutiert er nicht mehr ... Wir erleben den großartigen Traum jenes mächtigen Geistes mit, der den Menschen im Kampf mit der Unermeßlichkeit zeigt.»

Besondere Freude bereitete Victor Hugo die Glückwunschadresse der englischen Seeleute, die ihm dafür dankten, daß er ihrem harten Leben in seinem Buch ein Denkmal gesetzt hatte. Tiefbewegt antwortete er ihnen: «... Ich bin einer von euch. Auch ich bin ein Seemann, ein Kämpfer über dem Abgrund. Über meinem Haupt toben die Nordwinde. Ich triefe, ich schlottere, doch ich lächle, und zuweilen singe ich wie ihr – ein bitteres Lied. Ich bin ein gescheiterter Lotse, der sich nicht geirrt hat, dem der Kompaß recht und der Ozean unrecht gibt ... Ich harre aus, ich leiste Widerstand, ich biete den Despoten die Stirn wie ihr den Wirbelstürmen, und ich lasse um mich her die Wölfe der Finsternis heulen und tue meine Pflicht, ebensowenig vom Haß erschüttert wie ihr von der Brandung.»

Das alles klingt uns heute sehr emphatisch, doch ist der Vergleich, den er hier zieht, nicht ganz unberechtigt; in neunzehnjähriger Verbannung mit eiserner Energie auszuharren, das war schon ein schwerer Kampf. Dieser Brief beweist aber auch Hugos Bemühen, sich mit dem arbeitenden Volk – wo und in welcher Situation auch immer – solidarisch zu erklären. Und er wußte geschickt das Herz des Volkes zu rühren und erhabene Gefühle auszulösen, wobei ihm die Sympathie dieser Menschen nicht unwichtig war.

Äußerlich gesehen hatte der große Verbannte von Guernsey tatsächlich etwas von einem sturmerprobten Seemann in seinem roten Barchenthemd, mit dem Südwester, den er zu tragen pflegte, und seinem von einem Vollbart umrahmten Gesicht.

Erstaunlich war in diesen Jahren die Schöpferkraft Victor Hugos, unerschöpflich seine Phantasie und immer wieder überraschend die Mannigfaltigkeit seiner künstlerischen Darstellungsmittel. So ging er bald nach der Vollendung der *Arbeiter des Meeres*, die im Jahre 1866 erschienen, an sein nächstes Werk: *L'homme qui rit (Der lachende Mann).* In diesem halb historischen, halb aktuellen Roman, dessen Handlung im England des siebzehnten Jahrhunderts spielt, scheinen romantische Tendenzen aus *Notre-Dame von Paris* und realistische aus den *Elenden* sich zu durchdringen und einander zu widerstreiten. Am Anfang des Buches läßt der Dichter das soziale Grundproblem anklingen, wenn er auf die Ausbeutung der Unglücklichen durch die Glücklichen verweist. Er beschränkt diese Frage zunächst auf den grausamen Kinderhandel des siebzehnten Jahrhunderts und entwickelt sie im ersten Teil des Romans – Das Meer und die Nacht – individuell in der Geschichte des armen Gwynplaine, des Clowns, den man den «lachenden Mann» nennt, weil sein durch eine Operation entstelltes Gesicht einer lachenden Maske gleicht.

Merkwürdig ist das Interesse Victor Hugos für die inneren Konflikte des mißgestalten Menschen. Wie in seinem Roman *Notre-Dame von Paris* der verwachsene Glöckner und im Drama *Der König vergnügt sich* der verkrüppelte Hofnarr im Mittelpunkt stehen, so macht er im *Lachenden Mann* den künstlich verunstalteten Gwynplaine zum Protagonisten. Sein tiefes Mitgefühl mit den Gezeichneten der Gesellschaft kommt aber nicht nur darin zum Ausdruck. Jenen Vagabunden, der sich selbst Ursus und seinen Begleiter, einen gezähmten Wolf, Homo nennt, weil er der Überzeugung ist, daß der Mensch oft grausamer handelt als der Wolf, macht Hugo zur menschlichsten Gestalt des Buches. Er rettet und erzieht die zwei verwaisten Kinder, den entstellten Gwynplaine und die blinde Dea.

Im zweiten Teil des Romans – Auf Befehl des Königs – zeigt der Dichter vor allem den furchtbaren Kontrast zwischen dem unvorstellbaren Massenelend der Bettler, Landstreicher, Gaukler, Boxer, Verbrecher, die die Landstraßen und Jahrmärkte Englands bevölkern, und dem widernatürlichen Paradies, das sich die Lords auf Kosten des notleidenden Volkes geschaffen haben und in dem sie ein ebenso unnützes wie verschwenderisches Leben führen. Es ist erstaunlich, welche Kenntnis er sich durch intensives Studium des historischen Quellenmaterials über die perversen Vergnügungen des englischen Hochadels erworben hat, mit welcher Eindringlichkeit er vor Augen führt, wie die zynischen Aristokraten im She-romps-Klub hübsche junge Bürgerinnen, die sie von der Straße herbeischleppen, unter rohem Gelächter zwingen, auf den Händen zu gehen, das Gesicht vom herabgefallenen Rock bedeckt, und ihr unbedecktes Körperteil mit der Peitsche bearbeiten; wie sie im Höllenfeuerklub in unaussprechlichen Blasphemien um die Wette eifern; wie sie im Mohockklub darauf ausgehen, um jeden Preis Schaden anzurichten; wie sie den Bauern den Degen in die Waden bohren, Vorübergehenden mit Faustschlägen die Nase zerschlagen und aus viehischer Sensationslust andere Schandtaten begehen.

Ein barbarisches Roheitsdelikt der herrschenden Klasse ist auch die schreckliche Entstellung des unglücklichen Gwynplaine. Wie es zu ihr gekommen ist, enthüllt Hugo – immer auf Spannung bedacht – erst bei der Konfrontierung Gwynplaines mit dem Kinderhändler Hardquannone im Folterkeller des Southwark-Gefängnisses und durch die Verlesung des Protokolls, das seine Mitschuldigen vor dem Untergang des Schiffes, auf dem sie dem Arm des Gesetzes zu entrinnen suchten, niederschrieben. Daraus geht hervor, daß sie ihn, den Sohn des Lords Linnaeus Clancharlie, eines im Exil lebenden Republikaners, auf Befehl des Königs Jakob II. durch Messerstiche im Gesicht verstümmelt und in einer eisigen Winternacht an der Küste ausgesetzt hatten, um ihn um sein Erbe zu bringen. In der Antrittsrede, die «der lachende Mann», nachdem er sich aus dem Clown Gwynplaine in den Lord Clancharlie verwandelt hat, im Oberhaus hält, fragt er die Peers von England, ob sie wüßten, daß es in den Gruben von Newcastle-on-Tyne Arbeiter gibt, die Kohle kauen, um ihren Magen zu füllen und den Hunger zu betrügen; ob sie wüßten, daß die Heringsfischer von Harlech Gras essen, wenn der Fischfang mißlingt, daß es in Burton Aussätzige gibt, auf die man schießt, wenn sie aus ihren Höhlen hervorkriechen, daß man in den Hütten der Armen von Coventry, in denen es keine Betten gibt, Löcher in den Boden gräbt, um die verkümmerten Kinder zu betten.

Aber auch hier wird der soziale Utopismus Victor Hugos deutlich, wenn er nach einer fast revolutionären Parteinahme für die unterdrückten und verelendeten Volksmassen mit einem Appell an die Herrschenden herantritt: «Habt Mitleid – ja, Mitleid mit euch selbst!»

Schließlich aber setzt sich doch das revolutionäre Element durch, denn Gwynplaine prophezeit im Schluß seiner Rede gewissermaßen die künftige Erhebung der Massen in Form

Titelillustration zu «Der lachende Mann»

eines Gleichnisses, in dem wirkungsvollen Bild des großen Tauwetters, das eines Tages alles hinwegschwemmen wird.

Die problematischste Gestalt des Romans ist die Herzogin Josiane. Daß es Hugo nicht recht gelingen will, sie in psychologisch überzeugender Weise zu entwickeln, hängt wohl damit zusammen, daß er nie in aristokratischen Salons verkehrt hat, wie Balzac und Stendhal, also keine wirkliche Vorstellung vom Wesen der Adligen hat. Zwar versucht er die Verderbtheit der Herzogin gesellschaftlich zu erklären, indem er feststellt, es hätte damals in den höchsten Ständen fast keine Frau gegeben, die nicht auf irgendeine Weise abnorm gewesen wäre. Überzeugend motiviert er auch das Interesse, das die Herzogin Josiane dem Gaukler Gwynplaine entgegenbringt, aus der Übersättigung der blasierten Aristokratin, die es nach einer außergewöhnlichen Sensation gelüstet. Mehr oder weniger gekünstelt wirkt aber die äußere Beschreibung dieser «Titanin», dieser «Tigerin», dieser «bacchantischen Venus», übersteigert die Verführungsszene im Schloß, wo sie sich von Gwynplaine im Bad überraschen läßt, und exaltiert ihr Geständnis: «Knete einen Stern aus Kot, und du siehst mich!»

Aus dem Schluß des Romans spricht, wie in *Arbeiter des Meeres*, eine gewisse Resignation, die vielleicht der traurigen Stimmung des langen Exils entspricht. Gwynplaine, hin und her gerissen zwischen seiner tiefen Liebe zu der blinden Dea, in der er das reine Mädchen verehrt, und seiner glühenden Leidenschaft für Josiane, in der er das dämonische Weib begehrt, findet bei der Rückkehr zu Ursus und Dea, die auf einem Schiff die grausame und verkommene Gesellschaft fliehen wollen, eine Sterbende vor. Nach einem schmerzvollen Abschied von der Blinden fühlt er sich vom finsteren Abgrund des tosenden Meeres unwiderstehlich angezogen und folgt dem geliebten Mädchen in den Tod. So verliert sich die soziale Grundidee des Buches in der individuellen Tragik seines Helden und dessen Kriegserklärung an die Gesellschaft, die er im Oberhaus den Peers ins Gesicht geschleudert hat, im Verzicht auf die Weiterführung seines unglücklichen Lebens. Dennoch behält das Buch auf Grund des entschiedenen Eintretens des Dichters für das verelendete Volk seine realistische Aussagekraft wohl auch in der Zukunft.

Durch den englischen Blätterwald ging damals allerdings ein Entrüstungssturm über den Roman *Der lachende Mann*, der in einem Londoner Magazin in Fortsetzungen erschienen war. Die britische Prüderie ereiferte sich vor allem über die ausschweifenden sinnlichen Episoden zwischen Gwynplaine und der Herzogin Josiane. «Die unanständige französische Schreibweise», stand in der «Times», «ist ohnegleichen; sie ist schlechterdings bestialisch.»

Diese Meinung hatte nichts Verwunderliches für Victor Hugo; sie entsprach durchaus dem puritanischen Charakter der Engländer, für die er immer shocking gewesen ist. So hatten Fanatiker der Wohlanständigkeit schon im Jahre 1855, als er zu Besuch in London weilte, mit Kreide an die Tür seines Hotelzimmers gemalt «Hugo ist ein Bösewicht», und ein Skandalblatt behauptete, Hugo sei ein Säufer.

Was die öffentliche Meinung in England so sehr gegen den Verfasser von *Der lachende Mann* aufgebracht hatte, war die schonungslose Anklage der bürgerlich-aristokratischen englischen Gesellschaftsordnung und der überzeugende Nachweis, auf welcher brutalen Tradition sie beruhte. Nun hatten sich in Großbritannien die sozialen Verhältnisse im 19. Jahrhundert nicht wesentlich gebessert gegenüber denen des 17. Jahrhunderts. Das hatte der Dichter bereits festgestellt, als er während eines längeren Aufenthaltes in London die vielsagende Aufzeichnung machte: «Man sieht im Winter in gewissen Londoner Stadtvierteln an den Straßenecken und in den Türwinkeln Scharen von menschlichen Wesen zusammengedrängt, die dort in Reif und Regen, durchnäßt und ausgehungert, ihre Tage und Nächte verbringen.»

Noch aufschlußreicher sind die Gedanken, die ihm eines Nachts angesichts der Londoner Brücke kamen: «Nebel. Kein Himmel. Man weiß nicht, ob das dort oben Regen oder Dunkel ist. Überall sieht man düstere Perspektiven, die in Rauchschwaden untergehen, scharfe Silhouetten, unförmige Dome. Ein großer roter Kreis leuchtet hoch oben an etwas Seltsamem, das einem Glockenturm oder einem Riesen gleicht. Es mag ein Zyklopenauge sein, wenn es nicht das Zifferblatt einer Uhr ist. Man hört alle möglichen schrecklichen Geräusche. In der Ferne ein ungeheures Getöse, in dem das Rollen von Rädern, Hammerschläge, Schreie, Pfiffe, heiseres Röcheln, kreischende Frauenstimmen, Schnauben von Drachen sich vermischen. In jener Finsternis erscheinen jetzt vier Sterne, zwei rote, zwei blaue, und bilden ein Viereck. Plötzlich geraten sie in Bewegung. Die blauen steigen, die roten fallen. Dann kommt ein hellgrüner fünfter hinzu und durcheilt den Raum. Furchtbarer Lärm. Man möchte sagen, der Stern donnere über eine gewaltige Brücke. Lastwagen rollen hinter ihm in den Himmel. Ein Gespenst, eine Frau mit nacktem Busen, huscht im eisigen

Wind an mir vorbei, lächelt mir zu und reicht mir die Wange zum Kuß. – Ist das die Hölle? – Nein, das ist London.»

So sah in der Einbildungskraft des Dichters die englische Metropole aus, also um keinen Deut menschlicher, als er ihre Physiognomie während des 17. Jahrhunderts in seinem Roman gezeichnet hatte.

Auch für *Die Elenden* hatte er einen Abschnitt über England vorgemerkt, in dem seine unheimlichen Visionen sich in der konkreten Feststellung verdichteten: «Soll ich England bewundern? Warum? Etwa wegen London? Ich hasse Karthago. Außerdem ist London, die Metropole des Luxus, die Hauptstätte des Elends. Es verhungern allein in der Gemeinde Charing-Cross jährlich hundert Menschen. So ist Albion.»

Da wurde der scheinbar unversiegbaren Schöpferkraft des Dichters ein schwerer Schlag versetzt. Sehr nahe ist ihm schon das traurige Schicksal seiner Tochter Adèle gegangen. Im Sommer 1863 hatte sie sich in Guernsey nach Frankreich eingeschifft, angeblich um ihre in Paris weilende Mutter zu besuchen, war aber nie in Paris eingetroffen. Erst nach langer Suche entdeckte man die Verschollene wieder – in Kanada! Dorthin war sie aufs Geratewohl gefahren, um sich mit dem Mann ihrer Träume, dem Marineoffizier Pinson, für immer zu vereinigen; sie erlebte aber die furchtbare Enttäuschung, daß er bereits verheiratet, ja sogar Familienvater war. Trotz der inständigen Bitten Hugos wollte sie nicht nach Europa zurückkehren, sondern erklärte in ihren Briefen immer wieder, sie hätte sich in Quebec ein Leben nach ihrem Sinn geschaffen – ein einsames, aber freies Leben.

Jetzt aber, am 27. August 1868, verlor Victor Hugo in Brüssel, wo er sich eine kurze Erholung gönnen wollte, seine Frau durch einen jähen Tod. Am nächsten Tag nahm er Abschied von der im offenen Sarg ruhenden Toten. Während man den Sarg schloß, wurde ihm bewußt, was er mit ihr verloren hatte, obwohl sie für ihn seit langem nur noch die Mutter seiner Kinder war. Betroffen von diesem Verlust war auch Juliette Drouet, die in den letzten Jahren auf Grund der gemeinsamen Verehrung des Dichters eine innige Freundschaft mit Madame Hugo verband. Die Verstorbene hatte in ihrem Vermächtnis den Wunsch geäußert, ihre letzte Ruhestätte in der Heimat auf dem Friedhof von Villequier neben dem Grab ihrer Tochter Léopoldine zu finden, und so gab Hugo ihr das Geleit bis Quiévraing, dem belgischen Grenzort, wo er tiefbewegt den Zug entschwinden sah, der die sterbliche Hülle seiner Frau nach Frankreich überführte.

Ihm aber blieb weiterhin das schmerzliche Los des Exils beschieden. Einsamkeit umgab ihn nun in Hauteville-House, da ihn auch seine Söhne, beide verheiratet, mit ihren Familien verlassen hatten, um in Brüssel eine Zeitung zu gründen. Es sah so aus, als sollte sich bewahrheiten, was er schon vor vielen Jahren in Jersey gesagt hatte: «Ich werde vielleicht im Exil sterben, aber über mich hinausgewachsen.»

13

Victor Hugo – Ozean

Der Name Victor Hugo begann zur Legende zu werden. So erzählte man sich, der Dichter habe eine Postsendung mit der Adresse «Victor Hugo, Ozean» erhalten. Ob sich das wirklich so zugetragen hat, ist ohne Belang. Diese Anekdote kennzeichnet jedenfalls die ungewöhnliche Popularität, die der Dichter seit seinem erbitterten Duell mit Louis Bonaparte gewonnen hatte, nicht nur als Poet, sondern auch als politischer Streiter und Wortführer des sozialen Fortschritts. Denn trotz seiner angestrengten Arbeit an den drei großen Romanen hatte er sich immer die Zeit genommen, auf seine Weise zu entscheidenden Weltereignissen Stellung zu nehmen. Victor Hugo war zu einer internationalen Autorität geworden.

So erhielt er im Mai des Jahres 1856, während er sich gerade in seinem dritten Verbannungsort Guernsey einzurichten begann, von Giuseppe Mazzini drei Zeilen: «Ich bitte Sie um ein Wort für Italien. Es neigt sich in diesem Augenblick den Königen zu. Warnen Sie es und richten Sie es auf.»

Hugo reagierte sofort auf diesen Hilferuf, denn mit Italien verband ihn außer seinen Kindheitserinnerungen die Bewunderung für die Gelehrten, Dichter und Maler der Renaissance, vor allem für Giordano Bruno, Galilei, Dante, Leonardo da Vinci, Michelangelo. Anfang Juni veröffentlichte er in belgischen und englischen Zeitungen seinen Aufruf «An Italien», in dem er das italienische Volk davor warnte, den Reformversprechungen der Fürsten zu glauben. Er verwies darauf, was Frankreich und Italien, die beiden lateinischen Zwillingsschwestern, seit alters her verband, und erklärte: «Das erste der beiden Völker, das sich erhebt, wird das andere bewegen, sich auch zu erheben. Besser gesagt: Wir sind das gleiche Volk, gehören einer Menschheit an. Ihr, die Römische Republik, und wir, die Französische Republik, sind von demselben Lebensatem durchdrungen; wir Franzosen können auf das strahlende Licht Italiens ebensowenig verzichten, wie Ihr, Italiener, Euch dem strahlenden Licht Frankreichs entziehen könnt. Es besteht zwischen Euch und uns jene tiefe menschliche Solidarität, aus der während des Kampfes die Gemeinschaft und nach dem Sieg die Eintracht hervorgehen wird.»

Er beendete seinen Aufruf mit der Ermahnung, um jeden Preis den nationalen Befreiungskampf fortzusetzen, und verkündete die zuversichtliche Perspektive der künftigen Einheit Italiens: «Italiener, die Stunde naht, und ich sage zu Eurem Ruhm: sie kommt durch Euch. Die Stelle der europäischen Schwefelgrube, aus der zur Zeit der meiste Rauch aufwirbelt, ist Italien. Ja, das Reich der Ungeheuer und der Despoten hat nur noch wenige Augenblicke, es geht schnell zu Ende. Erinnert Euch, Ihr seid die Söhne jenes Landes, das für das Gute bestimmt und für das Böse verhängnisvoll ist, auf das zwei Riesen des menschlichen Denkens ihren Schatten werfen, Michelangelo und Dante, Michelangelo – das Jüngste Gericht, Dante – die Höllenstrafe.»

Im Dezember des Jahres 1859 verbreitete sich in Europa die Nachricht, daß John Brown, der Vorkämpfer der Negeremanzipation, hingerichtet werden sollte. Seit seinem im Jahre 1851 aufgenommenen Briefwechsel mit der amerikanischen Schriftstellerin Chapman, jener hochherzigen Frau, die unter den ersten war, die für die Abschaffung der Sklaverei eintraten, nahm Victor Hugo leidenschaftlich Anteil an der Negerfrage. In einem seiner Briefe an Mrs. Chapman hatte er damals den empörten Protestruf ausgestoßen: «Die Freiheit in Ketten, die Blasphemie auf dem Altar, der Leichnam des Negers an den Sockel von Washingtons Denkmal geschmiedet – das ist unerhört!»

Mit ebenso leidenschaftlicher Anteilnahme verfolgte er in den Zeitungen das Schicksal John Browns, des weißen Farmers und strenggläubigen Puritaners, der die Negersklaven in Virginia zum Befreiungskampf aufgerufen hatte, aber keinen Widerhall unter ihnen fand. Mit der ihm eigenen Vorstellungskraft vergegenwärtigte er sich die Phasen des aufopferungsvollen Unternehmens John Browns: wie er mit einer Handvoll mutiger Männer aufbrach, um die Neger zu befreien; wie er bei Harper's Ferry, einer Siedlung in Virginia, von Kugeln getroffen wurde; wie seine beiden jungen Söhne neben ihm fielen; wie er und vier seiner Mitkämpfer – Copland, Copp, Green und Stephen – gefangengenommen und abgeurteilt wurden. Mit Abscheu sah er diesen schändlichen Prozeß abrollen: John Brown wird auf einer Tragbahre in den Gerichtssaal getragen, mit noch schlecht vernarbten Wunden, mit einer Kugel im Arm, einer im Rücken, zwei in der Brust, zwei im Kopf, kaum fähig, der Verhandlung zu folgen, mit seinem Blut die Matratze tränkend; seine Mitangeklagten, alle verwundet, schleppen sich hinter ihm her, Stephen von zwei Säbelhieben verunstaltet. Die Justiz aber hat es eilig und sieht darüber hinweg. Der Attorney Hunter will kurzen Prozeß machen, der Richter Parker pflichtet ihm bei; die Debatten werden abgebrochen, alle Vertagungsgesuche abgelehnt, die Entlastungszeugen ausgeschlossen, falsche oder verstümmelte Dokumente vorgelegt, die Verteidiger mundtot gemacht. Zwei geladene Kanonen im Gerichtssaal, Befehl an die Wächter, die Gefangenen sofort zu erschießen, wenn man sie zu befreien suche; vierzig Minuten Beratung, drei Todesurteile.

Der Dichter betrachtete es als seine Menschenpflicht, Einspruch gegen diesen Justizmord zu erheben, und veröffentlichte mit Hilfe der liberalen Presse eine Protesterklärung, in der er die amerikanische Nation, die Washingtons Botschaft vergessen zu haben schien, anklagte. Und mit politischem Weitblick prophezeite er: «Unter politischem Gesichtspunkt wäre der Mord an John Brown ein schwerer, nicht wiedergutzumachender Fehler. Er könnte der Union eine latente Spaltung zufügen, die sie schließlich zerreißen würde ... Ja, Amerika soll wissen und bedenken, daß es etwas Schrecklicheres gibt als Kain, der einst Abel getötet hat – nämlich jenen, der heute Washington tötet!»

Ungeachtet dieses Protestes wurde John Brown nicht begnadigt, sondern endete am Galgen. Wenige Jahre später aber ging Victor Hugos Voraussage in Erfüllung: Die Südstaaten, hartnäckig an der Sklaverei festhaltend, sagten sich von der Union los – was zum Ausbruch des amerikanischen Bürgerkrieges führte.

Im Jahre 1860 erschien in Hauteville-House eine Deputation aus Jersey, wo man die Ausweisung Victor Hugos schon lange bedauerte, und ersuchte den Dichter, in Saint-Helier eine Rede auf Giuseppe Garibaldi zu halten, der mit seinen tausend Freischärlern in Sizilien gelandet war, um die Insel von der bourbonischen Fremdherrschaft zu befreien. Dies sollte zur Förderung der öffentlichen Sammlung dienen, die man in Jersey veranstalten wollte, um das glorreiche Unternehmen zu unterstützen. Der Dichter willigte sofort ein, ungeachtet des Unrechts, das man ihm angetan hatte, als man ihn vor fünf Jahren aus Jersey vertrieb.

Nachts, während er in seinem vom Seewind umbrausten Schlafzimmer wach lag, vergegenwärtigte er sich die furchtbaren Qualen, welche das Königreich beider Sizilien unter dem Bourbonen Franz II. auszustehen hatte. In jenem Lande, das im Altertum ein Ausgangspunkt der Kultur gewesen war, herrschte eine Inquisition ohnegleichen: Zwei Sbirren, Ajossa und Maniscalco, übten unter dem König die Polizeigewalt aus; Ajossa prügelte Neapel, Maniscalco prügelte Sizilien. Ein Sbirre namens Bruno fesselte den Angeklagten den Kopf zwischen den Beinen, bis sie gestanden. Ein anderer, Pontillo, setzte sie auf den Rost und zündete darunter das Feuer an; sie nannten das den «glühenden Stuhl». Ein dritter, Luigi Maniscalco, ein Bruder des Chefs, hatte sich ein besonderes Folterinstrument ausgedacht, bei dem ein Arm oder ein Bein des Angeklagten durch Anziehen einer Schraube zermalmt wurde; das nannte sich wie zum Hohn «Engelsmaschine». Es gab Daumenschrauben, welche die Finger zerbrachen, und die Kopfschraube, einen eisernen Reifen, der mittels der Schraube angezogen wurde und die Augen des unglücklichen Opfers aus den Höhlen treten ließ.

Zuweilen entkam einer den Schergen. Casimiro Arsimano, ein italienischer Patriot, war entflohen; seine Frau, seine Söhne, seine Töchter wurden festgenommen und an seiner

Stelle auf den glühenden Rost gesetzt. In Monreale waren ein Greis und seine Tochter des Patriotismus verdächtig; der Greis verblutete unter der Peitsche, seine Tochter – eine Schwangere – ebenfalls ... Und da hatten Rezensenten des Romans *Notre-Dame von Paris* behauptet, die Auspeitschung des Glöckners am Pranger und die Folterung der Zigeunerin seien unwahrscheinlich! Die modernen Foltermethoden übertrafen die mittelalterlichen bei weitem an Unmenschlichkeit.

So verdichtete sich im Gehirn Victor Hugos das Konzept der Rede, die er in Jersey halten wollte.

Am 18. Juni 1860 traf er in Saint-Helier ein, wo alle Häuser ihm zu Ehren festlich geschmückt waren, und sprach auf dem Marktplatz zu einer riesigen Volksmenge. Nachdem er ihre Empörung durch seinen erschütternden Bericht über das unvorstellbare Martyrium der Bevölkerung des Königreiches beider Sizilien entflammt hatte, kam er auf Garibaldi zu sprechen: «Man muß dieses Volk befreien; ich möchte sagen, man muß auch diesen König befreien. Diese Aufgabe hat Garibaldi übernommen. Wer ist dieser Garibaldi? Er ist ein Mann, nichts weiter, aber ein Mann in der erhabensten Bedeutung dieses Wortes, ein Mann, dessen Leben der Freiheit und der Menschheit gewidmet ist.»

Begeistert weckte der Dichter dann die Vorstellung von einem freien Italien: «Stellen Sie sich vor: diese Vision wird morgen Wirklichkeit sein! Es ist vollbracht. Verflogen ist alles, was Lüge, Trug, Asche und Nacht war. Italien existiert, Italien ist Italien. Wo ein geographischer Begriff war, da ist nun eine Nation; wo ein Leichnam war, da ist eine lebendige Seele ...»

Schließlich wandte er sich mit einem flammenden Aufruf an alle Unterdrückten in der Welt: «Möge der Muschik, der Fellache, der Proletarier, der Paria, der verkaufte Neger, der unterjochte Weiße, mögen sie alle hoffen! Die Ketten bilden ein eisernes Netz; es umschlingt alle; doch zerbricht ein Glied, so löst sich das ganze Netz auf. Daher der Zusammenschluß des Despotismus: ja, der Papst ist mehr Bruder des

Sultans, als er glaubt. Aber ich wiederhole: Es geht zu Ende! ... O Despoten, ich biete euch die Stirn, versucht es doch, haltet den fallenden Stein, den reißenden Strom, die Lawine auf, haltet Italien, das Jahr 89, ja die ganze Welt auf, die von Gott ins Lichtmeer geworfen wird!»

Die Bevölkerung von Jersey jubelte dem Redner minutenlang zu, und reichlich flossen die Spenden für den heroischen Befreiungsfeldzug Garibaldis.

Wahrhaftig, Hauteville-House war im Laufe von acht Jahren zum Zentrum der bürgerlichen Demokratie geworden, die in Victor Hugo einen ihrer größten Wortführer erblickte.

Im Jahre 1863, als Polen sich gegen die zaristische Fremdherrschaft erhob und die Heere des Kaisers auszogen, um den Aufstand in Strömen von Blut zu ersticken, schrieb Alexander Herzen, der revolutionäre russische Demokrat, an ihn: «Zu Hilfe, großer Bruder! Rede der Zivilisation das Wort!»

Daraufhin übersandte der Dichter, ein unverbrüchlicher Freund Polens, Herzen seinen Aufruf *An die russische Armee* zur Veröffentlichung in der «Polarnaja Swesda»: «Russische Soldaten, werdet wieder Menschen! Dieser Ehrentitel wird Euch in diesem Augenblick geboten; erweist Euch dessen würdig! Hört, solange es noch Zeit dazu ist: ... Wenn Ihr in dieser heiligen Stunde, da das ehrwürdige Polen sich erhebt, in dieser erhabenen Stunde, da Ihr die Wahl habt zwischen Petersburg, wo die Tyrannei herrscht, und Warschau, wo die Freiheit winkt, wenn Ihr in diesem entscheidenden Kampf Eure Pflicht, Eure einzige Pflicht – die Brüderlichkeit – nicht erkennt, wenn Ihr gegen die Polen mit dem Zaren, ihrem und Eurem Henker, gemeinsame Sache macht, wenn Ihr als Unterdrückte aus dieser Lage keine andere Lehre gezogen habt, als Euch in den Dienst des Despotismus, dieses plumpen Kolosses, zu stellen, der alle zermalmt, Russen wie Polen, dann macht die Gewalt Euch blind und stumpf ... Die Verbrechen der Gewalt sind und bleiben Verbrechen; das öffentliche Entsetzen ist dafür die

Strafe. Russische Soldaten, nehmt Euch ein Beispiel an den Polen und kämpft nicht gegen sie! Was Euch in Polen gegenübersteht, ist nicht der Feind, sondern Euer Vorbild.»

So eindringlich und überzeugend dieser Appell des Dichters an die russische Armee auch war, so mußte er doch ungehört verhallen, weil der Zarismus sehr wohl zu verhindern wußte, daß die russischen Soldaten etwas davon erfuhren. Es bleibt ungewiß, wie weit Hugo sich über das Utopische seines Beginnens im klaren war, das an der einfachen Tatsache scheitern mußte, daß kaum einer der einfachen russischen Soldaten lesen konnte. Und so brach auch der dritte polnische Aufstand unter den brutalen Schlägen der zaristischen Gewaltherrschaft zusammen.

Natürlich wandte sich Victor Hugo mit dem ganzen Gewicht seines Wortes gegen den Krieg, den Napoleon III., machtverblendet, im Jahre 1862 gegen Mexiko entfesselt hatte. Während der Belagerung von Puebla veröffentlichte die führende Tageszeitung der Stadt täglich eine Seite aus *Napoleon der Kleine*, um auf authentische Weise den Lesern klarzumachen, was für ein Abenteurer und Gernegroß der Kaiser der Franzosen war. Dort erschien auch folgende Erklärung an die Belagerer: «Wer seid Ihr? Die Söldner eines Tyrannen. Mit uns ist dagegen das große Frankreich. Ihr habt Napoleon, wir haben Victor Hugo.»

Solche Geltung hatte sein Name, solche Bedeutung sein Wort für die freiheitliebenden Nationen. Er trat sogleich an die Seite der feige überfallenen Republik Mexiko und übersandte jener Zeitung eine Solidaritätserklärung zur Veröffentlichung, in der er betonte, daß das Kaiserreich diesen Krieg führe, nicht aber Frankreich, und der Hoffnung Ausdruck gab, daß die Mexikanische Republik den Kampf siegreich beenden werde.

Immer wieder überbrachten Seeleute verschiedenster Nationalität, geschickt die britische und französische Postkontrolle umgehend, dem Dichter Schreiben aus aller Welt. So war er in Hauteville-House eigentlich nie ein Einsamer, sondern ein Mensch, der sich mit allen aktuellen Ereignissen befaßte, und ein unentwegter Kämpfer, der seine Aufrufe in alle jene Länder sandte, wo für die Zukunft der Menschheit gekämpft wurde.

Im Februar des Jahres 1867 erhielt er aus Kreta ein öffentliches Schreiben, in dem Zimbrakakis, der Führer der aufständischen Inselbewohner, ihm versicherte, daß ganz Kreta ihn verehre: «Dichter, unsere schöne Sprache sagt, du seist der Schöpfer der Völker, wie es die Gesänge des Altertums waren. Mit deinen herrlichen Liedern der *Orientalen* hast du bereits viel dazu beigetragen, das moderne hellenische Volk zu schaffen. Vollende dein Werk!»

Victor Hugo wußte, Kreta empörte sich, weil das schönste Land der Welt von den Türken zum unglücklichsten Lande der Welt gemacht worden war; weil es Produkte und keinen Handel hatte, Städte und keine Straßen, Dörfer und keine Pfade, Häfen und keine Molen, Flüsse und keine Brücken, Kinder und keine Schulen, Richter und keine Gesetze, Sonne und kein Licht. Es wollte griechisch und nicht türkisch sein. In seiner Antwort rief er das Volk Kretas auf: «... Zimbrakakis ist der Held Eures Aufstandes, dessen Verräter Zirisdani ist. In gewissen mutigen Stunden verkörpern sich die Völker in jenen Kriegern, die zugleich Denker sind. So war Washington, so war Botzaris, so ist Garibaldi. Wie John Brown sich für die Schwarzen erhoben hat und Garibaldi für Italien, so erhebt sich Zimbrakakis für Kreta. Wenn er durchhält, und er wird durchhalten, so wird er, ob er unterliegt oder siegt, groß sein. Will man wissen, wie die Dinge in Kreta liegen? Der Aufstand ist nicht tot. Man hat ihn in der Ebene unterdrückt, aber Zimbrakakis hat das Gebirge behalten. Er lebt, er appelliert, er ruft nach Hilfe.»

Und nach einer erschütternden Schilderung der Türkengreuel in Kreta hielt der Dichter Gericht über die reaktionären europäischen Großmächte: «Was tun die sogenannten zivilisierten Regierungen? Worauf warten sie? Sie flüstern: Geduld, wir verhandeln. – Ihr verhandelt? Unterdessen reißt man die Öl- und Kastanienbäume aus, zerstört die Ölmühlen, äschert die Dörfer ein, verbrennt die Ernten, schickt ganze Dorfgemeinschaften in die Berge, wo sie verhungern und erfrieren, enthauptet die Familienväter, henkt die Greise, und ein türkischer Soldat, der ein kleines Kind am Boden liegen sieht, hält ihm eine brennende Kerze unter die Nase, um sich zu vergewissern, daß es tot ist. Und Ihr sagt – Geduld!»

Im Sommer des Jahres 1867 wandte sich die Aufmerksamkeit Victor Hugos wieder Mexiko zu, wo die Sache der Freiheit unter der Führung von Benito Juarez gesiegt hatte. Anschaulich schilderte er im Kreis seiner Familie den heroischen Widerstandskampf der mexikanischen Republikaner gegen Napoleon III. und Maximilian, den österreichischen Erzherzog, den man auf den neugeschaffenen mexikanischen Kaiserthron gehoben hatte. «... Auf der einen Seite zwei Kaiserreiche, auf der anderen Juarez mit einer Handvoll Männer, vertrieben von einer Stadt zur anderen, von Marktflecken zu Marktflecken, von Wald zu Wald, bedroht von der Erschießung auf Befehl des Kriegsgerichts, immerfort gehetzt, in Höhlen versteckt wie ein Tier, der Wüste ausgeliefert, vogelfrei! Als Generale einige Verzweifelte, als Soldaten Zerlumpte; kein Geld, kein Brot, keine Munition, keine Geschütze, nur das Dickicht als Festung! Hier die Usurpation, genannt Legitimität, dort das Recht, genannt Bandit ... Juarez nahm den Kampf für das Recht auf. Die Schlacht des einen gegen alle dauerte fünf Jahre. Da es an Männern fehlte, brauchte er andere Geschosse. Ihm half das furchtbare Klima Mexikos, er hatte zur Verbündeten die Sonne Mexikos, ihn verteidigten die unüberwindlichen Seen, die reißenden Ströme voller Alligatoren, die Sümpfe voll Fieber, das faulende Unterholz, die heißen Quellen und riesigen Salzwüsten, in denen die Pferde verdursten, die rauhe weite Hochebene von Anahuac, die durch ihre Öde geschützt ist wie Kastilien, die Ebenen mit den Kratern, die immer wieder vom Beben der Vulkane erschüttert werden, vom Nevado de Colima bis zum Nevado de Toluca, die zerklüfteten Kordilleren, die hohen Basaltwälle, die mächtigen Porphyrfelsen. Eines Tages, nach fünf

Jahren voll Rauch, Staub und Blindheit, zerstreute sich die Wolke, und man sah die beiden Kaiserreiche am Boden liegen; keine Monarchie mehr, keine Armee mehr, nichts als der Zusammenbruch der Usurpation, und auf diesem Trümmerhaufen stand ein Mann, Juarez, und neben ihm die Freiheit.»

So verkörperte sich die unüberwindliche Kraft des mexikanischen Volkes für den Dichter in der Persönlichkeit des großen Benito Juarez. Aber diesem strahlenden Sieg, der von der moralischen Überlegenheit eines freiheitsliebenden Volkes gegenüber seinen Tyrannen und Henkern zeugte, folgten Schritte, mit denen Victor Hugo nicht einverstanden war: die drohende Erschießung des gefangengenommenen Maximilian in Queretaro. In einem Schreiben an den Präsidenten der Republik Mexiko riet er diesem, jetzt die Erhabenheit der Demokratie zu zeigen, dem Kaiserreich, das tötet, die Republik, die leben läßt, gegenüberzustellen und Gnade vor Recht ergehen zu lassen: «Juarez, lassen Sie die Zivilisation diesen Riesenschritt machen, schaffen Sie die Todesstrafe in der ganzen Welt ab!»

Aber die Ermahnung kam zu spät. Als Juarez jene Depesche übermittelt wurde, in der Victor Hugo ihn um die Begnadigung des abgesetzten Kaisers von Mexiko ersuchte, war Maximilian bereits als Hochverräter erschossen worden.

Im November des Jahres 1867 erreichte Hugo eines Tages eine Unglücksbotschaft aus Italien. Die Armee Garibaldis, die fast ganz Italien befreit hatte, war in der Schlacht von Mentana von den französischen Truppen und den Schweizer Söldnern des Papstes vernichtend geschlagen worden. Welche Katastrophe! Schon vor fünf Jahren war Garibaldi auf seinem Befreiungsfeldzug im Waldgebirge von Aspromonte verwundet, gefangengenommen und nach seiner Amnestierung auf die Insel Caprera verbannt worden, und jetzt war also auch sein zweiter Versuch zur Befreiung Roms gescheitert.

Giuseppe Garibaldi

Nach Tisch unternahm der Dichter in seinem Schmerz allein eine Wanderung durch die nebelverschleierte Herbstlandschaft von Guernsey. Wer war dieser Pius IX., der Mann im Vatikan, der sich Heiliger Vater und Gottes Stellvertreter auf Erden nannte, dessen sanftes Lächeln aber nicht verbergen konnte, daß er seinen Segen zu diesem Blutbad gegeben hatte, und der Kaiser der Franzosen, der mit dem Befehl, die italienischen Freiheitshelden niederzukartätschen, die Kette seiner politischen Verbrechen fortgesetzt hatte. So entstand in dem tiefbewegten Gemüt des Dichters das großartige Gedicht *Mentana* mit einer eindringlichen Ermahnung an das italienische Volk:

Wie, du schläfst und vergißt deinen Plan,
deinen heiligen Schwur?
Vor Freiheit und Ehre, dem Recht
jeder menschlichen Kreatur,
schließt du die Augen und ziehst
einen Schleier vor dein Gesicht,
als sei's hier nicht dunkel genug?
Du verleugnest der Sterne Licht?
Erhebe dich, tu deine Pflicht!

Der Zusammenbruch der italienischen Befreiungsbewegung kurz vor dem Ziel hatte Victor Hugos Glauben an den unaufhaltsamen Fortschritt der Völker tief erschüttert. Da machte ihm im September des Jahres 1869, während eines Aufenthaltes in Brüssel, eine erfreuliche Nachricht wieder neuen Mut. Das Komitee des Friedenskongresses übertrug ihm in Lausanne den Ehrenvorsitz.

Er eröffnete ihn am 14. September mit einer Ansprache, in der er seiner Sehnsucht nach Frieden Ausdruck gab, aber nicht nach einem Frieden um jeden Preis: «Wie soll dieser Friede sein? Wollen wir ihn bedingungslos? Nein! Wir wollen keinen Frieden mit gebeugtem Haupt, wir wollen keinen Frieden unter dem Despotismus, wir wollen keinen Frieden unter dem Stock, wir wollen keinen Frieden unter dem Zepter! Für diese Befreiung wird eine Revolution notwendig sein, die vielleicht die letzte sein wird, und leider vielleicht auch ein Krieg. Dann ist alles vollbracht. Da der Friede dann unverletzlich ist, wird er ewig sein. Keine Armeen mehr, keine Könige mehr, Auslöschung der Vergangenheit: das ist es, was wir wollen. Wir wollen, daß das Volk lebt, pflügt, kauft, verkauft, arbeitet, redet, liebt, frei denkt, daß es Schulen gibt, die Staatsbürger heranbilden, und daß es keine Fürsten mehr gibt, die Maschinengewehre herstellen lassen. Wir wollen die große kontinentale Republik, wir wollen die Vereinigten Staaten von Europa, und ich sage zum Schluß: die Freiheit ist das Ziel, der Friede ist das Resultat.»

Nach der viertägigen Tagung, die zur vollen Übereinstimmung in allen auf der Tagesordnung stehenden Punkten geführt hatte, sprach Victor Hugo das Schlußwort, in dem er sich zum erstenmal öffentlich zu den Zielen der damaligen Sozialisten bekannte, was zunächst Erstaunen hervorrief, dann aber mit Beifallsstürmen begrüßt wurde:

«Der Sozialismus ist weit und nicht eng. Er befaßt sich mit dem ganzen menschlichen Problem, er umfaßt die ganze soziale Konzeption. Er stellt gleichzeitig die wichtige Frage nach der Arbeit und dem Arbeitslohn, verkündet die Unverletzlichkeit des Menschenlebens, die Aufhebung des Mordes in all seinen Formen, die Ablösung der Strafe durch die Erziehung – eine großartige Lösung des Problems. Er verkündet den obligatorischen und unentgeltlichen Unterricht; er verkündet das Recht der Frau, die dem Mann gleichgestellt wird; er verkündet das Recht des Kindes, diese höchste Verantwortung des Menschen; er verkündet die Souveränität des Individuums, die mit der Freiheit identisch ist. Was ist all das? Das ist Sozialismus. Ja, aber das ist auch die Republik. Bürger, der Sozialismus gewährleistet das Leben, die Republik gewährleistet das Recht. Der eine erhebt das Individuum zur Würde des Menschen, die andere erhebt den Menschen zur Würde des Staatsbürgers. Gibt es eine tiefere Übereinstimmung? Wir sind uns einig, wir wollen keinen Kaiser, und deshalb verteidige ich den verleumdeten Sozialismus.»

Dieses Bekenntnis zum Sozialismus darf natürlich nicht darüber hinwegtäuschen, daß Victor Hugo den utopischen kleinbürgerlichen Sozialismus von Fourier und Proudhon meinte und soziale Veränderungen auf dem Wege von Reformen anstrebte. Die Revolution, die er auf dem Friedenskongreß in Lausanne forderte, zur Verteidigung des Rechtes auf Freiheit und Souveränität des Individuums, ist für ihn eine Revolution des Geistes, nicht aber eine grundlegende politische und ökonomische Umwälzung. Immerhin, wer hätte vor vierzig Jahren diese erstaunliche politische Entwicklung Victor Hugos, der damals noch Royalist war, vorausgesehen? Aber seine jetzige Haltung war das logische Ergebnis seines allumfassenden Humanismus.

Vorerst sah es allerdings nicht so aus, als ob sein Traum von der Gleichheit aller Staatsbürger und vom Weltfrieden bald in Erfüllung gehen würde. Das neunzehnte Jahrhundert war ein unruhiges Jahrhundert, gekennzeichnet durch eine gewaltige industrielle Revolution, soziale Erschütterungen und eine Kette von Kriegen.

Zu Beginn des Jahres 1870 drang wieder ein verzweifelter Hilfeschrei über den Atlantischen Ozean nach Hauteville-House, diesmal aus Kuba, wo ein Aufstand gegen die spanische Kolonialherrschaft ausgebrochen war. Es lag in der psychischen Sensibilität des Dichters begründet, daß er die Leiden und Kämpfe fremder Völker so intensiv miterlebte, als weile er unter ihnen. In seiner lebhaften Phantasie sah er die furchtbare Lage der Aufständischen in Kuba vor sich. Er wußte von der ungeheuerlichen Existenz des spanischen Henkers Concha, wußte, daß in vielen Distrikten die männliche Bevölkerung ausgerottet wurde, während die Frauen und Kinder ins Gebirge flohen. Das Blut floß von Puerto-Principe bis Santiago, auch in den Kupferbergen, und es färbte alle Flüsse. Der Dichter war zutiefst erschüttert von dem namenlosen Elend des kubanischen Volkes und antwortete den dreihundert Kubanerinnen, die ihn ersucht hatten, schlichtend in den schrecklichen Kampf einzugreifen: «Frauen Kubas, ich höre Eure Klage. Ihr Verzweifelten wendet Euch an mich, Ihr Flüchtlinge, Märtyrerinnen, Witwen, Waisen bittet einen Besiegten um Hilfe; die kein Heim mehr haben, rufen den an, der kein Vaterland mehr hat. Sicher sind wir niedergeschlagen: Ihr habt nur noch Eure Stimme, ich hab nur noch meine; Eure Stimme klagt, meine warnt ... Ich werde für Kuba sprechen, wie ich für Kreta gesprochen habe. Keine Nation hat das Recht, ihre Pranke auf eine andere zu legen, Spanien ebensowenig auf Kuba wie England auf Gibraltar. Ein Volk besitzt ebensowenig ein anderes Volk, wie ein Mensch einen anderen Menschen besitzt. Bei einer Nation ist das Verbrechen noch abscheulicher als bei einem Individuum – das ist alles. ... Die Nationen bluten, aber sie sterben nicht. Kuba hat noch sein volles Leben, Polen noch seine ganze Seele ... Zweifelt nicht, Euer ausharrendes Vaterland wird für seine Qual belohnt werden, soviel Blut kann nicht umsonst geflossen sein, und das herrliche Kuba wird sich eines Tages zwischen seinen Schwestern, den Republiken Amerikas, frei und souverän erheben.»

Helfen konnte er freilich weder den Polen noch den Kretern oder Kubanern, weder den italienischen Insurgenten noch den amerikanischen Negersklaven, und in mancher bitteren Stunde der Selbstprüfung mögen ihm die Grenzen seines humanistischen Strebens bewußt geworden sein, und er mag gefragt haben, ob sich die Menschheit wirklich auf jenem unaufhaltsamen Marsch in die Freiheit und in das Zeitalter des Friedens befindet.

Und doch konnte Victor Hugo mit Stolz auf seine Kampagne für die Menschen- und Völkerrechte zurückblicken, die im Laufe von zwanzig Jahren zu manchem Erfolg führte. So schaffte die Republik Genf im Jahre 1862, das Königreich Portugal im Jahre 1867 die Todesstrafe ab und entsprach damit einem Hauptanliegen des Dichters. Herzlich dankte er seinerzeit dem portugiesischen Minister Pedro de Arunha, der ihm diese Freudenbotschaft übermittelt hatte.

Mit Genugtuung konnte er auch das Werk seiner beiden Söhne betrachten, die stets, seinem Vorbild getreu, für das Gute und Wahre kämpften. Sie wagten es, in Paris im Mai des Jahres 1869, zusammen mit Auguste Vacquerie und Paul Meurice, den «Rappel» zu gründen, eine demokratische Zeitung, die sich vor allem das Ziel gesetzt hatte, durch antinapoleonische Propaganda der Ordnungspartei des Kaisers in den bevorstehenden allgemeinen Wahlen eine Niederlage zu bereiten. Aber schon im Dezember 1869 holte Napoleon III., der sich von der anwachsenden republikanischen Bewegung bedroht fühlte, zum Schlag gegen den «Rappel» aus; er erwirkte durch seine Zensur das Verbot des demokratischen Blattes und ließ Charles Hugo, den Chefredaktur, vor Gericht zitieren.

«Mein Sohn», schrieb der Dichter nach der Verhandlung und Urteilsverkündung an ihn, «so wirst Du denn zum zweitenmal heimgesucht. Das erste Mal, vor neunzehn Jahren, kämpftest Du gegen das Schafott; man verurteilte Dich. Das zweite Mal, heute, fordertest Du den Soldaten zur Brüderlichkeit auf und bekämpftest den Krieg; man verurteilte Dich wieder. Ich beneide Dich um diese doppelte Ehre ... Alles ist gut. Sei zufrieden. Du begehst wie ich das Verbrechen, einer Gesellschaft, die tötet, jene vorzuziehen, die aufklärt und belehrt, und Du ziehst den Völkern, die sich gegenseitig umbringen, jene vor, die sich gegenseitig helfen; ... Das alles ist wohl vier Monate Gefängnis und eine Geldstrafe von tausend Francs wert.»

Da überstürzten sich im Juli des Jahres 1870 die Meldungen über die Verschärfung des Konfliktes zwischen Napoleon III. und dem König von Preußen; sie ließen keinen Zweifel darüber, daß der Ausbruch eines neuen Krieges von ungeheuren Ausmaßen wohl kaum noch zu verhindern war. Unter dem Druck seiner Gemahlin, der Spanierin, nahm der

Kaiser in der Frage der Neubesetzung des spanischen Throns eine so starre Haltung ein, daß es für den preußischen Ministerpräsidenten, den Grafen von Bismarck, ein leichtes war, durch die Emser Depesche – die eine tendenziöse Darstellung des diplomatischen Vorfalls gab – den Kaiser zu einer Kriegserklärung zu provozieren.

Die Nachricht vom Ausbruch des deutsch-französischen Krieges traf am 17. Juli 1870 in Guernsey ein. An diesem Tag schrieb der Dichter in sein Tagebuch: «Vor drei Tagen, am 14. Juli, während ich im Garten von Hauteville-House die Eiche der Vereinigten Staaten von Europa pflanzte, brach in Europa Krieg aus und platzte in Rom die Unfehlbarkeit des Papstes. In hundert Jahren wird es keine Kriege und keinen Papst mehr geben, und die Eiche wird groß sein.»

Es war bezeichnend für den historischen Optimismus Victor Hugos, daß er an die Kunde vom Kriegsausbruch nicht die naheliegende Vorstellung vom Niedergang der Menschheit knüpfte, sondern die Hoffnung, dies könnte vielleicht der letzte Krieg sein.

Anfang August erreichten den Dichter katastrophale Nachrichten vom Kriegsschauplatz. So machte er am 7. August in sein Tagebuch die Eintragung: «Die Nachricht von einer schweren Niederlage der französischen Armee bei Weißenburg trifft ein.» Und vier Tage später: «Der Krieg wird zur Katastrophe. Niederschmetternde Meldungen: drei große Schlachten zugleich verloren, darunter eine von Mac-Mahon; 8000 Franzosen gefangen, 30 Geschütze, 6 Mitrailleusen, 2 Fahnen erbeutet. Paris im Belagerungszustand. Ich werde alle meine Manuskripte in drei Koffer packen und mich bereit machen, um für meine Pflicht und für die Ereignisse gewappnet zu sein.»

Eine andere Entscheidung war von dem Republikaner Victor Hugo nicht zu erwarten. Ohne einen Augenblick zu zögern, stellte er sich in der Stunde der Gefahr dem Vaterland zur Verfügung. Erhebend aber war zugleich die Aussicht, endlich – nach neunzehn Jahren – der Verbannung zu entrinnen und in die Heimat zurückkehren zu dürfen.

14

Heimkehr

Am 15. August des Jahres 1870 schiffte sich Victor Hugo mit seinem Sohn Charles auf dem Passagierboot Britanny zur Rückkehr nach Frankreich ein. Gegen Abend landete er in Dover, stürmisch von der Bevölkerung begrüßt, er erkannte in dem jungen Zollbeamten, der das Gepäck der Schiffspassagiere visitierte, einen jungen Mann, der ihm vor einem Jahr seine Gedichte gewidmet hatte, und lud ihn zum Abendessen ins Hotel ein. Diese Herzlichkeit, die er auch an Tagen voll ernster Sorgen zeigte, machte seine Persönlichkeit so gewinnend.

Drei Tage später, nach einer herrlichen Überfahrt auf dem großen, erst kurz zuvor in Dienst gestellten Ozeandampfer Marie-Henriette von Dover nach Ostende, wo er sofort Anschluß an den Expreß nach Brüssel hatte, traf er in der belgischen Hauptstadt ein. Am folgenden Morgen ging er mit seinem Sohn zur französischen Gesandtschaft, traf aber den Gesandten nicht an. Dessen Attaché, Monsieur Boulaye, empfing ihn. Victor Hugo erklärte ihm, er erkenne das französische Kaiserreich nicht an und nehme nur gezwungenermaßen die Formalität des Passes und Sichtvermerkes auf sich. Der Attaché ging auf diese Bemerkung nicht ein und begrüßte ihn zunächst sehr höflich als den größten französischen Dichter des Jahrhunderts. Ungerührt wiederholte Hugo daraufhin dem Diplomaten gegenüber seinen Einwand gegen den Stempel des Kaiserreiches und bat, ihm und seinem Sohn die Pässe ohne einen solchen auszuhändigen. «Ich will in Frankreich nichts weiter sein als ein Vertreter der Nationalgarde», bemerkte er hierzu, und sein Sohn bestätigte das. Der Attaché antwortete ihm, daß er erst mit dem Gesandten sprechen müsse, und ersuchte ihn, sich bis zum Abend zu gedulden.

Seine Freunde in Brüssel beschworen ihn, nicht nach Paris zu gehen, sondern sein Leben für die Kunst zu bewahren. Er aber erwiderte ihnen kurz: «Nicht doch! Paris verteidigen heißt die Welt verteidigen. Ich will allerdings nur in einem einzigen Fall und für ein heroisches Werk nach Paris gehen. Ruft Paris die Revolution zu Hilfe, so komme ich.»

Diese Tage in der belgischen Hauptstadt waren aufregend für den Dichter. Noch war die Aussicht auf seine Heimkehr ungewiß, denn sie hing vom Schicksal des Kaiserreiches ab. So schrieb er am 26. August an Paul Meurice, der ihn in Paris erwartete: «So klar die Lage zunächst schien, so unklar ist sie jetzt. Keine Nachrichten von auswärts; die beiden Marschälle, Mac-Mahon und Bazaine, die vielleicht eifersüchtig aufeinander sind, suchen sich, ohne sich zu finden, und Mac-Mahon scheint dem Kaiser wieder in den Sattel helfen zu wollen. Die Preußen rücken vorsichtig vor aus Angst vor einer Mausefalle, in die man sie locken könnte; kurz: keine Entscheidung. Im Innern schlechte Anzeichen: Die Kaiserin erscheint wieder auf dem Schauplatz, die Rechte hebt wieder das Haupt, die bonapartistischen Minister Baroche, Rouher und Persigny tauchen wieder aus der Versenkung auf; Trochu (der Militärgouverneur von Paris) wird von den bonapartistischen Blättern verspottet und gedemütigt. Republikanische Zeitungen erscheinen nicht. Man spricht sogar von einem wahrscheinlichen Staatsstreich. Es steht fest, daß erst eine Entscheidungsschlacht, ein Sieg oder eine Niederlage, ein Jena oder ein Roßbach, Licht in alles bringen wird. Frankreich hat Anspruch auf den Sieg, das Kaiserreich Anspruch auf den Sturz. Im Falle eines Roßbach werde ich sofort nach Paris fahren, denn die Gefahr kann dann grenzenlos sein, und ich fühle mich zugleich als Europäer und als Pariser. Paris mit unserer Brust zu decken ist unser aller Aufgabe. Im Falle eines bonapartistischen Sieges und Staatsstreiches werde ich meine Familie in Hauteville-House wieder um mich versammeln; das heißt, ich biete Ihnen sowie Auguste Vacquerie Gastfreundschaft an.»

Da riefen am 2. September die Zeitungsverkäufer in den Straßen Brüssels ein Extrablatt aus: «Napoleon III. gefangengenommen!»

Mittags versammelten sich in Victor Hugos Wohnung am Place des Barricades die Verbannten, um zu beraten, was nach der Niederlage der französischen Armee bei Sedan und

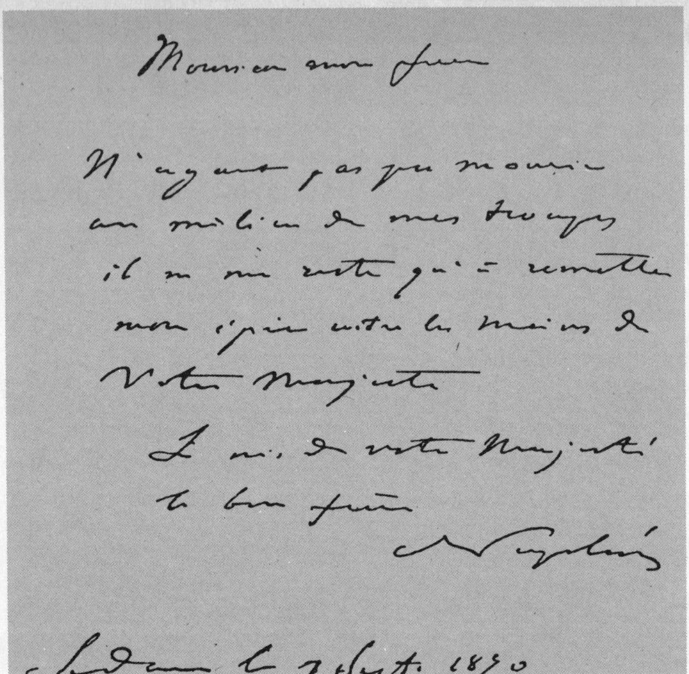
Monsieur mon frère

N'ayant pas pu mourir au milieu de mes troupes il ne me reste qu'à remettre mon épée entre les mains de Votre Majesté

Je suis de votre Majesté le bon frère

Napoléon

Sedan le 1 Sept. 1870

Kapitulationsangebot Napoleons III.

der Kapitulation von Louis Bonaparte, der seinen Degen dem König von Preußen übergeben mußte, geschehen sollte. Während der Beratung wurde dem Dichter eine Depesche seines Sohnes François aus Paris überbracht, der ihm mitteilte, daß eine provisorische Regierung unter Jules Favre, Léon Gambetta und Adolphe Thiers gebildet worden sei. Das war das Signal zur Heimkehr, denn mit der Ausrufung der Republik war Frankreich sich selbst zurückgegeben. Bedroht war nicht mehr seine Freiheit, sondern seine territoriale Unabhängigkeit. Die Rückkehr in das belagerte Paris war jetzt höchstes Gebot.

Am Mittag des 5. September sah man Victor Hugo tiefbewegt, mit bleichem Gesicht, auf dem Kopf einen Filzhut, an der Seite eine an einem Schulterriemen hängende Ledertasche, zum Bahnhof gehen. Unterwegs sprach ihn ein junger Mann an, der von Victor Hugo wissen wollte, ob es klug sei, jetzt nach Paris zu fahren. «Es ist sehr unklug», antwortete ihm der Dichter, «aber man muß hinfahren.» Verdutzt starrte der junge Mann, der diesen Rat nicht begriff, dem weitergehenden Dichter nach. Am Fahrkartenschalter verlangte Hugo mit heller, vor Erregung zitternder Stimme eine Fahrkarte nach Paris. Dann blickte er unwillkürlich auf die Uhr, als wollte er feststellen, wann seine Verbannung ihr Ende fände. Auf dem Bahnsteig nahmen seine Freunde Abschied von ihm, manche mit Tränen in den Augen, weil sie ihm nicht folgen konnten.

Auf der Fahrt wurde der Dichter von seinem Sohn und dem Schriftsteller Jules Claretie begleitet, der glücklich der Katastrophe von Sedan entronnen war. Schweigend blickte Hugo aus dem Fenster und erwartete gespannt den Augenblick, wo man die belgisch-französische Grenze erreichte. Es war in Landrecies. Der Zug hielt, die Menge auf dem Bahnsteig brachte dem Dichter eine Ovation dar, der Polizeikommissar erwies ihm eine Ehrenbezeigung, aber Hugo nahm das alles kaum zur Kenntnis, denn seine Aufmerksamkeit wurde von einem traurigen Schauspiel gefesselt. Neben dem Schienenstrang lagerten Soldaten, abgekämpft, schmutzverkrustet, staubbedeckt, Versprengte des Armeekorps von Vincy, die auf der Flucht vor den preußischen Ulanen waren. In ihren Gesichtern stand die Niederlage geschrieben; doch es waren Soldaten Frankreichs, sie trugen die geliebte Uniform, den blauen Umhang und die rote Hose, und hatten ihre Trikolore aus dem Zusammenbruch gerettet. Mit stumpfem Gesichtsausdruck, völlig erschöpft von den Strapazen des Rückzugs, blickten ihn die Soldaten an, als er versuchte, ihnen Mut zuzusprechen. Als der Zug sich wieder in Bewegung setzte, war ihm, als seien all seine Hoffnungen auf die unbesiegbare französische Armee zerronnen – ein tiefer Kummer für den Sohn des Revolutionsgenerals.

In Tergnier, wo der Zug wieder hielt, verließ Victor Hugo

sein Abteil, um einen kleinen Imbiß einzunehmen. Als der Polizeikommissar ihn erkannte, salutierte er und sagte: «Sie brauchen keinen Paß.» In der Bahnhofswirtschaft verlangte er etwas zu essen und zu trinken. Das Angebot war dürftig: Weißbrot, ein Stück Käse, ein Glas Landwein; aber gleichviel, es war sein erstes Mahl in der Heimat. Er brach ein Stück von dem Weißbrot und steckte es ein – zur Erinnerung an diesen denkwürdigen Augenblick.

Auf der Weiterfahrt, während es draußen allmählich dunkel wurde, blieb der Dichter tief in Gedanken versunken. Am liebsten wäre er jetzt allein zu Fuß zurückgekehrt – wie ein Wanderer in seine gefährdete Heimatstadt. Auf dem Bahnsteig des Pariser Nordbahnhofs, wo er um neun Uhr abends eintraf, eilten ihm sein Sohn François, sein Neffe Vacquerie und Paul Meurice entgegen. Ihre freudige Begrüßung wurde jäh unterbrochen, als ein Stabsarzt auf sie zukam und leise sagte: «Messieurs, wir haben dort Verwundete.»

Dabei deutete er auf zwei Lazarettwagen, aus denen durch die Bohlen des Fußbodens Blut auf die Schienen tropfte. Überall Mahnzeichen für den Jammer des verlorenen Krieges ...

Vor dem Bahnhof wartete im Dunkeln eine unübersehbare Menschenmenge. Man erkannte ihn, man jubelte ihm zu, man hob ihn empor. Welche Freudenkundgebung! Das Volk stimmte begeistert die Marseillaise an. Man trug Verse aus den *Züchtigungen* vor, um ihn als Sieger über Bonaparte zu ehren. Immer wieder mußte der Kutscher halten, denn die Menge schwoll von Minute zu Minute an und umtoste wie ein Meer seinen Wagen. Man wollte ihn herausholen und im Triumph zum Rathaus tragen. Aber er wehrte ab, er war nicht hergekommen, um die provisorische Regierung zu erschüttern, sondern um sie zu unterstützen. Auf dem Boulevard marschierte ein Bataillon vorbei. Die Soldaten machten halt und präsentierten vor ihm das Gewehr; ein Trommelwirbel ertönte, während sich die Trikolore zum Gruß vor ihm senkte. Und als der Wagen im

Gambetta proklamiert die Republik

Gewühl nicht weiterkam, konnte er nicht umhin, eine kurze Ansprache an die Pariser Bevölkerung zu halten: «Mir fehlen die Worte, um auszudrücken, wie tief mich der unvergleichliche Empfang bewegt, den mir das hochherzige Pariser Volk bereitet. Bürger, ich hatte gesagt: ‹An dem Tag, da die Republik zurückkehrt, kehre auch ich zurück.› Hier bin ich!»

Drei Stunden dauerte der Triumphzug vom Nordbahnhof bis zur Wohnung von Paul Meurice, die sonst in einer Viertelstunde zu erreichen war. Am Ziel angelangt, rief der Dichter aus: «Bürger, ihr entschädigt mich in dieser Stunde für neunzehn Jahre der Verbannung!»

Am anderen Morgen wurde er durch ein Unwetter, Blitze und Donnerschläge, geweckt. Bald darauf kamen die ersten Besucher, unter ihnen der Republikaner Rey, der ihn fragte, ob er gewillt sei, mit Ledru-Rollin und Schoelcher, seinen beiden Freunden, eine Art Triumvirat zu bilden. Er lehnte es mit der Bemerkung ab, daß er sich wohl kaum verschmelzen lasse.

Dann erschien der General Montfort und fragte ihn nach

seinen Befehlen, als sei er der Kommandant der Pariser Garnison. Andere baten um Audienzen und Posten. Er aber zuckte die Schultern; er wollte nichts anderes sein als ein zum Kampf entschlossener Patriot im belagerten Paris. Während die Würdenträger und Anhänger des gestürzten Kaiserreiches in Scharen über die belgische oder spanische Grenze flohen, um sich vor den Kartätschen und Kanonenkugeln der Preußen in Sicherheit zu bringen, war er, ehe sich der Belagerungsring um Paris schloß, mit dem letzten Zug aus Brüssel in die Hauptstadt zurückgekehrt, um mit ihr zu siegen oder unterzugehen.

15

Im belagerten Paris

Sinnlos erschien Victor Hugo nach dem Untergang Napoleons III. die Fortsetzung des Krieges von deutscher Seite. In völliger Verkennung der wirklichen Absichten des unter preußischer Führung stehenden Norddeutschen Bundes und der mit ihm verbündeten süddeutschen Staaten verfaßte Hugo einen Aufruf an das deutsche Volk, der am 9. September 1870 in deutscher und französischer Sprache in den Pariser Zeitungen erschien. In ihm distanzierte er sich vom Erbe des französischen Kaiserreiches. Er bekannte: «Wir sind die Französische Republik, wir haben die Losung Freiheit, Gleichheit, Brüderlichkeit; wir schreiben auf unsere Fahne ‹Die Vereinigten Staaten von Europa›. Denkt nach, bevor Ihr der Welt dieses Schauspiel gebt: Deutsche werden wieder zu Vandalen, die Barbarei enthauptet die Zivilisation. Wißt Ihr, was ein solcher Sieg für Euch bedeuten würde? Er wäre eine Schande. Deutsche, wenn Ihr weiterkämpft, so seid gewarnt: Ihr greift den Festungsgürtel von Paris an. Unter Euren Bomben und Mitraillen wird es sich verteidigen. Ich selbst, ein Greis, werde unbewaffnet sein, doch geziemt es mir, bei den Völkern zu sein, die sterben.»

Aber der «eiserne Kanzler» schenkte solchen humanistischen Illusionen kein Gehör, und die preußische Presse verhöhnte die Friedensbotschaft Victor Hugos. Ein Blatt verstieg sich sogar zu dem Ausruf: «Hängt den Dichter auf!» So blieb nur noch die Hoffnung auf ein Massenaufgebot, um die Invasion abzuwehren. Der Dichter verfaßte daher ein Manifest, in dem er mit glühenden Worten zu den Waffen rief:

«Alle Gemeinden sollen sich erheben, das ganze Land soll Feuer fangen, alle Wälder sollen von furchtbaren Stimmen widerhallen! Glocken, läutet Sturm! Aus jedem Haus trete ein Soldat, jede Vorstadt bilde ein Regiment, jede Stadt werde eine Armee! Die Preußen sind achthunderttausend, Ihr seid vierzig Millionen ... Ihr habt kein Pulver, keine Munition, keine Artillerie? Irrtum! Ihr habt alles! Auch die Schweizer Bauern hatten nur Dreschflegel, die polnischen

Bauern nur Sensen, die bretonischen Bauern nur Knüppel, und doch verschwand alles vor ihnen! Wir sind in unserem Land. Die Jahreszeit ist für uns, der Regen wird auf unserer Seite sein, der Nordwind auch ... Wälzt Felsen herbei, türmt Pflastersteine auf, verwandelt die Furchen in Gräben, kämpft mit allem, was Euch in die Hand gerät, nehmt die Steine unseres heiligen Landes, steinigt die Eindringlinge mit den Gebeinen unserer Mutter Frankreich! Bürger, in den Kieseln auf den Wegen, in allem, was Ihr ihnen ins Gesicht schleudert, ist unser Vaterland!»

So wurde der Dichter in der Stunde der höchsten Gefahr zum Mahner der Nation. Nach der Veröffentlichung seines Manifestes forderte man ihn auf, durch die Provinzen zu reisen, um es überall zu verbreiten; aber er hatte geschworen, das Schicksal von Paris zu teilen, und blieb in der belagerten Stadt. Mit dem Käppi auf dem Kopf, in eine dunkelblaue Pelerine gehüllt, wollte er sich jener Batterie anschließen, zu der auch seine beiden Söhne gehörten, und mit ihr zu den Außenbastionen marschieren.

Da erschien eine Abordnung des 144. Bataillons der Nationalgarde vor seiner Wohnung in der Avenue Frochot und beschwor ihn, seine Absicht nicht zu verwirklichen. «Jedermann kann sich schlagen», erklärte man, «aber nicht jeder kann die *Züchtigungen* schreiben. Bleiben Sie hier und erhalten Sie Frankreich ein so kostbares Leben.»

Er folgte seiner Berufung und bereitete die Korrektur und den Druck der ersten französischen Ausgabe seines Gedichtbandes vor, der nach dem Erscheinen eine nicht eben geringe Rolle bei der Verteidigung von Paris spielte. Die ersten fünftausend Exemplare waren in wenigen Tagen vergriffen und brachten dem Autor fünfhundert Francs ein, die er sogleich für den Guß von Kanonen bestimmte. Der Schriftstellerverband kam unterdessen auf den Gedanken, einen Vortragsabend zu veranstalten, bei dem hervorragende Künstler ausgewählte Stücke der *Züchtigungen* rezitieren sollten, und bat ihn, seinen Vorsitzenden, um die Erlaubnis, von den Einnahmen im Dienste der nationalen

Verteidigung ein Geschütz gießen zu lassen und es «Victor Hugo» zu taufen. Mit dem ersten Teil des Vorschlags war er einverstanden, nicht aber mit dem zweiten. «Man mag sich meines Werkes bedienen», sagte Hugo, «aber man soll dem Geschütz nicht meinen Namen geben, sondern den der heldenmütigen, sich noch immer gegen die deutsche Belagerung verteidigenden Stadt Châteaudun.»

Übrigens hätte es seiner Genehmigung für die Verwendung des Erlöses gar nicht bedurft, denn er hatte bereits vor einiger Zeit dem Innenminister Gambetta versichert: «Bedienen Sie sich meiner im öffentlichen Interesse, wie es Ihnen beliebt. Geben Sie mich wie Trinkwasser aus. Meine Bücher gehören Frankreich.»

Der Vortragsabend fand am 5. November im Theater an der Porte Saint-Martin statt. Der Saal war überfüllt. Der Erfolg war so groß, daß der Schriftstellerverband auf Wunsch der Bevölkerung einen zweiten Abend veranstaltete, der noch mehr einbrachte. Ein dritter fand in der Oper statt, aber der Dichter drang darauf, daß man diesmal kein Eintrittsgeld von der arbeitenden Bevölkerung verlangte. Dafür gingen in den Pausen Künstlerinnen mit erbeuteten preußischen Helmen durch den Saal und sammelten Spenden. Gegen Ende dieses großartigen und mitreißenden Abends flog ein Lorbeerkranz auf die Bühne mit der Aufschrift: «Für unseren Dichter, der den Armen den Frieden des Geistes schenken wollte.» Bei den ersten beiden Vortragsabenden wurde ein Erlös von mehr als 15000 Francs erzielt, der auf Beschluß des Komitees für den Guß weiterer Kanonen verwendet wurde.

Die Theater machten Gebrauch von seiner Erlaubnis, seine Dramen zu spielen, ohne Tantiemen an ihn abzuführen. Die Einnahmen dienten auf seinen ausdrücklichen Wunsch dazu, mehrere Infanterieregimenter vollständig auszurüsten. Die Kämpfenden, die Verwundeten, die Waisenhäuser, die Witwen, ja das ganze Volk zog Vorteil aus Veranstaltungen dieser Art, denen er nie beiwohnte, um Ovationen aus dem Wege zu gehen.

In poetischen Skizzen, die er später unter dem Titel *L'Année terrible (Das schreckliche Jahr)* zu einem Gedichtband zu vereinen gedachte, hielt der Dichter seine Eindrücke vom belagerten Paris fest. In einer Septembernacht, während er durch die finsteren Straßen lief, alle Laternen waren ausgelöscht und alle Fenster verdunkelt, wurde ihm der historische Sinn dieser schweren Prüfung bewußt: Es war die Erhebung Frankreichs aus der Schmach des Kaiserreiches, und er legte diese Erkenntnis in einer großen Hymne nieder.

Im Dezember hatte er ein besonders schmerzliches Erlebnis. Gesenkten Hauptes stand er vor einem wüsten Trümmerfeld, den Überresten des Feuillantinerinnenklosters, das ein Volltreffer der Belagerer zerstört hatte. Vor seinen Augen tauchte die Vergangenheit auf, der grüne Park des alten Klosters, in dem er Jahre seiner Kindheit zugebracht hatte. So entstand die ergreifende Elegie: *Eine Bombe auf das Feuillantinerinnenkloster.* Aber er hing solchen melancholischen Gedanken nicht lange nach; schon im Januar, da er sah, wie ein neu aufgestelltes Bataillon, Pariser Bürger und deren Frauen, die nach altem gallischem Brauch die Waffen für ihre Männer trugen, dem Feind vor den Toren entgegenmarschierte, schwang er sich wieder zu einem heroischen Gesang auf das kämpfende Paris auf, zu den aufrüttelnden Versen: *Der Ausfall.*

Aber was half aller Opfermut, von Tag zu Tag drangen die Preußen weiter vor, Versailles war gefallen, die ununterbrochene Kanonade nahm an Heftigkeit zu, alle Wälder in der Umgebung von Paris standen in Flammen, Granaten krepierten in den Straßen. Die Lebensmittel wurden knapp, die Zuckervorräte waren verbraucht, es gab keine Eier mehr, auch Milch und Butter fehlten, die Fleischversorgung war gefährdet. Victor Hugo, durch das Exil an Entbehrungen gewöhnt, dachte nur an die Armen von Paris und beantragte in der Kammer für sie eine öffentliche Unterstützung. Als er tags darauf Pallain, dem Sekretär des Finanzministers, in der Stadt begegnete, machte ihn dieser mit betretener Miene darauf aufmerksam, daß ein solches Dekret zur Versorgung der Notleidenden die Regierung achttausend Francs kosten würde.

«Achttausend Francs?» erwiderte Hugo. «Nun gut, nehmen Sie von den Reichen, geben Sie den Armen.»

Unter dem Druck der wachsenden Hungersnot kam es in einigen Armenvierteln zu Unruhen. Sogleich eilte Victor Hugo zu den Brennpunkten der Gefahr und redete den Demonstranten ins Gewissen: «Wir haben alle die gleichen Verdienste. Hat es Verbannte gegeben? Ich weiß es nicht. Hat es ein Exil gegeben? Ich frage nicht danach. Es gibt jetzt keine Persönlichkeiten und keinen Ehrgeiz mehr, in unserem

Gedächtnis steht nur noch ein Wort geschrieben: ‹Solidarität!›»

Obwohl im Verlauf der Belagerung eine zunehmende Verknappung der Lebensmittel eintrat, verlor der Dichter nie seinen Humor. Er wohnte noch immer bei seinem Freund Meurice, aß aber mittags auswärts, entweder im Pavillon de Rohan oder in der Rue de l'Echelle, wo seine unterdessen vollzählig in Paris eingetroffene Familie ihr Domizil hatte. Dort lud er nicht nur Freunde ein, sondern auch Mitglieder der Regierung, die seinem spartanischen Vorbild folgten und sich wie alle in Paris mit dem Allernotwendigsten begnügten. «Kommen Sie mit zum Mittagessen», sagte er eines Tages, als er unterwegs dem Unterrichtsminister Jules Simon begegnete, «ich lade Sie zu einem kleinen Essen ein.» Es gab Pferde-, Esel- und Hundefleisch, man verwandelte seinen Magen, wie er sagte, gewissermaßen in eine Arche Noah; der Gastgeber lachte über solche «Leckerbissen», an die Juliette Drouet ihre Kochkunst verschwendete, und würzte undefinierbare Gerichte zuweilen mit einem Witz. Als ein zähledernes Stück Pferdefleisch sich einmal als unverdaulich erwies, rief er:

Schwer liegt das Pferdefleisch im Magen,
Mir ist, als sei's der Sattel, muß ich sagen!

Ein andermal, als der Ministerialdirektor Emmanuel Arago an einem solchen «Gastmahl» teilnahm, blickte ihn der Dichter sorgenvoll an und sagte: «Lieber Freund, Sie kennen doch meine Anschauung über die Todesstrafe?»

«Sicher», antwortete Arago, dessen Gesicht sich verdüsterte.

«Nun, Sie müssen mir unbedingt die Begnadigung eines zum Tode Verurteilten gewähren.»

«Mein lieber Meister, das ist mir völlig unmöglich. Ich weiß nicht, worum es sich handelt, aber die ernste Lage, in der wir uns befinden, erfordert, daß Verbrechen so bestraft werden, wie das Gesetz es verlangt. In Erwartung der

Abschaffung der Todesstrafe sehe ich mich zu meinem Bedauern außerstande, Ihre Bitte zu erfüllen.»

«Und doch werden Sie den Verurteilten begnadigen. Es handelt sich nämlich um das Pferd unseres berühmten und lieben Théophile Gautier.»

Unter schallendem Gelächter verkündete Arago die Begnadigung, und so wurde dem armen Pferd das Leben gerettet, wenigstens für einige Zeit.

Mit der üblichen Sorgfalt machte Victor Hugo jeden Abend Eintragungen in sein Tagebuch, denn er war nicht nur Poet, sondern auch Historiker. So finden wir unter dem 23. November den Vermerk: «Es hat in den letzten Tagen geregnet. Der Regen überschwemmt die Ebenen, verschlammt die Geschütze und verzögert unseren Ausfall. Seit zwei Tagen ist Paris auf Pökelfleisch angewiesen. Eine Maus kostet einen Sou.» Unter dem 30. November: «Die ganze Nacht hindurch Kanonendonner. Die Schlacht geht weiter. Man hört die Geschütze an drei Punkten von Paris, im Osten, im Westen und im Süden. Es handelt sich um einen dreifachen Angriff auf den eisernen Ring, den die Preußen um uns gezogen haben ... Wie der Kanonendonner beweist, ist es dringend notwendig, hier zu sein.» Unter dem 2. Dezember: «Heute abend vortreffliche Meldungen. Die Loire-Armee steht in Montargis. Die Pariser Armee hat in der Ebene von Avron die Preußen zurückgeschlagen.» Am nächsten Tag: «Gestern haben wir Hirschfleisch, vorgestern Bärenfleisch, in den zwei vorausgegangenen Tagen Antilopenfleisch gegessen. Es sind Geschenke des Zoologischen Gartens.» Am 6. Dezember machte er die Aufzeichnung: «Schlechte Nachrichten. Orléans ist uns wieder entrissen worden. Gleichviel: Wir halten durch.» Am 30. Dezember: «Die Preußen haben uns in drei Tagen mit zwölftausend Granaten überschüttet. Gestern habe ich Mäuse gegessen ...»

Am 1. Januar 1871: «Ich habe Hunger. Ich friere. Ich leide, wie das Volk leidet.» Am 4. Januar: «Vom Dienstag bis zum Sonntag haben uns die Preußen fünfundzwanzigtausend

Preußische Artillerie beschießt Paris

Geschosse geschickt. Für ihren Transport waren fünfhundert Waggons notwendig. Jeder Schuß kostet 60 Francs. Insgesamt also 1 500 000 Francs. Wir zählen etwa zehn Gefallene. Jeder unserer Toten kostet also die Preußen 150 000 Francs.» Am 8. Januar: «Die Pariser strömten aus Neugierde zu den bombardierten Vierteln. Man geht dorthin wie zu einem Feuerwerk. Die Nationalgarde muß die Menge zurückhalten. Die Preußen bombardieren auch die Krankenhäuser, und ihre Granaten haben heute nacht zwei Baracken voll verwundeter und kranker Soldaten in Brand geschossen, die man halbnackt, nur notdürftig zugedeckt, in die Charité bringen mußte.»

So heroisch der Widerstand von Paris auch war, die furchtbare Hungersnot und Seuchengefahr in der Stadt, die pausenlosen unbarmherzigen Bombardements und vor allem die aussichtslose militärische Situation an den Frontabschnitten zwangen die provisorische Regierung, den

Kampf einzustellen. Am 29. Januar 1871 machte Victor Hugo seine letzte Tagebucheintragung im belagerten Paris: «Der Waffenstillstand ist gestern unterzeichnet und heute morgen bekanntgegeben worden. Die Nationalversammlung soll zwischen dem 5. und 18. Februar gewählt werden. Sie wird in Bordeaux zusammentreten.» Der Dichter nahm an, daß Louis Blanc als erster Vertreter von Paris gewählt würde, hätte aber Garibaldi den Vorzug gegeben, der während des Krieges auf der Seite der Französischen Republik gekämpft hatte.

In Bordeaux, wo Hugo am 14. Februar 1871 mit seiner Familie eingetroffen war, herrschten schlimme Zustände. So berichtete er Paul Meurice in Paris: «Die Lage ist jetzt – im Vertrauen gesagt – verheerend. In der Nationalversammlung sind wir fünfzig gegen siebenhundert. Das ist 1815 in Verbindung mit 1851 – dieselben Zahlen, nur umgekehrt! Man hat sich geweigert, Garibaldi anzuhören; er ist abgereist. Wir – Louis Blanc, Schoelcher und ich – rechnen damit, auch so zu enden. Vielleicht gibt es gegenüber den drohenden Schlägen der Majorität kein anderes Mittel als eine wohlbegründete Massendemission der Linken. Das würde die Versammlung vielleicht tödlich verwunden. Jeden Abend treffen die Linken zusammen. Louis Blanc und ich bemühen uns verzweifelt, sie zu reorganisieren. Enger Zusammenhalt und strenge Disziplin würden uns vielleicht erlauben zu kämpfen. Aber werden wir diesen Zusammenhalt erreichen? Keine Zeitung für uns! Wir hängen in der Luft. Kein Stützpunkt! Würde der «Rappel» hier erscheinen, könnte uns das unermeßliche Dienste leisten. Einer von Euch sollte herkommen. Um die Situation beurteilen zu können, muß man sie erleben. In Paris macht Ihr Euch keine Vorstellung davon.»

Wie reaktionär die meisten Mitglieder der Nationalversammlung waren, hatte sich schon bei der Eröffnung erwiesen, denn die begeisterte Kundgebung, mit der die Bevölkerung von Bordeaux Victor Hugo ehrte, war den

Thiers, der Souffleur der französischen Politik

konservativen Abgeordneten ein Dorn im Auge. Als er am anderen Tag zur nächsten Sitzung ging, fand er die Straßen von der Nationalgarde und von Artillerie abgeriegelt, als wäre er ein Feind der Republik. Von da an sah er den kommenden Ereignissen skeptisch entgegen, zumal man Thiers zum Chef der Exekutive ernannt hatte – einen Politiker, von dem er schon während der achtundvierziger Revolution den Eindruck hatte, daß er sein Leben damit verbracht habe, Katzen zu streicheln und sie durch allerlei Schmeicheleien und katzenhafte Manieren zu besänftigen. Jetzt wollte er seinen Zirkus fortsetzen, ohne zu bemerken, daß er von Raubkatzen umgeben war. Sonderbares Schauspiel! Dieser kleine Mann versuchte seine winzige Hand auf den brüllenden Rachen der Revolution zu legen. – Und dieser politische Jongleur sollte jetzt die Friedensverhandlungen mit dem eisernen Kanzler führen? Traurige Aussicht...

In der Sitzung der Nationalversammlung am 1. März 1871 erhob Victor Hugo entschieden Einspruch gegen die Präliminarien des Friedensvertrages, die von Thiers gutgeheißen wurden. Zunächst entwarf er ein grandioses Gemälde von der Verteidigung der französischen Hauptstadt gegen die preußischen Armeen: «Diese fünf Monate der Republik waren fünf Monate des Heroismus. Paris nahm den Kampf gegen ganz Deutschland auf; eine Stadt hielt eine Invasion in Schach. ... Kein Holz mehr, keine Kohle, kein Gas, kein Feuer, kein Brot! Ein schrecklicher Winter, Treibeis auf der Seine, fünfzehn Grad Frost, Hungersnot, Typhus, weitere Seuchen, Verwüstung, Beschießung, Bombenhagel! Paris ist an sein Kreuz genagelt und blutet aus allen Wunden ... Diese Stadt, welche die Preußen besudeln können, aber nicht erobert haben, dieses Paris hat uns einen Auftrag gegeben, der es in noch größere Gefahr bringt und seinen Ruhm erhöht, nämlich den Auftrag, gegen die Verstümmelung des Vaterlandes zu stimmen. Paris hat Verstümmelungen auf sich genommen, aber es will keine für Frankreich.»

Unter dem Beifall der Linken und dem Protestgeschrei der Rechten erklärte er: «Ich werde nicht für diesen Frieden stimmen, weil man vor allem die Ehre seines Landes retten muß; ich werde nicht für ihn stimmen, weil ein schändlicher Friede ein furchtbarer Friede ist. Und doch hätte er in meinen Augen vielleicht ein Verdienst – das Verdienst, daß ein solcher Friede kein Krieg mehr ist, dafür aber Haß erzeugt, und zwar nicht gegen die Völker, sondern gegen die Könige! Mögen sie ernten, was sie gesät haben! Immer zu, Fürsten, verstümmelt, zerschneidet, raubt, annektiert, zerstückelt! Ihr weckt damit tiefen Haß; ihr rührt an das Weltgewissen. Die Rache brütet, die Explosion wird sich gegen die Unterdrückung richten. Alles, was Frankreich verliert, wird es zurückgewinnen durch die – Revolution!»

Aber zu seiner Enttäuschung stimmte die Mehrheit für die Unterzeichnung des von Bismarck diktierten Schandvertrages. Damit hatte die Nationalversammlung in

Bordeaux über das Schicksal Frankreichs entschieden. Was aber sollte nun aus Paris werden? Sollte es Hauptstadt bleiben oder nicht? Die Rechtsopposition schlug Bourges, Fontainebleau oder Versailles als künftige Metropole vor. Victor Hugo hielt den Abgeordneten von der Tribüne aus vor, welchen Verrat das gegenüber Paris bedeuten würde, das fünf Monate unter den härtesten Bedingungen durchgehalten hatte.

Mit seiner aggressiven Rede hatte sich Victor Hugo den unversöhnlichen Haß der reaktionären Mehrheit zugezogen. So kam es denn am 8. März, als in der Nationalversammlung die Bestätigung der Wahl Garibaldis zum Abgeordneten von Algier zur Debatte stand und die Rechte die Aufhebung seines Mandates beantragte, zu einem heftigen Zusammenstoß, als er auf die Verdienste Garibaldis hinwies: «Meine Herren, unter allen europäischen Großmächten hat keine sich erhoben, um jenes Frankreich zu verteidigen, das so oft die Sache Europas in die Hand genommen hat, kein König, kein Staat, niemand! Nur ein einziger Mann ... Ich will niemanden in dieser Versammlung verletzen, aber ich behaupte, daß unter allen Generalen, die für Frankreich kämpften, Garibaldi der einzige war, der nicht besiegt wurde.»

Hier brach ein Entrüstungssturm der Rechten aus. Der Deputierte Jouvencel rief: «Ich ersuche den Vorsitzenden, den Redner aufzufordern, dieses Wort zurückzunehmen – es ist antifranzösisch!»

Und der Vicomte de Lorgeril fuhr in seinen Invektiven fort: «Garibaldi ist nur der Komparse eines Melodramas! Er ist nicht besiegt worden, weil er überhaupt nicht gekämpft hat!»

Die republikanische Versammlung schämte sich nicht, es Napoleon III. gleichzutun und den italienischen Freiheitshelden ebenso zu beschimpfen, wie es der Kaiser getan hatte. So zog der Dichter nun, als der Sturm sich gelegt hatte, die letzte Konsequenz und rief: «Vor drei Wochen haben Sie sich geweigert, Garibaldi anzuhören, heute weigern Sie sich,

mich anzuhören! Das genügt mir. Ich reiche meine Demission ein!»

Unter den Protestrufen der Linken, die wußte, welchen Vorkämpfer der Gerechtigkeit sie an ihm verlor, verließ er die Tribüne, ließ sich am Tisch der Stenographen Papier und Feder geben und schrieb sein Entlassungsgesuch an den Präsidenten der Nationalversammlung.

Fünf Tage später gab Victor Hugo, der nach Paris zurückkehren wollte, im Café Lanta zu Bordeaux seinen Freunden ein Abschiedsessen. Während des Mahls wurde er auf die Straße gerufen. Er sah eine Droschke, deren Schlag offenstand, und fand in ihr weit zurückgelehnt seinen Sohn Charles. Sein Gesicht war totenbleich, seine Brust blutüberströmt. Auf der Fahrt zum Café Lanta war er einem Schlaganfall erlegen. So hatte der Tapfere, der zweimal von der bonapartistischen Polizei ins Gefängnis geworfen wurde und während der Belagerung von Paris, ungeachtet einer

chronischen Bronchitis, seinen Dienst als Artillerist versehen hatte, seine Aufopferung mit dem frühen Tod bezahlt. In wenigen Tagen gedachte Victor Hugo mit ihm und seinen anderen Angehörigen zur Erholung aufs Land zu fahren. Nun war es zu spät, der Tod hatte ihm seinen geliebten Sohn entrissen.

Am 18. März 1871 gaben Victor Hugo, sein letzter Sohn François-Victor, Auguste Vacquerie, Paul Meurice und andere in Paris dem Toten das letzte Geleit zum Friedhof Père-Lachaise. Auf dem Place de la Bastille erkannten drei Nationalgardisten den Dichter, stellten sich zu beiden Seiten des Sarges auf, das Gewehr unterm Arm, und folgten dem Trauerzug. Eine andere Abteilung der Nationalgarde präsentierte vor dem Toten das Gewehr, Fanfaren schmetterten, ein Trommelwirbel erschallte, die Fahne senkte sich zum letzten Gruß. Auf dem Friedhof hielt Vacquerie eine schlichte Abschiedsrede: «In der Schar von Brüdern und Kameraden, die wir waren, ist er, der stärkste, der unerschütterlichste, der lebendigste, zuerst gestorben. Es ist wahr: Charles hat sein Leben nicht geschont, er hat es wahrhaftig verschwendet. Wofür? Für die Pflicht, für den Kampf, für die Wahrheit, den Fortschritt, die Republik ... Es gibt Stunden, da das Schicksal ebenso feige und grausam wie manche Menschen ist, da es sich zum Mitschuldigen gewisser Regierungen macht und sich an denen zu rächen scheint, die Gutes tun. Es gibt kein traurigeres Beispiel für dieses Verbrechen des Schicksals als den berühmten, hier trauernden Vater unseres teuren Toten ... Welchem Unglück, welcher Erniedrigung hat er jemals seine Hilfe versagt? Sein ganzes Genie hat nur eine Idee: Trösten! Und der Lohn dafür? Charles ist nicht das erste seiner Kinder, das er auf so tragische Weise verliert. Heute ist es sein Sohn, der ihm mitten im Leben und im Glück entrissen wird; vor dreißig Jahren war es seine Tochter. Gewöhnlich genügt doch ein Blitzstrahl. Er aber wird zum zweitenmal von ihm getroffen. Was, Bürger, liegt indessen an dieser Niedertracht des Schicksals? Es täuscht sich, wenn es glaubt, daß wir den Mut verlieren. Fragen Sie den, den wir zu diesem Grab getragen haben. Nicht wahr, Charles, auch du würdest von neuem beginnen? Und ebenso wie du werden wir bis zu unserem letzten Atemzug weiterkämpfen.»

Als der Sarg im Grab verschwand, sah man den Dichter einen Augenblick wanken. Aber im nächsten Augenblick faßte er sich schon wieder und streute Blumen auf den Sarg seines Sohnes. Während die Menge sich auflöste, trat unter den Bäumen ein Mann hervor, drückte ihm zum Zeichen seines Beileids schweigend die Hand und stellte sich vor: «Gustave Courbet.» Das war der Anfang der Freundschaft zwischen dem großen Dichter und dem großen Maler, die in ihrer Kunst einander ebenbürtig und in ihren sozialen Anschauungen verwandt waren.

16

Für und wider die Kommune

Der Aufstand der Kommune, der am Tag der Beerdigung seines Sohnes in Paris ausbrach, bedeutete für Victor Hugo einen schweren inneren Konflikt. In Brüssel, wohin er mit Alice, seiner Schwiegertochter, und seinen beiden kleinen Enkeln gefahren war, um den Nachlaß seines verstorbenen Sohnes zu ordnen, liefen die widersprechendsten Gerüchte über die Ereignisse in der französischen Hauptstadt um. Zweifellos aber war die reaktionäre Mehrheit der Nationalversammlung in seinen Augen schuld daran, daß es überhaupt zu diesem Aufstand des 18. März kommen konnte.

Einerseits begrüßte der Dichter die Insurrektion des Pariser Proletariats, das sich gegen die feige Kompromißpolitik des Präsidenten Thiers und seines Kabinetts erhoben hatte und nicht bereit war, die Entwaffnung der Nationalgarde hinzunehmen, andererseits aber schreckte er vor der Diktatur des Proletariats zurück, zumal belgische Zeitungen wahre Greuelmärchen über Plünderungen, Massenverhaftungen, Erschießungen verbreiteten. Hugo gab nicht allzuviel auf solche gefärbten Informationen, denn er wußte aus eigener Erfahrung, mit welchen Mitteln die Reaktion ihre Unterdrückungsmaßnahmen vorzubereiten pflegte, wie sie in jeder erdenklichen Weise die Aufständischen diffamierte, um unter dem Schein von Recht und Ordnung Polizei und Militär gegen sie einsetzen zu können.

Da traf am 9. April 1871 in Brüssel der erste Augenzeuge der Ereignisse ein, Alexandre Lefèvre, der ihm berichtete, daß er sich von dem Aufstand losgesagt habe und aus Paris geflüchtet sei. «Das ist das Dilemma – heute ausgestoßen, morgen erschossen! Die Kommune ist wahnsinnig. Man berät im geheimen, man redet mit dem Revolver in der Faust. Delescluze und Pyat provozieren gewaltsame Beschlüsse und stehlen sich im Augenblick der Abstimmung davon.»

Da Delescluze für die geheime Abstimmung über das Dekret gegen die Verdächtigungen plädierte, Lefèvre dagegen eine öffentliche Abstimmung verlangte, beschuldigten die meisten Kommunarden ihn des bürgerlichen Parlamentarismus, und der Polizeipräfekt Rigault rief ihm zu: «Ich bewundere Marat, doch war er zu weich!» Auch der Journalist Félix Pyat, ein alter Freund des Dichters, sagte sich von der Kommune los und behauptete im «Drapeau», er hätte es wegen des Verbotes von vier Zeitungen getan. Ein fadenscheiniges Argument! Mit Recht konnte Delescluze darauf hinweisen, daß Pyat zunächst mit vielen anderen das Verbot der konterrevolutionären Blätter gebilligt hatte; seine Demission kam also einem Verrat gleich.

Mit jedem Tag steigerte sich in Brüssel die wüste Hetze gegen die Kommunarden. Man erzählte sich, sie hätten das Haus von Thiers zerstört, Paris in Brand gesteckt und belgische Feuerwehr für die Löscharbeiten angefordert. Tief erschüttert war Hugo, der Sohn des napoleonischen Generals, von der Nachricht, daß die Kommunarden die Säule auf dem Vendôme-Platz niedergerissen und die Versailler Armee den Triumphbogen zusammengeschossen hatten. So schrieb er am 28. April an Meurice und Vacquerie: «Seit dem 8. wird Paris nicht nur von Unbekannten geführt, was nicht gut ist, sondern auch von Unwissenden, was schlimm ist. Ich brauche dafür keinen anderen Beweis als die Gründe, die für die Zerstörung der Vendôme-Säule angeführt werden: die Erinnerungen, welche die Säule wachruft. Wenn man ein Denkmal wegen der Erinnerungen, die es weckt, zerstören muß, so laßt uns den Parthenon niederreißen, weil er an den heidnischen Aberglauben erinnert, die Alhambra, weil sie an den mohammedanischen Aberglauben erinnert, das Kolosseum, weil es an jene schrecklichen Feste erinnert, bei denen Raubtiere Menschen fraßen, die Pyramiden, weil sie an die furchtbaren Könige erinnern, die Pharaonen, deren Grabmäler sie sind; laßt uns alle Tempel niederreißen, angefangen beim Ramsestempel, alle Móscheen, angefangen bei der Hagia Sophia, alle Kathedralen, angefangen bei Notre-Dame.»

Dem Dichter fehlte das Verständnis für die wahren Beweggründe, die die Kommune in der zugespitzten Situation zu dieser symbolischen Handlung veranlaßten, die Vendôme-Säule als Sinnbild des Chauvinismus und der Völkerverhetzung zu stürzen. Die Kommune, die Marx «die wahre Vertreterin aller gesunden Elemente der französischen Gesellschaft» nannte, brauchte im nationalen wie internationalen Bereich ein Zeichen ihrer Friedensliebe und einen Ausdruck ihres Hasses gegen Militarismus und die kriegerische Außenpolitik der herrschenden Klasse.

Es ist offensichtlich, daß Hugo wie viele demokratische Künstler seiner Zeit der Entwicklung in diesen historischen Tagen hilflos gegenüberstand. Erstaunlich, daß er, der in den Maßnahmen der Kommune so viele eigene Forderungen hätte bestätigt finden können – wie die Beseitigung der Prostitution, Neuorganisation des Schulunterrichts, kostenlose Ausgabe von Schulbüchern und anderen Lehrmitteln, Gründung freier Universitäten –, kaum berührt wurde und sich statt dessen an einer Symbolhandlung wie dem Sturz der Vendôme-Säule stieß, die sein kulturhistorisches Interesse verletzte. Es war schwierig für ihn, sich aus alten Vorstellungen zu lösen und vor allem im Tumult der sich überstürzenden Ereignisse das Wesentliche dieser ersten proletarischen Revolution der Weltgeschichte zu erkennen, die die Macht der Bourgeoisie stürzte und sie dem von den Arbeitern und Bauern gewählten Zentralkomitee der Nationalgarde in die Hände gab.

Karl Marx sagte dazu voller Achtung für die Leistungen der Pariser Arbeiter: «Der ganze Trug von Staatsgeheimnissen und Staatsansprüchen wurde von einer Kommune beseitigt, die überwiegend aus einfachen Arbeitern besteht, die die Verteidigung von Paris organisieren, gegen die Prätorianer Bonapartes Krieg führen, die Versorgung dieser riesigen Stadt sichern, alle die Posten ausfüllen, die bisher zwischen Regierung, Polizei und Präfektur aufgeteilt waren; sie erledigen ihre Arbeiten öffentlich, einfach, unter den schwierigsten und verwickeltsten Umständen, und erledigen sie, wie Milton sein ‹Paradise lost› schrieb, das heißt für ein paar Pfund; sie handeln vor aller Augen, ohne Ansprüche auf Unfehlbarkeit, ohne sich hinter Kanzleiausflüchten zu verstecken, und sie scheuen sich nicht, Fehler einzugestehen, indem sie sie korrigieren.»

Kaum einer der bürgerlichen Intellektuellen in Frankreich erfaßte damals die Größe des Geschehens; eine rühmliche Ausnahme bildete der revolutionäre Maler Gustave Courbet, der als Kommissar für Volksbildung der Kommune nach deren Niederschlagung Gefängnis und Verfolgung auf sich nahm. Die meisten von ihnen nahmen jedoch im Gegensatz zu Hugo eine abwartende Haltung gegenüber den politischen Ereignissen ein, während der Neunundsechzigjährige, ein halbes Leben lang mitten im parlamentarischen Kampf stehend, es nicht über sich brachte zu schweigen.

Grundprinzip seiner Haltung blieb in dieser Zeit der Gesichtspunkt der «Menschlichkeit», so wie er sie verstand. In verschiedenen Stücken des Bandes *Das Schreckliche Jahr* rief er immer wieder den Parisern ins Gewissen, den Preußen nicht das traurige Schauspiel der Selbstzerfleischung zu bieten, sondern den Brudermord zu beenden. Im Mai 1871, als in Brüssel die Meldungen von der grausamen Niederschlagung des Aufstandes der Kommunarden durch die Versailler Armee und von den Massenerschießungen in La Rochette eintrafen, nahm der Dichter wieder Partei für die Sache der Revolution. Er richtete an den Chefredakteur der «Indépendance belge» ein Schreiben, in dem er die Stellungnahme der belgischen Regierung gegen die besiegten Kommunarden tadelte: «Was man auch sagen und tun mag, jene Besiegten sind jedenfalls Politiker. Ich war nicht mit ihnen ... Ich habe Billioray nie verstanden, und Rigault hat mein Erstaunen bis zur Empörung erregt; aber Billioray zu erschießen ist ein Verbrechen, Rigault zu erschießen ist ein Verbrechen. Jene Männer der Kommune, Johannard und seine Soldaten, die einen fünfzehnjährigen Jungen erschießen lassen, sind Verbrecher; doch die Männer der Nationalversammlung, die Jules Vallès, Bosquet, Parisel, Amoureux, Lefrançais, Brunet und Dombrowski erschießen lassen, sind erst recht Verbrecher.»

Edouard Manet: Erschießung der Kommunarden

Zum Schluß wandte er sich den Maßnahmen der belgischen Regierung gegen die nach Brüssel entflohenen Kommunarden zu: «Es ist unrecht, das Asyl zu verweigern. Das Gesetz erlaubt diese Verweigerung, aber das Recht verbietet sie. Ich, der ich diese Zeilen schreibe, vertrete den Grundsatz: Pro jure contra legem. Das Asyl ist ein uraltes

Recht, es ist das heilige Recht der Unglücklichen. Im Mittelalter gewährte die Kirche das Asyl sogar Vatermördern. Ich aber erkläre: Jenes Asyl, das die belgische Regierung den Besiegten verweigert, gewähre ich ihnen. Wo? In Belgien. Ich erweise Belgien diese Ehre. Ich gewähre das Asyl in Brüssel, ich gewähre es am Place des Barricades Nr. 5.»

Die Veröffentlichung dieses Schreibens sollte ungeahnte Folgen für ihn haben. In der Nacht vom 27. zum 28. Mai, nachdem er bis Mitternacht gearbeitet hatte, zu Bett gegangen war und die Kerze ausgeblasen hatte, glaubte er im Halbschlaf ein Klingelzeichen zu hören. Er lauschte, da nichts zu hören war, glaubte er sich getäuscht zu haben. Da ertönte die Klingel wieder. Er erhob sich, hüllte sich in seinen Morgenrock, öffnete das Fenster und fragte: «Wer ist da?»

Eine Stimme antwortete im Dunkel: «Dombrowski.»

Victor Hugo dachte an das Asyl, das er am Morgen in der «Indépendance belge» den Flüchtlingen in seinem Haus angeboten hatte, und hielt es für möglich, daß der Kommunarde Dombrowski nicht erschossen worden war, sondern entkommen konnte und nun bei ihm Zuflucht suchte. Schon wollte er hinuntergehen, um das Haustor zu öffnen, da prallte ein großer Stein gegen die Mauer neben dem Fenster. Er beugte sich aus dem Fenster und erblickte unten auf dem Platz vor dem Haus etwa fünfzig Männer.

«Ihr seid Elende!» rief er ihnen zu.

Kaum hatte er das Fenster geschlossen, da zerschmetterte einen Zoll über seinem Haupt ein Pflasterstein die Fensterscheibe und überschüttete ihn mit einem Splitterregen. Gleichzeitig brüllt die Bande vor dem Haus: «Tod Victor Hugo! Nieder mit Victor Hugo! Nieder mit Jean Valjean! Nieder mit dem Banditen!»

Die Schwiegertochter des Dichters und die Kinderfrau Mariette stürzten in sein Zimmer. Er versuchte sie zu beruhigen. Gleich darauf zertrümmerte ein anderer Pflasterstein die zweite Fensterscheibe und zerriß den Vorhang. Ein Steinhagel entlud sich gegen die Fassade des Hauses, während rasende Stimmen brüllten: «An den Galgen mit Victor Hugo! An die Laterne mit dem Banditen! Brechen wir das Haustor auf!»

Mariette eilte zum Haustor hinunter, um den großen Riegel vorzuschieben. Erst nach fünfundzwanzig Minuten hörte der Steinhagel auf, das Geschrei verstummte, und Hugo warf einen Blick auf den Barrikadenplatz, der verlassen vor ihm lag.

«Es ist vorbei», sagte er, «sie haben sicher eine Streife gesehen und sind ausgerückt. Geht ruhig zu Bett.»

Kaum hatte er sich jedoch wieder hingelegt, da flog ein wohlgezielter Stein durch die Fensteröffnung bis zu seinem Bett. Der Angriff wurde fortgesetzt. Unten auf dem Platz standen fünfzehn bis zwanzig Männer mit großen Eimern, in denen sie weitere Wurfgeschosse herbeigeholt hatten. Immer wieder prasselten Steine gegen die Hausfassade, während die Stöße eines Rammbocks gegen das Haustor dröhnten. Die beiden kleinen Enkel des Dichters, von vier und zweieinhalb Jahren, waren aufgewacht und schrien vor Angst. An Flucht war nicht zu denken, denn das Haus hatte nur einen Ausgang, den zum Barrikadenplatz. Da kletterte seine Schwiegertochter auf das Dach des Treibhauses im Garten und gelangte über die unter ihren Schritten zerbrechenden Glasscheiben, sich an der Mauer festklammernd, bis zu einem Fenster des Nachbarhauses. «Hilfe! Feuer!» rief sie.

Aber kein Fenster öffnete sich, niemand antwortete, die Nachbarn waren vor Entsetzen gelähmt.

Zum drittenmal versuchte die Bande das Haus zu erstürmen unter dem Gebrüll: «Brecht das Haustor auf! An den Galgen mit Victor Hugo!»

Der Dichter nahm seine kleine Enkelin, die krank war und verzweifelt schluchzte, auf den Arm, während sein Enkel, der kleine Georges, ihn fragte: «Sind das die Preußen, Großpapa?»

Hugo, der sich mit zwei Frauen und zwei kleinen Kindern in dem Haus eingeschlossen sah und keine Waffe hatte, schwebte in Lebensgefahr. Unablässig krachten die Stöße des Rammbocks gegen das Tor, während andere Banditen die eisernen Läden im Erdgeschoß aufzubrechen versuchten; aber das Tor und die Läden hielten stand.

Endlich graute der Morgen. Um halb drei Uhr herrschte tiefe Stille. Die Bande auf dem Barrikadenplatz war verschwunden. In der Morgendämmerung sang eine Nachtigall ihr Lied.

Wie der Dichter am anderen Tag erfuhr, hatte er seine Rettung zwei Arbeitern zu verdanken. Auf dem Wege zur Fabrik hatten sie die zertrümmerten Fensterscheiben und die Beschädigung der Hausfassade durch den Steinhagel gesehen und die Polizei herbeigeholt. Diese begnügte sich mit der Aufnahme eines Protokolls.

Wie aber reagierte die belgische Regierung auf das nächtliche Attentat? Der belgische Senat stellte in seiner Sitzung vom 31. Mai lediglich fest, daß die Anwesenheit Victor Hugos in Brüssel die öffentliche Ruhe und Sicherheit gefährde, und der belgische Justizminister übermittelte ihm im Namen des Königs Leopold den Beschluß: «Hiermit wird Victor Hugo, Schriftsteller, neunundsechzig Jahre alt, geboren in Besançon, wohnhaft in Brüssel, aufgefordert, sofort das Königreich zu verlassen, und zwar unter dem ausdrücklichen Verbot, es in Zukunft wieder zu betreten.»

Lakonisch bemerkte der Dichter hierzu in seinem Tagebuch: «Mein einziges Recht ist jetzt, in der Verbannung zu sterben.»

Sogar seine alten Freunde Louis Blanc und Schoelcher sagten sich wegen seiner offenen Parteinahme für die besiegten Kommunarden von ihm los. «Freimütigkeit gegen Freimütigkeit», antwortete er ihnen. «Eine Kundgebung für das Asylrecht und gegen die Reaktion war notwendig. Ich hätte sie auch in der Nationalversammlung unternommen, ich habe sie nun außerhalb der Versammlung vorgenommen. Ich will weder ein rotes Verbrechen noch ein weißes; Ihr habt geschwiegen, ich habe gesprochen. Ich habe das Vae victis bekämpft; die Zukunft wird urteilen.»

Übrigens hatte die Veröffentlichung seiner Verteidigung

Daumier: Das verfluchte Jahr

des Asylrechts in der «Indépendance belge» unter der Bevölkerung der belgischen Hauptstadt einen solchen Entrüstungssturm gegen die Regierung ausgelöst, daß diese sich schließlich gezwungen sah, den Kommunarden das Asyl zu gewähren, das sie ihm aberkannt hatte.

Im Juni erreichte den Dichter in Vianden, seinem neuen Zufluchtsort in Luxemburg, ein Brief von Marie Mercier, der Frau des Schlossers Garreau, der unter der Kommune als Leiter des Mazangefängnisses fungiert hatte und erschossen worden war. In ihrer Verzweiflung wandte sie sich an ihn und bat ihn, sie als Hausangestellte bei sich aufzunehmen. Zufällig war er in der Lage, ihrer Bitte nachzukommen, da die bisherige Kinderfrau wegen ihres hohen Alters ihre Stelle in seinem Haus aufgeben wollte.

Aus den Erzählungen Marie Merciers wurde ihm deutlich, wie notwendig seine Fürsprache für die besiegten Kommunarden gewesen war. Die Frau des Schlossers berichtete von den unvorstellbaren Schreckensszenen, die sie nach der Niederlage der Kommune in Paris miterlebt hatte. Sie gab ihm den im Mazangefängnis geschriebenen Brief ihres Mannes zu lesen:

«Getreu meinem Wort hatte ich einen Befehl auszuführen, zugleich aber eine Pflicht der Menschlichkeit zu erfüllen, nämlich alle Gefangenen, die unter meiner Aufsicht standen, freizulassen, da sie von allen Seiten bombardiert wurden und hier nicht länger hätten bleiben können, weil wir kein Brot mehr hatten und es unmöglich war, welches zu beschaffen. Als ich heute morgen in das Gefängnis zurückkehrte, hatte Caudrel, den ich unterrichtete, bevor ich fortging, um den Freilassungsbefehl zu erwirken, bereits alle freigelassen; es war also nichts mehr zu tun. Ich harrte auf meinem Posten bis zuletzt aus. Um sechs Uhr wurde das Gefängnis von der Versailler Armee genommen, und ich geriet in Gefangenschaft ... Ich habe vergessen, Dir zu sagen, daß ich am Abend vorher vom öffentlichen Wohlfahrtausschuß den Befehl erhalten hatte, das Mazangefängnis in Brand stecken zu lassen; ich antwortete, daß ich es aus Gründen der Menschlichkeit gegenüber den Frauen und Kindern, die im Gefängnis geblieben waren, nicht tun könnte... Ich will nur meine Pflicht erfüllen und, wenn möglich, mit meinen bescheidenen Kräften zur Vertreibung des Feindes beitragen. Dann wird man mich, wenn ich tot bin, an der Mauer von Paris begraben. Sollte ich aber am Leben bleiben, so werde ich in die Stille meines Alltags zurückkehren.»

Zum Lohn dafür hatte die Soldateska Thiers' Garreau an die Wand gestellt!

Grauenvoll war, was Marie Mercier dem Dichter über den weißen Terror berichtete, der in den Maitagen in Paris wütete. Sie war der Blutspur, die drei Wagen voller Leichen auf der Straße hinterlassen hatten, bis zum Friedhof von Bercy gefolgt, wo man ihren Mann verscharrt hatte, und dort sah sie folgendes: «Auf dem Friedhof lagen, noch unbegraben, wenigstens sechshundert Erschossene, unter ihnen viele Frauen und drei Kinder ... An der Barrikade der Vorstadt Saint-Antoine sah ich, wie eine Frau mit ihrem Kind auf den Armen erschossen wurde; das Kind war erst sechs Wochen alt und mußte mit der Mutter sterben. Die Soldaten, die diese Mutter und ihren Säugling umbrachten, waren vom 114. Linienregiment. Es geschah, weil sie gesagt hatte: ‹Diese Versailler Banditen haben meinen Mann getötet.› In La Rochelle erschoß man nahezu zweitausend Kinder, die man auf der Barrikade gefunden hatte und die keine Eltern mehr hatten. Da sie obdachlos waren, mähte man sie mit Mitrailleusen nieder. Viele Kinder schrien noch nach der Mutter, während man sie begrub.»

Tief erschüttert von diesem authentischen Bericht über den Untergang der Kommune, trug der Dichter in sein Tagebuch ein: «In diesem Augenblick kann ich nichts weiter denken als: Ich bedauere die Kommune, mir graut vor der Nationalversammlung. Warum? Weil beide auf Kosten Frankreichs Preußen ein Hohngelächter ausstoßen ließen. Das unvergängliche Paris aber liegt jetzt zwischen zwei Klippen: die Charybdis heißt Versailles, die Scylla heißt Charenton.»

In diesem Zusammenhang erwies sich wieder, daß Victor Hugo immer bereit war, seine Anschauungen zu revidieren, wenn die Wahrheit es verlangte. Aufgewühlt durch all das, was ihm Marie Mercier über den heroischen Kampf der Kommune und die brutale Niederschlagung des Aufstandes berichtet hatte, und in der Erkenntnis, wie falsch ihn die bürgerlichen Zeitungen und gewisse «Augenzeugen» informiert hatten, änderte er sein Urteil über die Kommune und schrieb auf ihr tragisches Ende das Gedicht *Die Erschos-*

senen, in dem er den blutigen Untergang der Kommune schildert.

Der Tod hat Erntetag, doch nirgends hört man Klagen,
gleich, ob das Korn schon reif, er mäht's mit
kalter Hand.
O seht, jetzt stellt man sie dort an die grausige
Wand! ...
Nun, ja, so geht's, wenn man in Widerspruch geraten! ...
«Schieß, Bruder!» ruft ein Mann entgegen dem Soldaten,
der auf ihn zielt. – Ein Weib schreit: «Meinen Mann
habt ihr schon umgebracht! Weiß nicht, was er getan,
ob's recht, ob's unrecht war. – Doch das ist sicher,
Leute,
in allem Unglück stand er treulich mir zur Seite!
Er war mein Kamerad, in Ketten oder frei,
ihr habt ihn mir geraubt, jetzt ist's mir einerlei,
ermordet nun auch mich! So schießt, schießt nicht
daneben!
Ich sag dafür nur Dank, mir liegt nichts mehr am
Leben!»

Am Straßeneck häuft man jetzt die Erschossenen auf.
Da kommt der nächste Schub die Straße schon herauf!
Ach, junge Mädchen sind's! – Ist's möglich, hört,
sie singen!
Ein Murmeln geht durchs Volk. Und aus der Reihe
springen
sieht man jetzt einen Mann, er ruft: «Oh, was
geschieht mit euch?» –
«Erschießen wird man uns, wie alle! Uns ist's
gleich!» –
Und kurze Zeit danach, da krachen nicht gar ferne
die Mitrailleusen schon in der Lobau-Kaserne.
Ach, alle, die man dort brutal hat massakriert,
sie starben stumm, als ließ der Tod sie ungerührt.

Der Dichter schließt das Gedicht mit einer Mahnung an die Vertreter der Bourgeoisie, den Hunger der Armen zu stillen, damit sie selbst in Frieden leben können. Diese letztlich auf Versöhnung abzielende Haltung ist bezeichnend für Hugo. Aber während der Schriftsteller Gustave Flaubert sich in Wutausbrüchen gegen die Kommunarden erging und erklärte, man hätte sie alle zur Zwangsarbeit verurteilen und diese blutigen Idioten zwingen sollen, als Sträflinge, mit Ketten um den Hals, die Trümmer von Paris wegzuräumen, bekannte sich Victor Hugo nach schweren inneren Auseinandersetzungen schließlich doch zur Sache des um sein Lebensrecht kämpfenden Proletariats. Dadurch war er allerdings bei der Bourgeoisie mehr denn je in Verruf geraten. So kehrte er aus Luxemburg zunächst nicht nach Paris zurück, sondern rüstete zum Aufbruch nach seinem alten Verbannungsort, der normannischen Insel Guernsey.

17

Widerspruchsvolle Weltanschauung

Nach zwei Jahren intensiver politischer Tätigkeit konnte sich Victor Hugo in der ausgeglichenen Atmosphäre von Hauteville-House endlich wieder ausschließlich der Dichtung widmen. Unter dem Eindruck der Kommune, die ihm Größe und Schrecken der Revolution vor Augen geführt hatte, begann er die Arbeit an seinem Roman *Quatrevingt-Treize (Dreiundneunzig)*. Übrigens erfüllte er damit einen schon lange gehegten Wunsch, denn er hatte sich immer als Sohn der Französischen Revolution gefühlt:

«Die Schriftsteller und Dichter unseres Jahrhunderts haben den erstaunlichen Vorteil, daß sie von keiner alten Schule, keiner zweiten Hand, keinem Modell ausgehen. Sie haben keine Ahnen und stammen weder von Dante noch von Homer, weder von Shakespeare noch von Äschylus ab. Die Dichter und Schriftsteller des neunzehnten Jahrhunderts sind die Söhne der Französischen Revolution ...»

Auf Grund seiner pantheistischen Weltanschauung hatte Victor Hugo allerdings eine sonderbare Auffassung von der Revolution. Er erblickte in ihr, wie es in seinem Roman heißt, die «Tat des Unbekannten», die «geheimnisvolle Verwebung von Gut und Böse», die «innere und äußere Notwendigkeit», das heißt das, was man im achtzehnten Jahrhundert «Fatalität» – dies im Sinne einer absoluten Naturnotwendigkeit – nannte. Im übrigen kennzeichnete er die Lage der Französischen Republik um das Jahr 1793 durchaus zutreffend, wenn er sagt, dreiundneunzig sei der Krieg Europas gegen Frankreich und der Krieg Frankreichs gegen Paris. Die Revolution aber sei der Sieg Frankreichs über Europa und der Sieg von Paris über Frankreich. Zwar kommt in der Charakteristik des Triumvirats Danton, Marat und Robespierre, vor allem des «Drachen» Marat, die Antipathie des Dichters gegen den revolutionären Terror der Jakobiner zum Ausdruck, und doch erkennt er die Notwendigkeit dieses Terrors im Kampf gegen die Konterrevolution an, die ja, wie er sagt, am Herzen des Konvents die Schlange der Vendée frißt und auf seiner Schulter eine Schar von Tigern hockt, die Könige.

Den Kern des historischen Romans bildet der Bauernaufstand in der Vendée. In seiner Jugend hat der Dichter diesen konterrevolutionären Aufstand in einer seiner Oden verherrlicht, aber jetzt, reich an historischen Erfahrungen und philosophischer Erkenntnis, gestaltet er ihn mit tiefem Verständnis für die Besonderheiten der Vendée, die Wesensart ihrer Bewohner; die rückständigen Verhältnisse unter der alten Feudalordnung und der unumschränkten Priesterherrschaft. Seine objektive Darstellungsweise zeigt sich deutlich in dem Verhör der bretonischen Bäuerin Michelle Fléchard durch den Feldwebel Radoub, den Führer eines republikanischen Bataillons. Wieder tritt hier die künstlerische Eigenart Victor Hugos zutage, der die Problematik des «Priesteraufstandes» verdeutlicht in der Gegenüberstellung von Menschen aus dem Volke. So zeigt er an der Abgestumpftheit der armen Bretonin, was der despotische Feudalismus aus dem Landvolk gemacht hat, und an dem Verhalten des Feldwebels und der guten Marketenderin, welchen Fortschritt die Französische Revolution bedeutet. Die hochherzige Handlungsweise des Bataillons Rotmütze, das auf den Vorschlag des Feldwebels die drei Kinder der Witwe Fléchard adoptiert, zeigt die menschliche Größe jener Pariser Revolutionäre, die der unterdrückten und verelendeten Vendée die Befreiung gebracht haben.

Solche Volksszenen geben dem Roman seinen demokratischen Gehalt und zeigen, daß der Dichter den größtmöglichen Grad des Realismus immer dann erreicht, wenn er die Kämpfe des Jahres 1793 in volkstümlichen Gestalten verkörpert. Zu ihnen gehört auch der Bettler Tellmarch, der «Philosoph aus dem Volke», der den Marquis de Lantenac, den an der bretonischen Küste gelandeten Oberbefehlshaber der Königstreuen, nicht seinen Verfolgern ausliefert, obwohl sechzigtausend Francs auf dessen Kopf ausgesetzt sind. Er ist weder Monarchist noch Republikaner, weil er, der bettelarme Landstreicher, für solche Überlegungen keine Zeit hat und denkt: Ich bin nicht für den Gläubiger und auch nicht für den Schuldner. Ich weiß nur, es gibt eine Schuld, und die wird bezahlt, nichts weiter. – In diesem Zusammenhang wirft der Dichter recht anschaulich die Frage auf, ob falsche Güte, unangebrachte Menschlichkeit sich nicht unter Umständen ins Gegenteil verkehren können, indem er schildert, wie Tellmarch in einem brennenden Dorf die Leichen der erschossenen Angehörigen des Bataillons Rotmütze vorfindet, unter ihnen die gute Marketenderin und die schwerverwundete Michelle Fléchard. Die Königstreuen haben die drei Kinder der Fléchard als Geiseln verschleppt, den Mordbefehl aber gab kein anderer als der Marquis de Lantenac, den er zuvor geschont hatte.

Sehr eindringlich stellt Victor Hugo die Unversöhnlichkeit des Klassenkampfes in zwei Hauptpersonen des Romans dar: Lantenac und Cimourdain. Welche Prinzipien in dem Vertreter des reaktionären Feudaladels und in dem Vertreter der revolutionären niederen Geistlichkeit aufeinanderstoßen und sich radikal bekämpfen, deutet er an: «In der Tat waren diese beiden Männer, der Marquis und der Priester, bis zu einem gewissen Grade derselbe Mensch – die erzene Maske des Bürgerkrieges mit ihren zwei Gesichtern, das eine der Vergangenheit das andere der Zukunft zugewandt.»

Aber der Dichter vermeidet es, Lantenac nur in Schwarz, Cimourdain nur in Weiß zu malen. Er zeigt bei der Entwicklung des Charakters Lantenacs, daß dieser ein gefährlicher Gegner ist und als Führer des Vendéeaufstandes eine gewisse soldatische Größe besitzt; er läßt aber keinen Zweifel über die Brutalität dieses Adligen, der Mordbefehl auf Mordbefehl erteilt. Der Charakter Cimourdains, den seine Eltern Priester werden ließen, um ihn aus dem Volk herauszuheben, und der beim Ausbruch der Revolution zum Volk zurückkehrt, ist ebenso widerspruchsvoll angelegt. Der Dichter sagt von ihm, er sei ein lauterer, aber düsterer Charakter; er hasse die Lüge, die Monarchie, die Theokratie, den Priesterrock, hasse die Gegenwart und rufe laut nach der Zukunft, erträume als Retter der Menschen aus ihrem schändlichen Elend einen Rächer, einen Befreier, und bete aus der Ferne die Revolution an.

Zwischen Cimourdain, dem Bevollmächtigten des Konvents, den Marat zum Kommissar ernannt und mit außerordentlichen Vollmachten versehen hat, und Lantenac, dem Oberbefehlshaber der aufständischen Bauern der Vendée, steht die dritte Hauptperson des Romans: Gauvain. Er ist der Neffe des Marquis, aber der geistige Sohn Cimourdains, der ihn in früher Jugend seiner aristokratischen Abstammung entfremdet und im Sinne des Volkes erzogen hat.

Seine Aufgabe, mehr eine militärische als eine politische, ist die Niederwerfung des Vendéeaufstandes. Geschickt verknüpft der Dichter das politische Problem, den erbitterten Kampf zwischen Revolution und Konterrevolution, der in der tödlichen Feindschaft zwischen Cimourdain und Lantenac, den zwei Mitleidlosen, sehr spannend gestaltet wird, mit dem moralischen Problem in der Auseinandersetzung zwischen Cimourdain, dem Fanatiker der Revolution, und Gauvain, dem revolutionären Patrioten, der den Grundsatz vertritt: «Die Revolution ist Eintracht und nicht Schrecken.»

Höhepunkt dieser Konflikte ist die Belagerung von La Tourgue, der alten Burg der Gauvains im Wald von Fougères, in der sich Lantenac nach seiner Niederlage bei Dol mit dem Rest seiner Streitkräfte verschanzt hat. Hugos Reichtum an künstlerischen Mitteln zeigt sich hierbei vor allem wieder in starken Kontrasten. Einerseits schildert er mit realistischer Wirksamkeit das Vorspiel des mörderischen Kampfes um La Tourgue, die Verhandlungen zwischen Cimourdain und Lantenac, der freien Abzug für sich und seine Truppen mit der Drohung erzwingen will, daß er sonst die drei Geiseln, die in der Bibliothek eingeschlossenen Kinder der Michelle Fléchard, kurz vor der Einnahme der Burg verbrennen lassen werde; andererseits gestaltet er mit zarter Poesie das Idyll der nichtsahnenden Kinder in der Bibliothek, ihre Spiele und Träume, und mit feinem Humor die Vernichtung des dort auf einem Pult liegenden Folianten des heiligen Bartholomäus durch die drei kleinen Rangen.

Diese unnachahmliche Episode des «zweiten Märtyrertodes des heiligen Bartholomäus» ist nicht nur bezeichnend für die poetische Darstellungsweise Victor Hugos, sie läßt auch auf die dramatische Absicht schließen, die er verfolgt, wenn er das Kinderidyll in den Revolutionsroman einfügt. So wirken im Gegensatz zu dem lyrischen und humoristischen Intermezzo in der Bibliothek die schrecklichen Momente des Endkampfes zwischen den Belagerern und Verteidigern von La Tourgue besonders erschütternd: die Erstürmung der Festung, das furchtbare Handgemenge und grausige Gemetzel im Turm, die Flucht Lantenacs durch den unterirdischen Gang, die Anlegung des Brandes durch den Stellvertreter des Marquis, den unmenschlichen Imânus, der die drei unschuldigen Geiseln dem Feuertod ausliefert, die verzweifelte Situation der eingeschlossenen Kinder und ihre überraschende Rettung durch – Lantenac!

Mag die Handlungsweise des Marquis, die drei Kinder, die er doch selbst zu Geiseln gemacht und dem Untergang überantwortet hat, aus dem Flammenmeer herauszuholen, auch zunächst unwahrscheinlich erscheinen, so ist sie doch ein konsequenter Ausdruck des idealen Humanismus Victor Hugos, seines Vertrauens auf den Menschen, seiner Überzeugung, daß sogar in einer so grausamen Natur, wie sie Lantenac eigen ist, ein Rest von Menschlichkeit steckt, die durch eine «Erschütterung im Absoluten» wieder geweckt werden kann. Das ist der Grundgedanke dieser seltsamen Wandlung Lantenacs, gleichwie in den *Elenden* bei der entscheidenen Auseinandersetzung zwischen Valjean und Javert. Übrigens bildet die humane Verhaltensweise des Marquis die Voraussetzung für die Zuspitzung des moralischen Problems; denn die Gefangennahme Lantenacs, den Cimourdain, nach der Rettung der drei Kinder der Michelle Fléchard, zur Guillotinierung verurteilt, stellt Gauvain vor einer furchtbare Entscheidung: Wenn er den Marquis de Lantenac, den Feind Frankreichs, der die Engländer ins Land rufen will, diesen fanatischen Verfechter der Feudalherrschaft, diesen kriegerischen Mörder, begnadigt und rettet, so verrät er die Republik, und wenn er dessen Enthauptung zuläßt, so verstößt er gegen das Gebot der Menschlichkeit. Schließlich ringt er sich zu der ersten Entscheidung durch, weil ein solcher Sieg der Menschlichkeit über das Tier, wie ihn Lantenac bei der Rettung der drei Kinder gezeigt, ein solcher Triumph des Guten über das Böse verlangt, daß er, der Republikaner Gauvain, dem Monarchisten Lantenac an Großmut nicht nachstehe. So geht er nachts zum Burgverlies, gibt dem Gefangenen seinen Mantel, damit er ungehindert die Wachen passieren kann, und bleibt statt seiner im Kerker zurück. Damit wird nun auch Cimourdain vor die große Gewissensfrage gestellt, die er als fanatischer Jakobiner erbarmungslos entscheidet, indem er Gauvain auf dessen Wunsch vor das Revolutionstribunal bringt und ihn, trotz des Einspruchs der Armee, zum Tod auf dem Schafott verurteilt.

Der Grundwiderspruch in der Weltanschauung Victor Hugos, der politische Widerspruch zwischen seinem revolutionären Demokratismus und seinem utopischen Humanismus, tritt in aller Klarheit in dem philosophischen Gespräch zutage, das Cimourdain und Gauvain in der Nacht vor dessen Hinrichtung führen. Gauvain vertritt dabei im Gegensatz zu Cimourdain, dem Dogmatiker, das Prinzip der idealen Republik und legt in schwärmerischen Worten seinen Traum von der künftigen Gesellschaft dar – einer Gesellschaft ohne Krieg und Wehrpflicht, ohne das Schmarotzertum des Priesters, des Richters und des Söldners, mit gleichmäßiger Verteilung des Reichtums unter alle Schaffenden, mit der Gleichberechtigung von Mann und Frau, mit höchster Verantwortung gegenüber dem Kind als dem Träger der Zukunft. Es sind utopisch-sozialistische Ideen, die der Dichter hier Gauvain in den Mund legt und die beweisen, daß sein Roman Auffassungen widerspiegelt, die Victor Hugo vor allem in der Auseinandersetzung mit der Kommune gewonnen hat.

Konsequent entwickelt er den Charakter Cimourdains bis zum tragischen Ende, indem er zeigt, wie dieser radikale

Jakobiner an dem Tod Gauvains, seines geistigen Sohnes, innerlich zerbricht und wie er daher in dem Augenblick, da Gauvains Haupt unter dem Fallbeil fällt, sich selbst eine Kugel ins Herz jagt. Das ist seine Lösung des humanistisch-moralischen Grundproblems: «Und diese schicksalsverschwisterten Seelen, düster die eine, licht die andere, tauchten ineinander und schwangen sich vereint empor.» Dieses symbolische Schlußbild, in dem die Überzeugung des Dichters von der Notwendigkeit eines Ausgleichs zwischen dem radikalen und dem humanen Element ihren Ausdruck findet, zeugt von seinem historischen Optimismus, der *Dreiundneunzig* wohl zu seinem stärksten Roman nach den *Elenden* macht.

Seine Vorstellungen, wie eine Revolution durchzuführen ist, sind von der Geschichte widerlegt worden, geblieben aber sind die hohen Ziele, die er der Menschheit in ihrem Kampf um die Befreiung gesteckt hat.

Nach der Vollendung des Revolutionsromans, der im Jahre 1874 erschienen war, arbeitete Victor Hugo, jetzt wieder in Paris, an der *Légende des siècles (Legende der Jahrhunderte)* weiter, deren ersten Teil er bereits vor fünfzehn Jahren abgeschlossen hatte.

Merkwürdig ist die Entstehungsgeschichte dieses großen Epos. Der Gedanke hierzu war ihm eines Nachts in Guernsey gekommen, als ihm «die Mauer der Jahrhunderte, geschaffen aus Schrecken, Kummer und Leid» traumhaft erschien.

Die Legende der Jahrhunderte ist die Geschichte der Menschheit, gesehen von einem großen Dichter. Den Schlüssel zum Verständnis des Werkes hat Hugo gewissermaßen in seinem Roman *Dreiundneunzig* an jener Stelle gegeben, wo er sagt: «Die Geschichte hat ihre Wahrheit, und die Legende hat ihre Wahrheit. Die legendäre Wahrheit ist Erfindung, die aber als Resultat die Wirklichkeit ist. Übrigens haben Legende und Geschichte dasselbe Ziel: nämlich im vergänglichen Menschen den ewigen Menschen darzustellen.»

Der Dichter knüpft also an die Volkslegenden an, nicht

aber an die Werke der Historiker, mit denen er seiner Ansicht nach nicht wetteifern könnte. Zum Inhalt des Buches sagt er in seinem Vorwort: «Die Gedichte, aus denen sich dieses Werk zusammensetzt, sind aufeinanderfolgende Abdrücke des menschlichen Antlitzes, von Ewigkeit zu Ewigkeit, von Eva, der Mutter der Menschen, bis zur Französischen Revolution, der Mutter der Völker; Abdrücke, die bald von der Barbarei, bald von der Kultur, fast immer aber von der lebendigen Geschichte geprägt werden – Abdrücke von der Maske der Jahrhunderte.» Und schließlich bestimmt er das humanistische Ziel des grandiosen Epos durch den Grundsatz: «Diese Gedichte, deren Sujets verschieden sind, die aber von ein und derselben Idee inspiriert sind, haben als Verknüpfung einen Faden, der manchmal so dünn wird, daß man ihn nicht mehr sehen kann, der aber niemals zerreißt, den geheimnisvollen großen Faden des menschlichen Labyrinths, den Fortschritt.»

So zeigt er in der *Legende der Jahrhunderte* generell den kontinuierlichen Aufstieg der Menschheit, trotz aller Rückschläge durch Tyrannen, Könige und Priester, und gestaltet ihn individuell in Persönlichkeiten und Ereignissen, die für ihr Jahrhundert charakteristisch sind.

Warum er dafür als Ausdrucksform die Legende gewählt hat, ist nicht zuletzt eine ästhetische Frage. Die Legende ist zweifellos poetischer als die Historie.

Übrigens zeigt sich in diesem höchst eigenartigen Werk ein weiterer Widerspruch in der Weltanschauung Victor Hugos, nämlich der zwischen seiner konsequenten Ablehnung aller Formen einer kirchlichen Religion und seinem pantheistischen Glauben an die göttliche Beseeltheit der Natur, zwischen seiner Überzeugung von der unendlichen Vervollkommnungsfähigkeit des Menschen und seiner Auffassung von der Unerforschlichkeit des Universums.

Zur antiklerikalen Tendenz der *Legende der Jahrhunderte* bemerkt er selbst: «Vom ersten Schritt des Menschen zur Menschheit sollte der Dichter das verherrlichen und vergöttlichen, was die Freude der menschlichen Wesen in der

Stunde der Prüfung ausmacht: die Liebe. Hört in diesen ersten Seiten den Aufschrei des empörten Gewissens: ‹Nein, weder die Liebe noch die Mutterschaft sind Befleckungen, o Priester! Vertreibt sie nicht aus dem Paradies!› Im Garten Eden tauschten der Mann und das Weib die ersten Schwüre und die ersten Liebkosungen aus. Im Garten Eden wurde Eva zur Mutter.»

So vermenschlicht der Dichter in dem Zyklus *Von Eva bis Christus* den Inhalt der Bibel, die für ihn vor allem das vorgeschichtliche Buch der Menschheit ist, und besingt in der *Weihe des Weibes* die Mutterschaft Evas und die Entstehung des Menschengeschlechts, im *Gewissen*, einer Transposition der Kainlegende, die Herausbildung des moralischen Bewußtseins, im *Schlafenden Boas* die Reinheit der Liebe und den Segen der Nachkommenschaft, in der *Ersten Begegnung Christi mit dem Grab* die Wiedergeburt des Menschen in der Gestalt des Lazarus. Auf solche Weise gewinnen die biblischen Legenden an menschlichem Gehalt und an psychologischer Überzeugungskraft.

In dem Zyklus *Zwischen Giganten und Göttern* bekennt sich der Dichter zum Geschlecht des Prometheus und gibt seiner Verachtung des Olymps Ausdruck.

In dem Zyklus *Nach den Göttern die Könige* wendet er sich dem Altertum zu und gestaltet in zwei Stücken, in den *Dreihundert* und im *Gesang des Sophokles auf Salamis*, den Kampf zwischen der aufblühenden Kultur des alten Griechenland und der Barbarei des verfallenden Perserreiches. Der stärkste Ausdruck der entschiedenen Auflehnung Victor Hugos gegen die Unterdrückung der Menschen durch anmaßende Tyrannen, sei es durch die olympischen Götter, sei es durch die antiken Könige, ist das mythologische Gedicht *Der Satyr*, dessen Schlußverse lauten:

> Hoch über allem herrscht ein lichter, edler Geist,
> der Harmonie verbürgt, der Eintracht, Liebe heißt!
> Besänftigt sind die Wölfe! Platz ist für jedermann
> unterm Azur! – Knie nieder, Zeus, ich, ich bin Pan!

Doch bringt Victor Hugo der Antike, die ja der Hauptgegenstand der klassizistischen Dichtung war, kein besonderes Interesse entgegen. Einen sehr großen Raum beansprucht dagegen in seinem Epos das Mittelalter, dessen Wiederentdeckung ihm, wie allen Romantikern, schon in seiner Jugend am Herzen lag. Aber wie aus dem *Romanzero des Cid* hervorgeht, gibt er den mittelalterlichen Legenden eine antiroyalistische Tendenz, die seiner politischen Grundhaltung entspricht. So macht er aus Don Sancho, dem König von Kastilien, den der höfische Klassizist Corneille in seinem Cid-Drama zum gütigen und weisen Monarchen idealisiert hat, den «mißgünstigen, undankbaren, argwöhnischen, verworfenen, tückischen, räuberischen, prahlerischen, feigen, höhnischen, bösartigen König» und stellt ihm den «treuen und rechtschaffenen Cid» gegenüber, dessen Vasallencharakter er allerdings mit feiner Ironie enthüllt. In der Ballade *Montfaucon* deckt er das abscheuliche Bündnis zwischen Kirche und Königtum in einem Gespräch zwischen dem König Philipp von Frankreich und dem Erzbischof Bertrand auf, der auf Philipps Frage, wie er regieren solle, auf die gespenstischen Gestalten am Galgen deutet und mit einem zynischen Lachen erwidert: «So!»

Zu dem Zyklus *Der christliche Heldenkreis*, in dessen Mittelpunkt die Stücke *Rolands Hochzeit, Aymerillot* und *Der Königstag* stehen, bemerkt er im Vorwort, daß es sich hier um einzelne Blätter aus dem kolossalen Epos des Mittelalters handelt. Seine Gedichte beruhen auf den Büchern über die Heldentaten des Rittertums. An die Stelle der Gloriole aber, die in den höfischen Chroniken die Paladine Karls des Großen umgibt, tritt die unverschleierte Wahrheit, an die Stelle der schönen Phrasen vom edlen Waffenhandwerk, ritterlichen Turnierspiel, zarten Minnedienst die Enthüllung der blutigen Fehden, der Beutezüge, des brutalen Frauenraubs. Es ist eben ein Unterschied, ob man die Dinge von der hohen Warte der Herren oder vom Standpunkt eines alten Bettlers betrachtet, wie es im *Königstag* geschieht.

Was der *Legende der Jahrhunderte* ihre Eigenart, ihre Vielgestaltigkeit, ihre Farbigkeit verleiht, ist die Auffassung, die Victor Hugo von der schöpferischen Aufgabe des Dichters hat. Er hat sie einmal so definiert: «Wie der antike Zeus von Ägina drei Augen hat, so hat der Dichter einen dreifachen Blick. Die Beobachtung gilt der Menschheit, die Imagination gilt der Natur, die Intuition gilt dem Übernatürlichen. Auf Grund der Beobachtung ist der Dichter Philosoph und vielleicht auch Gesetzgeber, auf Grund der Imagination ist er Zauberer und Schöpfer, auf Grund der Intuition ist er Priester und vielleicht auch Verkünder. Als Verkünder von Tatsachen ist er Prophet, als Verkünder von Ideen ist er Apostel.»

Unter Intuition versteht Victor Hugo aber nicht etwa eine mystische Sehergabe, sondern vielmehr ein außergewöhnliches Erkenntnisvermögen oder eine geniale Voraussicht. Eine ebenso reale Grundlage hat sein Begriff vom Übernatürlichen. Es ist für ihn, wie er selbst erklärt, «die von uns allzuweit entfernte Welt oder das Unbekannte».

Unter dieser Voraussetzung ist es zu verstehen, warum er in der *Legende der Jahrhunderte* eine so poetische und so philosophische, sowohl von glühender Einbildungskraft als auch von tiefer Erkenntnis zeugender Darstellung des komplizierten Entwicklungsprozesses der Menschheit zu geben vermag. Besonders charakteristisch ist dafür der Zyklus *Die sieben Weltwunder*. In großartigen Bildern führt der Dichter hier vor Augen, unter welch unsäglichen Anstrengungen die sieben Weltwunder – die hängenden Gärten von Babylon, der Tempel von Ephesos, das Mausoleum von Halikarnassos, die Zeusstatue in Olympia, der Leuchtturm von Pharos, der Koloß von Rhodos und die Pyramiden – entstanden sind, und schildert dann, wie sie in der Abenddämmerung ihre Vorzüge rühmen, wie ihnen aber nachts der Erdenwurm den Grabgesang singt.

Dann setzt Victor Hugo seinen Gedankenflug durch das Mittelalter fort, der sich in Visionen von nahezu Dantescher Schrecklichkeit verliert. Er sagt in seinem Vorwort selbst dazu: «Übrigens sind die heiteren Bilder in diesem Buch selten; das hängt damit zusammen, daß sie eben in der Geschichte nicht häufig sind.» Tatsächlich scheint der Faden des Fortschritts zuweilen im Blutstrom der mittelalterlichen Geschichte zu verschwinden. In jenen Jahrhunderten, da die Völker unter dem Joch des Feudalismus stöhnen und noch in religiösen Vorurteilen aller Art befangen sind, prägen das Faustrecht, die Inquisition, die Folter das Antlitz der Menschheit. Überall, nicht nur in Europa, sondern auch im Orient, in Arabien und in der Türkei, scheint die Gewaltherrschaft der Fürsten und Priester, wie der Dichter in düsteren Gemälden zeigt, dem Aufstieg der Völker eine fast unüberwindliche Schranke zu setzen. Die Humanität verkörpert sich nur noch in vereinzelten großen Gestalten, in dem Ritter Eviradnus, der die Fürstin der Lausitz vor den Mordanschlägen ihrer Verwandten schützt und sie aus deren Gewalt befreit, in dem Marquis Fabrice, der die Ermordung der kleinen Isora an dem grausamen Kaiser Ratbert rächt, und in den Denkern und Dichtern, den Wegbereitern der Zukunft, Petrarca, Dante, Shakespeare und anderen, denen er im *Zyklus der Idyllen* ein Ehrenmal errichtet.

Im vierten Buch besingt er vor allem den Siegeszug der modernen Wissenschaft. Besonderes Interesse bringt er hierbei der Astronomie entgegen, denn sie bietet seiner Ansicht nach den großen Träumen unendlichen Raum. So hat er sich schon während seines Exils in Jersey und Guernsey immer wieder in den Anblick des gestirnten Himmels versenkt, tiefe Betrachtungen über unser Planetensystem, über die Struktur der Milchstraße, über die Nebelsterne angestellt und sie in Aufzeichnungen festgehalten, die durch ihren wissenschaftlichen Gehalt ebenso überraschen wie durch ihre poetische Form: «Der Himmel», sagt er, «bietet uns jenes beängstigende Phänomen dar: überall Licht und doch nirgends Gewißheit. Die unermeßlichen Entfernungen bewirken, daß der Himmel sich, genaugenommen, immer in einem Täuschungszustand befindet. Der Himmel, den wir sehen, ist nicht Gegenwart, sondern Vergangenheit. Der heutige Himmel ist uns unbekannt, wir

Juliette Drouet

haben den gestrigen Himmel vor Augen – ein Gestern, das bei bestimmten Gestirnen viele tausend Jahre weit zurückliegt ... Wer könnte in unserer Zeit wohl feststellen, ob es überhaupt noch einen Stern am Himmel gibt? Da die letzten Sterne unendlich weit von uns entfernt sind und die unendliche Entfernung sich niemals erschöpft, wird ihr Licht, auch wenn sie verschwunden sein sollten, noch immer zu uns gelangen; und wären alle Sterne am Himmel erloschen, so würden wir es nicht wissen. Wir würden in Ewigkeit in der Tiefe des Weltraums jene toten Sterne sehen. Doch das ist nicht alles! Welches Beförderungsmittel wollen Sie nehmen? Die Lokomotive legt in der Stunde fünfzehn Meilen zurück, der Orkan in der Stunde sechzig Meilen, die Kanonenkugel in der Stunde siebenhundert Meilen. Die Lokomotive schleppt sich dahin, der Orkan humpelt, die Kanonenkugel ist eine Schildkröte. Schwingen Sie sich auf den Lichtstrahl. Er ist viertausendmal schneller als die Kanonenkugel, viermillionenzweihunderttausendmal schneller als der Orkan, siebzehnmillionenmal schneller als die Lokomotive. Fliegen Sie auf dem Lichtstrahl in acht Minuten von der Erde zur Sonne, in vier Stunden von der Sonne zum Ozeanus, in drei Jahren und acht Monaten vom Ozeanus zum Centaurus, in achtundzwanzig Jahren vom Centaurus zum Polarstern, in siebzehntausendachthundert Jahren vom Polarstern zur Milchstraße, in fünf Millionen Jahren von der Milchstraße zum Nebelstern der Jagdhunde, so haben Sie noch keinen Schritt gemacht. Die Erscheinungen im Weltall fangen von neuem an. Immer liegt vor Ihnen das Unergründliche. Hinter dem Sichtbaren kommt das Unsichtbare, hinter dem Unsichtbaren das Unbekannte... Im Weltall liegt etwas Schwindelerregendes. Solche Dinge, wie wir sie behaupten, können nicht existieren, ohne eine Art Schauder auszulösen, der für den menschlichen Geist sichtbar und gleichsam der Schatten der gewaltigen Wirklichkeit ist. Der Mensch empfindet vor dem Immanenten seine Winzigkeit, die Kürze seines Lebens, seine Dunkelheit und das klägliche Zittern seines Sehstrahls. Was ist das also? Nichts, sagt ihr. Nichts?

Wie? Ich, ein Erdenwurm, sollte Intelligenz haben und jene Unermeßlichkeit sollte keine haben? Oh, verzeih ihnen, Abgrund!»

In solchen Meditationen spiegelt sich das Ringen Victor Hugos um Erkenntnis wider. Seine Vorliebe für die Astronomie, insbesondere aber der Gedanke an jenen Kometen, dessen Erscheinen der englische Astronom Edmund Halley für das Jahr 1759 vorausgesagt hatte (eine Voraussage, die ein schallendes Gelächter unter den zeitgenössischen Gelehrten und einen Entrüstungssturm unter den orthodoxen Geistlichen hervorrief), hat ihn zu einem seiner originellsten Gedichte angeregt:

Der Komet

Ihr Träumer, seht, das ist Prometheus, und
 zerfleischt
wird sein wie euer Herz vom Aar, der höhnisch
 kreischt!
An Hand und Fuß tragt ihr dieselben Eisenbande!...
Lichtbringern droht noch heut ein Berg von Haß
 und Schande.
Wie einst Empedokles, gebrandmarkt von der
 Welt,
wird an den Pranger noch manch edler Geist
 gestellt,
stöhnt auf manch ein Genie noch unter
 Folterqualen.
Hätt jener Halley einst der Plebs in Rom
 mißfallen,
zum Schindanger geschleppt, wär ihm gewiß
 der Tod.
Athen selbst hätte ihn verjagt mit Hohn und
 Spott,
vielleicht sogar verbrannt als arglistigen
 Ketzer.

Nie ward ein Mensch wie er wie ein
Gesetzverletzer
von jedermann verfolgt, verachtet und verlacht,
allmählich zur Verzweiflung rücksichtslos gebracht
von den Gescheiten selbst, nicht Gimpeln nur
und Laffen,
am schrecklichsten jedoch von wild gewordnen
Pfaffen.
Ließ er sich irgendwo mal auf der Straße sehn,
gab's einen Auflauf gleich, die Gaffer blieben
stehn
und schrien ihm hinterher: «Das ist er, der
Kometen
entdeckt! Der Narr, hält sich für einen
Heilspropheten!»
Und Hohngelächter stieg zum Himmel schallend
auf.
Der Ärmste floh beschämt und starb gar bald
darauf.
...
Wer etwas Neues denkt und wagt es zu verkünden,
wird vom Gespött der Welt im Grab nur Ruhe
finden.
...
Nach dreißig Jahren erst – man sprach von
ihm nicht mehr –
erschien grad zu der Zeit, die er gesagt
vorher,
in einer klaren Nacht am himmlischen Gefilde
ein bläulich schimmerndes, irrlichterndes Gebilde,
ein seltsam flackerndes, erschreckendes Gestirn,
das langsam sich erhob über der Berge Firn.
Bedrohlich nahte es, erweckte Furcht und Schauer,
als kröch ein böser Geist über die Gartenmauer,
stieg auf zum Firmament, erhellte weit die Nacht
der Morgenröte gleich mit purpurroter Pracht.
Das Gras der Hügel, das die Trauernden benetzen

mit Tränen, es begann zu zittern vor Entsetzen,
als stiege ein Gespenst aus seinem Grab herauf ...
Und plötzlich loderte grell eine Flamme auf
Millionen Meilen lang, als wollte sie umschlingen
den ganzen Erdenball. ... Und donnernd
schien's zu klingen
herab vom Firmament, höllisch und fürchterlich:
«Ihr Blindgesichtigen! Hier bin ich! Seht ihr mich?»

Auch die Gegenwart wurde zur Legende. Dabei schöpfte der Dichter aus seinen Erinnerungen an die Fischerbevölkerung von Jersey und Guernsey. Von ihrem harten Leben, ihrem Kampf gegen die Naturgewalten, ihrem kargen Alltag, ihrer Hilfsbereitschaft gab er ein ergreifendes Bild in dem tiefempfundenen Gedicht *Die armen Leute.* Es ist wahrhaftig ein hohes Lied auf die Aufopferung der bedürftigen Fischer, die tagein, tagaus der See, dem Unwetter, dem Sturm die Stirn bieten, ein durchaus unsentimentales Gedicht, aus dem die Liebe Victor Hugos für das arbeitende Volk, seine Tatkraft, seine Solidarität spricht.

In großartiger Weise vollendete der Dichter den Grundgedanken seines gewaltigen Versepos – den Aufstieg des Menschen aus der Finsternis zum Licht – in den beiden Schlußgesängen. Er liebte es, die Unergründlichkeit des Meeres in kühnen Metaphern darzustellen, und erreichte daher einen Gipfel seiner bildhaften Kunst in dem Gesang *Auf hoher See.* Einige Zeilen daraus sollen dafür sprechen:

Abgrund, grollendes Meer, voll von
Unheimlichkeiten!
Wind, Wirrsal wie die Welt im Wechsel der
Gezeiten!
Gewoge ohne Ruh, so weit das Auge reicht,
vom Sturmwind aufgewühlt, der anbraust und
entweicht!
Die Flut – ein Leichentuch, ein Todestor
der Himmel,

ein schwarzer Wolkenwald, wo nirgends im
Getümmel
die Arche Noahs winkt, wo keine Taube naht! ...

Oh, schwebte jetzt der Geist, der dies
erschaffen hat,
darüber hin, wär er imstande zu erkennen
die Grenze noch, an der sich Erd und Himmel
trennen?
Ist's Lärm und Finsternis, was hier so
schaudern macht,
ist's die Unendlichkeit der See in solcher
Nacht?
Scheint nicht ein Ungetüm dort auf der Flut
zu schweben,
jäh zu versinken, um sich wieder zu erheben? –
Formlos und häßlich ist's, wie ein Gerippe kahl.
Vielleicht ist's das Skelett von einem toten Wal?
Doch nein, aus Eisen ist's! Könnt man den Augen
trauen,
ist's von der Art, in der Titanen Schiffe bauen!
...

Da löst das Rätsel sich ... Die Wolkenwand
zerbricht,
den Bug des Ungetüms streift plötzlich fahles
Licht,
das zitternd lesbar macht, aufschimmernd nur
Sekunden,
das Wort «Leviathan», doch augenblicks
verschwunden
ist's mit dem Schattenwrack, das, jäh vom Sturm
zerschellt, versinkt ...
Leviathan ... das ist die alte Welt,
die morsch wie dieses Wrack – mag sie sich groß
noch dünken –
besudelt und verderbt, verdammt ist zu versinken.

An die grandiose Schilderung jenes verderbenbringenden Kriegsschiffes und seines Untergangs in den Fluten des Weltmeers knüpft der Dichter schließlich die naheliegende Frage:

Die Welt versank ... doch wie? versank der Mensch
zugleich,
vergänglich wie er ist, im ewigen Schattenreich?
Gab's keine Fähre, die ihn hätte retten können? –
Der Ozean ist leer, kein Segel zu erkennen,
die Flut ist stumm, die hier der einzige Zeuge wär,
nur Möwen flattern noch erschrocken hin und her,
wenn sie die Spukgestalt des Leviathan erspähen.
Kann denn wie welkes Laub der Mensch im Wind
verwehen,
bleibt gar am Ende nichts als Staub von ihm zurück
in der Gezeiten Spiel? – Ein aufmerksamer Blick
müßt irgendwo im Raum von ihm noch etwas finden! –
Sucht er umsonst danach selbst in des Meeres
Gründen? ...
Nein, schaut zum Himmel auf!

Die überraschende Antwort auf die Frage, wo der Mensch geblieben sei, gibt der Dichter, wieder ein symbolisches Darstellungsmittel verwendend, im letzten Gesang *Hoher Himmel.* Das Auftauchen eines Ballons am Horizont regte ihn zu den folgenden Zeilen an:

Hoch überm finstren Meer am fahlen Himmelsdom,
in einem Wolkenspalt erscheint wie ein Phantom
ein kleiner grauer Punkt. – Doch seht, er bleibt
nicht stehen,
er fliegt, er steigt empor weit in des Äthers Höhen!
Nun senkt er sich herab! – Gehorcht er nur
dem Wind,
tut er's mit eigener Kraft? – Er nähert sich
geschwind,

und seine Kugelform läßt deutlich sich erkennen,
ist wie der Erdball rund ... Wie könnte man benennen
dies wunderliche Ding, das wie ein Vogel fliegt,
dies Wolkenschiff, das kühn die Schwerkraft hat
besiegt?
...

Der große Aufbruch ist's, den Gott dereinst gebot,
der Mensch bricht in den Himmel ein trotzend
dem Tod.
Erstaunt reißt Isis sich den Schleier von den
Augen,
bestürzt darob, wozu Holz, Stahl und Leinwand
taugen.
Von Erdenschwere macht der Mensch sich frei,
er fliegt,
hat mit vereinter Kraft, wie Gott ihn hieß, besiegt
den Stoff, aus dem er ist, gelöst sich aus den
Zwängen
irdischer Ketten, die ihn allzulang beengen!
Wie ein Orkan brach auf sein kühner, stolzer Geist,
der ins Unendliche ihn aufzusteigen heißt.

So zeigt dieser Abschluß der *Legende der Jahrhunderte*, wie eng Victor Hugo noch immer mit allen Problemen seiner Zeit verbunden war, wie begeistert er den Siegeszug der modernen Technik miterlebte, wie freudig er das Vordringen des Menschen in den Himmelsraum begrüßte. Bereits von Guernsey aus hatte er die Verbindung mit einem der ersten Pioniere der Luftfahrt aufgenommen und ihm im Frühling des Jahres 1869 die aufschlußreichen Zeilen geschrieben: «Ich glaube an allen Fortschritt. Die Luftfahrt erwächst aus der Seefahrt. Vom Wasser muß der Mensch in die Luft aufsteigen. Überall, wo man in der Schöpfung atmen kann, dringt der Mensch in die Schöpfung vor. Unsere einzige Grenze ist das Leben.»

Trotz seines hohen Alters ließ es sich der Dichter nicht

nehmen, als einer der ersten, zusammen mit Juliette Drouet, im Fesselballon über Paris aufzusteigen, um gewissermaßen der Zukunft entgegenzufliegen. Daher seine reale Erkenntnis der unbegrenzten Schöpferkraft des Menschen, die eine bisher ungeahnte Epoche der menschlichen Entwicklung eröffnete, und daher jener Enthusiasmus, mit dem er im *Hohen Himmel* diese Schicksalsstunde feierte. Mit der Schilderung dieses epochemachenden Ereignisses verknüpfte er die Überzeugung, daß die Luftfahrt den Menschen auch jene so sehnlich gewünschte Freiheit erschließen würde.

Wohin fliegt dieses Schiff? – Es bricht aus trüber Zeit
zu lichter Zukunft auf, wo Anstand, Sittlichkeit,
wo Kunst und Wissenschaft gedeihn,
wo Armut, Haß und Neid durch Weisheit sind gebannt,
wo alle glücklich sind, da Frieden herrscht im Land.
Denn all dem wird es dienstbar sein!

Wo Rechtlichkeit, Vernunft und Brüderlichkeit lebt,
wo echte Frömmigkeit und Wahrheit wird erstrebt,
verpönt sind Heuchelei, Betrug,
wo nicht, was schön und gut, was groß ist, wird verkannt,
wo sich um alles schlingt der Liebe süßes Band,
da spürt man seinen Sternenflug.

Es eint von Land zu Land die Geister überall,
bringt Zivilisation, verheißt wie ein Fanal
das Ende aller Tyrannei
mit ihrer Mordjustiz, mit Pranger, Folterbank,
Galgen und Henkerbeil, bis frei von allem Zwang
der Mensch besiegt die Sklaverei.

Nicht einen Augenblick kam dem Dichter der Gedanke, daß die Eroberung des Himmelsraumes auch schreckliche Folgen zeitigen könnte: die Vernichtung ganzer Städte durch den Feuerregen aus der Luft in künftigen Völkerkriegen.

18

Schmerz der Trennung und letzte Liebe

Unfaßbar war es für die Öffentlichkeit, daß Victor Hugo mit siebzig Jahren, nach einem so bewegten und aufreibenden Leben, noch solche Meisterwerke zu schaffen vermochte. Auch die äußere Erscheinung des Dichters, die hellen Augen, lebhaften Gesten, seine sonore Stimme, zeugten von ungebeugter Lebenskraft. Er hielt sich aufrecht, die Stirn war gefurcht, aber seinc Augen strahlten nach wie vor wie die eines Propheten, der noch manche Wahrheit zu verkünden hat.

Seine Freunde fragten ihn zuweilen im Scherz, welchem Elixier er seine unerhörte Vitalität zu verdanken habe. Ein Grund dafür lag sicher in seiner streng geregelten Lebensweise. Er stand noch immer um fünf Uhr morgens auf, nahm ein kaltes Bad, im Winter wie im Sommer, frühstückte, arbeitete bis zwölf Uhr, speiste zu Mittag, verbrachte den Nachmittag mit Ausflügen in die Umgebung von Paris, den Abend mit Besuchen von Theatern und Konzerten oder in seinem Haus in der Avenue d'Eylau in angeregtem Gespräch mit seinen Gästen: Schriftstellern, Malern, Philosophen, Politikern und geistvollen Frauen.

Das Altern bereitete ihm keine Sorge; es war für ihn ein naturnotwendiger Prozeß, den er mit Gelassenheit hinnahm. «Im Alter», hatte er einmal bemerkt, «legt man von Jahr zu Jahr den alten Menschen ab, das heißt eigentlich den jungen. Gewisse Aspekte ändern sich. Was in den Anschauungen vergänglich ist, verfällt mit dem, was in den Ereignissen vergänglich ist; die Oberfläche des Geistes verändert sich wie das Gesicht. Die menschliche Existenz beruht nun einmal auf einer solchen sukzessiven Entäußerung, und die Dinge des Lebens entstehen und vergehen wie die Wellen des Ozeans. Aber inmitten der unvermeidlichen Veränderungen muß das Wesentliche bestehen bleiben. Es ist gut, daß das Innere des Menschen sich behauptet; das heißt, daß eine bestimmte Identität sich niemals verleugnet. Es muß etwas verschwimmen und zugleich etwas beharren. Ein anderer werden, während man sich selbst gleichbleibt – das ist das ganze Problem.»

Er hatte eine dialektische Auffassung vom Verlauf des menschlichen Lebens und sah dessen Gesetz in der unaufhörlichen Veränderung der äußeren Gestalt des Menschen und in der Unvergänglichkeit seines Wesens. So hatten auch zahlreiche Schicksalsschläge seinen Lebenswillen und seine Schöpferkraft nicht zu brechen vermocht. Wie viele seiner Angehörigen waren ihm durch den Tod entrissen worden! Wie vielen Freunden hatte er das letzte Geleit gegeben! Trotz alledem blieb er ein optimistischer Mensch.

Im Jahre 1850 erlebte er zum erstenmal den Verfall eines großen Geistes in seiner ganzen Schrecklichkeit, im Hause Balzacs in der Nacht vom 18. zum 19. August – ein furchtbarer Eindruck, den er in seinen Erinnerungen festgehalten hat: «Ich war im Zimmer Balzacs. Sein Bett stand inmitten des Raums. Es war ein Mahagonibett mit Traversen und Gurten; am Fuß- und Kopfende war eine Apparatur angebracht, die dazu bestimmt war, den Kranken zu bewegen. Balzac lag in diesem Bett, den Kopf auf eine Menge von Polstern gestützt, auf die man noch die roten Damastkissen vom Kanapee des Zimmers gelegt hatte. Sein Gesicht war violett, fast schwarz, nach rechts geneigt, der Bart unrasiert, das Haar grau und kurzgeschnitten, das Auge offen und starr ... Als ich dann durch den Salon ging, blickte ich auf die Büste Balzacs, ein lebloser Gegenstand, von dem doch eine bestimmte Ausstrahlung ausging, und ein Vergleich zwischen Tod und Unsterblichkeit drängte sich auf.»

Am anderen Tag hielt er auf dem Friedhof Père-Lachaise am Grabe Balzacs, seines großen Antipoden, die Gedenkrede auf den gestorbenen Dichter und dessen unvergängliches Werk, die *Menschliche Komödie*: «Alle seine Bücher bilden nur ein Buch, in dem man sieht, wie mit einer der Wirklichkeit innewohnenden gewaltigen Regsamkeit unsere Kultur kommt und geht, sich entwickelt und vorwärtsschreitet; ein großartiges Buch, das der Dichter Komödie nannte, aber auch Geschichte hätte nennen können; ein Buch, das alle Formen und Stilarten annimmt, das Tacitus übertrifft und das bis auf Suëton zurückgeht, das über

Beaumarchais bis zu Rabelais reicht; ein Buch, das zugleich auf Beobachtung und Einbildung beruht, das das Wahre, das Vertraute, das Bürgerliche, das Triviale, das Materielle in Überfülle vermittelt und das zuweilen inmitten aller jener entschleierten Realitäten das düsterste und tragischste Ideal ahnen läßt. Der Verfasser dieses unermeßlichen und merkwürdigen Werkes gehört, ohne es zu wissen oder zu wollen, ob er es zugibt oder abstreitet, zum starken Geschlecht der revolutionären Schriftsteller ...»

Nach dieser Würdigung des Meisterwerkes Balzacs widmete Victor Hugo dem großen, aber schweren Leben des Gestorbenen tiefbewegte Worte: «Dieser gewaltige, nimmermüde Arbeiter, dieser Philosoph, dieser Denker, dieser Dichter, dieses Genie hat ein Leben voller Stürme und Kämpfe gelebt, wie es zu allen Zeiten allen großen Männern beschieden ist. Nun ruht er in Frieden. Er ist jetzt über allen Streit und allen Haß erhaben. An ein und demselben Tag geht er ein in das Grab und in den Ruhm.»

Und er schloß seinen Nachruf auf Balzac mit einer Betrachtung über das Wesen der Unsterblichkeit: «Es ist nicht das Ende, es ist der Anfang! Es ist nicht das Nichts, es ist die Ewigkeit! Ist es nicht so? frage ich Sie alle, die Sie mir zuhören. Angesichts dieses erhabenen Toten empfindet man noch deutlicher das göttliche Schicksal jener Intelligenz, die unsere Erde durchwandert, um zu leiden, um sich zu läutern, und die man den Menschen nennt. Und man fühlt: Es kann nicht sein, daß ein Genie nach seinem Tode nicht weiterlebt!»

Dieser Glaube Victor Hugos an die Unsterblichkeit der Seele hat nichts mit Fideismus zu tun; er beruhte auf einer sublimierten Religiosität, auf der Überzeugung, daß die Seele des Menschen in dem Werk fortlebt, das er geschaffen hat. Aus diesem Grunde sah er stets mit großer Fassung dem Tod entgegen, der ihm nach und nach alle seine Angehörigen und seine liebsten Freunde raubte.

Anfang Februar 1872 schien es, als sei ihm ein freudiges Ereignis beschieden. Da wurde ihm eines Morgens der

Besuch einer Madame Céline Alvarez Baá aus Barbados gemeldet, die er seines Wissens nicht kannte. Es war – wie er zu seinem Erstaunen feststellte – eine sehr schöne Negerin, eine wahre «schwarze Venus», begleitet von einem verschleierten jungen Mädchen – seiner Tochter Adèle! Aber die endlich Heimgekehrte legte Symptome einer schleichenden Geisteskrankheit an den Tag. Das Wiedersehen mit ihrem Vater, den sie nicht wiederzuerkennen schien, führte zu einer Verschlechterung ihres Nervenleidens, und so mußte er sie wenige Tage darauf in einem Sanatorium zu Saint-Mandé unterbringen.

Es war wahrhaftig so, als laste ein dunkles Verhängnis auf der Familie Victor Hugos, denn im Jahr darauf wurde ihm auch sein letzter Sohn François-Victor genommen, der nach langem Leiden einem Herzschlag erlag. Gustave Flaubert, der dem Begräbnis beiwohnte, staunte über die stoische Haltung, mit welcher der Vater diesen Verlust trug.

Im Jahre 1876 verlor Victor Hugo einen seiner besten Freunde, den Publizisten und Philosophen Edgar Quinet, der wie der Dichter nach dem Staatsstreich vom 2. Dezember stolz das harte Los der Verbannung ertragen hatte. Fast die ganze Generation, die im Jahre 1830 unter Hugos Führung den Kampf für eine neue Kunst aufgenommen hatte, war inzwischen verstorben. Nerval, der hochbegabte junge Dichter, hatte sich das Leben genommen; der sensible Musset war an seiner unglücklichen Liebe für George Sand zerbrochen und im Delirium gestorben; die schöne Delphine Gay war, äußerlich furchtbar entstellt, einem Krebsleiden erlegen; der absonderliche Vigny war an seinem chronischen Pessimismus zugrunde gegangen; Mérimée, berühmt als Verfasser korsischer Novellen, hatte als Günstling Napoleons III. ein unrühmliches Ende genommen.

Im Juni des Jahres 1876 erreichte Victor Hugo die Nachricht, daß im Schloß von Nohant mit George Sand auch die bedeutendste Vertreterin der progressiven Romantik aus dem Leben gegangen war. Ein reger Briefwechsel verband ihn seit langem mit der großen Vorkämpferin der

Frauenemanzipation, der geistvollen Journalistin und hervorragenden Schriftstellerin, die als erste – ähnlich wie er – in ihren Romanen den Enterbten der Gesellschaft das Wort gab und für deren Rechte eintrat.

Sein Nachruf begann mit den Worten: «Ich beklage eine Tote und grüße eine Unsterbliche ...» Dann erläuterte er ihre einzigartige Rolle in der Literatur: «George Sand nimmt in unserer Zeit eine Sonderstellung ein. Neben großen Männern ist sie die große Frau. In unserem Jahrhundert, das die Aufgabe hat, die Französische Revolution zu vollenden und die Revolution der Menschheit zu beginnen, und in dem die Gleichberechtigung der beiden Geschlechter zur Gleichheit aller Menschen gehört, war eine große Frau notwendig. Diese Frau mußte beweisen, daß sie alle unsere männlichen Gaben besitzen kann, ohne etwas von ihren himmlischen Gaben zu verlieren, daß sie stark sein kann, ohne aufzuhören, zart zu sein. George Sand ist der Beweis dafür. Es muß wohl jemand Frankreich Ehre machen, da ihm so viele andere Schande bereiten. George Sand wird der Stolz unseres Jahrhunderts und unseres Landes sein. Sie war ein großes Gefühl wie Barbès, ein großer Geist wie Balzac, eine große Seele wie Lamartine. Sie trug in sich die Harfe. In jener Epoche, in der Garibaldi Wunder vollbrachte, schuf sie Meisterwerke.»

Da die großen Toten im Gedächtnis des Dichters fortlebten, kannte er auch im Alter eigentlich keine Einsamkeit. Außerdem war und blieb er bis zu seinem letzten Atemzug mit allen die Welt bewegenden Fragen durch seinen neuen Freundeskreis verbunden. Tagsüber herrschte in seinem Haus – er wohnte im Erdgeschoß mit seinen beiden Enkeln, Georges und Jeanne, und Juliette Drouet im ersten Stock – jene Stille, deren er für seine Arbeit bedurfte; aber abends erschienen seine Freunde, Vertreter der Kunst und Literatur, Philosophie und Wissenschaft, und es wurden Gespräche um Probleme aller Art geführt.

Hatten sich im blauen Salon Philosophen um ihn geschart, so bewegte sich die Unterhaltung – oft bis zum frühen

Morgen – um Fragen der Erkenntnis der Welt durch den Menschen und dergleichen. Eines Abends warf er die Frage auf, was das Schicksal sei, und seine Freunde staunten. Er, der in seiner romantischen Jugend seinem Roman *Notre-Dame von Paris* die Idee eines über den Menschen waltenden Verhängnisses zugrunde gelegt hatte, gelangte jetzt zu einem realen Schicksalsbegriff und daher zu dem überraschenden Resultat: Der Mensch ist Herr über sein Schicksal.

An einem anderen Abend, als der Maler Courbet mit Künstlern und Wissenschaftlern im Hause Victor Hugos weilte, kam die Rede auf die neue, von den Brüdern Goncourt begründete und von Émile Zola weiterentwickelte Literaturrichtung, den Naturalismus. Courbet behauptete: «Ich habe eine wirkliche, durchaus wirkliche Mauer gemalt, ich habe mir dabei ebensoviel Mühe gegeben, wie Homer sich gegeben hat, um den Schild des Achilles zu beschreiben, und wahrhaftig, meine Mauer ist ebenso gut, wenn nicht besser als sein Schild, dem viele Details fehlen.»

Aber der Journalist Barbou widersprach ihm: «Nun, ich ziehe den Schild des Achilles vor, weil er schöner ist als Ihre Mauer und weil dieser auch etwas fehlt.»

«Was denn?»

«Das, was man zuweilen am Fuß der Mauern findet und was ein anderer eines Tages hinzufügen wird, um noch realistischer zu sein als Sie.»

Hier griff Victor Hugo in die Auseinandersetzung der beiden ein: «Deshalb», sagte er, «finde ich die sogenannten realistischen Werke schlecht.»

«Verzeihen Sie, lieber Meister», unterbrach ihn Barbou, «aber mir scheint, daß zumindest eines jener Werke in anerkennenswerter Absicht geschrieben ist. Ich sehe sogar einen großen Nutzen in dem erschütternden Bild der Gefahren des Alkoholismus, in der Darstellung des furchtbaren Verhängnisses, dem sich die Arbeiter aussetzen, wenn sie wegen der Kneipe die Werkstatt und wegen der Ausschweifung die Pflicht vernachlässigen.» Offenbar spielte er auf Zolas naturalistischen Roman *Der Totschläger* an.

«Das mag sein», antwortete Hugo, «trotzdem ist das Buch schlecht. Es zeigt gewissermaßen mit Behagen die gräßlichen Plagen des Elends und der Verkommenheit, in die der Arme abgleitet. Die volksfeindlichen Klassen haben sich an dieser Darstellung geweidet. So sind alle Arbeiter, sagen sie. Ich nehme an, diesem Umstand ist auch der Erfolg des Buches zu verdanken.»

«Aber, Meister», wandte Barbou ein, «der Verfasser des Buches zeigt doch anfangs einen rechtschaffenen und glücklichen, auf Ordnung und Sparsamkeit beruhenden Haushalt und beschreibt erst dann, um eine Lehre zu erteilen, wie Faulheit und Trunksucht zu Elend und Verkommenheit führen.»

»Dennoch; es gibt Dinge, die man nicht darstellen darf. Man halte mir nicht entgegen, daß all das wahr sei und sich so abspiele. Ich weiß es, ich bin selbst in jenes Elend hinabgestiegen, aber ich will nicht, daß man es zur Schau stellt. Ihr dürft das nicht tun, ihr habt nicht das Recht, das Elend nackt zu zeigen. Ich weiß, wie das Volk leidet und zu welchen Lastern und Verbrechen die Bedürfnisse, die ungestillten Begierden, die tierische Promiskuität, zu der die Wohnungsnot zwingt, schließlich führen. Aber schuld daran ist nicht das Volk, schuld daran seid ihr, deren Luxus auf solchem Elend beruht. Ich lasse nicht zu, daß ihr das Volk mit seinen Wunden und seinem Aussatz, die ihr nicht zu heilen vermochtet, sondern nur verschlimmert habt, an den Pranger stellt.»

Um seine Ablehnung der naturalistischen Methode zu erhärten, wies er auf seine Darstellungsweise in den *Elenden* hin und erklärte: «Ich habe mich nicht gescheut, Leid und Schande des Elends aufzudecken. Ich habe als Personen einen Zuchthäusler und eine Straßendirne genommen, aber ich habe jenes Buch in der Absicht geschrieben, sie aus ihrer Erniedrigung zu erheben. Das ist mir wohl auch keinesfalls mißlungen. Ich habe die Not erforscht, um sie zu lindern und zu beseitigen. Ich habe sie als Arzt und als Moralist untersucht, aber ich lehne es ab, daß man als Indifferenter oder

Victor Hugo und Auguste Vacquerie
bei Paul Meurice in Veules

als Neugieriger im Elend wühlt, und niemand hat das Recht dazu.»

Diese entschiedene Ablehnung des aufkommenden Naturalismus lag in der Kunstauffassung Victor Hugos begründet, der schon in seiner romantischen Jugendphase den Grundsatz aufgestellt hatte: «Die Poesie liegt in den Ideen, die Ideen kommen aber von der Seele.... Die Poesie der Seele ist es, die sowohl hochherzige Gefühle und Handlungen als auch hochherzige Schriften anregt.» Auf Grund dieser Maxime, der er bis in sein hohes Alter treu geblieben war, verwarf er die naturalistische Literaturrichtung als ideenlos, oberflächlich die Wirklichkeit kopierend und nicht auf die Erziehung des Menschen hinwirkend, ebenso wie die modernistische Poesie eines Charles Baudelaire. Zwar hatte er zunächst viel auf das Talent dieses jungen Dichters gegeben und ihm im Jahre 1857 – nach dem Verbot seines Gedichtbandes *Die Blumen des Bösen* durch die bonapartistische Zensur – den sonderbaren Glückwunsch übermittelt: «Eine der seltenen Auszeichnungen, die das gegenwärtige Regime gewähren kann, ist Ihnen soeben zuteil geworden. Im Namen dessen, was es Gerechtigkeit und Moral nennt, sind Sie verurteilt worden; das bedeutet einen Lorbeerkranz mehr.» Das war ein aufrichtiger Ausdruck seines politischen Solidaritätsgefühls. Gleichviel: der nihilistische Ideengehalt der meisten Gedichte Baudelaires, die durch ihre meisterhafte Form wohl bestechen, aber ein hoffnungsloses Bild vom Menschen geben, mußte dem großen Humanisten widerstreben.

Wenn im Hause Victor Hugos auch noch immer rege Geselligkeit herrschte, so vermißte er doch in seiner Umgebung die leidenschaftliche Liebe einer Frau. Juliette Drouet war ihm eine aufopfernde Freundin; sie leitete seinen Haushalt, sie stellte die Liste der Gäste für den Abend auf, sie bestimmte die Tischordnung, damit es nicht zu Reibereien zwischen dem gravitätischen Renan und dem bissigen Flaubert kam; sie tischte seinen Freunden die köstlichsten Gerichte auf, Trüffelpasteten, normannische Seezungen, Brathühnchen mit Pommes frites und Kressesalat, und sorgte für die entsprechenden Weinsorten, Madeira und Burgunder. Aber wenn sie nach Tisch im Salon auf ihrem Sessel neben dem Kamin saß, wirkte sie in ihrem schlichten schwarzen Kleid und dem silberweißen Haar, frühzeitig verblüht, wie eine Greisin. Traurig hing sie Erinnerungen an ihre romantische Jugendzeit nach, an solche liebenswerten Poeten wie Dumas und Musset und an ihre Triumphe auf der Bühne. Sie fühlte sich nicht wohl im Kreise solcher Parnassiens der Literatur wie Leconte de Lisle und Sully-Prudhomme, die sie allzu gekünstelt, ja steif fand, und solcher Doktrinäre des Positivismus wie Renan und Taine, für die das Leben eine nüchterne Rechnung zu sein schien. Meistens nickte sie also, ungeachtet der lebhaften Unterhaltung in ihrer Umgebung, in ihrem Sessel ein. Beim Aufbruch der Besucher aus ihrem Halbschlummer aufgeschreckt, schämte sie sich ihrer Müdigkeit.

«Unsere Liebe», sagte sie einmal zu dem Dichter, «muß

stärker sein als unsere Schwäche. Das Alter kann den Körper entwaffnen, aber die Liebe macht die Seele unverwundbar. Ich fühle mich stärker denn je, da ich dich noch immer so sehr liebe wie einst.» Doch im Vergleich zu ihrem «Olympio», der ihr kraftvoll wie eine knorrige Eiche erschien, kam sie sich wie eine Ruine vor.

Das Schönheitsbedürfnis des Dichters, das er einmal in den Worten ausgedrückt hatte: «Die unverhüllte Frau ist wie der blaue Himmel, Wolken und Gewässer stören die Betrachtung; Schönheit und Unendlichkeit wollen unverschleiert gesehen sein», vermochte die jäh gealterte Juliette, die an Magenkrebs litt, schon seit langem nicht mehr zu befriedigen. Sie wußte dies sehr wohl und schrieb ihm daher eines Nachts, als er zur Ruhe gegangen war: «Geliebter, die Trennung, die ich wie ein Unglück fürchte, ist nun eine feststehende Tatsache. Gott gebe, daß es für mich nicht das baldige Ende allen Glücks sei! Mein Herz ist voll banger Ahnungen. Das Stockwerk, das uns trennt, ist wie eine abgebrochene Brücke zwischen unseren Herzen, über die keine Freude und keine Hoffnung mehr kommen können.»

Aber trotz ihres stillschweigenden Verzichts setzte sie ihm noch immer mit ihrer Eifersucht zu. «Wie die Wahrheit auch sein mag», hielt sie ihm vor, «sie ist doch in allen Situationen des Lebens besser als Doppelzüngigkeit und Lüge. Man liebt sich um so mehr, je mehr man sich schätzt. Die stolze Auflehnung meiner Seele gegenüber der Deinigen gilt dem göttlichen Menschen, der Du bist, und nicht dem vulgären, tierischen Idol der zynischen Liebe, das Du nicht bist. Dein Morgen war rein, Dein Abend soll ehrwürdig sein. Ich möchte Dich, solange ich noch zu leben habe, vor gewissen Verirrungen bewahren, die der Erhabenheit Deines Genies und Deines Alters unwürdig sind.»

Aber der Dichter, der solche ätherische Verehrung nicht liebte, lächelte über ihre Moralpredigt und nannte sie seine «Schulmeisterin».

Juliette haßte vor allem jene «Blaustrümpfe der Literatur», die ihm abends schöne Augen machten, und beklagte sich darüber bei ihm: «Ich will dir deine Abenteuer nicht zum Vorwurf machen, aber ich kann nicht umhin festzustellen, daß meine Liebe eine traurige Rolle spielt inmitten all jener Koketten, die mit dem erstbesten ebenso tändeln wie mit dir.»

Diese anzügliche Bemerkung zielte auf Judith Gautier, die junge Gattin des Dichters Catulle Mendès, die sich in der schönen Literatur versuchte und ein Buch über die Wunder des Fernen Ostens geschrieben hatte. Sie war überhaupt eine an der modernen Kunst leidenschaftlichen Anteil nehmende Frau, eine enthusiastische Bewunderin der Musik Richard Wagners, die sie Victor Hugo nahezubringen suchte. Aber er neigte mehr der italienischen Musik zu, vor allem den Opern Giuseppe Verdis, der sowohl den *Hernani* vertont als auch den Text des Dramas *Der König vergnügt sich* zur Grundlage seiner Oper *Rigoletto* gemacht hatte.

Jedenfalls hatte Judith Gautier mit ihrer strahlenden Jugend, dem zarten Teint, den großen schwarzen Augen und ihrem rätselhaften Blick sogleich einen starken Eindruck auf den Dichter gemacht. Was ihn mit der künstlerisch recht begabten Tochter Théophile Gautiers verband, war übrigens auch die Erinnerung an seine langjährige Freundschaft mit ihrem Vater, diesem «enfant terrible» der Romantik. In seinen letzten Jahren war Gautier, der an einer unheilbaren Angina pectoris litt, allerdings nur noch ein melancholischer Greis. Immer wieder hatte Hugo ihn aufgefordert, Erholung im milden Klima von Guernsey zu suchen, vielleicht zusammen mit Judith; aber Gautier, seit Monaten ans Krankenbett gefesselt, konnte dieser Aufforderung nicht mehr nachkommen. Ende Oktober 1872 erhielt Hugo die Nachricht vom Tod seines alten Freundes. «Es war vorauszusehen», sagte er, «und ist doch schrecklich. Dieser große Dichter, Kritiker und Künstler, dieses wunderbare Herz ist also auch dahingegangen! Von unserer Generation bin ich allein noch übrig. Jetzt ist die Reihe an mir.»

Aber seine Lebenskraft war, wie sein leidenschaftliches Liebesverlangen bewies, noch nicht erschöpft. Er hatte sein

Herz nicht etwa, wie Juliette befürchtete, an Judith Gautier oder an Sarah Bernhardt, die Darstellerin der Doña Sol in der Neuaufführung seines *Hernani*, verloren, sondern an Blanche-Marie Lanvin, Juliettes dreiundzwanzigjährige Zofe. Bereits während seines zweiten Aufenthaltes in Guernsey fiel ihm in Hauteville-House eines Tages auf, daß ihm die schöne Blanche eine heimliche, in Verehrung gehüllte Zuneigung entgegenbrachte; sie hatte alle seine Werke gelesen, wie sie ihm erzählte, und sie kannte viele seiner Gedichte auswendig. Sie liebte in ihm, so schien es, nicht den Mann, sondern den Dichter, doch schon bald erkannte er, daß es nicht so war; denn seine Erfahrung sagte ihm: Wenn eine Frau zu uns spricht, müssen wir hören, was ihre Augen sagen ... Zunächst beunruhigt durch diese Erkenntnis, schrieb er in spanisch, um einer unliebsamen Entdeckung vorzubeugen, in sein Tagebuch: «Alba – peligro. Aguardase. Ne quiero malo para ella, ni para la que tiene mi corazos.»

Aber sein Herz, noch so leicht entflammbar wie in seiner Jugend, entbrannte schließlich doch für das anmutige junge Mädchen mit den kastanienbraunen Locken, und so wurde Blanche nach einigem Widerstreben seine Geliebte. Der scharfe Blick Juliette Drouets durchschaute allerdings schon bald das Verhältnis der beiden; sie entließ ihre Zofe und zwang sie, nach Paris zurückzukehren. Außerdem drohte sie, den Dichter für immer zu verlassen, und erreichte, daß er scheinbar seiner späten Leidenschaft entsagte.

In Wahrheit aber hatte Victor Hugo in Paris seit langem die Beziehungen zu der reizvollen Blanche wiederaufgenommen. Fast jeden Tag fuhr er im Omnibus zu ihrer Wohnung am Quai de la Tournelle. Die Schaffner bekamen heraus, wohin der alte Herr mit dem weißen Vollbart so häufig fuhr, und machten sich lustig über den verliebten Greis. Sollte seine «Schulmeisterin» vielleicht doch recht haben? Hatte sein Verhältnis zu Blanche nicht unwillkürlich etwas Lächerliches? Aber solche kleinlichen Bedenken kamen ihm nicht; er war in seiner ganzen Lebenshaltung zu frei, als daß er danach fragte, was ihm spottlustige Zungen nachredeten. Außerdem bedeutete die rückhaltlose Liebe, die ihm das junge Mädchen entgegenbrachte, höchste Befriedigung seines Schönheitsbedürfnisses.

Schließlich – nach vier Jahren – erfuhr Juliette Drouet von den heimlichen Zusammenkünften am Quai de la Tournelle. Wieder entlud sich ein Unwetter über seinem Haupt. Übrigens machte sie diesmal ihre Drohung wahr: Sie war am anderen Tag aus seinem Haus verschwunden. Oh, wie haßte er in diesem Augenblick seinen Körper, diesen «unreinen Partner der Seele»! Aufrichtigen Herzens schrieb er in sein Tagebuch: «Was man Leidenschaft, Begierde, Lust, Ausschweifung nennt, ist nichts anderes als ein Zwang, den uns das Leben antut.» Nachts quälten ihn furchtbare Alpträume. Er hatte sich in einem finsteren Wald verirrt, jemand würgte ihn an der Kehle, und er erwachte mit einem Aufschrei. Solche Halluzinationen, die auf eine schwere innere Erschütterung schließen ließen, verschwanden erst, als Juliette, die ohne ihn nicht leben konnte, zurückkehrte.

«Ich war wie von Sinnen», gestand sie, «ich war ebenso töricht wie grausam, aber ich muß es nicht entgelten. Wir beiden sind die glücklichsten Menschen im Himmel und auf Erden.»

Jetzt fiel ihm der Entschluß, sich von Blanche endgültig zu trennen, nicht mehr schwer; er gab der treuen Gefährtin, die mehr als vierzig Jahre lang sein wechselvolles Schicksal geteilt hatte, den Vorzug vor der für ihn wohl doch allzu jungen Geliebten, die ihn, wie er glaubte, ohnehin eines Tages verlassen würde. Zwar suchte er sie noch einmal auf, um ihr klarzumachen, warum sie sich trennen mußten. Er wollte ihr Geld geben, damit sie sich ein Geschäft einrichten und ein einigermaßen sorgenfreies Leben führen konnte; doch sie beschämte ihn durch den Stolz, mit dem sie dieses Anerbieten zurückwies. Sie liebte ihn wirklich und war in ihrem Schmerz untröstlich.

Jahrelang blieb Blanche für ihn verschollen. Er ahnte nicht, welchen unverwindbaren Schlag er ihrem jungen

Leben zugefügt hatte und wozu die Verzweiflung sie getrieben hatte: daß sie in düstere Melancholie verfiel, daß sie, um ihren Kummer zu betäuben, einen ungeliebten Mann heiratete, einen Taugenichts, der ihre Ersparnisse verbrauchte, und daß sie sich von ihm scheiden ließ, als er Miene machte, den Dichter, über dessen frühere Beziehungen zu ihr er unterrichtet war, zu erpressen. Oft sah man seitdem, ob die Sonne schien oder ob es regnete, vor Victor Hugos Haus in der Rue d'Eylau eine verhärmte Frau stehen, die unglückliche Blanche, die den unvergessenen Geliebten wenigsten aus der Ferne zu sehen versuchte, bis Juliette Drouet eines Tages in der vor dem Gartentor wartenden Frau ihre ehemalige Zofe erkannte und sie vertrieb. Als sie abends dem Dichter mitteilte, wie sie sich der «zudringlichen Person» gegenüber verhalten habe, senkte er schweigend das Haupt. So traurig endete seine letzte große Liebe.

Wenn man es recht betrachtet, hatte auch sein Verhältnis zu Juliette etwas von einem bitteren Abschied. Sie resignierte nun in der dunklen Ahnung, daß es ihr wohl niemals gelingen würde, das Leben ihres Freundes in eine ruhige Bahn zu lenken. Ja, es war in der Tat so, wie sie ihm schon vor Jahren geschrieben hatte: «Du liebst nun einmal die Abwechslung, welche Form sie auch haben mag, und vielleicht sogar das Hasardspiel. Daher Dein Überdruß und daher die Zerrissenheit meines Herzens. Vergeblich bemühe ich mich, gleichgültig zu werden und all das nicht mehr zu sehen. Aber selbst wenn ich zu diesem traurigen Resultat gelangte, so wärst Du doch nicht ruhiger und glücklicher, denn die Versuchungen folgen einander und gleichen sich so sehr, daß sie Deine Begierde nur reizen, anstatt sie zu stillen. Vergeblich wirfst Du Dein und mein Glück in das Danaidenfaß, Du vermagst es niemals so weit zu füllen, daß Du aus ihm einen Tropfen jener Lust schöpfen könntest, nach der es Dich so sehr verlangt. Du bist nicht glücklich, mein armer Geliebter, und ich bin es ebensowenig wie Du. Du leidest an der offenen Wunde des Weibes, weil Du nicht den Mut hast, sie ein für allemal auszubrennen. Ich aber leide daran, daß ich Dich allzusehr liebe. Jeder von uns beiden hat ein unheilbares Leiden. Wer weiß, ob wir es nicht vielleicht sogar ins Jenseits mitnehmen werden.»

Doch mit grenzenloser Hingabe erfüllte Juliette noch immer ihre Alltagspflicht. Sie betrat als erste um fünf Uhr morgens sein Zimmer und weckte ihn durch einen zärtlichen Kuß auf die Stirn; sie zündete das Feuer im Kamin an, kochte zwei Eier für ihn, brühte den Kaffee auf und leistete ihm beim Frühstück Gesellschaft; dann sah sie seine Post durch, machte hier und da Auszüge und beantwortete in seinem Namen belanglose Briefe. Aber ihr unaufhaltsamer Verfall wurde von Tag zu Tag deutlicher sichtbar. Aus ihrem einst so bezaubernden Antlitz hatte das unerbittlich ihre Gesundheit untergrabende Krebsleiden ein kummervolles Gesicht gemacht; ihre Lippen waren blutleer; in ihren tiefliegenden Augen war das strahlende Licht erloschen. Wenn sie im Sommer an einem offenen Fenster, im Winter neben dem Kamin saß, wirkte sie, die vor langer, langer Zeit in der Rolle der Fürstin Negroni das Publikum begeistert hatte, schon fast wie eine Tote. Oft mußte sie, jetzt auch noch von chronischer Gicht gepeinigt, wochenlang im Zimmer bleiben. Der Dichter besuchte sie dann jeden Tag; sie zwang sich zu einem heiteren Gesichtsausdruck, sobald er eintrat, denn er liebte es nicht, daß man von Krankheit und Tod sprach. So spielte die Schauspielerin ihre tragische Abschiedsrolle.

19

Die Kunst, Großvater zu sein

Das Haus in der Avenue d'Eylau wäre eine Stätte der stillen Trauer geworden, wenn Victor Hugo nicht seine beiden Enkel gehabt hätte, auf die er seine ganze Liebe übertrug. Ihnen gehörten seine Nachmittage, und sie waren es, die ihn zu einer letzten poetischen Schöpfung anregten, *L'Art d'être Grand-Père (Die Kunst, Großvater zu sein).*

«Wie», wurde Victor Hugo manchmal erstaunt gefragt, «Großvater zu sein, ist doch keine Kunst!» Mit einem Lächeln gab er dies zu und meinte, die Aufgabe eines Großvaters bestehe wohl vor allem darin, seine Enkel zu erziehen; doch sei das eine Kunst, zu der er sich nicht berufen fühle; denn ihm liege jede Strenge fern. Ein andermal aber bemerkte er hierzu: «Diese erblühenden Rosen, behauptet ihr, haben Dornen. Nun, eure Aufgabe ist es, sie zu beseitigen. Ich atme nur den Duft solcher Rosen.»

In diesem Sinne nahm er mit einem Einfühlungsvermögen ohnegleichen innigen Anteil am Leben seiner beiden Enkel Georges und Jeanne, beobachtete ihre ersten Schritte in die Welt, vertiefte sich in ihre kindliche Gefühls- und Gedankenwelt und hielt sie in liebevollen Versen fest. Es war, als führe er über die Entwicklung seiner Enkel ein poetisches Tagebuch, in dem er ihre feinsten Empfindungen, ihre mannigfaltigen Eindrücke von der Umwelt, die ihnen soviel Neuartiges darbietet, und die kleinsten Ereignisse in ihrem Alltag wiedergibt – so in dem Gedicht:

Der Mond

Jeanette saß im Gras und schien tief nachzudenken.
Ich nahte ihr und sprach: «Soll ich dir etwas schenken?»
– Ich kann an Kindern nie achtlos vorübergehn,
schau ihnen zu beim Spiel, begierig zu verstehn,
was für Gedanken sich in ihrem Köpfchen drehen.
Jeanette lächelte: «Ich möchte Tiere sehen!»
Als eine Ameise ich aufgriff mit der Hand,

schüttelte sie den Kopf und sagte abgewandt:
«Nein, Tiere sind doch groß!» –
Nun ja, die Kinder träumen
von großen Dingen gern, von himmelhohen Bäumen,
vom breiten Strand am Meer, vom rauschenden Gesang
der Wogen und vom Sturm, der braust am Ufer lang.
Sie lieben alles, was ihr Auge läßt erstaunen,
wie Licht- und Schattenspiel, worin viel Wunder raunen. –
Drum sprach ich: «Dir gefällt wohl nur ein Elefant?
Sag, kannst du einen sehn hier unter meiner Hand? –
Nein? – Nun, was wünschst du dir?» – Da wies sie ohn' Bedenken
zum Himmel mit der Hand: «Das da mußt du mir schenken!»
Es war zur Stunde, als das Tageslicht verschwand,
und riesengroß der Mond aufstieg am Himmelsrand.

Fast jeden Nachmittag widmete der Dichter seinen beiden Enkeln. Er dachte sich für sie die schönsten Spiele aus und stellte mit den beiden kleinen Rangen alles auf den Kopf. Er baute für sie aus Stühlen «Dickichte» auf, hinter denen sie ihr lustiges Versteckspiel trieben; er verkroch sich unter dem Tisch, in seiner «Höhle», und brüllte wie ein Löwe, oder er tauchte plötzlich hinter einem hohen Lehnstuhl auf, wo er sich verborgen hatte, und entlockte dem kleinen Georges den Ausruf: «Oh, sieh doch, Jeanne, wie riesig er ist, unten ganz schwarz, oben leuchtendweiß, mit seinem großen Bart und seinem hellen Gesicht!» Kurz: er wurde in ihrer Gesellschaft wieder zum Kind.

Die Mutter schlug die Hände über dem Kopf zusammen, wenn sie zufällig hinzukam und sah, welche Unordnung die Enkel im Arbeitszimmer des Großvaters angerichtet hatten. Er aber begütigte sie, nahm den kleinen Georges auf seine Knie und sagte lächelnd zu ihm: «Siehst du, wozu ein Großvater gut ist – man kann auf ihm sitzen.»

Unerschöpflich waren zur Freude der beiden Kinder die Einfälle des Dichters. So machte er abends, wenn sie um den gedeckten Tisch versammelt waren, allerlei Kunststücke. Er baute auf Weinflaschen aus Servietten und Bestecken sonderbare Gebilde auf, die sich, nachdem er ihnen einen Stoß gegeben hatte, in wunderbarem Gleichgewicht um sich selbst drehten. Mit angehaltenem Atem schauten Georges und Jeanne zu und fürchteten jeden Augenblick, den luftigen Bau einstürzen zu sehen; doch sieh an, er drehte sich noch immer fröhlich im Kreise.

Vor dem Schlafengehen erzählte er ihnen Märchen, die er sich selbst ausgedacht hatte; unter ihnen das von dem guten Floh: «Es war einmal ein König, der sein Volk unterdrückte und es unglücklich machte; aber da kam dem Volk ein Floh zu Hilfe – der setzte dem bösen König mit seinen Stichen so heftig zu, daß dieser schließlich abdankte.» Oder die kleine Geschichte von dem frommen Klausner: «Es lebte einmal in einer Höhle unter einem Berg ein armer Klausner, dem es sehr schlecht zu gehen schien. Er betete zu Gott, er unterwarf sich allen möglichen Kasteiungen und erregte so die Bewunderung der Landleute, die ihm Wurzeln und alte Brotrinden brachten, damit er nicht an Entkräftung sterbe. Doch während man ihn für so bedürftig und unglücklich hielt, aß er jeden Tag heimlich Kalbfleisch. So ein Halunke!»

Mit solchen kleinen Erzählungen verfolgte Victor Hugo die Absicht, in seinen beiden Enkeln frühzeitig Abneigung gegen die dem Volk übelwollenden Könige und Priester zu erzeugen. Und um ihre Liebe zur Natur und ihren Sinn für die Poesie zu wecken, trug er ihnen manche von ihm selbst verfaßte Volksweise vor.

Victor Hugo mit seinen beiden Enkeln

Abendlaute

Im kalten Nebel verdämmert die Heide,
die Rinder trotten zurück von der Weide
zur Tränke. – Durch schwarzes Gewölke bricht
der Vollmond plötzlich mit fahlem Licht.

Wie lang ist das her, wie vergaß ich dies,
was der Schäfer Yvon auf dem Dudelsack blies! ...

Die Heide durcheil ich, ein einsamer Wandrer,
vorn narrt mich ein Schatten und hinten ein andrer.
Was hell war, geht schlafen, das Dunkel erwacht,
in Zwielicht hüllt sich die Mondscheinnacht.

Wie lang ist das her, wie vergaß ich dies,
was der Schäfer Yvon auf dem Dudelsack blies! ...

da sitzt eine Hexe und gähnt zum Entsetzen,
am Dach spinnt die Spinne an ihren Netzen.
Ein Kobold irrlichtert und reckt seinen Kopf
wie in der Tulpe der Samenknopf.

Wie lang ist das her, wie vergaß ich dies,
was der Schäfer Yvon auf dem Dudelsack blies! ...

Im Sommer unternahm Victor Hugo manche fröhliche Spazierfahrt mit Juliette und seinen beiden Enkeln. Alle zogen sich dafür festlich an, und so fuhren sie in einer Droschke kreuz und quer durch Paris. Der Großvater erklärte seinen Enkeln die Denkmäler und zeigte ihnen die Stätten, wo er seine Kindheit verlebt hatte.

Ein andermal trat er nachmittags, «gestiefelt und gespornt», vor Georges hin und forderte ihn auf, mit in den Zoo zu kommen.

Nach dem Besuch des Zoologischen Gartens hielt er in einer Art Impromptu das Geplauder der Kinder vor den

Raubtierkäfigen fest und spielte seinen Enkeln am anderen Abend eine vergnügliche kleine Szene vor.

Für Victor Hugo bestand die Kunst, Großvater zu sein, in Güte und Nachsicht gegenüber den kleinen Geschöpfen. Er redete nie hart mit ihnen und verstand es doch, sie unmerklich zu erziehen. Er hielt sie zur Schonung wehrloser Tiere an, flößte ihnen Mitleid für die Armen ein, weckte ihre Hilfsbereitschaft. Dafür zeugte das Verhalten der kleinen Jeanne, als die Kindergärtnerin Mariette eine Vase zerbrochen hatte und das Kind, um ihr zu helfen, die Schuld auf sich nahm – eine Episode, die er ebenfalls zum Gegenstand eines seiner Kindergedichte machte.

So war der Großvater für seine beiden Enkel der Spielgefährte, der Märchenerzähler, der große Zauberer, der ihrem Leben einen so reichen und unvergeßlichen Inhalt gab, daß Georges noch nach vielen Jahren erzählte, was er empfand, wenn er abends, zusammen mit Jeanne, zuhören durfte, wie der Dichter seinen Gästen aus einem seiner neuen Werke vorlas: «Verborgen in den Röcken unserer Mutter, zugleich neugierig, gespannt und ängstlich, sehen wir den Großvater an, der vor dem Kamin steht, in dem das Feuer flackert. Manchmal veranlaßt seine gewaltige Stimme mich, meinen Kopf unter dem Schal meiner Mutter zu verstecken, ein andermal aber klingen seine Worte so sanft, wie er sonst zu uns spricht. Nachdem er vorgelesen hat, herrscht einen Augenblick nachdenkliches Schweigen; ich aber laufe tiefbewegt davon.»

Zuweilen mußte der Dichter über sich selbst lächeln, wenn er sich vorstellte, was für ein seltsamer Großvater er war, wie er mit Georges und Jeanne – zum Entsetzen ihrer Mutter – so manchen Unfug anstellte, wie er nur ihr guter Kamerad, nicht aber ihr strenger Erzieher sein wollte. Aber immer wußte er seinen beiden Enkeln manche wertvolle Lehre auf ihren Lebensweg mitzugeben. Der Herausgeber des Gedichtbandes *Die Kunst, Großvater zu sein* schreibt in seinem kurzen Vorwort: «Er besitzt die außergewöhnliche Gabe, Kinder zu schildern und zu besingen. So wird für uns

Victor Hugo – ein sonderbarer Kontrast, wenn man an seine starken Eigenschaften denkt – wohl immer der zarteste, feinfühligste, liebenswerteste unserer Dichter bleiben.»

Unvergänglich sind in der Tat die Kindergestalten, die er im Laufe seines Lebens geschaffen hat: Cosette, die «kleine Lerche», Gavroche, der fröhliche «kleine Barfüßler», die drei Rangen der Marie Fléchard und die reizvollen Porträts seiner beiden Enkel Georges und Jeanne.

Es war nicht zuletzt diese tiefe Verbundenheit mit der heranwachsenden Jugend, die ihm bis ins hohe Alter seine jugendliche Spannkraft, seinen Kampfeswillen, seine Zukunftshoffnung verlieh.

20

Letzte Kämpfe

Getreu seiner humanistischen Überzeugung erhob Victor Hugo immer wieder in der Öffentlichkeit, sei es im Senat, sei es in der Presse, seine Stimme als Wortführer des Volkes gegen Regierung, Kirche und Armee, wann immer diese unheilige Dreieinigkeit einen Akt der Willkür beging oder begehen wollte. So protestierte er im Februar des Jahres 1875 in einem öffentlichen Schreiben gegen die beabsichtigte Exekution des Füsiliers Blanc und wies die Verwerflichkeit des Todesurteils mit Hilfe einer sehr geschickten Argumentation nach, indem er den Fall des einfachen Soldaten mit dem Fall des Marschalls Bazaine konfrontierte.

Angesichts der Massendemonstrationen, die in Paris und in anderen Orten durch das öffentliche Schreiben Victor Hugos ausgelöst wurden, wagte das Oberste Kriegsgericht nicht, das Todesurteil vollstrecken zu lassen, sondern begnadigte den Füsilier Blanc zu fünf Jahren Gefängnis.

Im Mai des Jahres 1876 wagte Victor Hugo – unter wilder Entrüstung der Bourgeoisie – das Unerhörte: Unterstützt von den Linken, eröffnete er im Senat eine unerschrockene Kampagne für die Amnestie der Kommunarden, Tausende von Männern, Frauen und Kindern, die seit fünf Jahren in den französischen Zuchthäusern oder in Cayenne, Nouméa und anderen Deportationsstätten ihre unmenschlichen Strafen verbüßten. Er wies in seiner historisch wie sozial gut fundierten Rede die Senatoren auf die furchtbare Not hin, die seit der Niederschlagung des Aufstandes der Kommune Frankreich heimsuchte, und hob hervor, welches Elend noch immer in den Armenvierteln von Paris herrschte:

«Meine Herren, ich tue seit fünf Jahren im Maße meiner Kräfte schmerzlich meine Pflicht, die übrigens andere, noch rüstiger als ich, besser erfüllen. Ich suche von Zeit zu Zeit, so oft ich eben kann, die Stätten des Elends auf. Ja, ich bin in den letzten fünf Jahren häufig traurige Treppen hinaufgestiegen. Ich bin in Wohnungen gewesen, wo es im Sommer keine Luft, im Winter kein Feuer und weder im Sommer noch im Winter Brot gibt ... Als ich nach der

Ursache all dieses Elends fragte, antwortete man mir: Der Mann fehlt! Der Mann ist die Stütze, er ist der Schaffende, der lebendige und starke Mittelpunkt, der Träger der Familie. Der Mann ist aber nicht mehr da, deshalb herrscht Elend. – Da habe ich gesagt: Der Mann muß zurückkehren! Und weil ich das noch immer sage, bekomme ich Flüche – und was noch schlimmer ist – Spott und Hohn zu hören ... Ich kann mir nicht erklären, wieso ich die Gesellschaft erschüttere, wenn ich die Familie beschütze, und wieso ich das Verbrechen unterstütze, wenn ich die Unschuld verteidige!»

Unter den Protestrufen der Rechten, die sich von dieser Anklage getroffen fühlte, kam der Dichter dann auf den ungeheuren Schaden zu sprechen, der der Volkswirtschaft durch die Lahmlegung so vieler in Haft genommener Arbeitskräfte zugefügt wurde, und erklärte: «Bedenken Sie, daß es in dieser Stunde Tausende von Deportierten und Verbannten gibt und daß außerdem viele Unbekannte aus Angst fliehen – eine unbekannte riesige Zahl. Ihre Abwesenheit schwächt die nationale Leistung. Geben Sie den Fabriken die Arbeiter zurück. Man hat Ihnen in der anderen Kammer sehr deutlich gesagt: Geben Sie unserer Industrie die Arbeiter zurück, die auf ihre Weise Künstler sind; lassen Sie diese Männer zurückkehren, sie fehlen uns; seien Sie großzügig! Der Stadtrat schätzt die Verschwundenen auf mehr als hunderttausend. Die Härte, die ganze Bevölkerungsschichten trifft, wirkt sich auch auf das öffentliche Wohl aus ... Stimmen Sie aus sozialen, moralischen und politischen Gründen für die Amnestie!»

Und zur Empörung der Mehrheit des Senats bekannte sich Victor Hugo indirekt zur Kommune, indem er andeutete, daß sie es war, die im März 1871 die französische Nationalehre gegen das Komplott Thiers' und Bismarcks verteidigte. Er schilderte, wie man ihren Aufstand – in krassem Gegensatz zum Staatsstreich des Louis Bonaparte – bestrafte: «Die Galgen von Satory und Nouméa für achtzehntausendeinhundertvierundachtzig Verurteilte, die einfache und die verschärfte Deportation, die Zwangsarbeit, das Bagno, fünftausend Meilen vom Vaterland – das war die Strafe, die die Justiz über den 18. März verhängte. Was aber hat die Justiz gegen das Verbrechen vom 2. Dezember unternommen? Sie hat den Eid darauf geleistet! Ich beschränke mich auf die juristischen Tatsachen; ich könnte auch andere anführen, die noch beklagenswerter sind, aber ich halte ein. Ja, meine Herren, so sieht die Wahrheit aus: Hier und in Kaledonien wurden Massengräber ausgehoben. Seit dem verhängnisvollen Jahre 1871 erschollen gellende Todesschreie in jener Art von Frieden, den der Belagerungszustand schuf. Ein Zwanzigjähriger, der wegen eines Zeitungsartikels zum Tode verurteilt worden war, wurde zu Zuchthaus begnadigt, aber dennoch durch das Heimweh getötet, fünftausend Meilen von seiner Mutter entfernt. Unsere Strafgesetze waren und sind noch immer absolut. Manche Vorsitzende von Kriegsgerichten untersagen den Anwälten, für Nachsicht zu plädieren. Noch in den letzten Tagen, am 28. April, nach fünf Jahren also, traf ein Urteilsspruch einen Arbeiter, den alle Zeugen für fleißig und rechtschaffen erklärt hatten, verurteilte ihn zur Deportation und entriß ihn so seiner Familie, den Gatten seiner Frau, den Vater seinen Kindern. Vor wenigen Wochen, am 1. März, wurde ein weiterer Zug von politischen Strafgefangenen, zusammen mit Zuchthäuslern, trotz unseres Protestes nach Nouméa eingeschifft. Die Äquinoktialstürme verhinderten die Abfahrt; es war, als wollte der Himmel den Menschen Bedenkzeit geben; der Sturm gewährte Aufschub, aber als der Sturm vorbei war, fuhr das Schiff ab. Die Ahndung ist unerbittlich.»

Wieder wurde Victor Hugo vom Entrüstungsgeschrei der Rechten unterbrochen. Die Bourgeois und die Adligen fanden es unerhört, daß er Leuten, die in ihren Augen Staatsfeinde und Schwerverbrecher waren, das Wort zu reden wagte. «Abstimmen! Abstimmen!» riefen die reaktionären Senatoren, die ihrer Sache sicher waren. Er aber hielt dem Tumult stand und hob noch einmal hervor, welcher

Daumier: Sehen Sie,
Herr Réac, es sind doch wohl jetzt genug

Widerspruch in der Art und Weise lag, wie man auf der einen Seite den Staatsstreich des Louis Bonaparte hingenommen und andererseits den Aufstand der Kommune niedergeschlagen hatte: «Zu sagen, daß der 2. Dezember unbestraft blieb, wäre Hohn. Er wurde verherrlicht; er wurde nicht nur hingenommen, er wurde sogar angebetet; er ging in den Zustand des legalen Verbrechens über. Die Priester beteten für ihn, die Richter urteilten unter ihm, die Volksvertreter, denen dieses Verbrechen Kolbenschläge versetzt hatte, steckten sie nicht nur ein, sondern wurden zu Lakaien. Der Urheber des Verbrechens starb in seinem Bett, nachdem er den 2. Dezember durch Sedan, den Verrat durch die Unfähigkeit, den Sturz der Republik durch die Niederlage Frankreichs vervollständigt hatte. Und was seine Komplicen Morny, Billaut, Magnan, Saint-Arnaud, Abbatucci betrifft, so wurden Straßen von Paris nach ihnen benannt. So unterschiedlich verhielt man sich in den hohen Regierungskreisen – im Abstand von zwanzig Jahren – gegenüber zwei Aufständen, dem vom 18. März und dem vom 2. Dezember. Absolute Härte gegenüber dem Volk, Unterwürfigkeit gegenüber dem Kaiser!»

Die Kommunarden hätten in ihren eigenen Reihen wohl kaum einen glänzenderen Verteidiger ihrer Sache finden können. Aber die Vertreter der herrschenden Klasse wollten von einem solchen Gnadenakt nichts wissen. Bei der Abstimmung stellte sich heraus, daß nur zehn Senatoren, Victor Hugo an ihrer Spitze, für die Amnestie waren und die Mehrheit dagegenstimmte. Gleichviel: das hochherzige Eintreten des Dichters für die Freilassung der Kommunarden ist in die Geschichte seines Volkes eingegangen.

Im Jahre 1877, als ein Staatsstreich von seiten des Marschalls Mac-Mahon, des Präsidenten der Republik, drohte, nahm Victor Hugo den Kampf gegen die Reaktion mit derselben Entschlossenheit auf wie im Jahre 1851 gegen den Hochverräter Louis Bonaparte. Er erkannte sogleich, welche Absichten Mac-Mahon verfolgte, als er das republikanische Ministerium unter Jules Simon durch das monarchistische Ministerium unter dem Herzog von Broglie ersetzte, den Zusammentritt des Parlaments, in dem die Republikaner die Mehrheit hatten, für einen Monat vertagte und den Senat aufforderte, die Auflösung des Parlaments zu beschließen. Der Vergleich mit dem Staatsstreich vom 2. Dezember lag nahe.

Dank seiner reichen politischen Erfahrung wußte Victor Hugo, wie die Drahtzieher der Reaktion Umwälzungen vorzubereiten pflegen, wie sie mit Hilfe der Finanzmänner und der Großindustriellen absichtlich Wirtschaftskrisen hervorrufen, um dann die republikanische Regierung dafür verantwortlich zu machen, und so hielt er den Senatoren vor Augen, worauf die ökonomische Krise von 1877 zurückzuführen war: «Gehen wir einige Wochen zurück. Frankreich ging damals ganz in der Arbeit auf, das heißt in der Vorbereitung der großen Feier. Mit dem freudigen Stolz großer Kulturnationen bereitete es sich auf die Weltausstellung von 1878 vor. Es bot der Welt Gastfreundschaft an. Paris, genesen, ruhmvoll, stolz, baute einen Palast für die Verbrüderung der Nationen. Frankreich war trotz der Unruhen auf dem Kontinent zuversichtlich gestimmt und fühlte die Stunde des höchsten Triumphes, des Triumphes des Friedens, kommen. Da zuckt durch den heiteren Himmel plötzlich ein Blitz und bringt Frankreich statt des Friedens die Katastrophe. Am 15. Mai hat alles geblüht, am 16. geht alles ein. Man erlebt das sonderbare Schauspiel eines absichtlich herbeigeführten öffentlichen Zusammenbruches. Der Kredit ist plötzlich untergraben, das Vertrauen schwindet, die Aufträge stocken, die Fabriken liegen danieder, die Manufakturen schließen, die größten entlassen die Hälfte ihrer Arbeiter. Die Arbeitslosigkeit, diese Seuche der Arbeit, verbreitet sich und steigt, und es beginnt eine Art Agonie. Was diese Katastrophe unsere Industrie, unseren Handel, unsere nationale Arbeit kostet, läßt sich nur in Hunderten von Millionen ausdrücken. Nun, meine Herren, was verlangt man heute von Ihnen? Sie sollen so weitermachen. Ein Monat Agonie ist zu wenig; man fordert vier

Monate Agonie. Lösen Sie die Kammer auf, dann werden Sie sehen, woran Frankreich in vier Monaten sein wird. Eine verhängnisvolle Zuspitzung der Situation, überall Stillstand des Handels, überall politisches Fieber; drei Monate voll Streit und Haß; wachsende Angst und Unruhe. Was zunächst bloß Arbeitslosigkeit war, wird zum Bankrott; Ruin für die Reichen, Hungersnot für die Armen. Der Wähler wird entrechtet, der brotlose Arbeiter verliert sein Stimmrecht. Das ist das Resultat der Auflösung des Parlaments.» Unter stürmischem Beifall der Linken rief Victor Hugo zum Schluß aus: «Ich stimme gegen die Katastrophe, ich lehne die Auflösung des Parlaments ab.» Aber die Mehrheit der Senatoren hörte nicht auf seine Warnungen, sondern billigte die Auflösung des republikanischen Abgeordnetenhauses mit 349 gegen 130 Stimmen.

Da wandte sich der Dichter an die Volksmassen und klärte sie auf seine Weise über die Gefahr des von MacMahon geplanten Umsturzversuches auf, nämlich durch die Veröffentlichung seines gegen Napoleon III. geschriebenen Pamphlets: *Histoire d'un Crime (Geschichte eines Verbrechens)*, der er zwei vielsagende Zeilen vorausschickte: «Dieses Buch ist heute aktueller denn je, es ist dringend notwendig. Deshalb veröffentliche ich es jetzt.»

Gleichzeitig nahm er die Verbindung mit der Arbeiterschaft auf. Sicher hat die wirkungsvolle Agitation Victor Hugos für die Sache der Republik und die Erhaltung des Friedens viel dazu beigetragen, daß der Kampf zwischen der monarchistischen Partei Mac-Mahons und der demokratischen Opposition bei den Oktoberwahlen mit einem überwältigenden Sieg der Republikaner endete, der den Präsidenten zum Verzicht auf den beabsichtigten Staatsstreich und zur Demission zwang.

Noch mehrfach setzte sich Victor Hugo für die Amnestie der Kommunarden ein, besonders anläßlich des 90. Jahrestages der Erstürmung der Bastille. Aber auch diesmal verhallte sein Appell an die Menschlichkeit ungehört in den Ohren der arbeiterfeindlichen Senatoren.

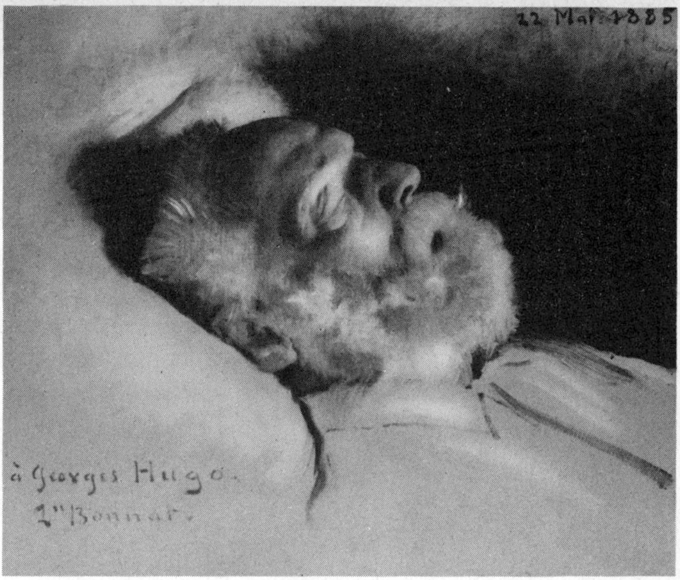

21

Der Abschied

In trübem Grau, unter Sturmböen und Schneegestöber, brach in Paris der Morgen des 27. Februar 1882 an, jener denkwürdige Morgen, an dem es den achtzigsten Geburtstag Victor Hugos zu feiern galt.

Schon am 12. Februar hatten sich auf Aufforderung der Journalisten Edmond Bazire und Louis Jeannin junge Schriftsteller und Künstler im Hôtel Grand-Orient versammelt und ein Komitee zur Organisation der Geburtstagsfeier des Dichters gebildet. Man hatte die offizielle Ehrung des Jubilars vom 26. auf den 27. Februar, einen Sonntag, verlegt und in den Zeitungen die Bevölkerung zu einer Massenkundgebung aufgerufen. Aus Brüssel, London, Wien, Budapest und anderen Hauptstädten Europas waren Delegationen eingetroffen. Alle Anstalten für das große Fest waren bereits in die Wege geleitet. Einige Sorge bereitete dem Komitee nur noch die Frage, wo man jetzt, am Ausgang des Winters, jene Fülle von Blumen auftreiben sollte, die nun einmal zu einem solchen Jubiläum gehört.

So schrieb der Dichter Paul Arsène an seinen Freund Marius Mistet, Gutsbesitzer in La Garoupe an der Riviera: «Uns fehlen Blumen, Marius. Ach, wenn Victor Hugo doch im April oder im Mai geboren wäre! Aber man kann eben nicht an alles denken, nicht einmal wenn man ein Genie ist. Im April würden Sèvres und Meudon ihre Hänge für den Vater der Cosette plündern. Man würde einen Regen von Hyazinthen und Maiglöckchen über dem Haus in der Avenue d'Eylau niedergehen sehen. Fliederbüsche würden anrücken wie der Wald von Macbeth, und der Verkehr in Paris würde durch Sperrketten von Rosen unterbrochen werden. Ihr habt dort unten in Garoupe am blauen Meer Rosen und tausenderlei andere Blumen, Wagenladungen von Blumen, mit denen Ihr nichts anzufangen wißt. In Deinem Garten, Marius, erschauern Palmen, das Symbol des Ruhms. Du besitzt auf einem Felsen nicht wenige Olivenbäume, die in der Brise silbern schimmern, und der geliebte Lorbeer der Dichter friedet Dein Grundstück ein. Pflücke alles für mich, Marius, Blumen und frisches Grün. Benachrichtige auch

Deine Nachbarn. Ladet zehn, ja fünfzig Wagen auf. Möge ganz Frankreich von Nizza bis Paris in Blumenduft gehüllt sein! Mögen die guten Bauern, auf den Spaten gestützt, beim Vorbeifahren des Zuges sagen: ‹Wieder Blumensträuße für das Fest Victor Hugos!›»

Am Abend des 26. Februar war im Hause des Dichters der Vorsitzende des Ministerrates, Jules Ferry, begleitet von seinem Kabinettschef Rambaud, erschienen und hatte ihm eine herrliche Sèvresvase überreicht. Dazu teilte er dem Dichter zu dessen Freude mit, daß er in seiner Eigenschaft als Unterrichtsminister durch einen Erlaß die strengen Disziplinarstrafen an allen Schulen und Hochschulen Frankreichs aufgehoben habe.

In den frühen Morgenstunden des 27. Februar strömte aus allen Vorstädten und Stadtvierteln von Paris – trotz des schlechten Wetters – eine unübersehbare Menge durch die festlich geschmückten Straßen zur Avenue d'Eylau. Um zehn Uhr war die Fassade des Hauses Victor Hugos schon hinter Blumen verschwunden. Vor dem Eingang hatte man auf einem Sockel einen goldenen Lorbeerbaum aufgestellt, dessen Spitze bis zum ersten Stock reichte. Das Innere des Hauses war ein einziges Blumenmeer. Im Treibhaus ragte ein riesiger Kranz aus weißen und roten Rosen, ein Präsent der Comédie-Française. Auf einer roten Seidenschleife stand zur Erinnerung an vier große Premieren in goldenen Lettern: «Hernani», «Ruy Blas», «Die Burggrafen», «Marion de Lorme».

Um halb elf Uhr erschien eine Gruppe von Kindern, geführt von einem Mädchen, das eine Trikolore trug, auf der zu lesen war: «Die Kunst, Großvater zu sein». Man führte die Abordnung in den Salon, wo der Dichter das kleinste Mädchen in seine Arme schloß. Die Fahnenträgerin, die Tochter des Schriftstellers Etiévant, überreichte ihm einen großen Blumenstrauß und trug dann ein von Catulle Mendès verfaßtes Gedicht vor. Diese Begegnung ging dem Dichter zu Herzen. «Ich bin glücklich», sagte er, «sehr glücklich.»

Während die Abordnung den Salon verließ, riefen auf der

Straße immer wieder jugendliche Stimmen im Chor: «Es lebe Victor Hugo!» Andere Gruppen von Kindern wollten ihn sehen, und so trat er mit seinen beiden Enkeln ans Fenster und winkte den kleinen Gratulanten zu.

Gegen Mittag erschien an der Spitze zahlreicher Delegationen der Pariser Stadtrat, an den er vom Fenster aus eine kurze Ansprache richtete. Ungefähr um diese Zeit setzte sich der große Demonstrationszug, der vor dem Triumphbogen Aufstellung genommen hatte, in Marsch. Es schneite noch immer, es war kalt, aber niemand achtete darauf. Der Dichter stand barhaupt zwischen seinen beiden Enkeln am

offenen Fenster. Als in der Ferne Fanfarenklänge ertönten, lief durch seine Hand, die er auf der Brust hielt, ein Zittern – ein Ausdruck seiner tiefen Bewegtheit. In Sechserreihen marschierte nun der endlose Zug des Volkes vorbei – Arbeiter in blauen Blusen, Bürger im Sonntagsstaat, Soldaten aller Waffengattungen, Invaliden in Uniform, Algerier, auch zwei Chinesen, Mütter, die ihre Kinder hochhielten, junge Mädchen, die dem Dichter Kußhände zuwarfen, Studenten, die ihm zujubelten. In seinem Vorgarten häuften sich die Blumenkränze aus aller Welt, einer mit der Widmung: «Die Franzosen Kaliforniens an Victor Hugo», ein anderer mit der Aufschrift: «Concordia – die Schriftsteller Wiens». Jetzt zogen die Gesangvereine mit ihren Bannern vorbei, auf denen so komische Namen prangten wie Verein der fidelen Pariser, Verein der Epikureer, Verein der Scheidungsfreunde. Ihre Musikkapellen bliesen einen Tusch, die Sänger stimmten eine Hymne auf Victor Hugo an. Mit stürmischem Jubel begrüßte die Menge jene verblaßte Fahne aus den Jahren der Französischen Revolution, an deren Spitze eine phrygische Mütze hing, auf der zu lesen war: Nationalgarde von Thionville 1792. Und man erzählte sich, mit welchem Heldenmut der Vater des Dichters, der General Hugo, im Jahre 1815 die Festung Thionville gegen die preußische Belagerungsarmee verteidigt hatte, sogar nach Napoleons Niederlage bei Waterloo.

Unterdessen hatte man vor dem Haus des Dichters die von dem Bildhauer Francis geschaffene goldene Büste der Republik aufgebaut. Neben ihr stand vor einer Staffelei ein junger Maler, in der einen Hand die Palette, in der anderen den Pinsel, und entwarf eine Skizze. Pressefotografen umlagerten den Eingang und machten Blitzlichtaufnahmen. Die Avenue d'Eylau bot ein höchst turbulentes Bild. Es wimmelte von Gratulanten auf den Bürgersteigen, alle Balkone waren überfüllt, ebenso die Tribünen in den Vorgärten, die Äste der Bäume brachen fast unter der Last der Straßenjungen, die von dort oben Ausguck hielten. Jetzt kamen die Gesellenverbände, die Bäcker, die Uhrmacher, die

Handschuhmacher, die Dreher, die Schlosser. Dann legten die Galoschenmacher, die Faßbinder, die Packer ihre Kränze nieder. Die Buchdrucker fuhren auf einem großen Wagen vorbei, auf dem sie zwischen Walzen, Klischeeplatten und Papierbergen jene historische Handpresse aufgestellt hatten, mit der die ersten Gedichte von Victor Hugo gedruckt worden waren – ein vortrefflicher Einfall, der den Dichter besonders erfreute.

Bis in die Nacht hinein dauerte der Vorbeimarsch des Volkes am festlich erleuchteten Haus des Dichters. Den Schluß bildeten die schier endlosen Marschsäulen der Gewerkschaften – ein unverkennbares Zeichen dafür, wie sehr die Arbeiterschaft ihn in ihr Herz geschlossen hatte. Es war schon dunkel, als Nachzügler die letzten Blumengebinde am Gartentor niederlegten. Der Salon glich jetzt einem Treibhaus. Überall, an den Vorhängen, den Fensterkreuzen, den Gemälden, hingen Girlanden und Kränze. Bei Tisch sagte der Dichter, noch immer tiefbewegt von der gewaltigen Kundgebung, mit der das Volk seine Bewunderung und Liebe für ihn zum Ausdruck gebracht hatte: «Mir ist heute, als sei ich erst zwanzig Jahre alt.»

Die Lebenskraft des Achtzigjährigen war erstaunlich, trotzdem konnte er jetzt nicht umhin, zuweilen an sein Ende zu denken. «Es ist Zeit, daß ich die Welt verlasse», sagte er einmal im Kreis seiner Freunde. «Der Abschied vom Leben beginnt schon kurz vor dem Tode. Man fühlt sich in Dunkel gehüllt.» Doch empfand er auf Grund seiner optimistischen Weltanschauung, nach der der Mensch ein unverlierbarer Wert im Universum ist, keine Furcht vor dem Tod.

Das schwere Leiden Juliette Drouets ließ ihn jetzt allerdings häufiger als sonst an die Vergänglichkeit aller Dinge denken. Man sah ihrem abgezehrten bleichen Gesicht an, wie rapide ihr Magenkrebs fortschritt. Sie wußte es, aber sie schwieg. Wenn er bei Tisch sah, daß sie das Essen nicht anrührte, während er noch mit gutem Appetit aß, forderte er sie immer wieder zum Essen auf. Ihm zuliebe nahm sie dann einen Bissen zu sich, obgleich sie es nachts mit furchtbaren Magenkrämpfen büßen mußte. Mit letzter Aufopferung spielte sie ihre Abschiedsrolle. Sie verbarg ihre perniziöse Anämie, indem sie Rouge auflegte; sie zwang sich zu einem matten Lächeln; sie neckte ihren «Toto» sogar mitunter noch, wenn sie beobachtete, daß er einer hübschen Frau zu lange die Hand küßte.

Übrigens konnte Juliette jetzt unbesorgt sein; er hatte seine Eskapaden für immer aufgegeben. Er war vielmehr bestrebt, ihren letzten Tagen einen schönen Ausklang zu geben. Aus einem wahren Herzensbedürfnis schrieb er ihr im Mai des Jahres 1882: «Meine Geliebte, der kritische Augenblick des Lebens, in dem ich mich befinde, bringt mich auf ernste und doch erfreuliche Gedanken. In einer Zeit, da uns der feierliche Ernst des Lebens bewußt wird, empfinden wir um so stärker die erhabene Macht der Liebe. Ich liebe Dich wie in der ersten Stunde vor fünfzig Jahren. O Geliebte, ich liebe Dich mehr denn je.»

Aber am Morgen des 11. Mai 1883 teilte ihm seine Schwiegertochter Alice so schonend wie möglich mit, daß Juliette in der Nacht gestorben war. Wie furchtbar! Ohne ein Wort des Abschieds war seine beste Freundin von ihm gegangen. Zwar suchte er seinen Schmerz zu verwinden, indem er sagte: «Die Toten sind nicht abwesend, sie sind nur unsichtbar ...» Dennoch brachte er nicht die Kraft auf, der Gestorbenen das letzte Geleit bis zum Friedhof von Saint-Mandè zu geben, wo sie neben ihrer Tochter Claire beerdigt wurde. Zum erstenmal fühlte er, daß er ein Greis war – ein natürliches, aber trauriges Gefühl, das ihm bis dahin unbekannt gewesen war.

Seit dem Verlust Juliettes schien das Dasein für Victor Hugo seinen Inhalt verloren zu haben. Alice übernahm wohl die Führung seines Haushaltes, konnte aber die aufopferungsvolle Liebe Juliettes nicht ersetzen. Übrigens bevormundete sie ihn weitaus mehr, als es seine verstorbene Freundin getan hatte.

Alice hatte vor zwei Jahren den Abgeordneten Edouard Lockroy geheiratet – ein Ereignis, das Victor Hugo damals tief betrübte. Ihm war, als begrübe er seinen Sohn Charles zum zweitenmal; doch erkannte er Lockroy als Mitglied der Familie an, um nicht von seinen beiden Enkeln getrennt zu werden. Häufig verdrossen ihn allerdings Alice und deren Gatte, der ein allzu korrekter Mann war, denn sie verbannten nicht nur jede junge Frau aus seiner Umgebung, sie machten ihm auch alle erdenklichen Vorschriften. Er sollte bei schlechtem Wetter nicht ausgehen, abends keine Bankette mehr geben und frühzeitig zu Bett gehen. Er sah dies nicht ein und erklärte: «Wozu vorsichtig sein? Die Natur müßte mich doch warnen.»

Sobald er sich unbeaufsichtigt glaubte, ging er auf die Straße. Er lehnte dort am Gartentor, das er hinter sich geschlossen hatte, sah – die Hände auf dem Rücken verschränkt – den spielenden Kindern zu und beobachtete die Vorübergehenden. Die Müdigkeit seiner Beine erlaubte ihm keine weiten Spaziergänge mehr; aber er wußte sich dafür Ersatz zu schaffen: Er machte jeden Tag eine Omnibusfahrt durch Paris. Dabei kam es zu manchem ergötzlichen Erlebnis. So wartete er eines Nachmittags an der Haltestelle auf den Omnibus. Als dieser erschien, gab er dem Fahrer einen Wink, zu halten, aber der schien das nicht zu bemerken und fuhr vorbei. Hugo eilte dem Fahrzeug nach und sprang auf. Der Schaffner verwarnte ihn und rief: «Besetzt!»

«Wieso besetzt?» fragte er. «Wie ich sehe, ist niemand auf dem Verdeck.»

«Ach so», sagte der Schaffner lachend, «das ist etwas anderes, wenn der Herr in den Sonnenschein gehen wollen.»

Kopfschüttelnd sah er dem Greis nach, der – ungeachtet des schlechten Wetters – die Treppe hinaufkletterte. Auf dem Verdeck nahm er im strömenden Regen Platz und gondelte vergnügt durch Paris.

Nicht selten zog er sich auf solchen Rundfahrten eine Erkältung zu, denn drei Dinge waren ihm verhaßt: Ordensbänder, schwere Mäntel und Regenschirme. Er dachte auch nicht daran, sich wegen eines Hustens oder eines Katarrhs behandeln zu lassen. Er hielt nichts von den Ärzten und ihren Medikamenten; er trank höchstens eine Tasse Eibischtee, um die Hustenanfälle zu lindern, und unternahm bereits am nächsten Tag wieder eine Omnibusfahrt.

Todesfurcht war dem greisen Dichter noch immer fremd. «Ich bin bereit. Dei voluntate!» pflegte er zuweilen mit einem Lächeln zu sagen.

Seine Freunde wollten indes nicht an sein baldiges Ende glauben. In seinem ganzen Leben hatte er nur zwei Krankheiten gehabt: im Jahre 1849 ein Karbunkelgeschwür, das operiert werden mußte, und im Jahre 1878 starken Blutandrang zum Kopf. Er schien eine unerschütterliche Gesundheit zu besitzen und schlug daher beunruhigende Diagnosen der Ärzte in den Wind. Ihn interessierte höchstens – wie einen Wissenschaftler – die Art seines Todes. So schrieb er einmal in sein Tagebuch: «Dem alternden Menschen steht es beinahe frei, zu wählen, woran er sterben will. Man kann an einer Erkrankung im Kopf sterben (Gehirnfieber, Gehirnschlag usw.), im Unterleib (Bauchfellentzündung usw.) oder an den Beinen (Krampfadern, Geschwüre usw.). Ich würde es vorziehen, an einem Beinleiden zu sterben, damit ich bis zum letzten Augenblick nachdenken kann.»

Am 13. Mai 1885 speiste der Dichter, scheinbar bei guter Gesundheit, im Kreis seiner Angehörigen und seiner besten Freunde zu Abend. Er beklagte sich nicht über die Erkältung, die ihm seit einigen Tagen zusetzte. Er war guter Dinge und brachte sogar einen Trinkspruch auf die anwesenden Frauen aus. Nichts in seinen Gepflogenheiten und seinen Worten ließ auf eine Krankheit schließen. Doch als sich Lesclide, sein Sekretär, von ihm verabschieden wollte, fand er ihn in düsteren Gedanken verloren.

Am anderen Tag erschien Victor Hugo im roten Salon wie sonst und aß zu Mittag. Gegen Ende des Mahls fühlte er sich

Die Beerdigungsfeierlichkeiten am Pantheon

nicht wohl, verließ den Tisch und legte sich ins Bett. Tags darauf war eine Unterredung zwischen ihm und seinem alten Kampfgefährten Schoelcher vorgesehen. Als der Besucher erschien, teilte man ihm mit, daß der Meister ihn nicht empfangen könne; sein Gesundheitszustand sei besorgniserregend; der Hausarzt, Doktor Allix, weile bei ihm und habe darum ersucht, zwei andere Ärzte, Doktor Sée und Doktor Vulpian, als Berater hinzuziehen zu dürfen.

Unterdessen hatte sich in Paris die Nachricht von der plötzlichen Erkrankung Victor Hugos verbreitet. Vom Morgen bis zum Abend umlagerte die Menge sein Haus;

Freunde und Journalisten erkundigten sich nach seinem Befinden. Man ließ sie nur das Vestibül betreten, wo an der Wand der Befund der Ärzte angeschlagen war: «Eine schwere doppelseitige Lungenentzündung. Leichte Besserungen wechseln mit ernsten Rückfällen.»

Am 16. Mai war es schlecht um den Kranken bestellt, aber am 17. Mai sahen seine Freunde zu ihrer Erleichterung, wie Georges und Jeanne, seine Enkel, lächelnd frühstückten. Die Krankheit schien zu weichen, der Atem des Greises ging leichter; man gab sich der Hoffnung hin, daß er genesen werde.

Doch als ihn tags darauf Alice fragte, wie er sich fühle, antwortete er: «Ich sterbe.»

«Nicht doch! Sie sind im Gegenteil noch sehr lebendig.»

«Lebendig in Ihnen.»

Um seine heftigen Schmerzen zu lindern, gaben ihm die Ärzte Morphiumspritzen. Friedlich ruhte er einige Stunden auf seinem Lager. Plötzlich aber richtete er sich auf und versuchte seine Brust frei zu machen. «Hier herrscht Tag und Nacht Kampf!» rief er und sank wieder zurück. Er wollte sich dem Schicksal nicht ergeben und rang unablässig mit dem Tod.

Erst am 20. Mai schien in seinem Zustand eine merkliche Besserung einzutreten. Er verlangte zu trinken, er sagte, er fühle sich erleichtert, und umarmte seine beiden Enkelkinder. Am anderen Tag verfiel er in Agonie. Er wand sich in Schmerzen und sagte zu Paul Meurice, der sich über ihn beugte: «Ach, lieber Freund, wie schwer ist doch das Sterben!»

«Sie werden nicht sterben.»

«Doch, es ist der Tod. Er soll mir willkommen sein.»

Am Morgen des 22. Mai ging es mit ihm zu Ende. Er rang mühsam nach Luft und röchelte. Mittags richtete er sich noch einmal auf; er hatte eine unheimliche Vision und flüsterte seinen beiden Enkeln zu: «Ich sehe – ich sehe schwarzes Licht ...»

Er sank wieder zurück; seine Wangen waren eingefallen,

sein Blick getrübt. Sein letztes Wort galt seiner geliebten Enkelin: «Leb wohl, Jeanne...»

Die Wanduhr schlug halb zwei Uhr. Zwei Minuten später verstummte sein röchelnder Atem. Seine Schwiegertochter Alice, die ihn aufopferungsvoll gepflegt hatte, schloß ihm die Augen. Das Gesicht des Greises war entspannt; die Ruhe des Todes lag darauf.

Sein Testament lautete: «Ich schenke den Armen fünfzigtausend Francs. Ich will im Armenwagen zum Friedhof gebracht werden. Das Gebet aller Kirchen lehne ich ab, doch bitte ich alle Seelen um ein Gebet. Ich glaube an Gott.»

So menschlich und schlicht wie sein Leben – bei aller Dramatik – verlaufen war, klang seine Abschiedsbotschaft.

Epilog

Erst die Nachwelt entscheidet über die Unvergänglichkeit eines Dichters und seiner Schöpfungen.

Seit dem Tode Victor Hugos nahm die Zahl seiner Verehrer unbestreitbar zusehends ab, und seine Gegner unternahmen alles Erdenkliche, um sein großes Erbe zu verschleudern oder gar zu verfälschen. «Die jungen Menschen», schrieb Fernand Gregh 1933 in seinem verdienstvollen Buch über den Dichter, «diese furchtbaren Richter alles Ruhmes – furchtbar, weil sie sich ihrer Verantwortung nicht bewußt sind –, lesen Hugo nicht mehr. Sie tun noch Schlimmeres, als ihn zu bekämpfen: sie ignorieren ihn.»

Eine junge Generation von Intellektuellen, enttäuscht von Monarchie, Republik, Kaiserreich und wieder der Republik, war gewillt, ihren eigenen Weg zu gehen, skeptisch, unbeeindruckt von Autoritäten. Sie entzogen sich bewußt dem Einfluß des «großen alten Mannes», dessen demokratische Gesinnung sie nicht teilten und für dessen Fortschrittsoptimismus sie nur ein Lächeln übrig hatten. Ihrem Lebensgefühl entsprach nicht das soziale Pathos der *Elenden* oder der *Legende der Jahrhunderte,* sondern das gegenwartsabgewandte Raffinement der Schule der Parnassiens.

Der vielgeschäftige Catulle Mendès wies in seinem Bericht über die Weltausstellung von 1900 darauf hin, daß sich gegen Victor Hugo schon im Jahre 1855, also zu der Zeit, da er in der Verbannung lebte, ein Sturm aus den Reihen junger Poeten wie Banville (1823–1891) und Leconte de Lisle (1818–1894) erhoben habe. Diese Revolte nahm nach seinem Tod an Heftigkeit zu. Der junge Kritiker Jules Lemaître (1853–1914) machte sich sogar in einem Pamphlet über das Leichenbegängnis Hugos lustig. Darin verspottet er ihn in der Gestalt des persischen Dichters Firdusi und beschreibt ironisch jenen Armenwagen, in dem Firdusi (sprich Hugo) zu Grabe gebracht werden wollte; vor den Armenwagen ist ein räudiger alter Hund gespannt, der ihn unter schaurigem Geheul durch die Straßen zieht. In einem Artikel «Warum gerade er?» behauptete Lemaître: «Die jungen Dichter wenden sich von diesem bombastischen Spanier, dieser Art von ungeheurem Lukian, ab; sie achten ihn wohl, lieben ihn aber kaum. Fragen Sie sie selbst, so werden Sie sehen, daß sie Baudelaire und Leconte de Lisle vorziehen und daß ihr wahrer Vorfahre nicht Victor Hugo ist, sondern Alfred de Vigny.»

Diese bewußte «Entwertung» des literarischen Erbes Hugos hing im tiefsten mit dem ständig wachsenden Pessimismus zusammen, der angesichts der periodischen Krisen, die die bürgerliche Gesellschaft erschütterten, unter der jungen Dichtergeneration um sich griff. Man trug Skepsis. Das war letztlich der Grund, daß viele an den schwermütigen Werken Vignys (1797–1863) Gefallen fanden, auf Baudelaire, den empfindsamen Vorläufer der modernen Dekadenzpoesie, schwörten und von den humanistischen Idealen Hugos nichts wissen wollten. Sie teilten die Ansicht Baudelaires, für den Hugo ein «Idiot» war, weil er an den unaufhaltsamen Fortschritt der Menschheit glaubte.

Symbolisten, wie Pierre Louys, Henri de Régnier und Paul Verlaine, gaben zwar zu, daß sie dem Verfasser der *Legende der Jahrhunderte* mancherlei zu verdanken hätten, was sie nicht daran hinderte, ihre ästhetische Theorie gegen ihn und sein Werk zu richten. Remy de Gourmont, der führende Kritiker im Kreis der Symbolisten, setzte sich in einem Essay mit der künstlerischen Methode Victor Hugos auseinander und erklärte zugleich, warum die Anschauungsweise Verlaines (1844–1896) in Widerspruch dazu stehe. «Hugos Poesie», behauptete er, «ist Rhetorik. Die einfachsten Gefühle hüllt er in einen großen Wortschwall. Er ist niemals banal, aber auch niemals natürlich, er sucht immer Effekt zu erzielen. Er ist ein Redner, der harmonische Sätze, schöne Perioden aneinanderreiht. Was aber ist einer der ersten Grundsätze der Dichterkunst Verlaines? Ganz einfach: ‹Packe die Rhetorik und drehe ihr den Hals um!›... Victor Hugo ist der Erneuerer des prachtvollen Reims. Seine Verse beruhen auf dem Reim; er ist darin Virtuose. Kein anderer hat jemals in so hohem Maße jenes Genie für den Reim besessen, jene Kunst, zwei Wörter zu nehmen, die dem Sinn nach sehr weit voneinander entfernt, dem Klang nach aber sehr verwandt sind, sie wie Messingbecken gegeneinander zu schlagen und ihnen außer der Musik etwas Unbestimmtes und Geheimnisvolles zu entlocken, das die Illusion eines Gedankens hervorruft. Was aber sagt Verlaine vom Reim? Er verachtet ihn, er wirft ihn zum Fenster hinaus, dieses ‹billige Kleinod›.»

Trotz solcher Angriffe behielt aber das Werk Victor Hugos auch zu Beginn des zwanzigsten Jahrhunderts seinen Rang. Als die Zeitschrift «Ermitage» eine Rundfrage veranstaltete und bekannte Schriftsteller fragte, wer ihrer Meinung nach der größte Dichter des neunzehnten Jahrhunderts sei, da konnte André Gide (1869–1951) nicht umhin zu antworten: «Victor Hugo – leider!»

Es waren vor allem die Mitglieder der Französischen Akademie, zumeist Anhänger der konservativen Richtung, die an den Dichtungen Victor Hugos viel auszusetzen hatten, gleichwie ihre Vorgänger, die sein Werk zu seinen Lebzeiten desavouiert hatten. Romain Rolland (1866–1944), einer der wenigen, die um die Jahrhundertwende das Andenken Hugos in Ehren hielten und an seine progressiven Ideen anknüpften, fühlte sich dadurch zu der sarkastischen Bemerkung veranlaßt: «Um in die Akademie zu gelangen, braucht man nur Victor Hugo niederzutreten.»

Die extravaganten Sprachspielereien und erlesenen Wortklänge, für die vor 1914 so viele französische Künstler eine auffallende Vorliebe bekundeten, erscheinen uns rückblickend fast unbegreiflich angesichts der furchtbaren Katastrophe, der Europa um diese Zeit entgegenging. Dann brach der erste Weltkrieg aus und riß jene Illusionisten in die grausame Wirklichkeit zurück. Sein Resultat – eingeäscherte Städte und Dörfer, ungeheure Menschenopfer, namenloses Elend – schien die humanistische Botschaft

Victor Hugos gründlich zu widerlegen. Wer wollte jetzt noch den unaufhaltsamen Fortschritt der Menschheit, die Selbstbefreiung der Völker und ihren Aufstieg zum Licht besingen.

Das Idol der jungen Dichtergeneration wurde nunmehr Arthur Rimbaud (1854–1891), der mit kühnen Wortbildern gegen Spießertum und Duckmäuserei der bürgerlichen Zivilisation rebellierte und in seiner Dichtung *Das trunkene Schiff* seine unstillbare Sehnsucht nach Freiheit von allen Traditionen hinausgeschrien hatte. Sie ahnten nicht, wieviel auch Rimbaud der genialen Wortkunst Hugos verdankte, dessen Dichtung sie für zu simpel hielten, weil sie zu optimistisch war.

In noch krasserem Widerspruch zu dem Traum Victor Hugos vom Siegeszug der Humanität über die ganze Welt standen die Nacht der faschistischen Barbarei, die Konzentrationslager, die Ausrottung von Millionen Juden und das Massenmorden während des zweiten Weltkrieges. All das schien dazu angetan, das Andenken des «Illusionisten» Victor Hugo für immer auszulöschen. Deutsche Faschisten schleiften auf Anordnung des Militärbefehlshabers in Frankreich, General von Stülpnagel, im Jahre 1941 sein ehernes Standbild in Paris, um es für Kriegszwecke einzuschmelzen, und Amerikaner waren so geschmacklos, nach der Befreiung der französischen Hauptstadt 1944 auf dem leeren Sockel inmitten der Place Victor-Hugo als Symbol des menschlichen Fortschritts ein Ford-Auto zur Schau zu stellen. Das offizielle Frankreich der Vierten Republik erhob dagegen keinen Einspruch.

Aber ein kommunistischer Schriftsteller – Louis Aragon – nahm scharf gegen diese Schändung des Andenkens des großen Dichters Stellung: «Ein Ford-Auto», rief er aus, «um jenen Mann in Vergessenheit geraten zu lassen, der nach dem Sturz des zweiten Kaiserreiches, bei der Rückkehr nach Paris, zu der Menge sagte: ‹Wißt ihr, warum Paris die Stadt der Kultur ist? Nun, weil Paris die Stadt der Revolution ist!›... Ein Ford-Auto soll mitten in Paris jenen Mann ersetzen, der während der Kommune an Vacquerie und Paul Meurice schrieb: ‹Früher oder später wird sich die Kommune durchsetzen, und man wird mit Erstaunen sehen, wie aus etwas Furchtbarem etwas Friedliches wird. Ja, die Kommune wird dann ein gesichertes Friedenswerk sein.›»

Wenn wir die Wirkungsgeschichte Victor Hugos betrachten, dürfen wir aber auch eine andere, entgegengesetzte Traditionslinie nicht übersehen. Sowohl unter jungen fortschrittlichen Intellektuellen wie in den breiten Volksschichten hat es in all den Jahrzehnten, die seit dem Tode des Dichters vergangen sind, nicht an Anhängern und treuen Lesern gefehlt; niemals war Hugo so etwas wie der Mittelpunkt einer kleinen «Gemeinde».

Schon die russischen revolutionären Demokraten, vor allem Alexander Herzen, der mit Victor Hugo befreundet war, haben mit ihren utopisch-sozialistischen Ideen den Weg für das Verständnis des Dichters vorbereitet.

In der Sowjetunion gehört Victor Hugo zu den meistgelesenen klassischen Autoren Westeuropas, doch auch in den kapitalistischen Ländern ist inzwischen eine Hugo-Renaissance angebrochen. Louis Aragon berichtet in seinem Essay *Victor Hugo als realistischer Dichter*, wie er dessen begeisterter Anhänger geworden ist: «Um das Jahr 1921, wenn ich mich nicht um einige Monate irre, spielten meine Freunde und ich, Surrealisten, die wir damals waren, eines Abends eines jener Spiele, die unter uns Mode waren. Man schreibt auf einen großen Bogen Papier die verschiedensten Namen von Landry bis Stendhal, von Rimbaud bis Karl dem Großen, von Hegel bis Péladan, und jeder gibt Homer oder Cimabue seine kleine Note – von minus 20 bis plus 20. An diesem Abend stand auch Hugo auf unserer Liste. Die ältesten unter uns waren fünfundzwanzig Jahre alt. Hugo erhielt – mit zwei Ausnahmen – nur negative Noten, die großmütigste war die Null. André Breton und ich gerieten in Empörung. Eine Bibliothek war vorhanden, man brauchte bloß die Hand auszustrecken,

Bücher zu nehmen und zu lesen. Es war eine Art Hugofeier, die die ganze Nacht währte; wir lasen abwechselnd in der *Legende der Jahrhunderte*, den *Herbstblättern*, den *Kontemplationen.* Bei jedem Gedicht, das wir lasen, stiegen die Bewertungsnoten. Gegen drei Uhr morgens hatte einer jener arroganten Jünglinge, der dem guten Hugo um halb zehn Uhr großzügig eine Null verpaßt hatte, bereits die Vierzehn erreicht. Mit geröteten Augen gab er ihm um fünf Uhr eine Zwanzig. Was soll ich sagen? An diesem Abend begann für mich jene Kampagne, die heute nicht mehr die einer kleinen Gruppe ist, sondern die eines ganzen Volkes.»

Dieser Kampagne diente insbesondere seine Anthologie. *Habt ihr Victor Hugo gelesen?* Diese Frage richtete er aber nicht an jene Ignoranten, die ihn gewissermaßen dazu veranlaßt hatten, sondern an jenes Publikum, dem man, um es von unserer Nationalliteratur abzulenken, jenen bunten Haufen von amerikanischen Schriften – Digests genannt – zu lesen gibt, jene Literatur des Verzichtes auf alle Moral, der Lügen à la Krawtschenko und der Verherrlichung des Schmutzes. Ich richte diese Frage an jenes Volk, das so viele Helden hervorgebracht hat und das sich wundert, daß es in den modernen Büchern, die es in die Hand bekommt, keinen Widerschein der glühenden Begeisterung findet, die es stets aufrechterhält.»

Nicht zuletzt hat Aragon selbst sich Hugos Poesie zum Vorbild genommen. Das bewiesen unter anderem seine während der faschistischen Okkupation Frankreichs entstandenen Résistancegedichte wie etwa *Die Rosen und der Flieder,* aus denen deutlich wird, wie er an die *Züchtigungen* anknüpft und ein wesentliches künstlerisches Prinzip Hugos – den Kontrast – bei der Darstellung des Gegensatzes zwischen der im Frühling erblühenden Welt und dem barbarischen Krieg wieder zur Geltung bringt.

Für die Aktualität, die die demokratischen Ideen Victor Hugos Mitte der 30er Jahre erlangten, spricht die Tatsache, daß in einer brisanten politischen Situation – ein Jahr nach der Abwehr des faschistischen Putschversuches der «Feuerkreuzler», der nicht unwesentlich die französische Volksfrontbewegung beeinflußte, einen Monat vor dem Internationalen Schriftstellerkongreß zur Verteidigung der Kultur – der 50. Todestag Hugos am 23. Mai 1935 in Paris im Zeichen von Massenkundgebungen deutscher und französischer Antifaschisten stand, die den Dichter als humanistisches Leitbild der Volksfrontbewegung feierten.

Unter der fortschrittlichen deutschen Intelligenz gebürt die Ehre, Hugos Vermächtnis mit Hochachtung begegnet zu sein, vor allem Heinrich Mann, der den französischen Dichter als «Helden und Orakel der Republik» bezeichnete und zu seiner bedeutenden Rolle in der Weltliteratur bemerkte: «Victor Hugo hat eine große und ehrliche Verehrung für den Menschen gehabt. Er hielt ihn für das geliebteste Geschöpf des lebendigen Gottes, glaubte ihn zum Höchsten berufen, sah in all seinem Unglück, seiner Schande reine Verirrung und wollte ihm auf den rechten Weg helfen. Romane waren ihm Taten, nicht nur schöne, auch nützliche. Die Fehler des Menschen drücken sich – ihm zufolge – in der Gesellschaft aus. Sie drücken sich besser in ihr aus als seine Tugenden. Sie ist grausam, sie ist unerbittlich gegen Schwache, sie ist liebedienerisch vor dem Erfolg. Sie läßt die Gefallenen nie mehr aufstehen. Sie schützt die Mutter nicht, ja sogar Kinder, die Unschuldigen, läßt sie zugrunde gehen. Solange es das Proletariat gibt, muß es Bücher wie *Die Elenden* geben, sagt ihr Dichter ...»

Einen wesentlichen Beitrag für die Erschließung des literarischen Erbes Victor Hugos in der Deutschen Demokratischen Republik hat der Romanist Victor Klemperer geleistet, sowohl in seinen Vorlesungen an der Humboldt-Universität als auch in seiner Geschichte der französischen Literatur. Er erblickte in Hugo die eigentliche «Trägergestalt der französischen Romantik»: «Kind der napoleonischen Glanzepoche, Jüngling unter der Restauration, auf jugendlicher Höhe im Augenblick der Julirevolution, reifer und alternder Mann unter dem Zweiten Kaiserreich, verehrter Greis nach dem siebziger Krieg, geht er ohne Verrat, aber in ständigem kontinuierlichem Wandel, als Prägender und Geprägter, in politischem, in religiösem, in ästhetischem Sinne von rechts nach links, von Gebundenheit zu Entfesselung, schreitet also den romantischen Weg schlechthin ab durch die Phasen der französischen Geschichte.»

Der politischen Dichtung Hugos, namentlich den *Züchtigungen,* widmete Klemperer die anerkennungsvollen Worte: «Er ist einer der größten und tapfersten politischen Dichter, die Frankreich hervorgebracht hat, denn er ergriff die politische Materie mit einem ungeheuren Maß von Liebe und Haß und schmolz sie ganz zum lyrischen Thema ein... Die ständige Auseinandersetzung mit dem ersten, der Haß gegen den dritten Napoleon, dazu dann nach 1870 der furchtbare Haß gegen die Preußen... das sind die drei politischen Hauptthemen des Dichters, und in allen dreien ist er ein flammender Patriot und ein ganzer Künstler.»

Schließlich untersuchte Klemperer auch die Frage, warum der Ruhm Victor Hugos überall dort verdunkelt wurde, wo die Neuromantiker und die Symbolisten tonangebend waren, und gab darauf die Antwort: «Er ist ihnen zu laut, zu derb, zu gesund, zu plebejisch, zu fortschrittsgläubig. Er ist für sie zu sehr ein Dichter des Volkes.»

Auf der Tagung des Weltfriedensrates in Wien, im November 1951, machte der chinesische Dichter Mao-Dun den Vorschlag, daß alle Länder der Welt gemeinsam die hundertfünfzigste Wiederkehr des Geburtstages Victor Hugos feiern und zum Mittelpunkt einer internationalen Kundgebung für den Weltfrieden machen sollten. Dieser Vorschlag wurde angenommen und Moskau als Ort der großen Hugofeier bestimmt – ein Zeichen, daß der Dichter der revolutionären *Züchtigungen* und Verfasser des utopisch-sozialistische Ideen enthaltenden Romans *Die Elenden* vor allem in der Sowjetunion eine neue Heimat und Wirkungsstätte gefunden hat.

Das Gorki-Institut für Weltliteratur veranstaltete kurz vor dem Jubiläum eine zweitägige wissenschaftliche Konferenz, auf der sowjetische Schriftsteller und Wissenschaftler sich zunächst mit jenen bürgerlichen Skribenten auseinandersetzten, die immer wieder die Gestalt Hugos, dieses streitbaren Demokraten und Humanisten, herabzusetzen suchen. So erklärte bei der Eröffnung der Konferenz Ilja Ehrenburg: «Die Versuche, den Volkstribun Hugo von dem Dichter Hugo zu trennen, sind naiv und lächerlich. Hugo war immer er selbst in seinen Siegen wie in seinen Irrungen, in zarter Lyrik und in grimmigen Reden, auf der Insel Jersey und auf der Parlamentsbank. Er drückte das aus, was uns am französischen Volk begeistert hat und begeistert: die Menschlichkeit, der unablässige Drang nach Freiheit und der Triumph der Vernunft, die Hingabe an die Gerechtigkeit, die Vitalität, die ungewöhnliche Phantasie, die Kühnheit, ja die Verwegenheit und das Gefühl für die Fülle der Welt, für ihre Schönheit, Farbenpracht und Lebenskraft. Hugo steht uns nahe in seinen Gedanken über menschliche Brüderlichkeit, in seiner Treue zum Vaterland, seinem Eintreten für den Menschen. Hugo ist nicht gestorben, er lebt mit uns, auf den Schulbänken unserer Schüler, auf den Bühnen unserer Theater, in unseren Herzen.»

Viktor Nikolajew, Kandidat der philologischen Wissenschaften, wies insbesondere auf die Gründe hin, warum Victor Hugo in der sozialistischen Welt so große Wirkung ausübt: «Dieser angesehenste und anziehendste unter den demokratischen Romantikern hatte in seinem Schaffen so manchen Berührungspunkt mit dem Gedankenkreis der utopischen Sozialisten. Vieles spricht dafür, daß der Glaube an den Menschen, an die Allmacht des Guten, der Hauptquell jener erleuchteten lyrischen Grundstimmung war, die auch die großangelegten Romanwerke Hugos durchdrang. Hier entsprang auch sein wahrhaft vulkanisches Pathos.»

Den Höhepunkt der Jubiläumsfeiern bildete am 26. Februar 1952 die Festsitzung im großen Säulensaal des Gewerkschaftshauses in Moskau. Im Foyer waren in zahlreichen Bücherregalen und Vitrinen die in russischer Sprache und in anderen Fremdsprachen veröffentlichten Werke des Dichters ausgestellt. Aus Statistiken war zu ersehen, daß seit der Gründung der Sowjetunion Hugos Werke in 277 Ausgaben erschienen waren, und zwar in den Sprachen von 44 Sowjetvölkern mit einer Gesamtauflage von 7 Millionen Exemplaren, und daß jede neue Auflage in wenigen Tagen vergriffen war. Es fehlten auch nicht Illustrationen zu seinen Romanen sowie Bühnenbilder und Figurinen zu seinen Dramen, vor allem zu *Hernani* und *Ruy Blas,* die sowjetische Theater ihm zu Ehren in ihr Repertoire aufgenommen hatten.

Aus allen Kontinenten waren Delegationen zu dieser großen Jubiläumsfeier herbeigeströmt. Zu den ausländischen Ehrengästen gehörten unter anderen der Urenkel des französischen Dichters, der Maler Jean Hugo, Paul Eluard und der türkische Dichter und Widerstandskämpfer Nazim Hikmet.

Nach Eröffnung der Veranstaltung durch Konstantin Simonow setzte sich Professor Anissimow mit dem Werk Hugos und seiner Bedeutung für die Gegenwart auseinander. Er stellte fest, daß die Reaktion zu allen Zeiten bemüht gewesen sei, die erhabene Gestalt Victor Hugos und seine edlen Bestrebungen in den Schmutz zu ziehen. Nach Würdigung des kühnen Widerstandes Hugos gegen den Staatsstreich des Louis Bonaparte und seiner entschlossenen Haltung in den neunzehn Jahren der Verbannung kam Anissimow auf sein wohl bedeutendstes Werk zu sprechen: «In dem Kampf für Freiheit und Demokratie, den dieser ‹einfache Soldat des Fortschritts›, wie Hugo sich selbst nannte, unermüdlich führte, entstand der vortreffliche Roman *Die Elenden.* Hugo wollte hier zeigen, wie das Licht der großen Hoffnung die ‹unerbittliche soziale Finsternis›, das ‹grenzenlose Leid›, dieses Los der grausam unterdrückten Klassen, durchbricht. In der Schilderung des realen

Lebens nähert sich Hugo dem Realismus der Romane Balzacs; aber in der Erkenntnis der historischen Rolle des Volkes geht Hugo viel weiter als Balzac; hier tritt der demokratische Geist seines Schaffens vollauf zutage. Sein Roman bietet ein in der französischen Literatur beispielloses Bild des Volkslebens...»

Anschließend ergriff Konstantin Fedin das Wort und ehrte in Victor Hugo den Verbündeten im Weltkampf

für die Würde des Menschen. «Wir Sowjetschriftsteller halten mit unserem ganzen Volk Victor Hugo für unseren großen Freund. Nie werden wir den symbolischen Händedruck vergessen, durch den Victor Hugo seine Bereitschaft besiegelte, an Alexander Herzens Zeitschrift ‹Polarnaja Swesda› mitzuarbeiten, die unter Puschkins Devise erschien: Es lebe die Vernunft! Hugo war und bleibt der Verfechter der freien Vernunft, der große Verteidiger des freien Menschen. Seine Gedichte und seine Romane sind das Leben selbst.»

Das Schlußwort sprach Paul Eluard. Er sah in der unvergleichlichen Ehrung Hugos vor allem den Dank für die bedeutende Rolle, die dessen Geist im Widerstandskampf gegen die faschistischen Okkupanten gespielt hatte, und die Bürgschaft für die unverbrüchliche Freundschaft zwischen dem französischen und dem sowjetischen Volk: «Hugo hat die Anerkennung des französischen Volkes errungen, weil er selbst das Abbild des Volkes in dessen Vergangenheit, Gegenwart und Zukunft war. Nicht weit liegt die Zeit zurück, da meine Kameraden und ich in den Tagen der Résistance die leidenschaftlichen Worte Hugos, gerichtet gegen den ins Land eingedrungenen Feind, nachgedruckt haben. Niemals hielt er eine Sache für verloren. Stets strebte er dem Sieg zu. Dank seinem Optimismus nahm er den Kampf immer wieder auf. Der Mensch muß frei werden, da er dazu geschaffen ist, frei zu sein, die höhere Gerechtigkeit zu genießen, glücklich zu sein und seine Güte als natürliche Kraft zu offenbaren.»

So hat der 26. Februar 1952 Victor Hugo wieder in das Gedächtnis der Völker zurückgerufen. Der streitbare Humanist hat durch sein Leben und Werk einen unverlierbaren Anspruch auf das Fortleben seines Vermächtnisses in den Herzen der Völker erworben. In übertragenem Sinne erweist sich damit die Wahrheit der großen Losung seines Lebens: Nur die unaufhörlich kämpfen, leben wirklich in der Welt.

Mühle in der Nähe von Courtrai

Maskierte Frau, die ihren Mantel zusammenrafft

«Ich liebe Sie, Madame!»

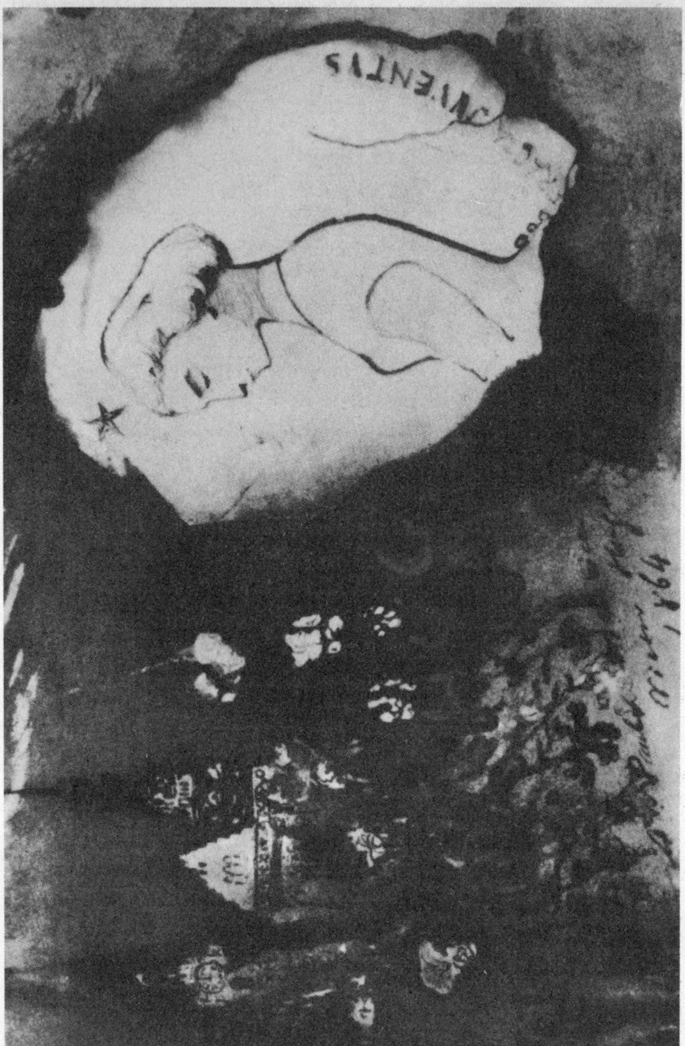

«Fracta Juventus».
Erinnerungsblatt an den Tod von Léopoldine und Charles Vacquerie am 4. September 1843

Der Mäuseturm

«So begann er, verwirrt und zitternd,
die Hexen tanzen zu lassen»

Dame mit Fächer

Der Leuchtturm von Eddystone

Paul Foucher

Die unglücklichen Abenteuer von Pista

ANHANG

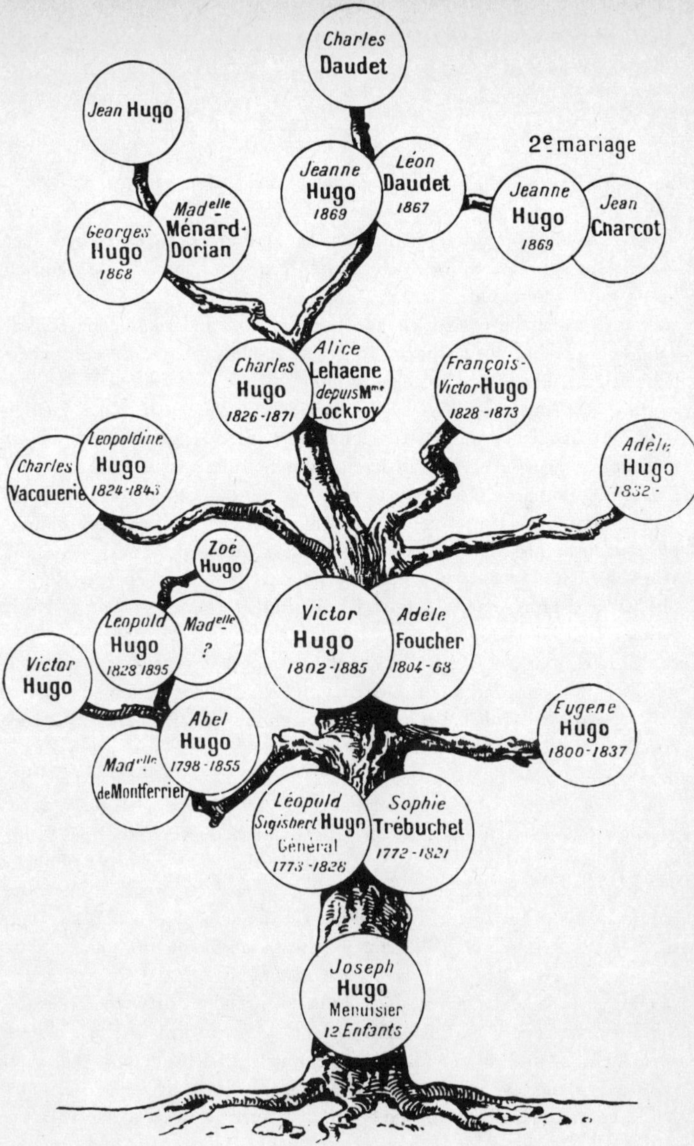
Charles Daudet
Jean Hugo
2e mariage
Jeanne Hugo 1869
Léon Daudet 1867
Jeanne Hugo 1869
Jean Charcot
Madelle Ménard-Dorian
Georges Hugo 1868
Charles Hugo 1826-1871
Alice Lehaene depuis Mme Lockroy
François-Victor Hugo 1828-1873
Charles Vacquerie
Leopoldine Hugo 1824-1843
Adèle Hugo 1832-
Zoé Hugo
Leopold Hugo 1828 1895
Madelle ?
Victor Hugo 1802-1885
Adèle Foucher 1804-68
Victor Hugo
Abel Hugo 1798-1855
Madelle de Montferrier
Eugene Hugo 1800-1837
Léopold Sigisbert Hugo Général 1773-1828
Sophie Trébuchet 1772-1821
Joseph Hugo Menuisier 12 Enfants

Nachwort

Victor Hugo – Problem der Literaturgeschichte

Theodor Lückes Epilog noch ein Nachwort hinzuzufügen kann nur mit dem Ziel gerechtfertigt werden, den breiten und tiefen Diskurs fortzusetzen, der anderthalb Jahrhunderte «von der Parteien Haß und Gunst verwirrt» über Victor Hugo geführt wurde. Mein Lehrer Klemperer hat sich wie Heinrich Mann mit Leidenschaft für den Demokraten im Romantiker eingesetzt, aber an ihm auch harte Kritik geübt, wobei er unter anderem zu dem Schluß kam, er hätte «niemals Respekt vor der Sache schlechthin und Verantwortlichkeit gegenüber dem Objekt gekannt».

Auch Theodor Lücke ist sich der Widersprüchlichkeit seines Helden bewußt, und es ist gerade deshalb gerechtfertigt, daß er den großen Dichter in einer Form gewürdigt hat, an deren Entstehen dieser selbst großen Anteil hatte: im «Roman seines Lebens» nämlich, der das Chaos von Ideen und Taten, lyrischem Empfinden und dramatischen Erfahrungen, biographischen Ereignissen und historischen Dokumenten in der Zusammenschau von Realem und Idealem zu einem neuen Ganzen formt. Solch einen Roman über Victor Hugo hat schon André Maurois versucht, und auch Louis Aragons Anthologie, von der bei Lücke die Rede ist, trägt begeisterungsfähige romanhafte Züge. Im Nachvollzug solcher unmittelbaren und sich mit ihrem Gegenstand identifizierenden Darstellungen vermag die Kritik enger an die persönlich berührende Begegnung mit dem Dichter selber heranzuführen, deren reichste Quelle immer noch die Lektüre seiner Werke darstellt.

Neben der unvermittelten Aneignung ist auch die kritische, analytische, geschichtliche und literaturgeschichtliche Methode vertretbar und notwendig, wenn die Beziehung zum Erbe fortgesetzt und fruchtbar gemacht werden soll. Auf die Forschung ist Lücke weniger eingegangen. Er wollte hauptsächlich Tatsachen und Aussagen für sich selber sprechen lassen, um sie spontan in unser Weltbild einzufügen. So erscheint uns Lückes Darstellung in sich geschlossen, aber auch geeignet dafür, der Kette, die uns mit Hugo verbindet, weitere Glieder hinzuzufügen. Wir werden dies dadurch zu erreichen versuchen, daß wir auf die geschichtliche Entwicklung zurückgreifen und aus ihr die Komplexität der Dichtung ableiten. Man müßte dazu die revolutionären Umwälzungen in ihrer tiefreichenden Dialektik charakterisieren, denn sie bestimmen letztlich die Widersprüche der Romantik, d. h. das Vorwärts- und das Rückwärtsgewandte in ihr mit der ihr eigentümlichen Dynamik. So war erst eigentlich mit der Revolution von 1789 bis 1793 und ihren napoleonischen und restaurativ-bürgerköniglichen Folgen der Widerspruch deutlich geworden, der bis dahin zwar schon lange im gesellschaftlichen Bewußtsein bohrte, die Gesellschaft selbst aber noch nicht hatte zersprengen können. Nach dem Sturm auf die Bastille, nach dem Gericht über den König und die Herrschaft des Konvents hatte sich die «bürgerliche Gesellschaft» etabliert, und zwar als Klassengesellschaft, in der das Verhältnis großer Gruppen zueinander vor allem durch ökonomisch-politische Konflikte bestimmt war. Aus einer vorwiegend im Zeichen der Integration gesehenen bürgerlichen Zivilisierung, wie sie vom 16. bis 18. Jh. stattfand, war die Konfrontation der Revolutionen hervorgegangen, und kein überliefertes geschichtliches Weltbild schien mehr geeignet, diese Erschütterung in sich aufzunehmen und die damit aufbrechenden Perspektiven zu fassen.

Die ideelle Krise, in die das bürgerliche Bewußtsein nach der Revolution geriet und die Victor Hugo in poetischen Fiktionen zum Ausdruck brachte, ist in ihren gesellschaftlichen Ursachen zum ersten Mal zusammenhängend beschrieben worden, als unser Dichter schon die Mitte seines Lebens überschritten hatte und seine geistige Form endgültig geprägt war. Er selber konnte nur erkennen, wie durch die große Revolution ein Stein ins Rollen gekommen war, der diejenigen, die ihn bewegt hatten, selber mitriß. Es bedurfte der politischen und wissenschaftlichen Radikalität des Kommunistischen Manifestes, um den Widerspruch aufzudecken, den das Bürgertum durch die Aufhebung der Fesseln der Produktion und die Schaffung neuer, sich selbst widersprechender Produktionsverhältnisse hervorrief. Allein der Marxismus drang im Dschungel der vielfältigsten sozialen Phänomene bis zu der genialen Vereinfachung vor, die die Geschichte tatsächlich bewirkt hatte, nämlich zum Antagonismus von Bourgeois und Proletarier, in dem alle früheren Klassenkämpfe aufgehoben waren. Eine kleine Avantgarde vermochte diese theoretische Abstraktion auch in die konkrete Wirklichkeit zu übertragen. Die allgemeinen sozialen Vorstellungen blieben aber noch lange in Utopien befangen, die immer nur die Bewegung als solche, nicht aber deren bestimmte Zielstellung enthielten.

Victor Hugo gehört in die Reihe der Utopisten, die auf unzulängliche Weise versuchten, hinter dem Bestehenden das Entstehende sichtbar zu machen. Die Bahn, die das Jahrhundert nehmen sollte, war für ihn nur erst im Konflikt verschiedenster Ideen zu erkennen, wie sie die jüngste Vergangenheit und die ihr widersprechende Gegenwart hervorgebracht hatten. Im Hin und Her der ideologischen Auseinandersetzungen war es noch zu schwer, das Einfache, zu dem das Manifest aufrief, wirklich zu «machen». So entstand der idealistisch-dialektische Gigantenkampf, in dem sich die Romantiker herumschlugen und der nicht nur deren ideologische Befangenheit widerspiegelt, sondern bereits das Bewußtsein, daß die eigenen bürgerlichen Voraussetzungen mit historischer Notwendigkeit aufzuheben seien. Victor Hugo hatte gewissermaßen die Dynamik der revolutionären Bewegung schon erfahren, bevor er sie als Entwicklung konkret erfassen konnte. So nahm er persönlich an dem Ringen teil und entwickelte dessen unmittelbare Momente. Zur Vermittlung durch die Wirklichkeit kam er erst in dem Maß, wie seine Ideen wirkliche Gestalt annahmen.

Wollen wir Hugo deshalb als einen Idealisten bezeichnen, weil er von Ideen ausgehend zur Wirklichkeit zu gelangen suchte und nicht umgekehrt, so trifft für ihn die Kennzeichnung zu, die Marx im «Elend der Philosophie» auf die vorproletarische Epoche insgesamt anwendete. In ihr können alle Theoretiker nur Utopisten sein, «die, um den Bedürfnissen der unterdrückten Klassen abzuhelfen, Systeme ausdenken und nach einer regenerierenden Wissenschaft suchen». Erst in dem Maß, wie wirklich proletarisch-revolutionäre Bewegung stattfindet, fährt Marx fort, wird es nicht mehr nötig sein, die Wissenschaften allein im Kopf zu suchen. Es wird genügen, «sich Rechenschaft von dem abzulegen, was sich wirklich vor den eigenen Augen abspielt, und sich zum Organ desselben zu machen...» Dieser Umbruch von der spekulativ-idealistischen zur wissenschaftlich-materialistischen Anschauung ist aber nur theoretisch und systematisch zu erfassen, und er läßt sich nicht mechanisch auf die allgemeine ideelle Entwicklung übertragen. Insbesondere für die Literatur gilt deren Spezifik, daß sie nicht einfach objektivierbare Aspekte und Teile der Wirklichkeit abbildet, sondern auch deren Subjektivität, das heißt Bewußtseinsinhalte.

Die schöpferische Kraft, die uns in Hugos Dichtung entgegentritt, ist sicher Ausdruck seiner unbestrittenen Genialität. Ihr geschichtlicher Grund mag jedoch darin liegen, daß er die Widersprüche seiner Zeit gestaltete, die er selber geistig erfahren und die er als Ereignis nicht in bloßer Abstraktion oder nüchternen Fakten darstellen wollte. Er zog als Dichter die Konsequenz aus der Revolutionierung seiner Gesellschaft, die darin bestand, dem entfesselten Kampf der Systeme nicht auszuweichen. Er widersprach der undurchschaubaren Gegenwart auf die Gefahr hin, daß er die bürgerliche Ordnung in Frage stellte. War diese dem Verhängnis ausgeliefert, so mußte es der Dichter beschwören, und sei es als die moralisch überwindbare Katastrophe, aus der eine neue Welt geboren werden sollte, die nur in poetischen Visionen entworfen werden konnte. Erst wenn wir diesen romantischen Begriff vom Schaffen als Befreiung ernst nehmen, ist es möglich, dessen äußerliche und lebensferne Hüllen abzustreifen und den Wert für die künstlerische Aneignung der Wirklichkeit zu erkennen. Romantik bedeutet in diesem Sinn die Freisetzung der Poesie zur Wahrnehmung ihrer Aufgabe, immer neue Schnittpunkte von subjektiver Erkenntnis und objektiver Wahrheit zu bilden.

Mit der idealistischen Annahme, daß die Welt der Ideen die eigentlich geschichtliche sei, knüpfte Hugo an die Traditionen humanistischer Geschichtsbetrachtung an. Schon Vico hatte die Geschichte als das Buch des geistigen Inneren, die gesellschaftlichen Verhältnisse als umgesetzte Bewußtseinsinhalte verstanden. Die Aufklärer, die bürgerlichen Klassiker und die Schule der sogenannten Ideologen, die Erben von Condorcets

Fortschrittsideologie, haben ihre antifeudale Ideen- und Geschichtskritik auf einen zunehmend konkreten Begriff von der menschlichen Praxis gegründet, in der die Individuen mit Hilfe von Begriffen und Bildern, Denken und Sprache ihre eigene Geschichte machen. Victor Hugo war wie Stendhal, wie Balzac oder ihr italienischer Zeitgenosse Manzoni in diese Schule gegangen. Was die Realisten Balzac oder Stendhal von den Romantikern Manzoni oder Hugo unterschied, war nicht so sehr ihr grundsätzliches Verhältnis zur geschichtlichen Wirklichkeit als der Vorrang, den sie dem Objekt oder dem Subjekt darin einräumten. Für Hugo war die Geschichtserfahrung nur noch im Überschwang der geistigen Kräfte zu bewältigen, die die undurchschaubare Masse des Gegebenen mit den Visionen des Entstehenden durchdrangen. Der Romantiker entrückt sein Weltbild, wenn es um die tätige Seite des Lebens geht, der «Prosa der Verhältnisse», wo diese nicht erkennen läßt, wie der Mensch ins absolute Werden seiner Geschichte eingebettet ist. Dem Ideal der Menschlichkeit kann er deren historisch bedingte Realität zum Opfer bringen, wenn sich ihm auf keine andere Weise Realität und Idealität zusammenfügen.

Der historische Platz, der Hugo in der Literatur des 19. Jh. einzuräumen ist, wird in erster Linie von seiner – romantischen – Auflehnung und Überwindung des Klassizismus bestimmt. Unter diesem Aspekt ist er dem italienischen Romantiker Manzoni zu vergleichen, der im Mutterland des Klassizismus die Poetik der schönen Natur, der Regeln, Normen und Muster attackierte. Dabei war Frankreich durch seine literarische Vorherrschaft unter Ludwig XIV., durch Corneille und Racine, Boileau und Voltaire mit einer bis zur Revolution fortgeführten Tradition belastet, die sich auf allgemeingültige Kategorien und gesellschaftliche Übereinstimmung berief. Victor Hugo jedoch protestierte gegen die darin künstlerisch aufgehobene Einheit von bürgerlicher Vernunft und aristokratischer Ausschließlichkeit, in die sich die herrschenden und die aufgestiegenen Schichten integrierten. Er lehnte das Idealbild vom «honnête-homme» ab, der sein Maß und seine Ausgeglichenheit nur dadurch erreichte, daß er mit dem alleinigen Gültigkeitsanspruch seines gesunden Menschenverstandes auftrat und alles andere ausschloß. Die Aufklärung hatte zwar den ideologischen Überbau der feudalabsolutistischen Ordnung untergraben, doch war auch bei ihr die Vernunft mit den Interessen einer beschränkten Klasse identisch. Was sich in Widerspruch dazu auf dem Grunde des gesellschaftlichen Gebäudes ereignete, das sollte von der schönen Natur und der vernünftigen Ordnung der Dinge ausgeschlossen bleiben. Es waren sogenannte Vorromantiker, die, der Erfahrung der Revolution vorweggreifend, die Grenzen solcher Vernunft- und Stilidentifikationen bewußt oder gefühlsmäßig erfuhren: Rousseaus Entdeckung der wahren Natur außerhalb der Konventionen der großbürgerlich-aristokratischen Gesellschaftswelt oder Goethes leidender Werther mit seiner alle Kompromisse durchbrechenden Empfindungskraft.

Als das Volk mit der Revolution wirklich in die politische Arena getreten war, ohne den historischen Grund seines Handelns schon bewußt formulieren zu können, mußten vor allem diejenigen, denen man in den Schulen die Vernunftregeln Boileaus als ewige Normen der geselligen Beziehungen einprägte, die Unzulänglichkeit solchen Lebens empfinden. Sie lehnten sich gegen den formalen Zwang auf, rissen die klassizistische Poetik in Stücke, zerfetzten die Regeln und holten literarisch gewissermaßen die Insurrektion nach, mit der man die große Revolution begonnen hatte. Die geschichtliche Realität erschien durch das ganz außerhalb aller Regeln aufgetretene Volk ungeheuer erweitert. An die Stelle der geordneten, in die alte Gesellschaftswelt längst integrierten klassischen Mythologie trat jetzt ein alle bisherigen Begriffe überschreitender Mythos, der in der romantischen Subjektivität gipfelte. Die Romantik wollte mit der Auflösung der alten Vernunftkonstruktionen die eigene so widerspruchsvoll gewordene Geschichtserfahrung in eine universelle Einheit von Natur und Menschheit übertragen.

Die Poetik Victor Hugos ließe sich allein schon durch das Suchen nach Vergleichen und Beispielen hinreichend charakterisieren, die die Kluft zwischen dem Bürger – dem «citoyen» wie dem «bourgeois» – und dem Volk überbrücken könnten. *Die Elenden*, deren erste Fassung nach der Revolution von 1848 abgebrochen und die in ihrer zweiten ein Jahrzehnt nach dem Staatsstreich Louis Bonapartes erschien, stellen in diesem Sinn einen Gipfelpunkt jener Durchdringung von Überzeugung und Glauben dar, in der der Dichter über den bloßen Utopisten und Verfechter des Ideals der Klassenharmonie hinausging. Eine schöne und bewegende schlichte Geschichte, wie Journet und Robert in ihrer Untersuchung zum Mythos des Volkes in den Elenden schreiben, die das Bild menschlichen Schicksals entwirft und deren Bedeutung in einer hohen moralischen Verpflichtung besteht, die mit dem Widerstand tiefer Verworfenheit konfrontiert wird. Nach 1849–1851 erschienen Hugo Republik und Revolution untrennbar: Das physische und seelische Leiden des Volkes ist der geheimnisvolle Grund für seine heroischen und moralischen Energien; im Volk ruht die ganze Fülle der Souveränität, auf der sich Freiheit und Menschenwürde gründen; durch das Volk wird die Revolution vollbracht, die den Fortschritt verwirklicht und damit den wahren Menschen schafft und die Ideale hervorbringt. Napoelon der Kleine, wie Hugo Louis Bonaparte nannte, hatte den «Christus der Völker», das französische, ans Kreuz geschlagen. «Das Grab war über ihm geschlossen worden. Aber nur für drei Tage. Glauben wir! Verzweifeln hieße desertieren.»

Erst im Lauf seiner Geschichte, der Biographie des Bürgers Hugo und der Monographie des Künstlers, ist die demokratische Haltung, die sich mit solcher inneren Dramatik manifestierte, zu dem ihr adäquaten Ausdruck gelangt. Man findet sie schon früh, verhüllt in die Gestalt des Außergewöhnlichen, der subjektiven Wendung an die Geschichte oder der Konflikte zwischen dem Erhabenen und dem Lächerlichen, dem Kontrast von Bildern des Lichts und der Dunkelheit, des Chaos und des geordneten Kosmos. In Lyrik, Drama und Epik haben es dem Dichter vor allem jene großen Rebellentypen und Geächteten angetan, die in ihrer Kraft zur Empörung, zum Widerstand und zur Herrschaft den großen Bogen von der blinden Gewalt zur verklärenden Läuterung spannen. Das Individuum erscheint als der von der Gesellschaft Ausgestoßene, aber es entzieht sich ihr nicht einfach in irgendeiner Weise von idealisierender Selbstvervollkommnung, sondern verstrickt sich in ihre Widersprüche und Kämpfe. Und während die Schauerromantik das Ungewöhnliche um seiner selbst willen sucht, wird es bei Hugo zum Sinnbild, auch oft zur Allegorie, des noch unentschiedenen Ringens zwischen erhaltenden und zerstörenden Kräften.

Der innere Widerspruch, aus dem heraus der Dichter Hugo zu immer neuen Entwürfen künstlerischer Sinnbilder des menschlichen Schicksals gedrängt wurde, hing geschichtlich eng mit der utopischen Verwurzelung seiner Idee von der Demokratie zusammen. Waren seine politischen Vorstellungen im Laufe seines Lebens von einem restaurativ-mittelalterlichen Volksideal bis zur Idee der republikanischen Freiheit gereift und hatte er den katholischen Glauben durch einen laizistisch-demokratischen Evangelismus ersetzt, so wuchs im großen Zyklus seiner Romane die Symbolkraft des Volkes immer mehr an. In ihm wurden schließlich alle die Ideale verkörpert, die Hugo von der Zukunft erwartete, wie Freiheit, Gleichheit und Menschenwürde, ohne die er nicht an den Fortschritt glauben konnte. Aber er sah auch die Gewalt des Negativen über die Menschen, er gab nicht als verwirklicht, was in der Geschichte noch nicht Wirklichkeit geworden war, und er konnte seinen Helden nie das Martyrium ersparen, mit dem sie für seine Ideen zeugten. Das Schöpferische seiner Methode, mit der er in der Dialektik der Geschichte vor allem deren Konfliktcharakter darstellte, lag vielleicht in der ausgeprägten Fähigkeit, Gegensätze nicht einfach abzubilden, sondern sie mit vielfältigsten Mitteln der Anschauung zu immer weiterer Entfaltung zu bringen. Dies ist ihm romanhaft und oratorisch, rhetorisch und pamphletistisch, aber auch lyrisch und dramatisch und schließlich in epischer Form gelungen. Erst die Struktur der Werke und der komplimentäre Charakter ihrer Thematik, Heldengestaltung und ihre Erzählweise lassen uns den Reichtum seiner erhabenen demokratischen Ideale hinter der Utopie erkennen.

Wer es heute noch fertigbrächte, den ganzen Hugo, von den *Oden und Balladen* bis zu den *Legenden der Jahrhunderte* oder von *Bug Jargal* bis zu *Dreiundneunzig* zu lesen, der würde über Wiederholungen und Anhäufungen hinweg eine Einheit von Widersprüchen entdecken, die immer wieder vom Reich des Idealen in die Wirklichkeit verweist. Zwar erhebt sich Hugo über die Prosa der Verhältnisse. Seine Verkörperungen der Gesellschaft sind extreme Figuren, Quasimodo oder Jean Valjean, Gwynplain oder Gauvain, und sie verschmelzen in symbolischer Sicht mit den Mythen ihrer

Epoche. Das Individuum wird zu einem letztlich unergründlichen Geheimnis, und die Gesellschaft erscheint nicht als die konkrete geschichtliche Wirklichkeit, wie sie Balzac episch abbilden will. Was dem Subjekt seine Entfaltung verwehrt, tritt ihm als Inbegriff fatalistischer Notwendigkeit entgegen. Aber nicht zufällig steht am Ende in dem Revolutionsroman *Dreiundneunzig* der moralisch unüberwindliche Utopist und Demokrat, der sich auf das Spiel mit der Übermacht Geschichte eingelassen hat und individuell untergehend im Namen der idealen Gleichheit und Freiheit triumphiert. Als Revolutionär hat der ehemalige Aristokrat den Bann der fremden Gesellschaft durchbrochen und sie zum Ziel des menschlichsten Handelns gesetzt. «Die Gesellschaft», erklärt Gauvain, «das ist die erhabenste und edelste Natur ...»

Die Entfernung aus der prosaischen Wirklichkeit erfolgt also nur, um sich nicht in der Enge des bürgerlichen Daseins zu verlieren. Hugo läßt die Spannung zwischen den moralisch-sozialen Gegensätzen und ihre wechselseitige Durchdringung in dem Maße ansteigen, wie er sie im Bauplan der erzählerischen Darstellung, der künstlerischen Rhetorik und poetischen Bildersprache beherrschen kann. Man braucht das Chaos, erklärte er, um den Kosmos zu schaffen. «Unter der gesellschaftlichen Sterblichkeit spürt man die menschliche Unvergänglichkeit.» Das Relative darf nie das Absolute beherrschen, aber das bedeutete für Hugo nicht, daß er bei aller Unantastbarkeit seiner Ideale nicht auch die Schwierigkeiten sah, die sich ihrer Erreichung entgegenstellten. Nur blieb die Richtung auf sein Ziel, den Sieg der Freiheit und des Humanismus, das Primäre, und der Dichter mußte es immer wieder in symbolischer Anschauungsweise vorwegnehmen, um die Hoffnung und den Glauben an die Verwirklichung nicht erlahmen zu lassen. So steht sein Werk am Schnittpunkt subjektiver Geschichtserfahrung und objektiver Idealität, der immer wieder deutlich wird, wenn er seinen gigantischen Ideenkampf fortsetzt: «Das Ideal ist so erschreckend klein in seiner Tiefe, so verloren und verlassen und sein Licht von den Türmen der schwarzen Gefahren umdroht; und doch ist es nicht ärger bedrängt als der Stern, der im Rachen der Wolken verschwindet ...»

Hugos Kunst sucht das Subjektive gegenständlich zu machen und den Dingen den Anschein ihrer ewigen Gebundenheit zu nehmen. So wird ihm das Volk zum ungeheuren Meer, zum Ozean, dessen Wellen die fürstlichen Galeeren tragen und dessen Stürme den Schiffbrüchigen in den Abgrund ziehen, das Urelement unseres Daseins überhaupt, erbauend und zerstörend Inbegriff aller menschlichen Antriebe. Die Wogen kommen aus der finsteren Tiefe, und sie brechen sich in den hellen Schaumkronen.

«Victor Hugo – Ozean» ist freilich auch ein Ausdruck für das Selbstbewußtsein des Dichters, aber er verliert sich nicht im bloßen Ästhetizismus oder in Selbstverherrlichung. Ihm gehört objektive Größe an. Denn obwohl der demokratische und utopisch-sozialistische Bürger Hugo in seinen Ideen nicht über den Horizont seiner Klasse hinausreichen konnte, so verfolgte er diese Vorstellungen doch in seinen künstlerischen Entwürfen bis zu dem Punkt, wo sie die eigene Beschränktheit aufzuheben begannen. Im Bild seines Volksideals ist auch das wirkliche revolutionäre Wesen der Massen mit einbegriffen. Es ist gewissermaßen der allgegenwärtige und ständig vorantreibende Gegensatz, der die «tieferen Wasserstürme» aufrührt, in denen die Eigensüchtigen und Engherzigen umkommen und die Mutigen und Vorwärtsdrängenden gereinigt und emporgehoben werden. Dieses für Hugo typische Bild kennzeichnet wiederum jene progressivrevolutionäre Romantik, die komplimentär zum kritischen Realismus wirkte.

Fast hundert Jahre nach dem Tode des Dichters läßt sich nicht mehr überblicken, wie tief seine Bilder und seine Gestalten in das Bewußtsein vieler einzelner und breiter Massen eingedrungen sind. Seine Volkstümlichkeit ist eine Art von Allgemeinbesitz geworden. Seine Kunst hat sich ihr Nachleben durch die «romantische» Wendung gesichert, die in der – noch utopischen – Aufhebung der bürgerlichen Aufklärung von oben in die proletarische von unten bestand. Und diese Wendung hat sich nicht abstrakt vollzogen, sondern im zunehmend enger werdenden Kontakt mit dem Bewußtsein, das in breiten Massen wirklich vorhanden war. Im letzten Grunde konnte er deshalb schon der sozialistischen Literatur vorausgreifen, der er seine Ideale und seine Poesie vermacht hat. Wer Victor Hugo gelesen hat, dem kommt beispielsweise das Motiv, das Erwin Strittmatter seinem *Ole Bienkopp*, dem Roman von dem Aufkommen revolutionärer Veränderungen auf dem Lande, vorangestellt hat, wie ein gut verwaltetes Erbe vor: «Die Erde reist durch den Weltenraum. Der Mensch sendet eiserne Tauben aus und harrt ungeduldig ihrer Heimkehr. Er wartet auf ein Ölblatt von Brüdern auf anderen Sternen. Was ist ein Dorf auf dieser Erde? Es kann eine Spore auf der Schale einer faulenden Kartoffel oder ein Pünktchen Rot auf der besonnten Seite eines Apfels sein.»

Es wäre sicher eine lohnende Aufgabe, in einem weiten Panorama der Literatur, das dem Vorbild Victor Hugos angemessen sein müßte, zu zeigen, wie revolutionäre Haltung, poetisches Gefühl und romantische Anschauung im dialektischen Verhältnis einander durchdringen und welche Energien des Bewußtseins aus solcher Verbindung hervorgehen. Was man aus der Literaturgeschichte zu dieser Frage lernen kann, dafür soll abschließend nur auf den engen Zusammenhang hingewiesen werden, der zwischen dem Dichter der *Elenden*, der *Arbeiter des Meeres*, der *Lachenden Maske*, *Dreiundneunzig* und dem Dichter der *Internationale* besteht. Hugo ließ seinen Helden in der *Lachenden Maske* Worte der Anklage und Herausforderung vor der Versammlung der herrschenden Klasse sagen, die Eugène Pottier – übertragen gesprochen – aus der Prosa des Romans in die Poesie seiner Arbeiterdichtung aufheben konnte. 1869 wurde Hugos Roman vollendet, in dem es, die Revolution der Unterdrückten ankündigend, heißt: «... das Dunkel verlangt Licht zu werden, der Verdammte streitet mit dem Erwählten, das Volk rückt heran, sage ich Euch, der Mensch steigt empor, es ist das Ende, das beginnt, das rote Morgenleuchten der Katastrophe.» Und zwei Jahre später, unmittelbar nach der geschichtlichen Erfahrung der Pariser Kommune, entstehen die berühmten Verse Pottiers, die unübersetzbar international geworden sind: «Debout, les damnés de la terre. C'est la lutte finale ...» H. H.

Zeittafel

1795

Der Brigadegeneral Napoleon Bonaparte schlägt im Dienste des Konvents einen monarchistischen Aufstand am 5. Oktober mit Waffengewalt nieder. Damit beginnt seine militärische und politische Karriere.

1797

15. 11. Trauung von Joseph-Léopold-Sigisbert Hugo mit der Bretonin Sophie Trébuchet.

1798

Ägyptenexpedition Bonapartes.

15. 11. Geburt des Sohnes Abel Hugo in Paris.

1799

Durch einen Staatsstreich übernimmt General Bonaparte am 18. Brumaire (9. 11.) die Macht und sichert damit die Herrschaft der Großbourgeoisie durch eine Militärdiktatur, zunächst in Form des Konsulats (1799–1804).

1800

16. 9. Geburt des zweiten Sohnes Eugène Hugo in Nancy.

1802

26. 2. Geburt des dritten Sohnes Victor-Marie Hugo in Besançon.

1804

Am 2. 12. krönt sich Bonaparte selbst zum Kaiser der Franzosen. Ausarbeitung des bürgerlichen Gesetzbuches (Code civil), das gewisse Errungenschaften der Revolution von 1789 fixiert, zugleich aber Ausdruck der Herrschaft der Großbourgeoisie unter dem ersten Kaiserreich ist.

1806

Joseph Bonaparte König von Neapel.

Major Hugo, der Vater V. H.s, nimmt an der Besetzung Neapels durch französische Truppen teil. – Sophie H. reist mit ihren Kindern zu ihrem Mann nach Italien; dort Begegnung mit den Fouchers; baldige Rückkehr nach Paris.

1808

Mit dem spanischen Volksaufstand (2. 5.) beginnen die Befreiungskriege der europäischen Völker gegen die napoleonische Fremdherrschaft. – Joseph Bonaparte wird König von Spanien und Indien.

Oberst Hugo von Joseph Bonaparte nach Madrid berufen.

1810

Verhaftung des Oberst Laborie, der 18 Monate von Sophie H. versteckt gehalten wurde.

1811

Reise von Sophie H. und ihren Kindern nach Spanien zu ihrem Mann (15. 3.).

1812

Vernichtung der Großen Armee Napoleons in Rußland. Putschversuch des republikanischen Generals Marlet am 23. 10.

3. 3. Rückkehr von Sophie Hugo und ihren Kindern aus Spanien nach Paris; Hinrichtung des Oberst Laborie.

1813

Die Völkerschlacht bei Leipzig (16.–19. 10.) setzt der napoleonischen Fremdherrschaft ein Ende.

1814

6. 4. Abdankung Kaiser Napoleons I.; Verbannung nach Elba; Rückkehr der Bourbonen nach Frankreich.

Auf Wunsch des Vaters Aufnahme von Eugène und Victor H. in die Pension Cordier und Decotte in Paris.

1815

Napoleons Versuch, die Macht zurückzuerobern (Herrschaft der hundert Tage), endet mit der Niederlage von Waterloo (18. 6.).

1817

Die Schriftstellerin Germaine de Staël gestorben. Théodore Géricaults Gemälde «Das Floß der Medusa».

Entwurf der Novelle «Bug-Jargal» über die Negerrevolte von Santo Domingo.

1818

Der Dichter Charles Leconte de Lisle geboren.

Scheidung der Eltern von V. H.; Rückkehr der beiden Brüder aus der Pension zur Mutter. V. H. erhält bei einem Wettbewerb für sein Gedicht «Die Wiederherstellung der Statue Heinrichs IV.» die Goldene Lilie, den ersten Preis der Académie des Jeux floraux de Toulouse.

1819

Der Komponist Jacques Offenbach und der Maler Gustave Courbet geboren.

Zeitschrift Le Conservateur littéraire, herausgegeben von den drei Brüdern Hugo.

1820

Alphonse de Lamartines erster Gedichtband «Poetische Meditationen».

1821

Napoleon I. stirbt in der Verbannung auf St. Helena. Graf Saint-Simons Schrift «Das industrielle System».

Charles Baudelaire und Gustave Flaubert geboren.

27. 6. Tod der Mme. Hugo, der Mutter Victor Hugos, Juli: V. H.s Verlobung mit Adèle Foucher.

1822

Edmond Goncourt geboren. – Stendhal «Über die Liebe».

12. 10. Eheschließung zwischen Victor Hugo und Adèle Foucher. Hugos erstes Buch «Oden und Balladen» erschienen.

Erste Anzeichen einer Geisteskrankheit bei Eugène, dem Bruder V. H.s.

1823

16. 7. Geburt des ersten Sohnes, Léopold, der bereits am 9. 10. stirbt. Der Roman «Han von Island» erschienen.

1824

König Ludwig XVIII. von Frankreich (1814–1824) gestorben; Nachfolger wird sein Bruder Karl X. (1824–1830).

Der romantische Maler Théodor Géricault gestorben.

«Neue Oden» erschienen.

28. 8. Geburt der Tochter des Dichters, Léopoldine Hugo.

1825

Graf Saint-Simon, einer der Begründer des utopischen Sozialismus, und der Maler Jacques-Louis David gestorben. François Aubers Revolutionsoper «Die Stumme von Portici».

V. H. wird Ritter der Ehrenlegion des Königreiches.

1826

Alfred de Vignys historischer Roman «Cinq Mars»; Prosper Mérimées Balladensammlung «Die Guzla».

Geburt des zweiten Sohnes, Charles Hugo.

Die Novelle «Bug-Jargal» und «Neue Oden und Balladen» erschienen.

1827

Das Drama «Cromwell» mit dem programmatischen Vorwort Hugos erschienen; darin Absage an das klassizistische Kunstideal.

1828

Jules Verne geboren. – Prosper Mérimées Schauspiel «Die Jacquerie» über den Bauernaufstand von 1358.

28. 1. Tod des Generals Hugo, des Vaters von V. H.; 21. 10. Geburt des Sohnes François-Victor Hugo.

1829

Ultrareaktionäre Regierung des Fürsten Polignac.

Prosper Mérimées historischer Roman «Die Bartholomäusnacht»; Honoré de Balzacs erster großer Roman «Die Chouans»; Entstehung der ersten Lithographien von Daumier.

Der Gedichtband «Die Orientalen», die Erzählung «Der letzte Tag eines Verurteilten» erschienen und die Schauspiele «Marion de Lorme» und «Hernani» beendet.

1830

26. 7. Königliche Ordonnanzen gegen bürgerlich-demokratische Freiheiten; 27.–29. 7. Ausbruch der Revolution; Abdankung Karls X.; Louis Philippe, Herzog von Orléans, übernimmt auf Betreiben der liberalen Finanzbourgeoisie die Regentschaft, ab 7. August König der Franzosen; Eroberung von Algier durch französische Truppen; 27. 9.–21. 12. Prozeß gegen die Minister Karls X.

Stendhal «Rot und Schwarz» (R); Lamartines Gedichtsammlung «Poetische und religiöse Harmonien»; Hector Berlioz' «Phantastische Sinfonie» uraufgeführt. – Benjamin Constant gestorben. Der impressionistische Maler Camille Pissaro geboren.

25. 2. Premiere des Schauspiels «Hernani» im Théâtre-Français; 28. 7. Geburt der Tochter des Dichters 1831, Adèle Hugo.

1831

20. 11. Aufstand der Arbeiter und Handwerker der Lyoner Seidenmanufakturen.

Honoré de Balzac «Das Chagrinleder» (R).

11. 8. Premiere von «Marion de Lorme» im Théâtre de la Porte-Saint-Martin, mit Marie Dorval und Bocage. – Erscheinen der «Herbstblätter» und des Romans «Notre-Dame von Paris».

1832

5. 6. Das Begräbnis des Generals Lamarque, eines der Führer der republikanischen Opposition, führt zu Straßenkämpfen.

Honoré de Balzac «Oberst Chabert» (E); Sainte-Beuve «Literarische Porträts» (bis 1839); George Sands Romane «Indiana» und «Valentine». – Der Illustrator Gustave Doré geboren.

22. 11. Uraufführung von «Der König amüsiert sich» im Théâtre-Français (verboten am 10. 12.).

1833

Honoré de Balzac «Eugénie Grandet» (R); der erste Band von Jules Michelets «Geschichte Frankreichs».

2. 1. Erste Begegnung mit Juliette Drouet; Bruch mit Sainte-Beuve. – Das

Drama «Lucretia Borgia» bei Renduel erschienen; Uraufführung im Théâtre de la Porte-Saint-Martin am 2. 2.; 6. 11. Premiere von «Marie Tudor» im Théâtre de la Porte-Saint-Martin; Juliette Drouet wird ausgepfiffen.

1834

4. 4. Adolph Thiers wird Innenminister; 9.–12. 4. Zweiter Lyoner Aufstand mit politischen Forderungen; 20. 5. Tod des Generals Lafayette.

Honoré de Balzac «Vater Goriot» (R); Alfred de Vigny «Chatterton» (D); der impressionistische Maler Edgar Degas geboren.

Der Roman «Notre-Dame von Paris» wird auf den Index der römisch-katholischen Kirche gesetzt; die Erzählung «Claude Gueux» erscheint; Reise in die Bretagne.

1835

In der Pairskammer beginnt der Prozeß gegen die Aufständischen von Lyon und Paris vom April 1834. – 28. 7. Mißglücktes Attentat auf Louis Philippe. Unter den Toten befindet sich der Marschall Mortier (Präsident des Rates).

Théophile Gautier «Mademoiselle de Maupin» (R).

28. 4. Premiere des «Angelo» im Théâtre-Français; Der Gedichtband «Dämmerungsgesänge» bei Renduel erschienen.

1836

Ministerium Broglie wird ersetzt durch das Ministerium Thiers, das wiederum entlassen und durch das Ministerium Molé ersetzt wird. Mehrfache mißglückte Attentate auf Louis Philippe; Einweihung des Arc de Triomphe de l'Étoile.

Alfred de Musset «Bekenntnisse eines Kindes seiner Zeit» (R). – Tod von Claude Rouget de Lisle, dem Schöpfer der Marseillaise.

14. 11. Premiere der Oper «Esmeralda» nach dem Roman «Notre-Dame von Paris» im Théâtre de l'Académie royale de musique. Musik von Mlle Bertin.

1837

Ferdinand Philippe, Herzog von Orléans, heiratet Helene von Mecklenburg-Schwerin. – Zweites Ministerium Molé; Tod von Charles Fourier.

Honoré de Balzac «Tolldreiste Geschichten».

Der Gedichtzyklus «Die Inneren Stimmen» bei Renduel erschienen.

1838

Louis Bonaparte geht nach einem zweimonatigen Aufenthalt in Amerika nach England.

Der Komponist Georges Bizet geboren.

8. 11. Premiere von «Ruy Blas» im Théâtre de la Renaissance.

1839

Entlassung des Ministeriums Molé, Ministerium Soult; Prozeß gegen die Verantwortlichen des Aufstandes der «Gesellschaft der Jahreszeiten» vom 12. 5.; Barbès zur Zwangsarbeit, Blanqui zum Tode verurteilt.

Stendhal «Die Kartause von Parma» (R).

«Esmeralda» Ballett von Antonio Monticini an der Mailänder Scala uraufgeführt.

1840

Französische Truppen besetzen Médéa in Algerien, Louis Bonaparte landet in Boulogne und wird arretiert.

Prosper Mérimée «Colomba» (N). – Alphonse Daudet, Emile Zola und der Bildhauer Auguste Rodin geboren.

Der Gedichtband «Strahlen und Schatten» erschienen; 29. 8.–2. 11. Reise mit Juliette nach Deutschland an den Rhein. «Brief über Heidelberg».

1841

Proudhons Arbeit über das Eigentum abgeschlossen; Balzac unterzeichnet einen Vertrag über die Herausgabe seines Gesamtwerkes unter dem Titel «Die menschliche Komödie». – Der impressionistische Maler Auguste Renoire geboren.

7. 1. Aufnahme von V. H. in die Académie française.

1842

Unfalltod des Herzogs von Orléans.

Tod von Stendhal. – Eugène Sue «Die Geheimnisse von Paris» (R); Balzac widmet V. H. die «Verlorenen Illusionen» (R).

«Der Rhein», eine Reisebetrachtung.

1843

Karl Marx und seine Familie lassen sich in Paris nieder. Claude Tillier «Mein Onkel Benjamin» (R); Sainte-Beuve «Das Buch der Liebe» (G).

7. 3. Premiere der «Burggrafen» im Théâtre-Français; 15. 2. Hochzeit der Tochter Hugos, Léopoldine, mit Charles Vacquerie. – Reise nach Spanien und in die Pyrenäen. – 4. 9. tödlicher Unfall von Léopoldine und Charles Vacquerie auf der Seine.

1844

Tod von Joseph Bonaparte; Louis Philippe besucht in England die Königin Victoria.

Anatole France und Paul Verlaine geboren; Claude Tillier gestorben. – Alexandre Dumas «Die drei Musketiere» (R).

«Esmeralda» Ballett von Jules Perrot mit der Musik von Cesare Pugni im His Majesty's Theatre London uraufgeführt.

Versöhnung Hugos mit Sainte-Beuve.

1845

Karl Marx, aus Frankreich ausgewiesen, geht nach Brüssel; Königin Victoria besucht Louis Philippe.

Alexandre Dumas «Der Graf von Monte Christo» (R); Adolphe Thiers «Geschichte des Konsulats und des Kaiserreiches» (bis 1862).

13. 4. V. H. wird zum Pair von Frankreich ernannt.

5. 7. Entdeckung des Verhältnisses zwischen V. H. und Léonie Biard-d'Aunet.

Auf Empfehlung Louis Philippes zieht Auguste Biard die Anklage gegen V. H. zurück.

Beginn der Arbeit an dem Roman «Die Elenden».

1846

25. 5. Louis Bonaparte flüchtet aus der Haft in Ham. – Proudhon «Philosophie des Elends».

Honoré de Balzac «Base Lisbeth» (R); Premiere von «Fausts Verdammung» von Berlioz in der Opéra Comique.

Juliettes Tochter Claire Pradier gestorben.

1847

Karl Marx widerlegt die Lehre des kleinbürgerlichen Sozialisten Proudhon in dem Buch «Das Elend der Philosophie».

Honoré de Balzac «Glanz und Elend der Kurtisanen» (R); Prosper Mérimée «Carmen» (N); Alphonse de Lamartine «Geschichte der Girondisten»; Henry Murger «Szenen aus dem Leben der Bohème» (R). – Felix Mendelssohn-Bartholdy und der Zeichner Granville gestorben.

Weiterarbeit an dem Roman «Die Elenden». – 30. 5. Reise mit Juliette in die Normandie.

1848

Eine Industrie- und Handelskrise verschärft die sozialen Widersprüche. – 24. 2. Ausbruch der Revolution in Paris; Rücktritt der Regierung Guizot, Flucht der königlichen Familie; Ausrufung der Republik; 25. 2. Blanqui kommt nach Paris; 26. 2. Einrichtung der Nationalwerkstätten; Gründung einer Regierungskommission für die Arbeiter unter Vorsitz von Louis Blanc. Ende Februar Veröffentlichung des Kommunistischen Manifestes in London; Karl Marx erhält eine Einladung der provisorischen Regierung, in Frankreich zu leben. – 23.–26. 6. Aufstand des Pariser Proletariats wird durch General Cavaignac niedergeworfen; 10. 12. Louis Bonaparte zum Präsidenten der Republik gewählt; 26. 12. Ministerium Odilon Barrot.

François-René de Chateaubriand gestorben. Nach seinem Tode erscheinen die «Erinnerungen aus dem Jenseits». – Alexandre Dumas d. J. «Die Kameliendame» (R). – Der Maler Paul Gauguin geboren.

24. 2. V. H. versucht die Herrschaft der Regentin Herzogin Hélène d'Orléans zu proklamieren; er wird von Lamartine zum Bürgermeister des VIII. Arrondis-

sements vorgeschlagen. Bei den Ergänzungswahlen wird er als Abgeordneter von Paris in die Konstituierende Versammlung gewählt. – Wiederholte Reden für die Pressefreiheit, gegen die Todesstrafe, aber auch gegen die Nationalwerkstätten. – 25. 10. ungefähres Datum des Besuches von Louis Bonaparte, bei dem er V. H. um seine Unterstützung bittet. – 25. 11. V. H. stimmt im Parlament gegen die Feststellung, Cavaignac habe sich um das Vaterland verdient gemacht. – 13. 12. V. H. in den Élysée-Palast eingeladen.

1849

März: Cholera in Paris. – 7. 3. in Bourges Prozeß gegen die Insurgenten vom Juni 1848: Barbès und Albert werden des Landes verwiesen, Blanqui, Sobrier, Raspail, Flotte und Quentin zu Gefängnis verurteilt. – 3. 6. Marx in Paris, geht am 24. 8. zurück nach London.

George Sand «Die kleine Fadette» (R); Gustave Courbets Gemälde «Steinklopfer». – Der im Exil lebende polnische Komponist Frédéric Chopin in Paris gestorben.

13. 5. V. H. wird in die Gesetzgebende Versammlung gewählt. Rede gegen das Elend, gegen die Einmischung in die italienischen Angelegenheiten. Europäischer Friedenskongreß in Paris unter Vorsitz von V. H.

1850

Marx veröffentlicht den ersten Teil von «Die Klassenkämpfe in Frankreich». – 26. 8. Louis Philippe in England gestorben. Honoré de Balzac gestorben; Pierre Loti und Guy de Maupassant geboren. – Eugène Delacroix' Gemälde «Die Freiheit führt das Volk an».

21. 8. Begräbnisrede auf Honoré de Balzac.

1851

2. 12. Staatsstreich des Prinz-Präsidenten Louis Napoleon; Unterdrückung jeden Widerstandes durch die Putschisten; Massenhinrichtungen in ganz Frankreich.

Artikel von Charles Hugo gegen die Todesstrafe; dafür Verurteilung zu 6 Monaten Gefängnis. – In der Zeitschrift L'Événement Artikel von François-Victor Hugo, der das Asylrecht für Vertriebene verteidigt; dafür 9 Monate Haft für ihn und Paul Meurice. – 3. 12. Appelle V. H.s an das Volk, an die Soldaten, an die Arbeiterversammlungen. Er ist unter den letzten Barrikadenkämpfern. – 11. 12. Flucht V. H.s nach Brüssel mit einem Paß auf den Namen Jacques-Firmin Lauvin.

1852

6. 1. Von den öffentlichen Gebäuden werden die Losungen «Freiheit, Gleichheit, Brüderlichkeit» entfernt. Louis Napoleon läßt sich zum Kaiser der Franzosen ausrufen.

Karl Marx veröffentlicht «Der achtzehnte Brumaire des Louis Bonaparte».

Alexandre Dumas' Schauspiel «Die Kameliendame» nach dem gleichnamigen Roman uraufgeführt; Charles Leconte de Lisle «Antike Gedichte».

28. 1. Der belgische König erteilt V. H. eine Aufenthaltsgenehmigung für drei Monate. — 31. 7. V. H. verläßt Brüssel und geht nach London, Charles begleitet ihn. Abreise nach Jersey. — 16. 8. V. H. und seine Familie richten sich in Marine-Terrace ein. — «Napoleon der Kleine» in Brüssel veröffentlicht.

1853

29. 1. Napoleon III. heiratet die spanische Gräfin Eugénie de Montijo. Haussmann Präfekt des Departements Seine, Beginn des Umbaus von Paris.

Der Physiker François Arago gestorben.

V. H. beendet die Arbeit an den «Züchtigungen»; im November Herausgabe einer vollständigen Ausgabe in Genf und New York, einer Auswahl in Brüssel.

1854

27. 3. Frankreich und England treten an der Seite der Türkei in den Krimkrieg gegen Rußland ein. — 26. 9. Beginn des Kampfes um Sewastopol. — Adolphe Blanqui und Lammenais gestorben. Arthur Rimbaud geboren. — Gérard de Nerval «Sylvie» (R); Gustave Dorées Illustrationszyklus zu dem Roman «Gargantua und Pantagruel» von Rabelais.

Oktober. Beginn der Liebe Adèles, der Tochter des Dichters, zu dem englischen Leutnant Pinson.

1855

20. 3. Erklärung der Regierungszeitung «Moniteur», daß die politischen Flüchtlinge, die bereit sind, das gegenwärtige Regime anzuerkennen, nach Frankreich zurückkehren dürfen. — 8. 5. Fall von Sewastopol. — Mißglücktes Attentat auf Napoleon III. durch Bellamare.

Gérard de Nerval gestorben; der belgische Dichter Emile Verhaeren geboren. — Baudelaire veröffentlicht «Die Blumen des Bösen».

31. 10. V. H. verläßt Jersey und geht nach Guernsey.

1856

25. 2.–16. 4. Friedenskongreß in Paris.

17. 2. Heinrich Heine in Paris gestorben.

Die Gedichtsammlung «Kontemplationen» erscheint in Brüssel und Paris.

6. 12. Beginn der psychischen Erkrankung von Adèle H., der Tochter des Dichters.

1857

Die Dichter Pierre-Jean de Béranger und Alfred de Musset gestorben. — Gustave Flaubert «Madame Bovary» (R).

Alexandre Dumas fährt für zwei Tage im April nach Guernsey. In Weimar Premiere der Bergsymphonie von Franz Liszt auf ein Gedicht von V. H.

1858

Alexandre Dumas fährt nach Rußland; Veröffentlichung des dichterischen Gesamtwerkes von Leconte de Lisle; Paul Verlaine übersendet im Alter von 14 Jahren V. H. seine ersten Verse.

1859

Sieg der französischen und piemontesischen Truppen über die Österreicher bei Magenta und Solferino; Mac Mahon wird zum Marschall und Herzog von Magenta ernannt. – Fürst Metternich in Wien gestorben. – 16. 8. Im «Moniteur» Veröffentlichung einer Amnestie für alle politischen Flüchtlinge; Hinrichtung von John Brown in den USA.

Die Dichterin Marceline Desbordes-Valmore gestorben.

April: V. H. arbeitet an der Gedichtsammlung «Legende der Jahrhunderte». Veröffentlichung der ersten Folge in Brüssel und Paris.

1860

Neue französisch-englische Intervention gegen China.

März: Dumas stellt sich Garibaldi zur Verfügung.

V. H. beginnt wieder mit der Arbeit an seinem Werk «Die Elenden»; 12. 6. Das Garibaldi-Komitee von Jersey bittet V. H. um Unterstützung; 20. 6. Verhandlungen mit seinem Verleger Hetzel über eine Gesamtausgabe.

1861

Intervention Napoleons III. in Mexiko (bis 1867).

Théophile Gautier «Kapitän Fracasse» (R). – Der Schriftsteller Eugène Scribe gestorben; der Bildhauer Aristide Maillol geboren.

26. 3.–3. 9. Reise V. H.s mit Juliette und Charles nach Belgien und den Niederlanden.

30. 6. V. H. beendet «Die Elenden».

1862

19. 7. Garibaldi marschiert auf Rom; Bismarck wird Premierminister.

Der symbolistische Dichter Maurice Maeterlinck und der Komponist Claude Debussy geboren. – Gustave Flauberts historischer Roman «Salammbô».

Der erste Teil der «Elenden» erscheint in Brüssel und in Paris. Die nächsten Teile folgen. Castel veröffentlicht ein Album mit Zeichnungen von V. H. mit einem Vorwort von Gautier. Beginn der Arbeit an «Dreiundneunzig»; Reise in die Ardennen und ins Rheintal.

1863

Ernest Renans religionskritische Werke «Das Leben Jesu» und «Geschichte der Anfänge des Christentums». – Eugène Delacroix, Meister der französischen Historienmalerei und Alfred de Vigny gestorben.

Lacroix veröffentlicht die Arbeit von Adèle H. «Victor Hugo, erzählt von einem Zeugen seines Lebens».

1864

10.4. Maximilian von Österreich als Kaiser von Mexiko eingesetzt; 28.9. London, Gründung der Internationalen Arbeiter-Association (I. A. A.).

Der erste Band des Großen Universal-Lexikons von Larousse veröffentlicht; Brüder Goncourt «René Mauperin» (R); Jacques Offenbachs Operette «Die schöne Helena».

«William Shakespeare» erschienen; V. H. beginnt mit der Arbeit am Roman «Arbeiter des Meeres».

Reise in die Ardennen und ins Rheintal.

25. 11. Madame H. kehrt nach über 16monatiger Abwesenheit nach Guernsey zurück.

1865

Pierre-Joseph Proudhon gestorben; 2.10. Bismarck in Paris; Bildung der französischen Sektion der I. A. A.

Jules Verne «Von der Erde zum Mond» (R); der Roman «Germinie Lacerteux» von den Brüdern Goncourt eröffnet die literarische Strömung des Naturalismus.

V. H. verläßt Guernsey, um sich in Brüssel niederzulassen (18. 1.); nimmt dort an der Hochzeit seines Sohnes Charles mit Alice Lehaene teil. – «Lieder der Gassen und Wälder» erscheint bei Lacroix; 30. 10. Rückkehr nach Guernsey.

1866

Die Vereinigten Staaten fordern Frankreich auf, seine Truppen aus Mexiko abzuziehen.

Premiere von Offenbachs Operette «Pariser Leben». – Romain Rolland geboren; der Grafiker Paul Gavarni gestorben. – Pariser Weltausstellung.

Bei Lacroix und Verboeckhoven erscheinen die «Arbeiter des Meeres».

1867

Februar: Die französischen Truppen räumen Mexiko; 19.6. Exkaiser Maximilian in Queretaro hingerichtet; 9.9. Internationaler Friedenskongreß in Genf; 3.11. Französische Truppen verteidigen Rom gegen Garibaldi und besiegen ihn (Schlacht bei Mentana).

Charles Baudelaire gestorben. – Emile Zolas Roman «Thérèse Raquin» erschienen.

31. 3. Geburt des ersten Enkels von V. H., Georges, Sohn von Alice und Charles.

V. H. schreibt das Gedicht «Mentana».

1868

Alphonse Daudet «Der kleine Dingsda» (R); Jules Verne «Die Kinder des Kapitän Grant» (R).

14. 4. Hugos Enkel Georges gestorben; 16. 8. Geburt des zweiten Kindes von Alice und Charles, das gleichfalls Georges genannt wird; 27. 8. Adèle H., Gattin des Dichters, gestorben.

1869

Gustave Flaubert «Die Erziehung der Gefühle», zweite Fassung; Paul Verlaine «Die galanten Feste», Gedichte. – Die Schriftsteller Sainte-Beuve und Alphonse de Lamartine sowie der Komponist Hector Berlioz gestorben; André Gide geboren.

Gründung der Zeitung «Le Rappel» durch die beiden Söhne V. H.s, Vacquerie und Meurice.

Der Roman «Der lachende Mann» erschienen.

29. 9. Geburt von Jeanne Hugo, Tochter von Alice und Charles H.

1870

19. 7. Kriegserklärung Frankreichs an Deutschland; 2. 9. Kapitulation der französischen Armee unter Marschall Mac Mahon in Sedan; Gefangennahme Napoleons III.; 4. 9. Ausrufung der Republik in Paris, Bildung der Regierung der nationalen Verteidigung; Belagerung von Paris.

Die Schriftsteller Jules de Goncourt, Prosper Mérimée und Alexandre Dumas gestorben.

20. 5. Vacquerie, Charles und François-Victor H. zu einem Monat Gefängnis verurteilt.

15. 8. V. H. verläßt Guernsey und trifft nach Aufenthalt in Brüssel am 5. 9. in Paris ein.

Veröffentlichung der ersten französischen Ausgabe der «Züchtigungen».

1871

Februar: Die Wahlen zur Nationalversammlung ergeben eine reaktionäre Mehrheit. Bildung der Regierung Thiers in Bordeaux. – 18. März: Der Versuch der Reaktion, die Nationalgarde in Paris zu entwaffnen, scheitert; Errichtung der Pariser Kommune, der ersten proletarischen Diktatur der Weltgeschichte. – 21.–28. Mai heroischer Endkampf der Kommunarden gegen die in Paris eindringenden Versailler Truppen; etwa 30000 Menschen werden Opfer der Massenhinrichtungen, Zehntausende werden deportiert. – 31. 8. Adolphe Thiers Präsident der Republik.

Gustave Courbet zu 6 Monaten Gefängnis verurteilt.

Emile Zola «Das Glück der Familie Rougon», der erste Band des 20bändigen Romanzyklus «Die Rougon-Macquart»; Eugène Pottier schreibt die Internationale. – Marcel Proust geboren.

8. 2. V. H. in die Nationalversammlung gewählt; Abreise nach Bordeaux. In Konflikt mit der reaktionären Majorität demissioniert er. (8. 3.)

13. 3. Charles H., Sohn des Dichters, gestorben.

21. 3. V. H. verläßt erneut Paris und geht nach Brüssel. 25. 5. V. H. bietet öffentlich allen Verfolgten der Pariser Kommune Asyl an. Reaktionäre Kräfte bewerfen in der Nacht vom 27. zum 28. 5. das Haus V. H.s mit Steinen. 1. 6. V. H. geht nach Luxemburg.

1872

Alphonse Daudet «Die wunderbaren Abenteuer von Tartarin aus Tarascon» (R); Emile Zola «Die Beute» (R); Jules Verne «Reise um die Erde in achtzig Tagen» (R). – Théophile Gautier gestorben.

12. 2. Adèle, Tochter von V. H., kehrt nach Paris zurück, muß aber wenige Tage darauf in das Nervensanatorium Saint-Mandé gebracht werden (1915 gestorben). – 19. 3. Juliette stellt Blanche, die letzte große Liebe V. H.s, als Hausmädchen ein. – 7. 8. verläßt V. H. Paris und geht erneut mit den Seinen nach Guernsey. Veröffentlichung der Gedichtsammlung «Das schreckliche Jahr».

1873

Exkaiser Napoleon III. im Exil in Chislehurst in England gestorben. – 24. 5. Thiers tritt zurück, Mac Mahon wird Präsident der Republik.

Die «Arlésienne-Suiten» von Georges Bizet uraufgeführt; Emile Zola «Der Bauch von Paris» (R); Arthur Rimbauds einziges zu Lebenszeiten erschienenes Buch «Ein Sommer in der Hölle» veröffentlicht; 25. 5. Verlaine und Rimbaud gehen nach London; 6. 8. Odilon Barrot gestorben; 10. 12. Marschall Bazaine zu 20 Jahren Haft verurteilt.

V. H. verläßt am 30. 7. Guernsey, kehrt nach Paris zurück und läßt sich in der Nähe seines Sohnes François-Victor nieder, der an einer Nieren-TBC erkrankt ist. – 23. 9. Juliette verläßt V. H., als sie von seinem Verhältnis zu Blanche erfährt. Auf sein Versprechen, sich von dieser zu trennen, kehrt sie zurück.

Abschluß der Arbeit am Roman «Dreiundneunzig».

26. 12. François-Victor H. gestorben.

1874

20. 2. Ministerium Disraeli in Groß-Britannien.

Flaubert «Die Versuchung des heiligen Antonius» (E); Jules Verne «Die geheimnisvolle Insel» (R). – Die Historiker François Guizot und Jules Michelet sowie der Staatsmann Ledru-Rollin gestorben.

«Dreiundneunzig» und «Meine Söhne» veröffentlicht; «Das schreckliche Jahr» wird in illustrierten Zeitschriften abgedruckt.

1875

30. 1. Mit einer Stimme Mehrheit (353 gegen 352 Stimmen) spricht sich die Nationalversammlung für die republikanische Ordnung aus.

Emile Zola «Die Sünde des Abbé Mouret» (R); die Oper «Carmen» von Georges Bizet uraufgeführt. – Der Komponist Maurice Ravel geboren; der Landschaftsmaler Camille Corot und der Komponist Georges Bizet gestorben.

Veröffentlichung von «Dokumente und Reden» I (vor dem Exil), «Dokumente und Reden» II (während des Exils).

1876

Emile Zola «Seine Exzellenz Eugène Rougon» (R). – George Sand gestorben.

30. 1. V. H. zum Senator ernannt; 21. 3. Der Amnestievorschlag des Dichters für alle Kommunarden wird im Senat verworfen;

27. 6. Enkelin Zoé H., Tochter Abel H.s, stirbt.

5. 7. «Dokumente und Reden» III (nach dem Exil) im Buchhandel. Die republikanische Union ernennt V. H. zu ihrem Präsidenten.

1877

17. 6. Mac Mahon verlangt vom Senat die Auflösung der Deputiertenkammer. – Adolphe Thiers gestorben.

Zola «Der Totschläger» (R); Flaubert «Drei Erzählungen». – Der Maler Gustave Courbet im Schweizer Exil gestorben.

3. 4. Alice, die Witwe von Charles H., heiratet Edouard Lockroy. Der Gedichtband «Die Kunst, Großvater zu sein» und die zweite Folge von «Die Legende der Jahrhunderte» erschienen.

Der erste Teil der historischen Arbeit «Geschichte eines Verbrechens» im Buchhandel.

1878

Der «Anti-Dühring» von Friedrich Engels in Leipzig erschienen.

Der zweite Teil der «Geschichte eines Verbrechens» erschienen; 30. 5. Rede des Dichters zum 100. Todestag Voltaires; 28. 6. Rede auf dem Internationalen Schriftstellerkongreß in Paris; 4. 7. Abreise V. H.s nach Guernsey; 9. 11. Rückkehr nach Paris.

1879

30. 1. Rücktritt Präsident Mac Mahons; 4. 2. Wahl des bürgerlichen Republikaners Jules Grévy zum Präsidenten der Republik (bis 1887).

Camille Saint-Saëns Oper «Samson und Dalila» von Franz Liszt in Weimar uraufgeführt; Brüder Goncourt «Die Brüder Zemganno» (R). – Der Maler und Grafiker Honoré Daumier gestorben.

28. 2. Erneuter Vorstoß Hugos im Senat für eine politische Amnestie; 5. 7. V. H. steigt 300 m in einem Fesselballon hoch.

1880

Der 14. Juli zum Nationalfeiertag der Republik erklärt. Emile Zola «Nana» (R); Guy de Maupassant «Fettklößchen» (N); Alphonse Daudet

«Numa Roumestan» (R). – Gustave Flaubert und Jacques Offenbach gestorben.

Die Abhandlung «Religionen und Religion» von V. H. veröffentlicht.

1881

Beginn einer neuen Phase kolonialer Eroberungskriege: Tunis (1881), Indochina (1883), Madagaskar (1885).

Anatole France «Das Verbrechen des Sylvestre Bonnard» (R); Jacques Offenbachs Oper «Hoffmanns Erzählungen» uraufgeführt. – Auguste Blanqui gestorben.

27. 2. *Große Feier für V. H. in Paris zu Ehren seines Eintritts in das 80. Lebensjahr.*

«Die vier Winde des Geistes» erschienen, von Emile Zola heftig angegriffen.

31. 8. *In seinem Testament legt V. H. fest, daß er alle seine Manuskripte wie alles sonst noch von seiner Hand Geschriebene der Nationalbibliothek Paris hinterlasse.*

1882

26. 1. Sturz des Großen Ministeriums von Gambetta.

Garibaldi, Louis Blanc und Léon Gambetta gestorben; Jean Giraudoux geboren.

Veröffentlichung des antikirchlichen Dramas «Torquemada».

1883

Mallarmées Wohnung in der Rue de Rom wird Treffpunkt der jungen Pariser Dichtergeneration. – Guy de Maupassant «Ein Leben» (R); Emile Zola «Im Paradies der Damen» (R). – Karl Marx, Richard Wagner, Gustave Doré und der impressionistische Maler Edouard Manet gestorben.

11. 5. Juliette Drouet gestorben.

Veröffentlichung der dritten Folge der «Legende der Jahrhunderte».

1884

Verlaine «Die verfluchten Dichter»; Jules Massenets Oper «Manon Lescaut»; Auguste Rodin beginnt die Arbeit an der Großplastik «Die Bürger von Calais».

Projekt des Eiffelturms für die Weltausstellung angenommen.

15. 5. Saint-Saëns dirigiert in Gegenwart des Dichters die Uraufführung seiner «Hymne an Victor Hugo».

Reise des Dichters in die Schweiz.

1885

30. 3. Sturz der Regierung Ferry durch eine Volksbewegung gegen den abenteuerlichen, das Land ruinierenden Kolonialismus.

Emile Zola «Germinal» (R); Guy de Maupassant «Bel ami» (R).

Veröffentlichung des «Almanachs von Victor Hugo» von Louis Ulbach; 19. 5. Letzte Niederschrift von V. H. «Aimer c'est agir» – Lieben heißt handeln. – 22. 5. Tod V. H.s um 13.27 Uhr. – 26. 5. Regierungsbeschluß, daß V. H. im Panthéon beigesetzt wird. – 1. 6. Staatsbegräbnis.

1887

«Erlebtes», Tagebücher von V. H., erste Folge.

Anmerkungen

14 *Chouans* – Konterrevolutionäre Aufständische der Vendée, so genannt nach Jean Cottereau, einem ihrer Anführer, der den Beinamen le Chouan (Uhu) hatte.

15 *Sansculotten* – (französisch «ohne Kniehosen») Bezeichnung für die radikalen Kleinbürger und Plebejer in der Französischen Revolution, die lange Röhrenhosen (Pantalons) statt der modischen Kniehosen (culottes) der Oberschicht trugen. Die S. waren während der Französischen Revolution das vorwärtstreibende Element.

28 *Boas und Ruth* – Gestalten aus dem Alten Testament.

32 *Zistrosen* – Etwa 175 Arten umfassende Familie krautiger und holziger Pflanzen, vor allem aus dem Mittelmeergebiet, meist mit auffälligen Blüten, Kapselfrüchten.

Calle Mayor – (span.) Hauptstraße.

34 *Alkalde* – Span. Bezeichnung für Richter, bes. Strafrichter, dann auch für Gemeindeoberhaupt, Dorfrichter.

36 *Alcazar* – Maurische Zitadelle.

Escorial – Klosterschloß in der Nähe von Madrid, das für Philipp II. als Schloß und Kloster zugleich 1563 von Juan Bautista de Toledo begonnen und 1567–1584 von seinem Schüler Juan de Herrera vollendet wurde.

43 *Tedeum* – Altkirchlicher Hymnus «Te deum laudamus» (lat.) (Dich, Gott, loben wir).

46 *Ekloge* – (griech. «das Ausgewählte») Ursprüngl. in der römischen Poesie jedes kleinere ausgewählte Gedicht.

50 *Restaurationspoesie* – Restauration: historische Periode von 1815 bis 1830, in der die reaktionären Regierungen fast in ganz Europa die Zustände vor der Französischen Revolution wiederherzustellen suchten.

52 *Romancero* – Sammlungen spanischer Romanzen, wie sie seit Mitte des 16. Jh. erschienen.

53 *Protagonisten* – Im altgriechischen Drama Schauspieler, die die Hauptrolle spielen.

in contumaciam – (lat.) Verurteilung in Abwesenheit.

60 *Liliput* – Lilliput, in Swifts Satire «Gullivers Reisen» (1726) Name eines Märchenlandes, dessen Bewohner nur daumengroß sind.

Cid – Spanisches Nationalepos, das von dem französischen Dichter Pierre Corneille 1634 dramatisiert wurde.

61 *Sinai* – Viergipfeliger Gebirgsstock im südlichen Teil der Sinaihalbinsel des Roten Meeres. Auf diesem Berg empfing Moses der Sage nach die zehn Gebote.

Hohe Pforte – Bezeichnung für die türkische Regierung, bes. für das

Außenministerium bis 1918; ursprüngl. Bezeichnung für die Residenz des Sultans.

62 *Seeschlacht von Navarino* – Das heutige Pylos; dort errang am 28. 10. 1827 die vereinigte britisch-russisch-französische Flotte einen für den griechischen Freiheitskampf entscheidenden Sieg über die türkisch-ägyptische Flotte.

69 *Guzla* – «La Guzla» – Sammlung erotischer Poesie (1826) von Prosper Mérimée.

107 *Undine* – In alten Sagen weiblicher Wassergeist, Seejungfrau.

126 *Vaudeville* – Volkstümliches heiteres Lied, ursprüngl. aus der nordfranzösischen Landschaft Val de Vire; seit dem 18. Jh. in Frankreich volkstümliches Singspiel.

151 *Monstranzen* – Schaugefäße für die geweihte Hostie in der katholischen Kirche; oft kostbare Kunstwerke aus Gold und Edelsteinen.

Mitra – Kopfbedeckung für die Bischöfe und andere hohe geistliche Würdenträger der katholischen Kirche.

153 *Oreaden* – Eine Art von Nymphen, niedere Naturgottheiten der griechischen Sage.

157 *Gargantua* – Sagenhafter Riese, Titelgestalt eines Romanepos von François Rabelais.

163 *Galeoten* – Galeote, ursprüngl. kleine, von 16–24 Ruderern vorwärts bewegte, im Mittelmeer übliche Galeere mit einem Mast. Im 19. Jh. anderthalbmastiger Küstensegler.

167 *Investiturbanner* – Investitur = feierliche Einsetzung von kirchlichen Würdenträgern.

168 *Sankt Georg* – Christl. Heiliger, Patron der Sattler und Küfer, Schutzpatron der Krieger.

Si Jehova non sedificat domum, frustra laborant aedificantes eum – (lat.) Erbaut Jehova nicht das Haus, so richtet der Erbauer Kunst nichts aus.

Ilias – Nach der Stadt Ilion = Troja benanntes Heldenepos Homers in 24 Büchern; schildert Ausschnitte vom Ende des zehn Jahre währenden Kampfes der Griechen um Troja.

173 *Baskina* – (span.) Eine Art Reifrock.

174 *Cachucha* – Spanischer Volkstanz.

175 *Caballero* – Spanische Anrede «mein Herr».

Querido – (span.) Geliebter

177 *Kare* – Kar, kessel- oder nischenartige Ausweitung mit steiler Hinterwand und meist ebenem Boden in einst oder noch vergletscherten Hochgebirgen.

178 *Bagno* – Name der berüchtigten Strafanstalten in Frankreich, bezeichnete ursprüngl. die Bäder des Serails in Konstantinopel, bei denen sich ein Strafgefängnis befand. 1748 als Strafanstalten in Frankreich eingeführt.

182 *Pair* – (franz.) «Gleicher, Ebenbürtiger»; Angehöriger des politisch bevorrechteten Hochadels im alten Frankreich.

197 *Monthyonpreis* – Jean Baptiste Auget, Baron de Monthyon (1733 bis 1820), französischer Philanthrop, stiftete den nach ihm benannten Preis, der von der Académie française für moralisch wertvolle Bücher verliehen wurde.

218 *Burnus* – Weiter, meist mit Kapuze versehener Mantel der Beduinen Arabiens und Nordafrikas; von der Mode in der Mitte des 19. Jh. als Damenmantel nachgebildet.

219 *Munizipalgarde* – Pariser Militärpolizei.

Grisette – (franz.) Veraltet für junge (Pariser) Putzmacherin, Näherin, abgeleitet von ihrer grauwollenen Bekleidung: öfter Freundin von Studenten oder Künstlern; leichtfertiges Mädchen.

224 *Tuilerien* – Ehemaliges Schloß der französischen Könige in Paris (seit 1564 als Teil des Louvre erbaut), 1871 niedergebrannt und nur z. T. wieder aufgebaut.

228 *Girondistenlied* – Girondisten = politische Gruppierung in der Französischen Revolution von 1789, umfaßte die in die Gesetzgebende Nationalversammlung gewählten gemäßigten Republikaner, die die Interessen der Handels- und Industriebourgeoisie vertraten.

238 *«Die provisorische Regierung...»* – Zitat aus: Marx/Engels, Ausgewählte Werke in sechs Bänden, Band II, S. 15.

«Diese gemütliche Abstraktion...» – Zitat aus: Marx/Engels, Ausgewählte Werke in sechs Bänden, Band II, S. 21.

257 *Josua* – Biblische Gestalt, Nachfolger Moses.

272 *Kasba* – Algerische Zitadelle.

274 *Marengo* – Italienisches Dorf, bei dem Bonaparte am 14. Juni 1800 die österreichische Armee unter Melas besiegte.

Satory – Marktflecken südöstlich von Versailles. In der Ebene von Satory nahm der Präsident Louis Bonaparte im September 1850 eine Truppenschau ab und wurde dabei von einigen Regimentern mit dem Ruf begrüßt: «Es lebe der Kaiser!»

285 *Mitrailleuse* – Mit der Hand betriebene mehrläufige Maschinenwaffe; von der französischen Armee im Krieg 1870/71 ohne wesentlichen Erfolg eingesetzt. Vorläufer des Maschinengewehrs.

297 *Kabbala* – Name für die mittelalterliche jüdische Mystik, von erheblichem Einfluß auf die jüdische Theologie und Philosophie. In ihrer volkstümlichen Ausprägung erscheinen Magie, Zauber und Beschwörung.

300 *Tiara* – Papstkrone, hohe Mütze mit drei Kronreifen.

Ponton – Altes, als Gefängnis dienendes Kriegsschiff.

304 *Ghibellinen* – Gibellinen, Angehörige einer politischen Partei in Italien im 12. bis 15. Jh., die vorwiegend aus dem Feudaladel bestand. Die G. waren Anhänger der Staufenkaiser;, sie sahen in ihnen eine

Stütze gegen die papstfreundlichen Guelfen und die Autonomiebestrebungen der oberitalienischen Städte.

310 *Tobias* – Gestalt aus dem Alten Testament, schwergeprüfter israelischer Familienvater und Verbannter.

322 *Levers* – (franz.) Morgenempfänge des französischen Königs.

323 *Kassave* – Kassavestrauch, wird wegen stärkereicher Wurzelknollen in den Tropen viel gezogen, zur Herstellung von Kassavebrot und der Stärkeart Tapioka.

Bathorden – (engl. «Order of the Bath») Englischer Verdienstorden, Träger findet Aufnahme in den Adelsstand. Den Namen erhielt dieser Orden von der Sitte, den neu aufgenommenen Ritter zu baden.

324 *Konnetabel* – (franz. connétable, engl. constable) Im Mittelalter in Frankreich und England der höchste militärische Beamte des Königs. In England später ehrenamtlich zum Schutz der öffentlichen Ordnung bestellte Bürger. Heute Polizeibeamter.

328 *Albion* – Alter, nur noch dichterisch gebrauchter Name für die Britischen Inseln.

329 *Krypta* – Unterirdischer Kapellen- oder Kirchenraum.

343 *Kapitäl* – Kapitell, oberer Säulenabschluß.

Leatitia – (lat.) Freude.

Moetitia – (lat.) Trauer.

389 *Sbirre* – Bis 1809 in Italien, bes. im Kirchenstaat, militärisch organisierte Justiz- und Polizeidiener.

412 *Mitraillen* – (franz.) Kartätschenladungen.

430 *«die wahre Vertreterin...»* – Zitat aus: Marx/Engels, Ausgewählte Werke in sechs Bänden, Band IV, S. 83.

«Der ganze Trug von Staatsgeheimnissen...» – Zitat aus: Marx/Engels, Ausgewählte Werke in sechs Bänden, Band IV, S. 26.

432 *pro jure contra legem* – (lat.) für das Recht, gegen das Gesetz.

435 *Vae victis* – (lat.) Wehe den Besiegten! (Angeblich Ausspruch des gallischen Feldherrn Brennus).

438 *Charybdis und Scylla* – Gestalten der griechischen Mythologie, Seeungeheuer in der Meerenge von Messina, welche die vorbeifahrenden Schiffe verschlangen.

Charenton – Pariser Vorstadt, bekannt durch eine Irrenanstalt.

451 *Paladine* – Berater, Ritter, Gefolgsmänner (ursprüngl. die zwölf Begleiter Karls des Großen).

466 *Fideismus* – Weltanschauung, die dem Glauben den Vorzug vor dem Wissen gibt.

470 *Promiskuität* – Der unterschiedslose Geschlechtsverkehr ohne dauernde Bindung.

472 *Parnassiens* – Französische Dichtergruppe in der zweiten Hälfte des 19. Jh., die, im Gegensatz zur Romantik, den Intellekt stärker betonte.

475 *«Alba – peligro...»* – (span.) «Blanche – Gefahr. Also Vorsicht. Ich will nicht, daß ihr oder der Frau, der mein Herz gehört, ein Leid widerfährt.»

477 *Danaidenfaß* – Danaiden = Gestalten der griechischen Mythologie; Töchter Danaos', die in der Unterwelt unablässig Wasser in ein durchlöchertes Faß schöpfen mußten.

496 *Wald von Macbeth* – «Macbeth», Drama von Shakespeare. Der schuldbeladenen Titelgestalt wird von drei Hexen prophezeit, daß er unbesiegbar sei, solange der Wald von Birnam nicht zur Burg Dunsinan hinanklettere. M. nimmt daraufhin beruhigt den Kampf auf, wird aber zutiefst beunruhigt, als er den Wald von Birnam auf die Burg zukommen sieht. Sein Gegner Malcolm hatte nämlich seinen Soldaten befohlen, sich mit Zweigen zu tarnen.

499 *phrygische Mütze* – Jakobinermütze, seit der Französischen Revolution Sinnbild der Freiheit.

Personenverzeichnis

Literaturhinweise

Biographien, Monographien, Dokumente, Dissertationen

Aragon, Louis: Victor Hugo poète réaliste. Paris 1954

Barbou, Alfred: Victor Hugo et son temps. Paris 1881

Barrère, Jean-Bertrand: Victor Hugo – l'homme et l'œuvre. Paris 1956

Barthou, Louis: Les Amoures d'un Poète. Documents inédits sur Victor Hugo. Paris 1919

Bastier, Paul: Victor Hugo und seine Zeit. Eine Einführung. Leipzig 1908

Bersancourt, Alfred de: Pamphlets contre Victor Hugo. Paris 1912

Bénoit-Lévy, Edmond: Sainte-Beuve et Madame Victor Hugo. Paris 1880

Bénoit-Lévy, Edmond: Les Misérables de Victor Hugo. Paris 1929

Biré, Edmond: Victor Hugo avant 1830. Paris 1892

Biré, Edmond: Victor Hugo après 1830. Vol. 1–2. Paris 1891

Biré, Edmond: Victor Hugo après 1852. Paris 1894

Brunet, Georges: Victor Hugo. Paris 1935

Brunetière, Ferdinand: Victor Hugo. Paris 1902

Catalogue de l'Exposition «Enfance et Jeunesse de Victor Hugo». Paris 1952

Catalogue de l'Exposition «Maturité de Victor Hugo». Paris 1953

Citron, Klaus-Jürgen: Die Bedeutung des Exils für die politische Dichtung Victor Hugos. (Maschinenschr.) Kiel: Phil. Fak., Diss. 24. Juli 1954

Claretie, Jules: Victor Hugo. Souvenirs intimes. Paris 1902

Daubray, Cécile: Victor Hugo et ses Correspondants. Paris 1947

Drouet, Juliette: Mille et une lettres d'amour à Victor Hugo. Paris 1951

Dupuy, Ernest: La jeunesse des romantiques. Paris 1905

Escholier, Raymond: Victor Hugo. Le dessinateur, le peintre, l'artiste. Avec 111 reprod. Paris 1927

Escholier, Raymond: Victor Hugo raconté par ceux, qui l'ont vu. Paris 1931

Escholier, Raymond: Victor Hugo cet inconnu. Paris 1951

Escholier, Raymond: Un Amant de Génie – Victor Hugo. Lettres d'amour et carnets inédits. Paris 1953

Gautier, Théophile: Histoire du Romantisme. Paris 1874

Gautier, Théophile: Victor Hugo. Paris 1902

Glachant, Paul et Victor: Essai critique sur le théâtre de Victor Hugo. Vol. 1–2. Paris 1902–1903

Gregh, Fernand: L'Œuvre de Victor Hugo. Paris 1933

Guimbaud, Louis: Victor Hugo et Juliette Drouet. Paris 1914

Hofmannsthal, Hugo von: Versuch über Victor Hugo. München 1925

Hugo, Adèle: Victor Hugo raconté par un témoin de sa vie. Vol. 1–2. Brüssel 1863 [anonym herausgegeben]

Hugo, Adèle: (dt.) Victor Hugo, geschildert von einem Genossen seines Lebens. Bd. 1–2. Leipzig 1863

Heimbecher, H. J.: Victor Hugo und die Ideen der Großen Französischen Revolution. (Maschinenschr.) Berlin: Phil. Fak., Dissertation, 1931

Jouin, Henry: David d'Angers et ses relations littéraires. Paris

Klemperer, Victor: Geschichte der französischen Literatur im 19. und 20. Jahrhundert Bd. 1. Berlin 1953

Koch, Herbert: Victor Hugo und Juliette Drouet nach unbekannten Schriftstücken (Maschinenschr.) Jena: Phil. Fak., Habil-Schrift, 27. Juni 1956

Lamartine, Alphonse de: Correspondance Vol 6. Paris 1875

Lesclide, Richard: Victor Hugo intime. Paris 1902

Mann, Heinrich: Geist und Tat. Franzosen 1780–1900. Weimar 1946

Maurois, André: Olympio – Victor Hugo. (Ins Dt. übertr. v. Walter Fabian). Hamburg 1957 [Mit Literaturverzeichnis S. 443–456]

Nist, Otto: Wiederkehrende Strukturelemente in den Gedichtanfängen Victor Hugos. München: Phil. Fak., Dissertation, 20. Januar 1969

Perche, Louis: Victor Hugo. Paris 1952

Puls, Hans: Die Musikauffassung der französischen Romantiker, dargestellt an Lamartine und Victor Hugo. Saarland: Phil. Fak., Dissertation, 1. Juni 1956

Renouvier, Charles: Victor Hugo, le poète. Paris 1893

Renouvier, Charles: Victor Hugo, le Philosophe. Paris 1900

Rousselet, Jean: Le roman de Victor Hugo. Paris 1963

Rudwin, Max: Bibliographie de Victor Hugo. Paris 1926

Saint-Victor, Paul de: Victor Hugo. Paris 1892

Souchon, Paul: Les deux femmes de Victor Hugo. Paris 1948

Souchon, Paul: Victor Hugo. L'Homme et l'Œuvre. Paris 1952

Souchon, Paul: Olympio et Juliette. Paris 1940

Souchon, Paul: Les propheties de Victor Hugo. Paris 1945

Zeitschriftenaufsätze und Beiträge in Sammelbänden

Antokolski, P.: Victor Hugo. In: Neue Zeit. Moskau 1952, Nr. 8, S. 5–8

Dédéyan, Charles: Victor Hugo und Deutschland. In: Antares. Baden-Baden. Jg. 1. 1952/53, Nr. 6, S. 5–20

Dédéyan, Charles: Victor Hugo et l'Allemangne. P. l. Paris: Lettres modernes 1964. = Bibliothéque de littérature et d'histoire. Nr. 3, 1964

Dédéyan, Charles: Victor Hugo et l'Allemagne. P 2. Paris: Lettres modernes 1965; = Bibliothéque de littérature et d'histoire, Nr. 3, 1965

Drost, W.: Vergessene Schriftstücke Victor Hugos. In: Zeitschrift f. französische Sprache u. Literatur. Wiesbaden. Bd. 70. 1960, S. 149–165

Ellmar, P.: Victor Hugo. In: Die Volksbühne. Hamburg. Jg. 2. 1952, H. 7, S. 101–104

Franz, Artur: Neuere Forschungen über Victor Hugo. In: German.-roman. Monatsschrift. Heidelberg. Jg. 16. 1928

Gaudon, J.: Hugo juge de Delacroix. In: Gazette des beaux-arts. Paris 1966, S. 173–176

Gaumier, J.: Connaissance de Victor Hugo. In: Bulletin de la Faculte des lettres de Strasbourg. Jg. 43. 1965, Nr. 5, S. 407–411

Georgel, P.: Vision et imagination plastique dans «Quatrevingt-Treize». In: Les lettres romanes. Louvain. Jg. 19. 1965, Nr. 1, S. 3–27

Georgel, P.: Dessins de Victor Hugo dans les collections publiques françaises. In: Revue du Louvre et des musees de France. Paris 1971, S. 251–268

Georgel, P.: Victor Hugo. Ein Material zur Ausgestaltung von Feierstunden anl. des 150. Geburtstages am 26. 2. 1952. Berlin: Kulturbund in Zusammenarbeit mit dem Deutschen Friedenskomitee 1952. Auch in: Sinn und Form, Potsdam. Jg. 4. 1952, H. 1., S. 5–68

Georgel, P.: Victor Hugo im Exil. In: Geistiges Frankreich. Wochenblat des franz. Informationsdienstes. Wien. Jg. 5, 1952, Nr. 234

Georgel, P.: Victor Hugo-Gedenkfeier. In: Sowjetliteratur. Moskau. 1952, Heft 6

Jordy, M.: 1848 und der Weg Hugos. Von der Reaktion zum Humanismus. In: Blick in die Wissenschaft. Berlin. Jg. 1. 1948, S. 142–144

Keisch, Henryk: Rehabilitierung eines Romantikers. In: Weltbühne. Berlin 1968, Nr. 13, S. 406–408

Kirsch, F. P.: Die Welt im Umriß. Wandlungen eines Strukturelements in der Dichtung Victor Hugos. In: Sprachkunst. Wien, Köln, Graz. Jg. 1. 1970, H. 3, S. 241–255

Koch, H.: Zu Victor Hugos politischer Tätigkeit. In: Zeitschrift für französische Sprache und Literatur. Wiesbaden. Bd. 70. 1960, S. 39–48

Koch, H.: Fragmente zweier unbekannter Jugenddramen von Victor Hugo. In: Forschungen u. Fortschritte. Berlin. Jg. 33. 1959, H. 10, S. 307–311

Koch, H.: Unbekannte Gedichte von Victor Hugo. In: Forschungen u. Fortschritte. Berlin. Jg. 33. 1959, H. 3, S. 88–92

Lacretelle, Pierre de: Hugo. In: Revue, Litterature, histoire, arts et sciences des deux mondes. Paris 1967, Nr. 17, S. 6–21

Mann, A.: Das große Beispiel. In: Sinn und Form. Potsdam. Jg. 4. 1952, H. 1, S. 5–9

Mann, Heinrich: Victor Hugo (Aus: «Geist und Tat») In: Aufbau. Berlin. Jg. 8. 1952, S. 161–166

Metgen, G.: Nachtstücke eines Romanciers. Victor Hugo als Zeichner. In: Die Kunst und das schöne Heim. München. Jg. 61. 1962–1963, H. 10, S. 511–517

Nikolajew, W.: Ein großer Sohn des französischen Volkes. Zum 150. Geburtstag V. Hugos. In: Neue Welt. Berlin. Jg. 7. 1952, S. 718–737

Olivier, R.: La note macabre des «Misérables». In: Wissenschaftl. Zeitschrift d. Friedrich-Schiller-Universität. Ges.-sprachwiss. R. Jena. Jg. 3. 1953/54, S. 135–151

Pechel, R.: «Napoleon der Kleine». Ein Beitrag zur Emigrantenfrage. In: Deutsche Rundschau. Leipzig. Jg. 66. Mai. S. 45–51

Schneider, Erwin: «Hernani» in der Kritik eines Jahrhunderts (1830–1930). In: Romanische Forschungen. Erlangen. Bd. 47, S. 1–146

Seebacher, J.: Estéthique et politique chez Victor Hugo: «L'hutilité du beau». In: Cahiers de l'Association internationale des etudes françaises. Paris 1967. Nr. 19, S. 233–246

Vinchon, Jean: La tache et les dessins de Victor Hugo. In: Gazette des Beaux-arts. Paris 1961, S. 153–160

Wuckel, D.: Victor Hugo «Gavroche». In: Deutschunterricht. Berlin. Jg. 15. 1962, S. 26–32

Victor Hugo. Par Romain Rolland e. au. Paris 1935

Victor Hugo Dessinateur. Préface de Gaétan Picon. Paris 1963

Victor Hugo en images. Paris 1902

Victor Hugo. Exposition organisée pour commémorer le 150e anniversaire de sa naissance. Paris 1952

Victor Hugo – Emile Zola. Berlin: 1955 (Große Sowjet-Enzyklopädie. Reihe Kunst u. Literatur Nr. 44)

Ausgaben der Werke Victor Hugos im Originaltext

Carnets intimes. Souvenirs, journaux, cahiers 1830–1885. Paris 1953

Choses vues. Vol. 1–2. Paris 1897

Choses vues, nouvelle série. Paris 1900

Correspondance 1815–1882. T. 1–2. Paris 1896 et 1898

Correspondance entre Victor Hugo et Paul Meurice. Paris 1909

Correspondance Vol. 1–4. Paris 1950–1951

Journal 1830–1848. Paris 1954

Lettres à Juliette Drouet. Paris 1883

Œuvres complètes T. 1–43. Paris 1904–1950

Œuvres complètes T. 1–35. Givers 1948–1955

Œuvres politiques complètes, Reunies et présentées par Francis Bouvet. Paris 1964

Œuvres romanesques complètes. Paris 1971

Œuvres posthumes T. 1–5. Paris 1896–1902

Post-scriptum de ma vie. Paris 1901

Avez-vous lu Victor Hugo? Anthologie poétique commantée par Aragon. Paris 1952

Ausgaben der Werke Victor Hugos in deutscher Sprache

Sämtliche Werke Bd. 1–17. Frankfurt/M. 1835–1839

Sämtliche Werke Bd. 18–25. Stuttgart 1842–1843

Ausgewählte Schriften Bd. 1–16. Stuttgart u. Leipzig 1835–1836

Appell an das Gewissen. Gedenkrede auf Voltaire. Berlin: Rütten & Loening 1952

Die Arbeiter des Meeres. Übertragen von Lisa Haustein. Mit einem Vorwort von Herbert Kühn. Leipzig: List 1952 (Letzte Auflage 1954)

Die Arbeiter des Meeres. Übertragen von Lisa Haustein. Berlin: Verlag Neues Leben 1975

Dreiundneunzig. Roman. Übertragen von Alfred Wolfenstein. Mit einem Nachwort von Heinrich Mann. Leipzig u. München: Paul List 1949 (Epikonreihe). Letzte Ausgabe 1972

Dreiundneunzig (1793). Roman. Ins Deutsche übertragen von Alfred Wolfenstein. Mit einer Einführung von Ferdinand May und einem Nachwort von Tilly Bergner. Berlin: Verlag Neues Leben 1973

1793. Roman. Aus dem Französischen von Eva Schumann. Berlin: Aufbau-Verlag 1956 (Deutsche Volksbibliothek)

Die Elenden. Roman. Bd. 1–2. Übertragen von Paul Wiegler. Mit einem Nachwort von Herbert Kühn. Berlin: Volk und Welt 1952 (Bibliothek der Weltliteratur). Letzte Auflage 1965

Die schwarze Fahne (Bug-Jargal). Roman. Übertragen von Helmut Bartuschek. Mit einem Nachwort von Herbert Kühn. Leipzig: List 1962

Ausgewählte Gedichte. In Übertragungen hrsg. von Fritz Gundlach. Berlin 1903

Geschichte eines Verbrechens. Eine Zeugenaussage. Übertragen von Günther Steinig. Mit einem Nachwort von Kurt Schnelle. Berlin: Rütten & Loening 1965

Hernani. Drama. Übertragen von Heidrun Beltz. Mit einem Nachwort von Dieter Tauchmann. Mit 5 Zeichnungen von Rolf Münzner. Leipzig: Insel-Verlag 1968

Die lachende Maske. Roman. Übertragen von Eva Schumann. Mit einem Nachwort von Heinz Bär. Leipzig: List 1952 (Letzte Auflage 1959)

Notre-Dame von Paris. Roman. Übertragen von Else von Schorn. Leipzig: Insel-Verlag 1952 (Bibliothek der Romane)

Notre-Dame von Paris. Roman. Übertragen von Else von Schorn. Mit einem Nachwort von Rolf Geissler. Bd. 1–2. Leipzig: Reclam 1964 (RUB Nr. 137 u. Nr. 138). Neuauflage 1975

Der letzte Tag eines Gerichteten. Leipzig: Insel-Verlag 1948 (Insel-Bücherei Nr. 381)

Claude Gueux. Übertragen von Günther Steinig. In: Französische Erzählungen. Leipzig: Dieterich 1951

Ein Doppelquartett. Übertragen von Paul Wiegler. In: Französische Liebesgeschichten. Illustr. von Max Schwimmer. Leipzig: Reclam 1957 (Aus «Die Elenden»)

Gavroche. Übertragen von Paul Wiegler, Berlin: Kinderbuchverlag 1957 (Aus «Die Elenden»). Bearbeitet für die Jugend von Edith Zenker. Mit Illustrationen von Kurt Zimmermann. Letzte Auflage 1977

Ceci tuera cela. Hymnus auf die Druckkunst. Leipzig: Offizin Andersen Nexö 1968 (Auszug aus «Notre-Dame von Paris»)

Bildverzeichnis

Zeichnungen von Victor Hugo

Holzschnittvignetten von Honoré Daumier, etwa 1836 bis 1843

Quellenangaben

Deutsche Fotothek Dresden
10, 11, 14, 33, 43, 55, 59, 64, 69, 87, 93, 94

Maison de Victor Hugo, Paris
Photodienst Bulloz
1, 2, 3, 4, 5, 6, 7, 8, 9, 12, 13, 16, 19, 20, 22, 26, 27, 30, 31, 38, 58, 61, 66, 68, 70, 72, 73, 75, 77, 78, 96, 97, 98, 99, 101, 102, 104, 105, 106

Nationalbibliothek Paris
107–115

Verlagsarchiv
15, 17, 18, 21, 23, 24, 25, 28, 29, 34, 35, 36, 37, 38, 39, 40, 41, 42, 44, 45, 46, 47, 48, 49, 50, 51, 52, 53, 54, 56, 57, 60, 62, 63, 65, 67, 71, 74, 76, 79, 80, 81, 82, 83, 84, 85, 86, 88, 89, 90, 91, 92, 95, 100, 103
und sämtliche Vignetten von Honoré Daumier

Die Fotoarbeiten wurden ausgeführt von:
Fotowerkstatt Dietz Verlag Berlin/Ewald
Deutsche Staatsbibliothek Berlin
Foto-Falk Berlin

Inhalt

Stefan Zweig

Ungeduld des Herzens
Roman. Band 1670

Die Hochzeit von Lyon
und andere Erzählungen
Band 2281

Verwirrung der Gefühle
und andere Erzählungen
Band 5790

Phantastische Nacht
und andere Erzählungen
Band 5703

Rausch der Verwandlung
Band 5874

Schachnovelle. Band 1522

Sternstunden der Menschheit
Zwölf historische Miniaturen
Band 595

Europäisches Erbe. Band 2284

Zeit und Welt. Band 2287

Menschen und Schicksale
Band 2285

Länder, Städte, Landschaften. Band 2286

Drei Meister
Balzac. Dickens. Dostojewski.
Band 2289

Der Kampf mit dem Dämon
Hölderlin. Kleist. Nietzsche.
Band 2282

Drei Dichter ihres Lebens
Casanova. Stendhal. Tolstoi.
Band 2290

Die Heilung durch den Geist
Mesmer. Mary Baker-Eddy. Freud. Band 2300

Das Geheimnis des künstlerischen Schaffens
Band 2288

Begegnungen mit Büchern
Aufsätze und Einleitungen
aus den Jahren 1902–1939
Band 2292

Briefe an Freunde
Band 5362

Stefan Zweig–Friderike Zweig. Unrast der Liebe
Band 5366

Magellan
Der Mann und seine Tat
Band 5356

Triumph und Tragik des Erasmus von Rotterdam.
Band 2279

Maria Stuart. Band 1714

Marie Antoinette
Bildnis eines mittleren
Charakters. Band 2220

Joseph Fouché
Bildnis eines politischen
Menschen. Band 1915

Balzac
Eine Biographie. Band 2183

Ein Gewissen gegen die Gewalt
Castellio gegen Calvin
Band 2295

Die Welt von Gestern
Erinnerungen eines Europäers
Band 1152

Ben Jonsons »Volpone«
Band 2293

Fischer Taschenbuch Verlag

fi 191/3

Hugo von Hofmannsthal

Gesammelte Werke in zehn Einzelbänden

Herausgegeben von Bernd Schoeller in Beratung mit Rudolf Hirsch

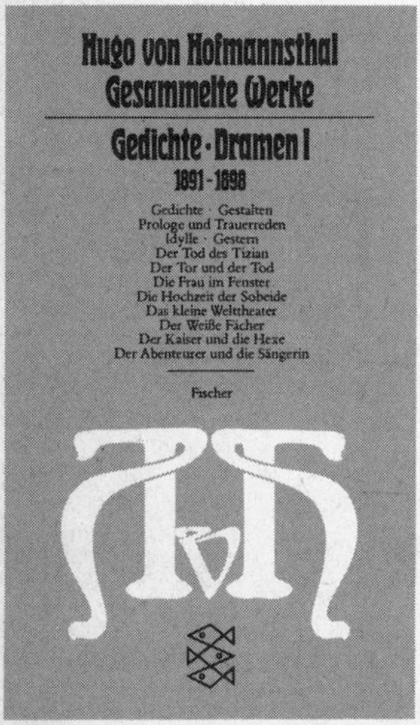

Gedichte – Dramen I (1891–1898)
Band 2159

Dramen II (1892–1905)
Band 2160

Dramen III (1893–1927)
Band 2161

Dramen IV (Lustspiele)
Band 2162

Dramen V (Operndichtungen)
Band 2163

Dramen VI (Ballette – Pantomimen Bearbeitungen – Übersetzungen)
Band 2164

Erzählungen – Erfundene Gespräche und Briefe – Reisen
Band 2165

Reden und Aufsätze I (1891–1913)
Band 2166

Reden und Aufsätze II (1914–1924)
Band 2167

Reden und Aufsätze III (1925–1929) Aufzeichnungen
Band 2168

Fischer Taschenbücher

fi 215/1

Franz Werfel

Das Lied von Bernadette
Roman. Band 1621

Die Geschwister von Neapel
Roman. Band 1806

Der Abituriententag
Roman. Band 1893

Der Tod des Kleinbürgers
und andere Erzählungen. Band 2060

Verdi
Roman der Oper
Band 2061

Die vierzig Tage des Musa Dagh
Roman. Band 2062

Stern der Ungeborenen
Ein Reiseroman. Band 2063

Jeremias. Höret die Stimme
Roman. Band 2064

Der veruntreute Himmel.
Geschichte einer Magd
Roman. Band 5053

Nicht der Mörder, der Ermordete ist schuldig
und andere Erzählungen. Band 5054

Cella oder Die Überwinder
Versuch eines Romans. Band 5706

Jakobowsky und der Oberst
Komödie einer Tragödie. Band 7025

Fischer Taschenbuch Verlag

ARTHUR SCHNITZLER

Das erzählerische Werk

Taschenbuchausgabe in sieben Bänden

BAND 1

Welch eine Melodie – Er wartet auf den vazierenden Gott
Amerika – Erbschaft – Mein Freund Ypsilon
Der Fürst ist im Haus – Der Andere – Reichtum – Der Sohn
Die drei Elixiere – Die Braut – Sterben – Die kleine Komödie
Komödiantinnen – Blumen – Der Witwer – Ein Abschied
Der Empfindsame – Die Frau des Weisen

BAND 2

Der Ehrentag – Die Toten schweigen – Um eine Stunde
Die Nächste – Andreas Thameyers letzter Brief
Frau Berta Garlan – Ein Erfolg – Leutnant Gustl
Der blinde Geronimo und sein Bruder – Legende
Wohltaten, still und rein gegeben – Die grüne Krawatte

BAND 3

Die Fremde – Exzentrik – Die griechische Tänzerin
Die Weissagung – Das Schicksal des Freiherrn von Leisenbogh
Das neue Lied – Der tote Gabriel – Geschichte eines Genies
Der Tod des Junggesellen – Die Hirtenflöte
Die dreifache Warnung – Das Tagebuch der Redegonda
Der Mörder – Frau Beate und ihr Sohn
Doktor Gräsler, Badearzt

BAND 4

Der Weg ins Freie

BAND 5

Der letzte Brief eines Literaten – Casanovas Heimfahrt
Flucht in die Finsternis – Fräulein Else

BAND 6

Die Frau des Richters – Traumnovelle – Spiel im Morgengrauen
Boxeraufstand – Abenteuernovelle – Der Sekundant

BAND 7

Therese

FISCHER TASCHENBUCH VERLAG

fi 200/1

Arnold Zweig

Der Streit um den Sergeanten Grischa
Roman. Band 1275

Junge Frau von 1914
Roman. Band 1335

Erziehung vor Verdun
Roman. Band 1523

Das Beil von Wandsbek
Roman. Band 2069

De Vriendt kehrt heim
Roman. Band 5785

Die Zeit ist reif
Roman. Band 5827

Westlandsaga
Eine Chronik. Band 5835

Traum ist teuer
Roman. Band 5876

Novellen um Claudia
Roman. Band 5877

Fischer Taschenbuch Verlag

fi 122/5